# 昭和ノスタルジアとは何か

## 記憶とラディカル・デモクラシーのメディア学

日高勝之
Hidaka Katsuyuki

世界思想社

# 昭和ノスタルジアとは何か

記憶とラディカル・デモクラシーのメディア学

目次

# 序章　ノスタルジアと神話
## ―社会現象としての「昭和ノスタルジア」―

### 安倍晋三と野田佳彦をつなぐもの―映画『ALWAYS 三丁目の夕日』―

二〇一二年一二月一六日に行われた第四六回衆議院議員総選挙で、自民党が二九四議席を獲得して圧勝し、安倍晋三が二〇〇七年の退陣以来の二度目の首相の座に就いた。

安倍は一度目の首相就任の二か月前の二〇〇六年七月に、直後に行われる自民党総裁選挙へのいわば準備運動のために、『美しい国へ』と題する自著を文藝春秋から上梓した。この本はその後、安倍が自民党総裁および首相の座に就いたこともあり、五〇万部を超えるベストセラーになった。

安倍内閣成立後、安倍が「『美しい国づくり』プロジェクト」を提唱し、内閣官房に「『美しい国づくり』推進室」を設置したり、有識者を集めて「『美しい国づくり』企画会議」を設置するなどしたことからも分かるように、「美しい国」は政治家・安倍晋三が、自身が理想とする国家イメージを体現するお気に入りのフレーズである。

自著『美しい国へ』を著した目的について安倍は、「この国を自信と誇りの持てる国にしたいという気持ちを少しでも若い世代に伝えたかった」（安倍 2006：232）と述べており、この本では、安倍が理想とする「自立する国家」、「真のナショナリズム」、「日米同盟の強化」、「教育の再生」などが「わたし」の一人称形式を用いて分かりやすく書かれている。

この本の中では、二〇〇五年一一月に公開された映画『ALWAYS 三丁目の夕日』についての感想が三ページにわたって記されている。安倍は、この映画について「いまの時代に忘れられがちな家族の情愛や、人と人とのあたたかいつながりが、世代を超え、時代を超えてみるものに訴えかけてきた」（安倍 2006：221）として絶賛している。

安倍の、映画『ALWAYS 三丁目の夕日』好きは広く知られており、二〇〇七年四月に中国の温家宝首相が来日した時、夕食会で、温は、訪日前にこの映画を見たと安倍に語り、貧しさから経済大国への道をひた走っていたこの映画の中の様子は、「中国にも通じるところがある」と述べ、二人の間でこの映画をめぐって話の花が咲いたほどである（『朝日新聞』二〇〇七年四月一二日）。映画『ALWAYS 三丁目の夕日』を「二回も見た」と語る安倍のこの映画への熱のあげようは、訪日前の周到な外交的準備の一つとして、温家宝に映画『ALWAYS 三丁目の夕日』を事前に鑑賞させるほどだったのである。

安倍はこの映画がよほど好きらしく、二〇〇七年四月に、日本テレビの報道番組に出演した際もこの映画への思いを語り、主人公の売れない作家（吉岡秀隆）が幻の指輪を愛する女性（小雪）の薬指にはめるシーンについて、「ここは泣けるんです。どんな高価な贈り物よりも感動した」と述懐している。

二度目の安倍政権の成立は、二〇一二年暮れの総選挙での自民党の圧勝と民主党の大敗が導いたものだが、この時、民主党大敗の責任を取って辞任した野田佳彦首相（当時）も、映画『ALWAYS 三丁目の夕日』が大のお気に入りで、国会答弁や講演でたびたびこの映画を引き合いに自らの理想の時代や政治を語った。講演では、「私は、〔映画に出演している〕薬師丸ひろ子から堀北真希までストライクゾーンが広い」と語ってウケを取った後、「付けを将来に残しておいて、今日より明日が良くなるとは思えない」と斬り込み、消費増税の必要性を説いたことがある。

野田首相は、二〇一二年七月の参院消費税関連特別委員会でもこの映画を引き合いに、「『三丁目の夕日』の時代は、今日より明日がよくなると皆思っていた。そういう時代をつくりたい」として、自らの理想を語りながら、消費増税の必要性を説いている。

安倍晋三と野田佳彦。互いに政敵と言える関係でありながらも、それぞれの理想を語る際には、同じ映画『ALWAYS 三丁目の夕日』が持ち出されるのは皮肉な話ではある。

## 社会現象化した「昭和ノスタルジア」

空中カメラが夕日に染まった東京の上空をうねるように移動すると、建設が始まったばかりの東京タワーが昭和三〇年代の首都の街並みの奥に現れる。

印象的なオープニングで始まる映画『ALWAYS 三丁目の夕日』が公開されたのは、二〇〇五年一一月五日のことであった。この映画は、二〇〇万人を超える動員を記録し、全国二〇〇館以上の映画館で上映が延長される年越しロングランの大ヒット作となった。

翌年二月に発表された雑誌『キネマ旬報』の年間ベスト・テンにおいても、読者選出日本映画の第一位に輝いている。この映画は、観客からの圧倒的な支持のみならず、批評家筋からも高い評価を受け、第二九回日本アカデミー賞では全部門で受賞し、最優秀作品賞、監督賞、主演男優賞など、一三部門のうち一二部門で最優秀賞を受賞するなど、この年の映画賞を独占した。この映画の成功は、「昭和三〇年代ブーム」「昭和ノスタルジア」と言われる現象の導火線となった。

これほどの異例とも言える支持を集めた『ＡＬＷＡＹＳ 三丁目の夕日』であるが、意外なことに当初、監督の山崎貴は、監督を引き受けるのをひどく渋ったという。雑誌のインタビューで山崎は、昭和三〇年代に光をあてた映画が現代の観客に受けるわけがないと思い、この映画製作に全く関心を示さなかったと語っている（小田桐 2008：16）。実際、原作漫画の『三丁目の夕日』は、それ以前の一九九〇年にアニメ化され、ＴＢＳ系列でテレビ放送されたことがあったが、『ドラえもん』人気の陰で視聴率が伸びず、わずか二七回で放送打ち切りになった経緯もあった。

山崎は監督を固辞するのだが、東宝側は、何度も監督を要請する。東宝としては、『ジュブナイル』（二〇〇〇年）や『リターナー』（二〇〇二年）などの高度なＶＦＸ（視覚効果）を駆使した映画の実績のある山崎の手腕が、昭和三〇年代の街並みを再現する新作映画には必要な事情があった。こうして度重なる東宝の要請によって山崎はしぶしぶ引き受けることになった。

しかしながら、結果としてこの映画は大ヒットした。それだけではなく、続編の『ＡＬＷＡＹＳ 続・三丁目の夕日』が作られ、二〇〇七年一一月に公開されるや前作を大きく上回る約四〇〇万人の観客動員を記録した。さらに二〇一二年一月には、第三作目となる『ＡＬＷＡＹＳ 三丁目の夕日'64』が３Ｄ映画として公開され、これまで三作で約一〇〇〇万人の動員、計一一〇億円もの興行収入を上げたため、今や「国民的映画」と言っても差し支えないだろう。

第一作目の『ＡＬＷＡＹＳ 三丁目の夕日』のヒットをきっかけに、戦後の昭和を舞台にした映画が次々に作られるようになる。二〇〇六年九月に公開された『フラガール』は、一九六〇年代の福島県いわき市の常磐炭鉱を舞台に、不況の炭鉱をショービジネスによって再生させるという「地味な」題材を扱った映画ではあるが、大ヒットして一二五万人を動員した。

『ALWAYS 三丁目の夕日』と同様、『フラガール』は翌年の日本アカデミー賞の最優秀作品賞を受賞したほかに、この年の『キネマ旬報』評論家選出ベストテンの邦画第一位および読者選出ベストテンでも第一位を獲得した。

二〇〇七年四月に公開された『東京タワー―オカンとボクと、時々、オトン―』は、リリー・フランキーの自伝風の原作小説をもとにした映画で、一九六〇年代の九州・筑豊を舞台に、女手一つで育てられた主人公が大学入学と共に上京し、やがてガンに冒された母親を入院させるために田舎から上京させて看取るまでを微細に描いた映画だ。

映画は、樹木希林演じる母親が次第にガンに蝕まれて苦しむ様子が画面を支配するなど、やはりとても「地味で」なおかつ、「暗い」内容ではあったが大ヒットし、日本アカデミー賞最優秀作品賞も受賞した。したがって二〇〇五年から三年連続で、昭和三〇年代前後を対象にした映画が日本アカデミー賞の最優秀作品賞を制覇したことになる。

## テレビで量産される「昭和」番組

映画だけではなく、テレビでも戦後の昭和に焦点をあてた番組が量産され、注目を集めるようになる。二〇〇〇年三月から放送されたNHKの『プロジェクトX―挑戦者たち―』は、戦後の数々の開発プロジェクトが様々な問題に直面しながらもそれらを乗り越えて成功に至るまでを描いたドキュメントをベースにした番組だ。

火曜日の夜九時台のゴールデンタイムに、無名の元企業戦士や技術者がゲストとして毎回登場する異例とも言える「地味な」作りの番組であるにも拘わらず、高視聴率を稼ぎ、日本PTA全国協議会の「子供に見せたい番組」に、二〇〇一年から四年連続で第一位にも選ばれるなど、国民的に評価の高い番組となり、二〇〇五年一二月の放送終了まで、二〇〇回近い放送が続けられた。

同じくNHKでは、昭和三〇年以降の昭和の年を毎回フォーカスする特別番組『日めくりタイムトラベル』が二〇〇七年から毎月一回放送された。その年に生まれた芸能人や著名人がゲストとしてスタジオに登場し、自分の生まれた年の政治、事件、文化、風俗などを毎回三時間にわたって追跡するという、いささか「マニアック」な番組だったが、二〇一一年三月の放送終了までに昭和三〇年以降の全ての年の放送がなされ、好評を博した。

テレビドラマも戦後の昭和に焦点をあてたものを挙げれば枚挙に暇がない。NHK朝の連続テレビドラマ小説は、以前から戦前や戦後の昭和など近過去への懐古が基調にはあったが、『オードリー』(2000)、『てるてる家族』(2003)、『芋たこなんきん』(2006)、『ゲゲゲの女房』(2010)、『梅ちゃん先生』(2010)などは、特に戦後の昭和への郷愁が全面に出ている。

民放でも、山崎豊子原作のフジテレビの『白い巨塔』(2003)、TBSの『華麗なる一族』(2007)、『不毛地帯』(2009)、『運命の人』(2012)、松本清張原作のTBSの『砂の器』(2004)、テレビ朝日系列の『黒革の手帖』(2004)、『けものみち』(2006)、『わるいやつら』(2007)、『夜光の階段』(2009)など、戦後の昭和を代表する二人の流行作家の連続ドラマ化やリメイクが相次いでいる。

昭和の漫画作品の実写ドラマ化も活発である。一九七〇年代に『週刊マーガレット』で連載されたスポーツ漫画『エースをねらえ!』は、二〇〇四年に上戸彩主演でテレビ朝日でドラマ化され、平均視聴率一三・二%と好評だったため、翌年は同じく上戸主演で『アタックNo.1』が放送された。

また、一九六八年（昭和四三年）から翌年にかけてTBSでアニメ番組として放送された『怪物くん』が、二〇一〇年には日本テレビで、アイドル・グループ嵐の大野智主演で実写ドラマ化されている。[1] 翌年には東宝から映画化もなされた。『怪物くん』が好評だったためか、一九六八年（昭和四三年）から翌年の同じ時期にフジテレビで放送されたアニメ番組『妖怪人間ベム』を、日本テレビは二〇一一年にアイドル・グループKAT―TUNのメンバー亀梨和也主演で実写ドラマ化し、これも平均視聴率一五％を超える人気ドラマとなった。この実写ドラマの劇場版も、同じ亀梨主演で『映画 妖怪人間ベム』として二〇一二年一二月に東宝の配給で公開された。

## 「昭和」を懐古する雑誌の相次ぐ創刊

雑誌でも、昭和を回顧する週刊形式の雑誌が相次いで発行されている。二〇〇七年九月に、イタリアの出版社デアゴスティーニ（DeAGOSTINI）社の日本法人で、雑誌専門の出版社ディアゴスティーニ・ジャパンの発行による『週刊昭和タイムズ』が創刊された。二〇〇八年一二月には、朝日新聞社から『週刊昭和』が創刊された。これらの雑誌では、毎週、昭和のある年を取り上げ、その年の代表的な社会的イベント、事件、生活、流行、芸能などを紹介している。

この種の雑誌は、一九九七年に講談社が発行した『週刊 日録20世紀』、その二年後の一九九九年に朝日新聞社が発行した『朝日クロニクル 週刊20世紀』などがあるが、これらはあくまでも二〇世紀末に二〇世紀の各年を振り返るというコンセプトのものであり、『週刊昭和タイムズ』や『週刊昭和』のように、昭和だけに的を絞ったものは珍しい。

しかも『週刊昭和タイムズ』は昭和の全年を取り上げているが、朝日新聞社の『週刊昭和』の方は、戦後の昭和二一年以降に限っている。昭和の終わりから二〇年近くを経て、戦後の昭和だけに焦点をあてた週刊誌が大新聞社から創刊されたのは注目に値するだろう。

近年、類似のコンセプトの週刊形式の雑誌は、他にも、ディアゴスティーニ・ジャパンが、松本清張の生誕一〇〇年の二〇〇九年一〇月に創刊した『週刊 松本清張』、日活一〇〇周年記念企画として二〇一二年一一月に創刊された『吉永小百合 私のベスト二〇 DVDマガジン』、月刊誌ではあるものの二〇一二年五月創刊の『ジャイアント馬場 蘇る一六文キック』、講談社が二〇〇七年七月に創刊した『週刊 昭和の「鉄道模型」をつくる』他多数がある。他に各種雑誌の「昭和特集」的なものは無数に再生産され続けているだろう。

## 「昭和」歌謡のリバイバル

歌謡曲やポップスの世界の「昭和」リバイバルも活発である。ウルフルズは、坂本九の一九六三年（昭和三八年）のヒット曲『明日があるさ』を二〇〇一年にカバーし、オリコンでの年間CD売り上げ一八位の大ヒットとなった。この曲は、同年、Re: Japan によってもカバーされ、こちらもオリコンで週間一位を記録するヒット曲となった。

島谷ひとみは、一九六八年（昭和四三年）のヴィレッジ・シンガーズのヒット曲『亜麻色の髪の乙女』を二〇〇二年にカバーし、オリジナルを超える三〇万枚のヒットとなった。安室奈美恵は二〇〇八年に、一九六〇年代、七〇年代、八〇年代をテーマにした曲『60s 70s 80s』を発表したが、安室としては九年三か月ぶりのオリコン週間一位の大ヒットになった。

椎名林檎や徳永英明などの人気歌手は、「昭和」をテーマにしたカバー・アルバムまで発表している。

他にクレイジーケンバンド、大西ユカリ、キンモクセイをはじめ、昭和歌謡的なムードを売り物にする「昭和系」と称されるミュージシャンも現れて人気を得ている。

## 各地で作られるレトロテーマパーク

レトロテーマパークの動きも忘れてはならないだろう。この一〇年前後の間に戦後の昭和に焦点をあてたテーマパークが各地で作られている。これらは、「昭和レトロパーク」あるいは、「昭和横丁」などと呼ばれ、当時の街の雰囲気を緻密に再現することを狙っている点で共通している。

この路線のテーマパークは一九九四年にオープンした『新横浜ラーメン博物館』や前年に大阪・梅田スカイビルでオープンした『滝見小路』が直接的なルーツであろう。この二つは、日清のチキンラーメンが発売された一九五八年（昭和三三年）頃の都会の下町を再現するコンセプトで共通しているが、特に『新横浜ラーメン博物館』は、仄暗い大きな吹き抜けの空間に、当時の雰囲気を備えた建物や店を緻密に配置して注目を集めた。

しばらく間を置くが、二〇〇一年に横浜・伊勢佐木町に『横濱カレーミュージアム』、二〇〇三年にさいたま市に『武蔵浦和ラーメンアカデミー』などの類似の施設が次々にオープンした他、二〇〇二年にはトレンディスポットの東京お台場に、昭和三〇年代を意識した雑貨屋、駄菓子屋、飲食店などを集めた『台場一丁目商店街』もオープンした。

関西でも、一九七〇年（昭和四五年）の大阪万博を目前にし、「大阪が最も元気に光り輝いていた時代」とされる、昭和四〇年代前半の「元気な」大阪の街を演出テーマにした『なにわ食いしんぼ横丁』が二〇〇二年に大阪南港に作られた他、二〇〇四年には大阪・道頓堀のど真ん中にあるビル三つのフロアを

ものである。

## そもそも「昭和ノスタルジア」とは何か？

まず最初に、そもそも「昭和ノスタルジア」と総称されるものとは何なのか、明確に定義しておく必要があるだろう。現在の、昭和への懐古を基調にしたポピュラーカルチャーのブームとされるものは、冒頭で述べた二〇〇五年の映画『ALWAYS 三丁目の夕日』の大ヒットからと一般的には考えられている（片桐 2007：77；浅羽 2008：20；市川 2010：8 他）。確かにこの映画の成功は、映画会社、テレビ局、出版社などに、戦後の昭和に焦点をあてた映画、テレビ番組、出版物を数多く作らしめる重要な契機になったことは間違いない。

しかしながら、前述したように、レトロテーマパークは、一九九四年にオープンした『新横浜ラーメン博物館』をはじめ九〇年代に既に作られていたものもある上、二〇〇一年頃から急増している。テレビ番組でも、やはり先に触れたNHKの番組『プロジェクトX―挑戦者たち―』は二〇〇〇年三月から放送が始められていた。出版に関して言うと、戦後の昭和を取り上げた出版物や記事は、二〇〇一年頃から急速に増えていった（寺尾 2007：160）。

したがって、本書では、現在の「昭和ノスタルジア」は、二〇〇〇年期の最初、おおよそ二一世紀の到来の前後において、ブーム化し始めたと考える。

ジャーナリストはむろんのこと研究者も、この現象を「昭和三〇年代ブーム」、もしくは「昭和三〇年代ノスタルジー」と呼ぶことが多い。それは、『ALWAYS 三丁目の夕日』が、東京タワー建設中の昭和三〇年代前半を舞台にしていることや、一部のレトロテーマパークがやはりその時代に焦点をあてているからである。

しかしながら、本書では言説空間におけるそのような呼称を採用しない。というのは、大衆メディア・文化作品は昭和三〇年代（一九五五―六四）だけではなく、その前後の時代、特に一九六〇年代後半や一九七〇年代前半などの昭和四〇年代（一九六五―七四）に該当する時期にスポットライトをあてることが少なくないからである。

そういう点では、時代的に言うならば、一九五五年（昭和三〇年）前後から一九七三年（昭和四八年）の第一次オイル・ショックで終焉を迎えるとされる、いわゆる高度経済成長期の時間幅と重なることが多い。とはいえ、もし「高度経済成長期ノスタルジア」と名づければ、その時間幅そのものよりも、「高度経済成長」の意味合いが前景化してしまうことになろう。また、数は少ないものの時には昭和末期の一九八〇年代に焦点があたることさえある。

したがって本書では、「昭和ノスタルジア」というやや広い言い方を採用し、現在の「昭和ノスタルジア」とは、昭和三〇年代、四〇年代を中心に、主に昭和中後期の文化、生活、社会、風俗に焦点をあてたメディア文化関連のもの――映画、テレビ番組、音楽、雑誌・書籍、テーマパーク、展示、観光、食、ファッションなど――が主に二一世紀の初頭前後以降に大量に生産され、幅広い人気を集めている文化現象と定義することにする。

## 国内ローカル現象の「昭和ノスタルジア」

「昭和ノスタルジア」を考察するにあたって、アカデミズムやジャーナリズムの言説で見逃されている点がいくつかある。その一つに、これが極めて「国内ローカル」に限られた現象である事実である。

日本映画は、黒澤明、溝口健二、小津安二郎らの巨匠が一九五〇年代以降世界的評価を受けてきたのをはじめ、その後も今村昌平、大島渚などの著名監督の映画群が海外の映画祭で受賞を重ねてきた。しかしながら一九八〇年代以降しばらくは、かつてのように海外の映画祭で話題になることは少なくなり、スタジオシステムの解体と共に、日本映画の低調が指摘されもしてきた。

だが、二〇世紀末以降、北野武監督の『HANA-BI』（1998）が第五四回ベネチア国際映画祭で金獅子賞を受賞し、滝田洋二郎監督による『おくりびと』（2008）が第八一回米アカデミー賞の外国語映画賞を受賞するなど、再び、海外で注目される機会が増えている。

ところが、「昭和ノスタルジア」の範疇に入る映画群は、『フラガール』、『20世紀少年』など一部の作品を除けば、『ALWAYS 三丁目の夕日』、『東京タワー――オカンとボクと、時々、オトン――』など国内では大ヒットを記録し、映画賞を独占するものも、海外ではほとんど公開すらされず、国外での知名度や評価はほぼ無いに等しい。その他の映画も同様である。

## 時代劇と「昭和ノスタルジア」

この点において、「昭和ノスタルジア」映画は、ノスタルジアを喚起する日本映画史の歴史的系譜においては、大衆時代劇の延長線上に位置づけることもできなくはない。

時代劇は、幅広い人気を獲得してきたが、黒澤明、小林正樹などのアーティスティックな作品や勝新太郎主演の『座頭市』シリーズのような一部の娯楽作品を除けば、その観客は、おおよそ国内に限られよう。

時代劇は、いつの時代も「定番」ものの過去表象として一定の人気を集めてきた。時代劇はその大半が、「前近代」の江戸時代が舞台であり、映画、テレビ、小説、舞台などで長い間、人気を獲得してきた。歴史社会学者の筒井清忠は、戦前から戦後にかけての膨大な数の時代劇映画を検証し、時代劇を「ノスタルジー装置」と結論し、「都市化や産業化と共に消えていく『古いもの』に対する日本人の愛惜と郷愁を慰撫する装置として」（筒井 2008 : 166）時代劇は人々に必要とされてきたと述べている。

また一九八〇年代の後半に、イギリスの文化人類学者ブライアン・モーランは、戦後の日本でなぜ時代劇が人気を得てきたかについて検証を行っている。モーランの問題意識は、モーラン自身が「儒教的」価値観に根差していると考える時代劇が、「一九三〇年代の神道ナショナリズムへの儒教の結びつきの破滅的な帰結」（Moeran 1989 : 154）にも拘わらず、なぜ戦後、幅広く受け入れられたかであった。モーランによれば、時代劇の人気は、西洋化とモダニティの個人主義への抵抗によって支えられており、「江戸時代に儒教的倫理が日本社会で役割を果たしたように、［時代劇は］今では西洋型個人主義のネガティブな理想と見られているものに抵抗するために使われている」（Moeran 1989 : 154）と結論づけた。

メディア学者の藤田真文は、長寿テレビ番組『水戸黄門』について詳細なテクスト分析を行い、水戸黄門は物語の中で決してどの共同体にも属さないが、「突如として共同体に現れる魔術的な力を持った異人」（藤田 1999 : 39）であると評しているが、「魔術的な力」が人々を救済するのは、西洋型合理主義・個人主義のアンチテーゼであり、「異人」であるのは、それが西洋化している同時代人とは別次元のエイリアン的ヒーローであると考えることもできよう。

重要なことはそれらの「前近代」は、現代において発見された、というよりもむしろ現代人の要請によって発明されたものであることである。そうであるがゆえに、「前近代」としての江戸時代は、大衆文化の中で重要な地位を占めてきたのである。

米コロンビア大学の歴史学者キャロル・グラックが言うように、江戸時代はいつも欠かすことのできない「伝統」として再発明され、封建的なイメージより、「バラ色」のイメージが付与されるおなじみのパターンが踏襲されてきたのである。その結果、「しばしば没歴史的に、『伝統』の何世紀もを、徳川時代の形式に固定するすべての役割を担うよう、呼び出された。そして戦後の年数を重ねるにつれて『江戸化』された伝統のイメージは見栄えのするものになっていった」（グラック 2007 : 301）。「見栄えのよい伝統」は、一九八〇年代には「江戸ブーム」を起こさせ、昭和が幕を閉じた時には、懐古的な「江戸ブーム」は最高潮に達した。二一世紀に入ってからも、二〇〇五年七月に発売されたプレイステーション2向けのゲームソフト『戦国ＢＡＳＡＲＡ』に端を発したとされる「歴女」ブームなど、「江戸ブーム」は形を変えながらも続いている。[3]

しかしながら、時代劇は「昭和ノスタルジア」映画とは、いくつかの点で異なる。一つには、確かに時代劇は「ノスタルジー装置」ではあるが、そのノスタルジアの対象はあくまでも前近代の日本、とりわけ江戸時代であることである。一方、「昭和ノスタルジア」映画は、近代化された僅か数十年前の戦後の日本を対象としている。その時代は、（むろん反米闘争の標的となる基地の「アメリカ」などの存在も一方にあったが）「アメリカに追いつき、追い越せ」のスローガンに代表されるように、アメリカが日本のロール・モデルとして強い存在感を示すなど、西洋化は時代を特徴づけるものでもあった。

したがって、「昭和ノスタルジア」のメディアは、それがいかに「古き良き日本」のイメージで語られることがあるにせよ、西洋化のネガティブな局面に脅かされる以前の「ピュアな」前近代日本へのシンプルな憧憬などではなく、何か別のものだと考えるのが自然であろう。

もう一つ見逃せないのは、ＴＢＳで四〇年以上、計一二〇〇回を超えて放送されてきた『水戸黄門』

が、近年、視聴率が低迷した後、二〇一一年一二月に放送終了したことに代表されるように、かつての典型的なヒーローもの時代劇ドラマは下火で、時代劇は既に大衆メディアの中心的な位置から脱落していることである。同じ時期に「昭和ノスタルジア」が台頭したとすれば、「昭和ノスタルジア」映画やテレビ番組などが時代劇とは何がしか異質の訴求力を持ったオルタナティブなものだからと推察することもできなくはないかもしれない。

もっとも映画批評家の佐藤忠男が言うように、「時代劇はまだまだ新しい視点で開発をすすめることのできる分野である」（佐藤 2006 : 333）ため、今でも時代劇映画やドラマは一定の数で作られ続けている。だが、それは従来型のヒーローもの時代劇とは、かなり様相を異にするものが多い。庶民や下級武士の哀歓を描いた藤沢周平原作の時代劇映画が二一世紀に入って八本も映画化され[4]、高い評価と人気を得るなど、定型的ではない時代劇が一定の数で量産され、支持を集めている。これらの時代劇では、山田洋次監督の『隠し剣 鬼の爪』（2004）のように侍社会の不条理に愛想をつかし、武士の身分を捨てて愛する女性の所に行くなど、ヒーローでもアンチヒーローでもない等身大の人間が描かれる傾向がある。また、臆病心や一種の平和志向などの何がしかの理由から、「刀が抜けない」[5]、いわば「脱男性化」もしくは「草食系」侍も二一世紀の時代劇映画の「定番」になりつつある（Hidaka 2011）。こうした非定型的な時代劇の台頭は、「昭和ノスタルジア」映画やテレビ番組が同じ時期にブーム化したことを考え合わせると、位相は違えども、両者の間に、共に「ノスタルジー装置」として発動しうるような何がしか共通の磁力があるのだろうか。

## 「前近代」と「昭和ノスタルジア」

二一世紀の「昭和ノスタルジア」は、かつての「ふるさと」ブーム、一九七〇年代の国鉄による「ディスカバー・ジャパン」、および一九八四年（昭和五九年）からの「エキゾチック・ジャパン」の観光キャンペーンなどとも、いささか性質が異なる。これらは、文化経済的に都市部と比べて後進地域とされる地方における近代化との時間差＝「前近代化」イメージをポジティブなものとして、その価値と魅力を見出すことが主眼であった。

しかしながら、近年の「昭和ノスタルジア」のメディア文化表象の舞台は、地方よりむしろ都会、とりわけ東京であることが多い。[6]しかも、一九五八年（昭和三三年）に建設された東京タワーや一九七〇年（昭和四五年）の大阪万博など、戦後の近代化、西洋化の象徴とも言えるものが題材として好まれるのである。

東京タワーは、映画『ALWAYS 三丁目の夕日』シリーズや、『東京タワー──オカンとボクと、時々、オトン──』で、戦後発展のランドマークとしての役割が与えられ、作品の中で繰り返し登場する。大阪万博は、アニメ映画『クレヨンしんちゃん 嵐を呼ぶ モーレツ！ オトナ帝国の逆襲』（2001）で、近未来のユートピアを表わすものとして効果的に使われているが、一方で映画『20世紀少年』三部作（2008–2009）ではディストピア（暗黒郷）として使われている。

これらのことから、「昭和ノスタルジア」は、時代劇、「ふるさと」ブームをはじめとする、江戸時代などへの「前近代」志向のメディア文化表象とはいささか位相を異にしていると思われる。もっとも、もしも「昭和ノスタルジア」のメディア文化表象の中身が、近代化への何らかの不和を含意しているのならば、逆説的ではあるものの、「昭和ノスタルジア」を、グラックが言うような「バラ色の江戸の発明」との親和性を見出すことができるかもしれないが。

いずれにしても、前近代へのノスタルジアとの比較参照から「昭和ノスタルジア」を考えることは、いくつかの問題意識を与えてくれる。一つには、「昭和ノスタルジア」が「ピュア」な前近代への志向性といかなる差異があるのかという点と、「バラ色の江戸」が時代劇などで「発明」されたとするならば、「昭和ノスタルジア」の映画やテレビは、いかなる「昭和」を「発明」しうるのか。

それと前に述べたように、「定型型時代劇」の衰退と「非定型時代劇」の台頭は、「昭和ノスタルジア」の前景化と何らかの関係があるのか。さらには、なぜ「昭和ノスタルジア」が地方よりもむしろ東京などの都会が対象になりやすいのか、などである。本書では、これらの問題意識も視野に置きながら考察を行う。

## 『男はつらいよ』と「昭和ノスタルジア」

「昭和ノスタルジア」映画のより直接的な先駆は何かを問うならば、時代劇よりむしろ一九六九年（昭和四四年）から一九九五年までの長きにわたって、主演の渥美清の死によって終止符を打つまでに四八作が作られた映画『男はつらいよ』シリーズと言えるかもしれない。

東京の下町の庶民を描いて、「失われたかつての日本人の町内づきあいの人なつっこさを思い出させる」（佐藤 2006：141）ことから国民的人気を博した点などは、『ＡＬＷＡＹＳ 三丁目の夕日』シリーズを髣髴とさせもする。

しかしながら、『男はつらいよ』も『ＡＬＷＡＹＳ 三丁目の夕日』など近年の「昭和ノスタルジア」映画も、どちらも戦後の昭和を描いているとはいえ、近年の「昭和ノスタルジア」映画は、近過去としての昭和を描いているものの、『男はつらいよ』の場合、描かれていたのはあくまでも同時代としての昭和であったことを忘れてはならないだろう。また、この映画シリーズの人気は、佐藤忠男が指摘するように、渥美清が演じる主人公の寅さんのキャラクターによって支えられていた点も大きいのである（佐藤 2006：141）。

## 二一世紀初頭という歴史的時間と「昭和ノスタルジア」

別の問題は、なぜ現象としての「昭和ノスタルジア」は、二一世紀初頭前後という歴史的な時間（historical juncture）の中で現れたのかということである。こうした問題をもう少しメタレベルで考えるならば、記憶の対象がどうあれ、そもそも記憶が必要とされる「時代相」、いうなれば二一世紀初頭という「固有の歴史的な時間」そのものに目を向けることも重要と思われる。

それは「戦争の記憶」であれ「昭和ノスタルジア」であれ、なぜ記憶がより強く欲望される時代を迎えているのだろうかという問題でもある。これは、「言語論的転回」が起きたとか、ポスト構造主義の洗礼を時代は受けてきたから、というだけでは済まされない問題を含んでいる。

イギリスの社会学者ジュディ・ジャイルスが言うように、もしも「人間の主体がばらばらに砕けている世界で、社会と個人のアイデンティティを形成する闘争において記憶が役割を担っている」（Giles 2004：25）とするならば、記憶と社会の関係性が問われなければなるまい。そのため、「昭和ノスタルジア」という形で記憶が欲望される時代のありようには注意深く視線が注がれる必要があるだろう。

なるほど、バブルが崩壊した一九九〇年代以降の日本と比較するならば、奇跡的とも形容される経済発展を遂げた一九五〇年代後半、一九六〇年代前後の生活と経験は、現代の日本人にとって非常に重要なものであることは疑いない。

『朝日新聞』は、二〇〇九年に全国三千人を対象に世論調査を実施し、昭和時代についてのイメージを調べたが、「昭和と聞いて最初に思い浮かぶこと」は何かを九項目から選ぶ質問で、一位は「高度成長」の三六％で、二位の「戦争」の二五％を大きく引き離している。特に四〇代から六〇代の世代では「高度成長」を挙げた人が四割から五割に達している（『朝日新聞』二〇〇九年三月三〇日）。前述したＮＨＫの番組『日めくりタイムトラベル』は、毎回、昭和のある年を取り上げて回顧する番組であったが、取り上げられている年は、昭和三〇年代以降、すなわち高度経済成長期以降に限られている。

近年は、とりわけ二〇〇七年頃からの世界同時不況以降、先が見えない不況下にあり、富める者とそうでない者の格差はこれまでになく拡大している。アメリカの社会学者フレッド・デイヴィスによれば、戦争、不況、自然災害などの社会変化の後に、人々は変化の前の社会との連続性の感覚を求めるために、集合的ノスタルジアは生じやすいという（Davis 1979）。また、イギリスのナショナリズムの理論家トム・ネアンによれば、国家が政治的、経済的に周縁化された状況に追いやられた時にナショナリズムは蔓延しやすいという（Nairn 1981）。

日本の現代の状況に即して考えるならば、「失われた二〇年」やそれに加えての世界同時不況、さらには急速なグローバル化などに直面することで、「日本文化の本物らしさやアイデンティティを想像する」（Iwabuchi 2002 : 195）ことにおいて何らかの形で「ノスタルジア」が重要な役割を果たしていることは十分に考えられる。これらのことを考えると、バブル崩壊以降、多くの国民が日本の高度経済成長期を「古き良き時代」として、それへの懐古的な志向を強めることはむしろ自然なことかもしれない。

では、「昭和ノスタルジア」の大衆メディア・文化作品の中で昭和三〇年代前後への、国民的とも言ってもよい欲望の対象となるものは、「現実」の高度経済成長期の高揚の中で当時の人々が経験したであろう国民的な一体感（solidarity）のようなものがもしあるとすれば、それとどのように重なり、また異なるのだろうか。それは、「昭和ノスタルジア」の大衆メディア・文化作品で表象されている当時のイメージは、当時の自己イメージとどのような差異がみられるのかという問いと重なる。

また、これらの大衆メディア・文化作品の人気は中高年だけではなく、当時を知らない若者たちの間でも見られることはどう考えたらよいのだろうか。また逆に、『クレヨンしんちゃん 嵐を呼ぶ モーレツ！オトナ帝国の逆襲』（2001）のように、そもそもは幼児・子供向けのアニメ映画であるにも拘わらず、第7章で議論するように、大人のオーディエンスや評論家、知識人が絶賛するのはなぜだろうか。口を揃えて「涙する」と語るこの映画に大人たちのオーディエンスは、果たして何を読み込んだのだろうか。

しかしながら、これらの問題について、関連領域の研究は、これまで必ずしも明らかにしてこなかったのである（日高 2006）。

## 「政治の季節」への関心と「昭和ノスタルジア」

さらに重要なことは、「昭和ノスタルジア」がブーム化する状況の一方で、一九六八年（昭和四三年）を中核とする、いわゆる「政治の季節」への注目も高まっていることをどのように考えるべきだろうか。

二〇〇九年に出版され、上下巻合わせると二〇〇〇ページを超える小熊英二の大著『１９６８』の他、絓秀美『１９６８年』（2006）、四方田犬彦・平沢剛編著『１９６８年文化論』（2010）、毎日新聞社編『１９６８年に日本と世界で起こったこと』（2009）、三橋俊明『路上の全共闘 １９６８』（2010）、坪内祐三

『一九七二―「はじまりのおわり」と「おわりのはじまり」―』（2006）他枚挙に暇がない出版状況は、一九六八年（昭和四三年）を中心にした「政治の季節」への近年の関心の高まりを示している。

二〇一二年一月には、東京渋谷で、日本大学芸術学部の学生らの主催で「映画祭１９６８」が開催され、学生運動の嵐が吹き荒れた一九六八年（昭和四三年）前後を扱った映画を上映しながら、当時を考えるイベントが開かれるなど、「政治の季節」への関心は裾野が広い。

実のところ、「昭和ノスタルジア」の主対象となる昭和三〇年代・四〇年代と、一九六八年（昭和四三年）を核とした「政治の季節」は時代的に重なるのだが、果たしてこれら位相の異なる二つの現象にいかなる関係があるかについても、これまで議論されてこなかった。

### 「昭和ノスタルジア」の論じられ方

「昭和ノスタルジア」は、しばしばメディアや報道で取り上げられるが、その論じられ方は、少なからず問題を含んでいると思われる。

新聞や雑誌の記事は、これらの現象を多くの場合、「ノスタルジア」や「レトロ」という言葉と共にワンセットで語る紋切型の説明を繰り返すのがほとんどだからである。昭和は「レトロ」と等号で結ばれ、「昭和レトロの雰囲気」、「昭和時代のレトロな雰囲気」、「昭和レトロな街並みを再現」、「昭和レトロのたたずまい」、「昭和レトロの風情漂う街並み」、「昭和レトロのブーム」という表現がしばしば踊る。

そしてそれが「甘美」で「無害」なものであることが自明視されるのだ。「昭和ノスタルジア」のブームの火付け役とされる映画『ＡＬＷＡＹＳ　三丁目の夕日』についても、次の二つの新聞記事のように、当時を肯定的に懐かしく思い出される「装置」であることがあらかじめ織り込み済みなこととして語られる。

「近年、『三丁目の夕日』ブームに代表されるように昭和三十年代が懐かしく語られる」（『日本経済新聞』、二〇〇八年六月二三日、朝刊）

「映画『ALWAYS 三丁目の夕日』のような昭和レトロの雰囲気づくりを通じ、区は『商店街に花見客を誘導する』（文化観光課）ことを目指す」（『日経流通新聞』、二〇〇九年八月一六日）

これらのメディア作品が当時を懐かしく思い出させるポジティブなものとしてメディアで語られるのは、前述したように当時が未曾有の高度経済成長を達成した「良い時代」であったことが前提とされているからであるように思われる。

映画『ALWAYS 三丁目の夕日』が公開された二〇〇五年の次のような『読売新聞』の記事は、昭和三〇年代、四〇年代を第二次世界大戦の時代と対極的なものとして対比させている。

懐かしい昭和と繰り返したくない昭和、ふたつの時期を思うことが多い年だった。ひとつは、昨年あたりから高まった「昭和ブーム」で懐古される昭和30年代。上映中の『ALWAYS 三丁目の夕日』が描くような、貧しくても輝いていたころだ。（中略）もう一つは、もちろん、戦後六〇年を迎えた、あの戦争の時期である。（中略）受け継ぐべきこととそうではないことに線を引き、次の世代に渡すこと。この年がおいていく宿題なのだろう。（『読売新聞』二〇〇五年一二月二五日（大阪朝刊））。

ここでは、第二次世界大戦が「繰り返したくない昭和」であり、「受け継ぐべきではない」負の時代であるとし、一方で昭和三〇年代が「懐かしい昭和」であり、「受け継ぐべきこと」＝正の時代であるとされている。その際、昭和三〇年代を描いた映画『ＡＬＷＡＹＳ 三丁目の夕日』は、受け継ぐべき当時の良さを体現する象徴として持ち出されるのである。

しかしながらこのような単純な理解のあり方は、「昭和を懐かしむのは、単なるノスタルジー」（『朝日新聞』二〇一〇年一月三日）というロジックに容易に反転してしまう。そのため、一方では、これを「後ろ向きな」〝ノスタルジー〟であるとして、批判する議論も少なからずある。

例えば、「現実の昭和三〇年代は、甘いノスタルジーだけでは語れない」（『朝日新聞』二〇〇六年一〇月一五日）、一九六〇年代を再現する展示イベントについて「ノスタルジーにひたるだけでは終わらせない」（『朝日新聞』、二〇〇六年四月二五日）などの言葉がそれにあてはまろう。これらの言説は、昭和を取り上げる大衆メディア・文化作品の中味を「ノスタルジー」であるとし、それらの「ノスタルジー」は、当時への甘い感傷的な懐古趣味だとして批判の対象になるのである。

どちらの場合も問題は、この社会現象をノスタルジアであることを自明とし、そこでのノスタルジアとは、甘美で取るに足らない陳腐だが、同時に無害な懐古趣味であるとする点である。そのうえで、ノスタルジアは、「良い時代」を懐かしむ無害なものだからこそ歓迎しても良いという考えと、一方で、そんな感傷にひたるのは、後ろ向きであるとする批判に分かれるだけなのである。

## モダニティの「脅威」――一七世紀にルーツを持つ「ノスタルジア」――

しかしながら、ノスタルジアとは、本来はもっと複雑な歴史的背景と含意を備えた言葉である点を見逃してはならない。これについては、米ハーバード大学の比較文学者スヴェトラーナ・ボイムがその著書 *The Future of Nostalgia*（2001）で述べている議論が役に立つだろう。

ノスタルジアの起源は、詩や政治ではない。ノスタルジアは、今から三〇〇年以上前の一六八八年前後に、スイスの医師ヨハネス・ホーファーがその論文の中で、故郷から離れた人々が自分の故郷に戻りたいという欲望から生じた内面的な苦痛に対し、命名したとされる「症状」なのである（Boym 2001 : 3）。ノスタルジアという言葉は、元々はギリシア語の nostos（家へ帰る）と algia（苦しい状態）を組み合わせて作られた。

ノスタルジアの「症状」は、兵士や船乗り、田舎から都会への移住者などに広範に見られたという。ボイムによれば、「ノスタルジアは、もはや存在しない家か、存在したことのない家へのあこがれである。ノスタルジアは、喪失と転位（displacement）の感情であるが、しかしまた自身のファンタジーへのロマンスである」（Boym 2001: xiii）。

一方、モダニティの時代は、革命や産業革命における「進歩」が最重要な概念として、一九世紀以降、国家から個人に至るまですべてに浸透した。しかしながら、ノスタルジアは、モダニティの進歩にとっては都合が良いものではなかった。なぜならば、「進歩にとって大切なのは、未来の改革であり、過去への内省ではなかった」（Boym 2001 : 10）からである。

そのためノスタルジアは、モダニティの進歩に抵抗する感情とみなされ、「個人の不安だけではなく、モダニティの矛盾を明らかにした公共的な脅威であり、政治的な重要性があった」（Boym 2001 : 5）。したがって、ノスタルジアは、単なる「甘美」で「無害」な過去への憧れではなく、モダニティの矛盾を暴く公共的な「脅威」とされた歴史があったことを見逃してはならない。ボイムは次のように述べる。

ロマンチックなノスタルジアの対象は、現在経験している空間を超越したものでなくてはならず、どこか過去のはっきりしない場所、あるいはアンティークの置時計のように時間が幸運にも止まったユートピアの島でなくてはならない。しかし同時にロマンチックなノスタルジアは、単なる進歩へのアンチテーゼでもない。それは一直線の進歩やヘーゲル流の弁証法的な目的論を蝕んでしまうものである。ノスタルジアは、眺めを後ろ向きに変えるだけでなく、横道にそらすのだ。そして、哲学的あるいは科学的な文書の中ではなく、挽歌形式の詩やアイロニックな断章の中で、表現されるのである。ノスタルジアは非体系的で非統合的なままで留まる。それは人を納得させるというより、むしろ誘惑するのである（Boym 2001 : 13）。

このような理由から、人々はノスタルジアの「症状」を、進歩を妨げる無視できない脅威であると考え、ノスタルジアをモダニティ発展の障害物と考えざるを得なかったのである。医師は、ノスタルジアは進歩と医療の改善で「治癒」できるであろうと考えた。しかしながら結核は治せたが、ノスタルジアは治せなかった。そのため、一八世紀以来、ノスタルジアを探究するというあてのない仕事は医師から詩人と哲学者の手に渡ったのである（Boym 2001 : 11）。

一九世紀のアメリカでは、容易に「治癒されない」ノスタルジアを、「人間性の欠如した非進歩的な態度とした。それは心の痛みであり、意思の弱さとされた」（Boym 2001 : 6）のに加え、ノスタルジアから引き起こされるホームシックは、「怠惰と夢想、オナニズムとされた」（Boym 2001 : 6）。その結果、二〇世紀初頭になると、ノスタルジアは否認されたのである。

このような、概念としてのノスタルジアの背後にある複雑な歴史的経緯を、「昭和ノスタルジア」を論ずる新聞などのジャーナリズムの言説は、残念ながら踏まえていない。ノスタルジアを「良い時代」である過去を懐かしく思い出すだけのものとして肯定的に報道するメディア言説は、ノスタルジアの「脅威」の可能性に目を閉ざし、無害なものとして受容しているだけに思われる。

一方で、昭和三〇年代を中心としたノスタルジアを甘美な懐古趣味として批判するメディアは、一九世紀以降のアメリカなどでのノスタルジア批判を知らず知らずに踏襲していると言えるかもしれない。

## ノスタルジアをめぐる三つの神話

これらの「昭和ノスタルジア」をめぐるメディア言説は、ロラン・バルトの言う神話を思い出させる。バルトは、神話とは、「歴史を自然に移行させる。（中略）それは直ちに一つの自然の中に凝固する」（バルト 2000 = 1967 : 169）と述べた。つまり、神話とは、物事の理解を自然なこと、当たり前のこととして、人々が自明視させるようにするものである。

神話はものごとを純化し、無垢にし、自然と永遠の中に置くのだ。神話はものごとに、説明の明晰さではなく確認の明晰さを与えるのだ。もしわたしが、説明せずに「フランス帝国」性を確認するなら、私が、それを自然なモノ、当たり前なものと見なすことに大した苦労はない。そこで私は安心していられるからだ。歴史から自然へ移行することにおいて、神話は節約をする。人間の行為の複雑さを廃棄して、本質の単純さを与え、すべての弁証法、即物的な目に見えるものの向こう側にさかのぼることをすべて削除し、深みがない故に矛盾もない世界、自明性の中に広げられた世界を組織するのだ（バルト 2000 = 1967 : 189–190）。

ノスタルジアの本来持っていたであろう意味合いが後景に追いやられ、甘美で無害なものとしてジャーナリズムで盛んに書き立てられることで、概念としてのノスタルジアは、自然なものとして馴化され、その結果、「深みがない故に矛盾のない世界、自明性の中に広げられた世界を組織する」ことになるかもしれない。

だとすれば「昭和ノスタルジア」は、社会的「脅威」としての多様な可能性、批判力をもしも備えていたとしても、それが元々無かったかのように払しょくされ、無害なものとしてジャーナリズム言説の中で神話化されている可能性が無いとは言えない。それに加えて、先述したように、昭和三〇年代前後は、「古き良き時代」と信じられてきた神話があるので、昭和三〇年代ノスタルジアをめぐっては、いわば二重の神話があると言いうるかもしれない。

ジャーナリズムや論壇の言説の中には、もう少し、そもそものノスタルジアの意味合いに自覚的なものも、あるにはある。例えば、映画『ＡＬＷＡＹＳ 三丁目の夕日』を論じた次のような、評論家の川本三郎の議論は、ノスタルジアが近代日本の発展のプロセスの中で邪魔者扱いされてきたことに幾分は自覚的である上で、二一世紀初頭の日本でノスタルジアが正当に評価されても良いと主張するのである。

昭和三三年（一九五八年）の十二月に東京タワーが出来た時、東京の中学二年生だった人間としては、西岸良平原作、山崎貴監督の『ＡＬＷＡＹＳ 三丁目の夕日』は実に懐かしく、面白く、久々にいつまでも映画が終わらないで欲しいと思った。劇場で見たのだが、最後のクレジットのところで立ち上がる観客は少なかった。みんなずっとこの世界にいたいと思ったのではないか。（中略）「単なるノスタルジーではなく」というノスタルジー批判の常套句があるが、こういうお定まりの批判は、近代日本が西洋列強に追いつくために、常に後ろを振り返らず前へ前へと生きてきた歴史の所産だろう。もうそろそろノスタルジーが評価されてもいい。大きな過去は歴史として尊重されるが、祖父母や父母が生きてきた近過去のことは『単なるノスタルジー』と否定される。おかしな話である。近過去を大事に思い出す。それは自分の足元をしっかりと固めることであり、亡き人々を追悼することでもある」(川本 2005: 108)

しかしながら問題は、この後、川本が、この映画では「昭和三〇年代の風物や生活習慣が再現されている」と述べて議論を展開しているように、映画『ALWAYS 三丁目の夕日』の内容を当時の事物や出来事のストレートな再現であることを、分析を経ることなく自明視していることである。要するに映画の表象内容と当時の現実を同一視しているのであるが、果たして何を根拠にそう言えるのだろうか。このような同一視は、昭和三〇年代が「古き良き」時代であったとする第一の神話、ノスタルジアの意味についての第二の神話に加えて、第三の神話であると言ってよいだろう。したがって皮肉なことに、せっかく川本がノスタルジアが本来持っているかもしれない「脅威」に幾分は自覚的ではあっても、結局は「神話」の再生産者である多くのジャーナリズム言説と同じ罠にはまっていると言わざるを得ないのである。

もっとも、ノスタルジアを本質化してしまうことは危険であり、別の問題を生み出すことにもなりかねない点は注意しなければならない。クワインの「言葉による指示の不決定性」や言葉の意味の変容の問題なども当然、考慮に入れなければならないだろう。確かにこれらのメディア言説は、ホーファーが言うノスタルジアとはいささか異なる意味合いからノスタルジアの言葉を使ってはいる。だがこれらのポピュラーカルチャーが、そもそものノスタルジア概念の含意とは関係が希薄で、何か別の文脈から考えるべきものとする余地も残されているのである。

とはいえ、これがそもそものノスタルジア概念と密接な関係があることはおそらくのところ間違いないだろう。というのは、ノスタルジアは、ボイムが言うように、「もはや存在しない家か、存在したことのない家へのあこがれ」を志向するかなり幅広い概念であり、日本の近過去を対象として描くこれらの大衆メディア・文化作品の数々が、何らかの形でそれに関係していると考えることは無理がないからである。問題は、ノスタルジアの対象が、「もはや存在しない家か」、あるいは「存在したことのない家へのあこがれ」であるのか、もし「存在したことのない家へのあこがれ」であるならば、その想像上の「家」とは果たしていかなるものであるかである。

本書を書かしめた目的の一つは、「昭和ノスタルジア」の大衆メディア・文化作品およびそれに関する言説、オーディエンスの反応などの詳細な分析と考察を通して、社会現象化している「昭和ノスタルジア」の社会文化的意味とポリティクスを具体的に解き明かすことである。

本書は、後に詳述するように、ポスト・マルクス主義の政治理論家エルネスト・ラクラウとシャンタル・ムフの言説理論をメディア研究に応用した独自の研究アプローチを採用することで、大衆メディア・文化作品のナラティブや関連する言説空間のヘゲモニー実践を構成している多様な「節合実践」、および「敵対性」を析出することで、「昭和ノスタルジア」について、定見とは、いささか異なる知見を提示する。それは、結果的には「昭和ノスタルジア」をめぐる、いわば脱神話化を行うことにもつながるだろう。

## 本書の構成

本章の構成について概略を示しておきたい。本書は、理論を扱う第1章と第2章を第Ⅰ部とし、実際の分析と考察を行う第3章以降を第Ⅱ部として分けている。

第1章では、「昭和ノスタルジア」を研究するにあたって関連する理論的背景を検討する。二〇世紀以降、歴史概念、歴史叙述およびヒストリオグラフィーのありようが大きく変容し、ナラティブとしての多様な歴史叙述への関心が高まっている。それと共に記憶への関心も高まり、一九八〇年代頃から記憶研究（memory studies）が台頭、活性化している。この章では、本書に関連する欧米の記憶研究の成果と課題を整理し、二一世紀初頭の現在において、「記憶のナラティブ」を考える視点とその問題点を議論する。

第2章では、最初に一九八〇年代前後のイギリスのサッチャー政権時における大英帝国時代への郷愁志向の大衆文化産業の台頭とそれをめぐる文化産業内部、および知的言説空間内部での激しい対立から、記憶のポリティクスの磁場が生まれたことを議論する。そして、本書では、主にポスト・マルクス主義の政治理論家エルネスト・ラクラウとシャンタル・ムフによる言説理論および敵対性（antagonism）の概念をメディア研究に独自に援用した「ラディカル・デモクラシーのメディア学」とでも呼ぶべくアプローチを試みるが、そうするに至った理由と背景、およびこのアプローチについて議論する。

第Ⅱ部となる第3章以降は、「昭和ノスタルジア」についての映画、テレビ番組の内容を中心に、加えてそれらの批評言説、オーディエンスの受容言説などを具体的に分析・考察する。

第3章では、「昭和ノスタルジア」について語る知識人の言説を、映画やテレビと同様に社会現象としての「昭和ノスタルジア」を構成する一部と見なす視点から考察を行い、これらの言説のヘゲモニーのありようを注意深く検証する。そして、知的言説においても、序章で触れた新聞などのジャーナリズムの言説と類似の「前提」と、そこから導き出される敵対図式を備える傾向があることを議論する。そして、「昭和ノスタルジア」の言説空間において、ある程度共通するヘゲモニーがみられるのはなぜなのか、「戦後」パラダイムとの関連から議論する。

第4章では、「昭和ノスタルジア」が社会現象化する導火線となった映画『ALWAYS 三丁目の夕日』シリーズと『東京タワー—オカンとボクと、時々、オトン—』を考察する。これらの映画のナラティブでは、高度経済成長期の初期に建設された戦後のシンボルの一つ、東京タワーが重要な役割を果たしている。この章のポイントは、東京タワー、および高度経済成長期の初期の時代イメージが、これらの映画作品のナラティブの中でどのように表象されるか、建設当時から現在に至る東京タワーのメディア表象史との比較参照も視野に入れながら詳細に分析する。

第5章では、高度経済成長期を特徴づけると共に、戦後の発展の「正」の遺産、「光」と位置付けられてきた日本の技術発展、技術革新についてのナラティブのありようを検証する。ここでは、二〇〇〇年から二〇〇五年まで放送され、「国民的番組」とも評されたNHKのテレビ番組『プロジェクトX—挑戦者たち—』を取り上げ、その中から代表的ないくつかの放送について考察する。本章では、番組内容について、番組の下敷きとなったノンフィクション小説や当時の新聞などのメディア記事との比較などからその差異を中心に、「国民的番組」のナラティブの編制、ポリティクスのありようを具体的に検証する。

第6章は、前章とは逆に、戦後の「負」の遺産、高度経済成長の「影」の部分を象徴する、エネルギー革命の犠牲者・炭鉱地域を扱った映画『フラガール』を取り上げる。この映画は、一九六〇年代に不況の炭鉱地域が温泉熱を利用した巨大なリゾート施設を建設し、フラダンスを呼び物にすることで、地域が再生した実話に基づいている。ここでは、映画のナラティブのありようと共に、そこで炭鉱とフラダンスがどのように位置づけられるか、また主として男性労働者が地域経済を牽引していた炭鉱地域でフラダンサー＝女性が持ち込まれることから予想されるジェンダー・ポリティクスがどのように表象されるかが考察の対象になる。また、炭鉱地域は、映画史の中で幾たびも表象の対象になり、炭鉱映画とでも呼ぶべく歴史的系譜があることから、炭鉱映画史上の映画との比較参照も行う。

第7章では、高度経済成長期の到達点、終着駅とされる一九七〇年（昭和四五年）前後の時代と、当時を象徴する大イベントである大阪万博を描いた映画『クレヨンしんちゃん 嵐を呼ぶ モーレツ！オトナ帝国の逆襲』（2001）と『20世紀少年』シリーズ三部作（2008-2009）を取り上げる。ここでの焦点は、大阪万博と高度経済成長の終着駅である一九七〇年（昭和四五年）前後の時代の表象のありようの検証にあるが、見逃せないのは、この二つの作品の作り手たち（原作者、監督、編集者、脚本家）が皆「シラケ世代」、「モラトリアム世代」と呼ばれる世代に属していることである。そのため、ここでは、同世代の作り手らのポジショナリティ、ライフ・ヒストリーとナラティブの関係性も考察の対象となる。

また、この二つの作品は数ある「昭和ノスタルジア」映画の中でも、特にオーディエンスの語りを誘発してきた。とりわけ『クレヨンしんちゃん 嵐を呼ぶ モーレツ！オトナ帝国の逆襲』は、そもそも幼児・子供向けのアニメ映画であるにも拘わらず、大人の観客、評論家や知識人から喝采を浴びてきた。大人たちのオーディエンスは、はたして作品に何を読み込んだのか、ここではインターネットの電子掲示板、ブログでの書き込みの分析からも、「昭和ノスタルジア」の異色作である二つの作品の検証を行う。

第8章では、それまでの章の議論を綜合し、ジャーナリズムや知的言説の言説空間、主要な映画やテレビ番組の各ナラティブ、およびそれらのオーディエンスの受容のそれぞれのヘゲモニーの差異のありようを比較参照しながら整理し、二一世紀初頭の「昭和ノスタルジア」とは果たして何であるのかを総括的に検証する。その上で、近過去の記憶をめぐる社会現象化した複合的なメディア言説空間を扱う際に必要な「言説空間の複数性」の視点と、本書で試みた「ラディカル・デモクラシーのメディア学」とでも呼ぶべきアプローチの有効性と課題について総括する。

エピローグでは、ここ数年来、特に二〇〇七年頃からの世界同時不況、とりわけいわゆるリーマン・ショック後の二〇〇八年頃から、「昭和ノスタルジア」に関連したポピュラーカルチャーに質的な変容が見られることを、それまでの議論との関連から考察する。さらに近年の映画やテレビドラマの扱う対象が昭和三〇年代から昭和四〇年代前後にシフトしていることを議論し、それが一九六八年前後のいわゆる「政治の季節」への関心の高まりといかなる関係性があるのかを考察する。本書の最後では、「昭和ノスタルジア」の多様なポリティクスの今後の可能性と、「昭和ノスタルジア」が浮き彫りにする問題の解決と救済のありようについて検討する。

# 第Ⅰ部

# 第1章　記憶とナラティブ

## 1．歴史とナラティブ

### 歴史とは何か―カー、コリングウッドから「言語論的転回」へ―

「昭和ノスタルジア」のような僅か数十年前の近過去についてのメディア文化表象を論ずるにあたって、最初に概念としての歴史を持ち出すのはいささか大仰に過ぎると思われるかもしれないが、出発点としてはむしろ適切であると考える。たとえ近過去の表象ではあっても歴史ナラティブ（historical narrative）の範疇に入れられると共に、歴史と歴史研究の方法論（historiography）の間には、長い間パラドックスが存在してきたこと、さらには歴史と歴史意識はアカデミックな領域だけではなくジャーナリズムや公的な議論の場においても主要な議題となっているような背景も考慮に入れるならば、概念としての歴史への視点はむしろ欠かせないだろうからである。

二〇世紀は、人文社会科学が現実を構成するものとしての言語に関心を集中させる、いわゆる「言語論的転回」による知のパラダイムの転換を経験し、その影響はより直接的には一九七〇年代前後のポスト構造主義の影響力と普及によるところが大きいが、歴史や記憶の叙述との関係で言えば、それより以前の今から五〇年以上も前に、二人のイギリス人歴史家E・H・カーやロビン・ジョージ・コリングウッドなどによって既に類似の指摘がなされており、その言葉は現在も重要性を失っていない。

二〇世紀以来、歴史概念は大きな変容を経験してきた。一九世紀は、歴史は客観科学であると信じられてきたが、カーやコリングウッドら二〇世紀の多くの歴史家はそれは幻想に過ぎないと主張した（Collingwood 1946; Bloch 1954; Carr 1961 他）。カーは、事実を古典的な実証主義という形で押し出した一九世紀後半の歴史家を批判し、歴史とはそれまで数百年もの間信じられてきたような単なる客観的事実の組み合わせではなく、歴史家の手になる主観的な記述であり、「事実はおのずから語ると言われてきたことは、もちろん間違いである。事実は歴史家の求めに応じる時だけ語るのだ。どの事実に場を与えるか、どのような順序や文脈で語るのか決めるのは歴史家自身である」（Carr 1961 : 5）と述べた。コリングウッドも歴史の客観性を否定し、「審判の法廷に立つのは歴史家自身であり、その歴史家の知性の強さと弱さ、価値観と不道徳が明らかになるのだ」（Collingwood 1946 : 218–219）と述べている。

結果として生まれる歴史叙述の「恣意性」は、当然のことながら歴史的「事実」の解釈およびそれに伴う選択と排除を導く。カーは、「事実の想像、選択、配列は、それらの相補的な行為を通して、微妙な、そしておそらく幾分は無意識な変化を遂げることになる」（Carr 1961 : 24）と述べているが、コリングウッドも同様に、「歴史的思考の自立性は、つまるところ選択の作業において見られる」（Collingwood 1946 : 236）としている。

歴史は、現代の歴史家の眼を通して過去に光をあてるため、いわば生きた「現代の歴史」とも言える性格を持っているので、歴史は歴史家が生きている時代の固有の状況を反映した叙述であることは不可避である。そのため、カーは、歴史とは、「歴史家と事実との間の相互作用の途切れない過程であり、現在と過去との間の尽きぬことのない対話」（Carr 1961 : 24）だとした。

加えて、カーが「最初に歴史とは過去と現在の対話であると述べた時、私はむしろ過去との出来事と漸次現れてくる未来の目的の間との対話であると申し上げるべきだった」（Carr 1961 : 118）と述べるように、歴史は現在のみならず未来志向であることも留意しておくべきであろう。つまり歴史家は過去を利用することで何がしかの目的を自分の時代に達成することに関心を寄せるために、歴史は自ずと未来志向的になるのである。

「歴史とは過去と現在の対話」「未来の目的との対話」という、今もよく知られたカーのフレーズが物語っているのは、唯一の「正史」的なものは存在せず、歴史家が生きる時代やその立ち位置、価値観によって多様な叙述が存在し、それがそれぞれの現在と未来の目的を自問しながら変化を繰り返すことである。したがって、過去は、ある時代の人々が自分たちの目指す未来の創造のために利用しうる無限の資源であり、過去は未来に開かれた「政治的武器」でもあるのだ。

さらにコリングウッドは、歴史家の立ち位置のコンテクストから過去は再演（re-enact）されるのであり、「過去の思考を再演する思考は、それを再演しながら批判を行う」ため、歴史叙述は、必然的に「クリティカル・シンキング」と言える性格のものだと述べている（Collingwood 1946 : 215-216）。

## 歴史とナラティブ

カーやコリングウッドら半世紀以上も前の歴史家らの言葉は、その後の社会構築主義的な考えを先取りしていたものだったが、それでもそのような考えの人文社会科学への極めて広範な影響は、一九八〇年代以降のポスト構造主義や「言語論的転回」の波が本格的に押し寄せるのを待たねばならなかった。社会構築主義について、社会学者の千田有紀は、「社会学において、構築主義ほどそのアプローチのありかたが、実際の社会分析を忘れさせるほどまでに論じられてきたものはないだろう。その論争に改めて踏み込めば、それだけで数冊の文献が積み上がるだろう」（千田 2001 : 8）と述べているほど、その影響力は凄まじかった。「言語論的転回」および社会構築主義的な考え方は、歴史も文学などと同じような一つのテクストに変えてしまったのである。

アメリカの歴史家ヘイドン・ホワイトは、*Metahistory: The Historical Imagination in Nineteenth-Century Europe*（1973）の中で、一九世紀ヨーロッパの著名な歴史家、哲学者の叙述を分析し、書き手たちは全く意識をしていないもののそれらはそれぞれ四つの説明原理、イデオロギー的含意、プロット、喩法に分類可能で、それぞれが互いに密接に結びついていることを見出した。ホワイトが明らかにしたことは、そうした歴史叙述の生産過程は、科学的・客観的な記述とは程遠く、むしろ物語（ナラティブ narrative）の構成過程に近いものだということである。

ホワイトは形態としてのナラティブを研究し、ナラティブは「経験に意味を付与するにあたって文化が利用しうる数多くのコードの一つなどではなく、コードについてのコードであり、それに基づいて初めて、共有された現実の本性に関して文化間の通信が可能になる人類の普遍的特性なのである」（ホワイト 1981［2002］: 10）と述べている。

中世からの歴史ナラティブの発展を調査した後、ホワイトは、すべての歴史ナラティブは、過去の出来事についての教訓的な解釈を行いたいという衝動から生まれたものであり、その際、他に様々な説明の形式の可能性があるにも拘わらず、ナラティブという形式が選び取られるのであり、結果として作られた歴史ナラティブは、過去の出来事の解釈を通して意味づけがなされ、何らかの教訓的、道徳的な解決を提供するものだと述べている（ホワイト 1981［2002］：34–35）。

ホワイトは、これらのことを一九世紀やそれ以前の歴史家の歴史叙述について語っているのであるが、しかしながら二〇世紀の「ポストモダニスト」の芸術家や知識人の場合になると、もはや拠って立つ歴史は存在せず、「職業的な歴史家が科学的な歴史叙述として認識しているものを拒否」し、「過去へ思念をめぐらす」ことで、過去を表象すると述べている（ホワイト 2009）。[7]

ホワイトは、そうしたポストモダニズム的な「過去」の表象は、芸術作品の中に多く見出されるとして、歴史小説、絵画、博物館の名を数多く挙げると共に、叙事詩的映画として、リチャード・アッテンボロー監督の映画『ガンジー』（1982）、オリヴァー・ストーン監督の『ＪＦＫ』（1991）、トニー・リチャードソン監督の『遙かなる戦場』（1968）、ドキュメンタリー映画としてクロード・ランズマンの『ショアー』（1985）、アラン・レネの『夜と霧』（1955）などの名を挙げている。[8]

重要なことは、これらポストモダニズム的な映画などの作り手が、職業的な歴史家が科学的な歴史叙述としているものを「拒否し」、歴史家が関心を寄せる資料的な記録には必ずしも興味を示さず、作り手自身が「過去へ思念をめぐらす」ことで「生み出される意味」を重視するため、拠って立つ「歴史はほとんどない」ことである。

こうしたことは、二一世紀の「昭和ノスタルジア」の映画やテレビ番組の作り手にも当てはまらないとは言えないため、それらのナラティブは資料的な記録に基づいた近過去としての「昭和」の再現ではなく、作り手たちが「過去へ思念をめぐらす」ことで生成される固有のものである可能性をむろん否定しない。そしてコリングウッドが言うように歴史ナラティブが「クリティカル・シンキング」であることを考慮するならば、過去の出来事の意味づけを通しての教訓化、道徳化がなされる際には、クリティカルな解釈を伴わざるを得ないだろう。したがって、「昭和ノスタルジア」のポピュラーカルチャーがたとえ表層的には当時を憧憬し、ポジティブなイメージで縁取られていたとしても、その背後に近過去への「クリティカル・シンキング」や教訓的な解釈への衝動が秘められている可能性があることは否定できないだろう。

そのために、ジャーナリズムや知識人によって語られる、いわゆる言説としての「昭和」と、これらの映画やテレビ番組などの大衆メディアとしての映像作品の「昭和」は、そのナラティブの位相の差異があることも十分予想される。そしてそれは、資料的な記録に記されたものから相当逸脱したものである可能性も無いとは言えない。

またホワイトは、ポストモダニストによる過去の表象は、「伝統的な科学的歴史」への不満、すなわちホロコースト、核兵器、新種の病気（エイズ）、グローバル化など、二〇世紀の「極端」な出来事に関する歴史叙述に対する不満から生まれていることが背景にあるため、いわば「対抗的な歴史叙述」とでも言うべき性質を備えていると述べている（ホワイト 2009）。二一世紀初頭の「昭和ノスタルジア」の映画やテレビドラマも、いわゆる「正史」的な近過去としての「昭和」の理解とは相当異なる「対抗的な」ナラティブを造型している可能性も十分、考慮に入れておく必要があるだろう。

## 2．記憶研究の興隆と課題

### 記憶研究の興隆

「言語論的転回」以降の歴史の物語化は、同時に歴史と記憶の境界も曖昧にしてきた。「昭和ノスタルジア」のような近過去の場合、歴史であると共に当時を生きた人々にとっては経験的な記憶の領域でもあるため、このような変化は重要な意味を持つ。

一九世紀では、新しく起きた出来事は歴史の範疇としては捉えられなかった（Bloch 1946 : 31）。なぜならば、モーリス・アルヴァックスが言うように、歴史は「伝統が終焉した時に始まる」（Halbwachs［1926］1950 : 78）と見なされたからである。ところが前述したように、歴史概念は二〇世紀を通して大きな変容を経験したため、歴史概念は、大過去はむろんのこと近過去にも関係するようになり、さらにはコリングウッドが言うように「五分前」の出来事にさえ関係するようになった（Collingwood 1946 : 219）。

とはいえ、歴史概念だけで近過去にアプローチすることで大事なものが見逃されてしまうことがあることも無視できない。第一に、今日においてさえ、歴史は「社会が一目を置く公的な記憶以外のものではない」（Hutton 1993 : 9）という認識が時に存在する。要するに歴史は今日においても、公的な記録というあくまでも限定された領域であるという受け止め方がいまだに時として見られるのである。

第二に、構成された歴史ナラティブは過去そのものとは根本的には異なり、それはオランダの歴史理論家フランク・アンケルシュミットが言うように、「認識論的に与えられた歴史ナラティブは、現在と過去の不調和（incongruity）のために、過去そのものと同じ尺度では比較できない」（Ankersmit 1983, 1989）からである。したがって過去は、「単に別の土地なのではなく、そもそもそこに行くためのヴィザがない」（Hobart 2000 : 213）とも言いうるのだ。

第三に、――これが本書では最も重要かもしれないが――一九八〇年代以来の記憶研究への世界的な関心を考慮に入れる必要があるからである。

記憶研究（memory studies）は、様々なディシプリンの研究者の間で行われるようになってきており、その領域は、心理学、歴史学、社会学、哲学、カルチュラル・スタディーズ、フィルム・スタディーズ、メディア・スタディーズ、文学、考古学、人類学、建築学など多岐にわたっている（Radstone 2000 : 1）。そのため、記憶研究に関連するテーマの論文は学術誌を賑わせ、欧米では、記憶研究の教育・研究の場を設ける大学が増加しており、中には、大学院で記憶研究に関するコースを立ち上げるところさえある。[9]

記憶研究が重要なのは、記憶と歴史の関係が変容したこととそれについて記憶研究が役割を果たしたことが背景にある。二〇世紀を通して歴史概念は大きく変容したが、同時にそれは概念としての歴史と記憶の関係性の変化も伴うことになった。一言で言えば、歴史と記憶の概念が相互に接近してその境界が曖昧になったのである。一九世紀の歴史家は、歴史叙述にとって記憶は、客観性と科学的アプローチにとっては障害物であるとして拒絶した（Misztal 2003 : 100）。

しかしながら、第二次世界大戦後、とりわけポスト構造主義や「言語論的転回」以降、特に一九八〇年代以降の記憶研究の知見が「歴史による過去の独占」（Misztal 2003 : 103）にいわば揺さぶりをかけたため、結果として記憶と歴史の境界はほとんどと言ってよいくらい消滅してしまった感がある。

## 記憶とナラティブ――ノラの「記憶の場」とギデンズの「行為の再帰的モニタリング」――

記憶研究の現在の世界的隆盛を考えた時に、フランスの歴史家ピエール・ノラの役割は小さくない。フランスでは、一九八〇年代から九〇年代にかけてミッテラン政権時代の文化プロジェクトとして、ピエール・ノラを中心に総勢一二〇人の研究者を動員して十数年がかりでフランスの国民意識の文化・社会史を研究する壮大な共同プロジェクトが行われた。ノラの議論は一筋縄ではいかない、やや難解なものだが、その基調となっているのは、「大きな物語」の終焉の時代における記憶のリハビリテーションとでも言うべきものである。

ノラによれば、「歴史的なものから記憶的なものへ、そして記憶的なものからコメモラティブ（commemorative）なものへ」（Nora 1998：626）と人間の過去に関するスタンスが変化しているという。ノラにとって記憶と歴史は異なり、むしろ対立するものだが、両者の関係自体が複雑である。一方では、私たちは歴史によって記憶を破壊されながら生きているのだが、しかしもう一方では、記憶に取り憑かれてもいる。グローバル化と大衆文化の到来がもたらした歴史の加速は、伝統を破壊し、現代社会の過去とのつながりを弱めてきた。

ノラによれば、歴史の加速化のため、「圧倒的ともいえる歴史の勢いが記憶を置き去り」（ノラ 1996＝2002：31）にし、私たちは生きた「本物」の記憶を既に失っているので、記憶を（再）構成、再記憶しなければならないのである。記憶の領域は、「もはや生きてはいないが、しかしまだ完全に死んだわけではない。それは生きた記憶の海の波が引く時、波打ち際に残された貝殻のようなものである」（Nora 1996：7）。

これは言うなれば記憶の残滓のようなものであろう。したがって、現代人が成し遂げることができるのは、せいぜい昨日の記憶の場所を探すことくらいなのだとして、求められるべく「場」としての記憶の重要性、すなわち「記憶の場」をノラは提唱する。記憶は放っておくと残らないために、人々は、「わざわざ記録を残し、記念日を維持し、祝祭を組織し、追悼演説をおこない、公正証書を作る必要があるという意識」から「記憶の場」を生み出すのである。

「記憶の場」とは、「根底から変容し革新されつつある共同体が、技巧と意志とをもって、生み出し、作り上げ、宣言し、また維持するもの」であり、それゆえに、「われわれがみずからを支える砦」なのである（ノラ 1996＝2002：37）。結果として、人々にとって記憶はシンボルと含蓄についての建設と破壊の両方の媒介者となるが、それは独特なやり方で現在と過去をつなぐものになるのである。

歴史の集合心性史的側面を扱ったノラらのアプローチは各国の研究者に影響を与え、今では歴史の感情的側面を強調することは当たり前になってきており（Morris-Suzuki 2005）、記憶研究者の間では、関与する行為のプロセスとしての側面を強調するには、「記憶（memory）」よりも「想起（remembering）」（Wertsch 2002：18）のようなアクティブな用語の方がより適切であるという意見も少なからず見られるようになってきた（Middleton and Edwards 1990; Bartlett 1995; Wertsch 2002 他）。

ノラの議論は、（同時に参照される機会は少ないが）アンソニー・ギデンズのモダニティ論との間に相同性が見られる。ギデンズはモダニティの時代は、前近代と異なり時間と空間の分離が顕著であり、モダニティは「『目の前にいない』他者との、つまり、所与の対面的相互行為の状況から位置的に隔てられた他者との関係の発達を促進することで、空間を無理やり場所から切り離していった」（ギデンズ 1993：33）。モダニティの人間の日常生活は伝統と本来的に何の関連も無いため、再帰性は、生活システムの再生産の基盤となり、「思考と行為とはつねに互いに反照し合うようになる」（ギデンズ 1993：55）。再帰性は人間の全ての行為を規定するため、「日常的にみずからがおこなうことがらの根拠と不断に『接触』を保ち」

続けることが不可欠になる。

重要なのは、その際、ナラティブがモダニティの人間にとって重要性を獲得することである。ギデンズは上記の作業を「行為の再帰的モニタリング」と称しているが、そうしたモダニティの人々にとってのアイデンティティはまさしくナラティブだと述べている。モダニティの人々には、「他者によって与えられる外的な準拠点が欠如しているので、人生は個人のプロジェクトや計画と結びついた軌跡」となる（ギデンズ 1991＝2005：167）。伝統や準拠点から切断された個人の「軌跡」としての日々のルーティンの中で現代人は、「日誌をつけること、そして自伝をきちんと作り上げることが、自己の統一感覚を維持するために」中核的な役割を果たすのである（ギデンズ 1991＝2005：84）。換言するならば、モダニティの人間は自分史の軌跡を日々確認しなければ生きていけないため自ずと自己参照的になるが、日誌をつける、何らかの自伝を作る、すなわちナラティブを創造することがまさしくそれに対応したアイデンティティとなるのである。

破壊されつつある記憶の残滓を探し求め「記憶の場」を創造するノラの議論と、「行為の再帰的モニタリング」としてのナラティブの創造を言うギデンズの議論は、位相の相違はありながらも、共にモダニティ固有の人間と記憶のありようとそれらの関係性において相同性を確認できると共に、本書がナラティブの側面からアプローチすることを促すものでもある。

## 記憶とメディア

本書との関連でノラやギデンズの議論が重要なのは、一つには、映画やテレビなどポピュラーカルチャー、それを取り巻くジャーナリズムや知識人の言説、さらにはオーディエンスの言説も現代の重要な

「みずから記憶する人間ではなく、歴史家はもはや記憶する人間ではなく、「みずから」が記憶の場となる」と述べるノラの「記憶の場」の考え方は、言うなれば「大きな物語」の終焉以降の時代において、記憶は日々喪失されながら、記憶の喪失に抗う様々な主体が記憶についてのミニマムな物語を紡ぎ出す状況を示していると考えられる。

そのため、歴史家の言説だけではなく、大衆メディア・文化作品も「記憶の場」であるのはむろんのこと、オーディエンスの受容や関連する言説空間（ブログ、電子掲示板、ポッドキャスト、ウィキペディア、Twitter、Facebookなどのソーシャル・ネットワーキング・サービス他）も「記憶の場」を構成するナラティブと考えることができる。「昭和ノスタルジア」のような近過去の記憶をめぐる社会現象は、多様な主体が「消え去ろうとする記憶の海の波打ち際」に群がりながら、各自が「貝殻」を拾い集めて独自に「昭和」についての物語を構成している状況と言っても良いだろう。

また、イギリスの社会学者ローランド・ロバートソンが言うように、現代の記憶は、メディアやポピュラーカルチャーなどの大衆消費主義と深く関わっており、ノスタルジアは、大衆消費財の中に埋め込まれたイメージとして（のみ）人々に提供されるようになってきている（Robertson 1992）。

そうした消費化・メディア化された記憶の時代は、前に述べたように、ポストモダン的な作り手たちがメディアやポピュラーカルチャーを生産するのとむろんのこと同じ時代でもある。拠って立つ「歴史はほとんどない」作り手たちがそれぞれ「過去へ思念をめぐらす」ことで生み出されるメディアやポピュラーカルチャーの中の記憶が重要性を増している。そしてそれがホワイトが言うように「対抗的な歴史叙述」としての性格を持つのならば、そこで構成されているナラティブの中身は注意深い検証が必要であろう。

記憶とメディアの関係を研究してきたイギリスの文化史家キャサリン・ホッジキンとスザンナ・ラッドストーンによれば、「過去は固定されず変化する。過去の出来事のナラティブとそれに付与された意味は、常に変容しゆく状態にある」（Hodgkin and Radstone 2006 : 23）ため、記憶は常に意味への闘争状態にある。そのため、「博物館、映画、他のメディアは記憶のためだけではなく〔意味の〕介入のための場」（Hodgkin and Radstone 2006 : 174）であり、過去の記憶はメディアの表象を通して固有の意味や新たな意味を獲得することになる。そうした過去をめぐる意味闘争が現代では激化しているため、メディアが過去をどのように表象するかは、もはや過去に何が起きたかよりも時として重要なものになるのである（Hodgkin and Radstone 2006 : 1）。

メディア文化表象や言説における過去をめぐる意味の闘争は、遠い過去よりも近過去が対象の時の方がより緊張に満ちたものでありうる。なぜならば、多くのメディア文化産業の作り手にとって近過去は現実に経験した時間であり、それぞれのそれまでのライフ・ヒストリーとそこから培われた価値観や時代観を反映しやすいからでもある。

後述するが、「昭和ノスタルジア」を論じる知識人やジャーナリストの多くは、昭和三〇年代、四〇年代には既に生まれて、当時を知っている場合が多い。彼らの多くが昭和三〇年代は戦後の「古き良き時代」であることを前提にしているが、自身の考えを論壇や記事などの場で表す言論人と、大衆メディア文化産業の作り手の間では、そのライフコースなどのポジショナリティの差異が少なからず予想される。

実際、「昭和ノスタルジア」のメディア文化産業の作り手のバックグラウンドは極めて多様である。例えば、『ＡＬＷＡＹＳ 三丁目の夕日』シリーズの監督、山崎貴は映画の中で昭和三〇年代の東京を緻密に再現したことで高い評価を得ているが、山崎自身が生まれたのは昭和三〇年代の終わりの一九六四年(昭和三九年)であり、当然のことながら当時を実際には知らない。しかも山崎が生まれたのは長野県で、上京したのは高校卒業後のことであり、山崎自身、雑誌のインタビューで昭和三〇年代や当時の東京はよく知らないと語っている(小田桐 2008:16)。

『ALWAYS 三丁目の夕日』シリーズと並ぶ「昭和ノスタルジア」映画の人気作『フラガール』の監督である李相日(リ・サンイル)は、一九七四年(昭和四九年)生まれの在日コリアン三世である。新潟県生まれの李は四歳の時に家族で横浜に移り、小学校から高校までを朝鮮学校で過ごしている。李のデビュー作は、在日コリアンの高校生の苦悩と葛藤を描いた作品であった。

人気漫画で映画化もされた『20世紀少年』の漫画家で、一九六〇年(昭和三五年)に東京で生まれた浦沢直樹は、昭和三〇年代への懐古が流行っているのがとても嫌で、そのような社会的風潮に抵抗するために創作したのが『20世紀少年』だと語っている(森 2008:24)。(もっとも、『20世紀少年』も浦沢の意図に反して、「昭和ノスタルジア」の範疇で語られることが多いのは皮肉なことではあるが。)

他にも挙げればきりがないが、「昭和ノスタルジア」の大衆メディア・文化作品の作り手が一筋縄ではいかない多様なバックグランドを持っていることはこれら数人の事情を考えてみるだけで窺い知れるだろう。「昭和ノスタルジア」のポピュラーカルチャーを考察する際には、作り手のこのような多様なポジショナリティへの理解も求められるのである。本書がこれらのメディア表象の中身に予断を排して、慎重にアプローチする姿勢が欠かせないと考えるのはそのためでもある。

「昭和ノスタルジア」の大衆メディア・文化作品およびそれに関する言説空間の検証は、記憶が欲望される時代に埋め込まれた多様な記憶のナラティブのありようへの理解と脱構築を通して、二一世紀初頭の社会文化状況の差異的、意味闘争的局面を、ある一つの視点から浮き彫りにする試みでもある。

## 記憶、ノスタルジアとモダニティの問題

本書で最初に論じたボイムによる概念としてのノスタルジアが元々含意したこと、すなわちノスタルジアが「モダニティの矛盾を暴露し、政治的重要性を獲得した」（Boym 2001:5）ことやノラ、ギデンズの議論を考慮するならば、ノスタルジアを考察する時は、モダニティへの視点は欠かすことができないだろう。実際、記憶研究の多くもモダニティへの問題意識が強い傾向がある。そのため、「昭和ノスタルジア」のポピュラーカルチャーが扱っているのがたとえ数十年前の近過去であったとしてモダニティの問題を避けて通るわけにはいかない。

記憶とモダニティをめぐる問題では、主張が対立し合う泰斗の間であっても、本人たちが必ずしも自覚していない点においても重要なポイントがある。米コロンビア大学の比較文学者アンドレアス・ヒュイッセンは、ノラと同様に、現代は「末期的な記憶喪失」（Huyssen 1995:1）に陥っているがそれと同時に、記憶に取り憑かれてもいる複雑な時代であると述べている。この矛盾に満ちた状況は、ボイムが述べているように、二〇世紀初頭のモダニストらが「自分たちを過去へのノスタルジアを否認する存在だと定義して」おきながら、二〇世紀末になると、「ノスタルジアへの熟考は、クリティカルなモダニティや、その矛盾し合い相反する感情や文化的な矛盾の再定義へと私たちを導いてくれる」（Boym 2001:31）と受け止められていることを想起させる。

ヒュイッセンによれば、モダニティの発展からの逃避や、ポストモダン的世界の電子コミュニケーションによる記憶への取り扱いを脅威に感じる人々のレスポンスなどから、特に一九七〇年代初頭から記

憶への関心は高まりを見せ始めた（Huyssen 1995）。つまり、ヒュイッセンによれば記憶への執着は、モダニゼーションへの抵抗に根差した、近代への批判だと考えられるわけである。ヒュイッセンは次のように言う。

実際、私たちの記憶への囚われは、私たちの生活世界を明らかに変容させる加速的な技術プロセスに対抗する反動として機能するのだと言いたい。（中略）記憶はむしろ情報プロセスをゆるやかにする試みであり、それによってアーカイブの共時性において時間が消失することに抵抗し、シミュレーション、速いスピードの情報伝達、ケーブルネットワークなどの世界の外部で沈思黙考するモードを回復し、しばしば困惑させ、脅威ともなる異質さ、非共時性、情報過多の世界で何かしっかりと固定した空間を要求することなのである（Huyssen 1995 : 7）。

ヒュイッセンにとって、美術館などの人類の祖先の文化の名残や地域文化への関心は、歴史的なオーラを借りて、モダニゼーションの加速するスピードに抵抗することに他ならない（Huyssen 1995 : 28）。このため、ヘリテージ・サイトやメディア表象は、過去を記憶し、記念するための記憶装置として極めて重要になってくると言うのだが、確かに、現在世界に存在する美術館の九五％以上が第二次大戦後に作られた事実（Lowenthal 1998 : 3-8）は、それを裏付けてもいよう。

しかしながら、スザンナ・ラッドストーンはヒュイッセンを批判し、ヒュイッセンが言うような、記憶はモダニティへの抵抗から生まれるユートピア的な隠れ場所であるとする考えは間違いで、それ自体が「批判の対象となる」と述べている（Radstone 2000）。ラッドストーンは、そもそもモダニティはそれほど合理的なものではなく、もっと矛盾と曖昧さとカタストロフィに満ちており、記憶は「モダニティの多義性がそのもっとも差し迫った説明を見出す場所」だと主張する（Radstone 2000 : 5）。

ヒュイッセンとラッドストーンの立場は、一見すると、モダニティのありようをめぐる対立的な議論として受け止めることができるが、ここで重要なことは、むしろ本人たちも気づいていないような両者の共通点である。

すなわち記憶の問題を考えるには、モダニティという大きなフレームが必要だという基本的な理解においては両者は一致しているのである。記憶と記憶への再評価、さらには記憶の持つクリティカルな力がモダニティの問題と密接に結びついている点では、対立する両者の間でも了解がなされているのである。そのうえで二人とも、日々量産されている膨大な数の現代の記憶表象やナラティブには、細心の注意を払いながらその中身にアプローチするべきだと考えている点でも一致していることを見逃してはならないだろう。

いずれにしても、ノラ、ギデンズやヒュイッセン、ラッドストーンらの議論は「昭和ノスタルジア」のような近過去の記憶やノスタルジアをめぐる問題であっても、モダニティを念頭に置いたマクロな観点と個人史のようなミクロな観点、言うなれば遠近両方からアプローチすることの必要性に導く。それは同時に、序章で述べたように、ノスタルジアが元々はモダニティの進展に批判的な「歴史的な感情」であり、それはモダニティの矛盾を露呈させてしまうがために人間の心の病として扱われてきたと述べるボイムの議論とも通底しているだろう。

記憶研究の課題

本章の最後に、記憶研究についてのいくつかの問題点や課題を指摘しておきたい。

第一に、記憶研究が様々なディシプリンの学問領域でなされるようになってはいるものの、(だからそうなのでもあるが)方法論が多様であり、そのことは言い換えればばらばらであることをも意味する。その中の問題点の一つに、本書が扱うようなポピュラーカルチャーの表象上の記憶についても、ディシプリンはむろんのこと、必ずしも系譜的な研究の堆積が見られるわけではないことである。

第二に、本章でも述べたように、記憶研究者はモダニティとその困難が結果として伴う記憶の変容や現代人の記憶の喪失について論じているものの、これらの議論で取り上げられているモダニティはほとんどの場合、西洋諸国のものである。例えばノラの場合は、対象はあくまでもフランスの近現代史の記憶であり、非西洋地域についての事情を考慮に入れた十分な理論的説明を行っているわけではなく、ノラがポストコロニアル的な記憶の多様なありようへの良い理解者であるとも残念ながら言いがたい点で、いささか「西洋中心主義」に思えなくもない[10]。逆説的に言うならば、記憶研究自体がグローバルな地政学の中で編制されているとも言えよう。

第三に、記憶研究は、第二次世界大戦期に研究対象が集中しがちな傾向があり、その一方で、より近過去の記憶の研究は必ずしも主流ではない。欧米では記憶をめぐる論争や記憶研究の議題がクローズアップされてきているにせよ、それはあくまでもホロコーストの経験などの戦争の記憶が中心なのである。もっとも、それには容易な解決が見出せない複雑な問題が露呈してきたことも背景にある。一九八〇年代以降の世界各地での歴史修正主義の台頭は言うまでもなくその代表的なものである。良く知られていることだが、ドイツでは一九八六年に一部の歴史家がアウシュビッツの大量虐殺は歴史の中では必ずしも特異なことではないと主張し、これに反論したユルゲン・ハバーマスらとの間で数年にわたる大きな論争になった。日本でも一九九〇年代以降の「歴史教科書論争」の存在など言うに及ばないだろう。

そのため日本においても、記憶をめぐる論争は、哲学者の岩崎稔が言うように、「何よりもまず『戦争の記憶』を巡って生じている。それは、戦後半世紀以上ものあいだ、一貫して戦争責任を正面から問うことのないままであった日本社会における、周縁化された被害と加害の記憶」(岩崎 2002 : 265)であった。そのため、「戦争の記憶」「記憶の内戦」「記憶の戦争」といった標題をもつテクストを列挙するだけでも、「紙面は尽きてしまう」(岩崎 2002 : 264)ほど、記憶をめぐる論争や研究は「戦争の記憶」が主流であり続けている。皮肉なことに戦争についての「周縁化された被害と加害の記憶」が中心議題となる一方で、戦争以外の記憶の論争は周縁化されてきた面が無きしもあらずなのである。

ここでの問題は、なぜ「戦争の記憶」以外の記憶の争点化――とりわけ、より近過去の記憶の争点化――がそれほど広がらないかである。このことが重要なのは、序章で見たような「昭和ノスタルジア」についての新聞などのジャーナリズム言説や後で詳しく議論するような知的言説のありようと決して無関係ではないと思われるからである。序章で紹介した新聞記事が、第二次世界大戦が「繰り返したくない」時代で受け継ぐべきではない「負の時代」だと記しているのは、裏を返せば、「負の時代」だからこそ、その記憶は論争と抗争を活性化させうる材料に満ちているとされるとも言えよう。

一方で、「昭和ノスタルジア」の主なターゲットとなる昭和三〇年代、四〇年代は、あらかじめ「受け継ぐべき」時代とされているがゆえに、「昭和ノスタルジア」がたとえ記憶をめぐる社会現象ではあっても、論争の材料に乏しいために論争議題として前景化されにくいと考えることもできよう。そのことが、「昭和ノスタルジア」がいかに社会現象化しても、研究対象としていささか周縁的である一つの理由かもしれない。

しかしながら、そうした事情が序章で見たように、「昭和ノスタルジア」をめぐる三つの「神話」が併存するような事態を生み出している背景とは決して無縁では無いだろう。ここで重要なのは、なぜ「神話」が言説で再生産されるのかということと、なぜどの言説も似たようなものになってしまうのかというフーコー的な問いかけである。以上のような問題意識から、「昭和ノスタルジア」を探究する際は、記憶のポリティクスや力学を可視的かつ動態的に把握するアプローチを採用するのが望ましいと思われるがそれについて次章で議論したい。

# 第2章　記憶のポリティクスの発掘と救済
## ―ラディカル・デモクラシーのメディア学―

## 1．英サッチャー政権と「ヘリテージ産業」をめぐる対立

**英サッチャー政権と「ヘリテージ産業」**

ナショナル・ヘリテージ（国家的文化遺産）は、しばしば国民意識の形成においてノスタルジアを喚起する強力な武器になりうる（Mosse 1975; Davis 1979; Wright 1985; Corner and Harvey 1991; Giles and Middleton 1999; Misztal 2003 他）。

イギリスでは、主に一九世紀末から二〇世紀初頭にかけてのヴィクトリア朝時代の絶頂期の大英帝国が、政治、経済、産業はむろんのこと文化、芸術でも栄えたため、第二次世界大戦後、国が衰退していった後も、ヴィクトリア朝時代のナショナル・ヘリテージがノスタルジアをかき立てる、かつての栄光の記憶の豊饒な源泉であり続けた。

戦後のイギリスは、とりわけ一九六〇年代以降は、経済が停滞していたにも拘わらず、手厚い社会保

障制度や基幹産業の国有化などのため、国民が高福祉に依存して勤労意欲の喪失を招き、それがまた経済の悪化に導くという、いわゆる「英国病」が慢性化していた。そのため一九八〇年代のイギリスでは、当時のサッチャー政権が、そうした「英国病」に加えて移民の増加などで多文化化、複雑化していたイギリスのナショナル・アイデンティティを再構築するために、「一九世紀の偉大な産業起業家たちの記憶に根差したイギリスの新しいヴィジョン、新しい遺産を選別し、計画的に利用した」(Corner and Harvey 1991:14) のである。

サッチャー政権は、国民を糾合するためにポピュリズムを利用したが、保守的な市場主義を導入する際にも、市場主義の淵源はヴィクトリア朝時代にあるというロジックで、その「正当性」を訴えたのである。すなわち、大英帝国の文化遺産、ナショナル・ヘリテージが重要な「政治的武器」として利用されたのであった。サッチャー政権は、市場をナショナル・アイデンティティ形成の鍵とみなしたため、主にヴィクトリア朝時代のナショナル・ヘリテージに着目した「ヘリテージ産業 (heritage industry)」の台頭を同時に促すことになり、それは実際にナショナル・アイデンティティ形成に重要な役割を果たした (Corner and Harvey 1991)。

「ヘリテージ産業」は、観光産業、博物館・美術館、都市再開発、当時の衣装・ライフスタイルに関係するアパレル産業、そしてむろん当時を舞台にしたり、当時へのノスタルジアを志向する映画やテレビ番組など多岐にわたっており、一九八〇年代前後のイギリス文化産業の一大潮流となった。

## 「ヘリテージ産業」をめぐる言論の対立

重要なことは、ジャーナリズムや知的言説空間では、「ヘリテージ産業」への評価をめぐって激しい意見の対立が見られたことである。それは、単なる文化批評ではなく、サッチャー政権時代のイギリスの国家像をめぐる政治的左派と右派の間の政治的対立でもあった。とりわけ知識人の言説空間では、サッチャー政権下の「ヘリテージ産業」への激しい賛否両論があった。

文化史家で、論壇でも影響力を持ったロバート・ヒューイソンは、ナショナル・トラストに代表される文化財保護とそれに関連する懐古的な観光産業の中身は、実際のヴィクトリア朝時代とは全く異なる美化と虚構に満ちたもので、衰退するイギリスの現実からの逃避・隠ぺいであり、その保守性はサッチャー政権の右傾化を手助けし、社会変革を妨げる障害物だとして厳しく批判した (Hewison 1987)。ヒューイソンは、経営者も組合もサッチャリズムからの解放を唱えることができず、左派の改革の要求に応えるダイナミズムを失ってしまったとして批判し、そのことが現代のイギリス人が歴史を理解する批判的能力を喪失し、「ヘリテージ」という形で保存する以外に歴史に対峙する力を失ったことと関係していると述べている。ヒューイソンは、「虚構の歴史に閉却することは、問題の解決につながらない」(Hewison 1987 : 143) とし、懐古的なカントリー調のローラ・アシュレイのカタログなどを槍玉に挙げ、「ヘリテージ産業」は、「イギリスの衰退の風潮を改善するどころか悪化させる」(Hewison 1987 : 139) と一刀両断した。

メディア学者のジョン・コーナーとシルヴィア・ハーヴェイは、当時の第一線のメディア学者、社会学者、文化史家、映画学者、批評家ら一三人の執筆陣を集め、サッチャー政権終了直後の一九九一年に、ヘリテージ産業とサッチャー政権を総括する研究書 *Enterprise and Heritage: Crosscurrents of National Culture* を出版した。この本では、サッチャー政権時代の文化産業、映画、テレビ、文学、レジャー、東ロンドンの都市再開発、建築など多岐にわたる領域が事細かく検証されている。執筆陣が労働党寄りの知識人が大半であるためか、全体的な論調は、市場が国民的アイデンティティを糾合する鍵とされることで、過去が「ヘリテージ」という枠組みに組み込まれ、国民が市場に取り込まれていったとする軌跡がクリティカルに描かれた。

一方それに対し、文化史家で、やはり論壇で影響力を持ったパトリック・ライトは、ハンガリーの哲学者アグネス・ヘラーが提唱する「日常の歴史意識」に依ることで、日常生活におけるノスタルジア的な志向性は、必ずしも保守的で愛国的なものではなく、むしろ現実を攪乱させ、現実の矛盾を浮き彫りにする潜在的な可能性を秘めているとして、「ヘリテージ産業」を擁護した（Wright 1985）。

また別の視点から、歴史家のラファエル・サミュエルは、「ヘリテージ産業」におけるノスタルジアやそこでのナラティブは、専門的歴史家の権威に迎合しないオルタナティブなものであることを肯定的に評価するなど（Samuel 1994）、イギリスでは、「大英帝国ノスタルジア」もしくは、「ヴィクトリア朝ノスタルジア」とでも言うべく「ヘリテージ産業」のありようが一九八〇年代の知識人の重要な論争議題となり、そこでは、「ヘリテージ産業」が政治と直接関係づけられながら、鋭い意見の対立が見られたのである。

## 「ヘリテージ映画」VS.「アンチ・ヘリテージ映画」

注目すべきなのは、言説のみならず、「ヘリテージ産業」を支えた、いわゆる「ヘリテージ映画」などのポピュラー・カルチャーの表象それ自体においても、「大英帝国ノスタルジア」への評価をめぐって激しい政治観の対立がみられたことである。

「ヘリテージ映画」は、ヴィクトリア朝前後の時代を懐古的に、郷愁と共にバラ色に描くのが特徴で、とりわけサッチャー政権の前半期の一九八〇年代前半に量産され、人気を博した。代表的なものは、日本でも知られるものに、第一次世界大戦後のイギリスでオリンピックを目指すケンブリッジ大学のアスリートたちを描いたヒュー・ハドソン監督の『炎のランナー』(1981)や、E・M・フォースター原作でジェームズ・アイヴォリー監督の『眺めのいい部屋』(1986)、『モーリス』(1987)などがある。

これら「ヘリテージ映画」に共通しているのは、二〇世紀初頭の大英帝国の最盛期が時代設定で、栄華、権力の象徴である貴族の広壮な屋敷(カントリー・ハウス)などが舞台となり、エスタブリッシュメントの伝統的価値、家族的価値、愛国心、克己心や上昇志向などが調和的に描かれ、サッチャー政権の保守主義と親和性が高いものであった。

アカデミー賞作品賞を受賞した『炎のランナー』は、おそらくそうした「ヘリテージ映画」の理念を打ち出した作品の中で最も成功した作品であろう。この作品では、名門ケンブリッジ大学のアスリートがオリンピックを目指す姿を通して、エスタブリッシュメントの子弟の克己心、愛国心と上昇志向が鮮やかに示されていた。同時に、宣教師によるアジア(中国)への伝道が帝国の拡大のコノテーションとして肯定的に描かれ、オリンピックを目指す陸上選手の一人がユダヤ系イギリス人であることで、イギリス再生のために外国人の力を取り込もうとしたサッチャー政権の理念がやはり巧妙なコノテーションとして持ち出されていた。

サッチャー首相は、『炎のランナー』がいたく気に入り、この映画がアカデミー賞を受賞した直後にアルゼンチンとのフォークランド紛争が勃発した際には、軍事作戦を練った別荘地でこの映画の特別上映を行い、いうなれば国威発揚の一環として自ら鑑賞し、それを新聞などのメディアを通して国民に知らせたほどである(木下 2010)。

ジェームズ・アイヴォリー監督の『モーリス』では、二〇世紀初頭のケンブリッジ大学のエリート男子学生たちが同性愛に惹かれ、それへの抑圧に悩む寮生活を描いている。だが、最後は主人公が同性愛を克服してエスタブリッシュメント＝政治家への道を歩む決然とした姿勢を前面に出していた。それによって『モーリス』では、「欲望の抑制」、「同性愛の忌避」、「自己規律」、「ハードワーク」、「企業家精神」など、サッチャー主義を体現する理念が象徴的な形で表出されていたのである。

一方で、サッチャー政権を批判したり、政権と調和的でない内容の映画群も作られ、それらはいわば「アンチ・ヘリテージ映画」「反ヘリテージ映画」とでも言うべきものであったが、これらはこれらで人々の支持を集めた。マレク・カニエフスカ監督の『アナザー・カントリー』(1984)は、一九三〇年代の名門パブリック・スクールのイートン校におけるエスタブリッシュメントたちの子弟の同性愛を描いている点で、先に触れた同年の「ヘリテージ映画」である『モーリス』と類似のテーマを扱っている。しかしながら、『アナザー・カントリー』のナラティブは『モーリス』と決定的に異なる。『アナザー・カントリー』では、同性愛に耽るエスタブリッシュメントたちの子弟らが、最終的に勉学に励んでエリートの道を歩むことはない。彼らは欲望を抑えられず最後まで男同士の性に溺れたままであり、共産主義にも傾倒していくことで、将来を約束されていたはずの人生の歯車が狂っていく。この映画は、性欲＝自制心の欠如、共産主義への誘惑をポジティブなものとすることで、サッチャー政権への痛烈な風刺となっていた。

「ヘリテージ映画」の『モーリス』と、「アンチ・ヘリテージ映画」の『アナザー・カントリー』が共に二〇世紀初頭の学校での男同士の同性愛を題材にしたのは、当時のサッチャー政権の政策と少なからぬ関係があった。保守的な倫理観を持っていたサッチャーは同性愛を毛嫌いしたため、サッチャー政権は、同性愛者の権利拡大は伝統的なイギリス社会の価値観を崩壊させるとして、公的な場、特に学校での同性愛の助長を禁止する地方自治体法二八条を一九八八年に制定して物議を醸したのである。映画『モーリス』が作られた一九八七年は、まさにこの法案の是非が議論されていた時期にあたる。

二つの映画が共にサッチャー政権の時代に作られ、同じテーマを扱いながらも真っ向から対立する政治的主張が展開されたことは、「大英帝国」「ヴィクトリア朝」という過去と記憶をめぐる意味の闘争が、当時いかに凄まじいものであったかを物語っている。

リチャード・アッテンボロー監督の『ガンジー』(1982)とデヴィッド・リーン監督の『インドへの道』(1984)は、共に二〇世紀前半のインドでの反英運動・意識を題材にしており、かつての植民地インド＝東洋的精神性への共感を示すことで、大英帝国、およびそれを「ヘリテージ化」して保守化を強める同時代のサッチャー政権下のイギリスへの自己批判の視点が基底にあった。これらの映画では、反サッチャリズム的なものとそうでないものとが象徴的に対比され、前者がヘゲモニー化される点で、『ガンジー』の前年に作られた『炎のランナー』に代表される「ヘリテージ映画」へのクリティカルな眼差しが明確に意識されていたのである。

『戦場にかける橋』(1957)や『アラビアのロレンス』(1962)で知られる監督デヴィッド・リーンの一四年ぶりの劇場映画であると共に遺作ともなった『インドへの道』では、イギリス人とインド人の知人同士の予期せぬ偶発的な対立が描かれた。この映画は、インド人の苦悩を経ての人格陶冶を描くと共に、一方でイギリス人の植民地主義的な傲慢さ、エゴの自己反省を厳しく迫る内容であった。

「アンチ・ヘリテージ映画」の『ガンジー』や『インドへの道』では、サッチャリズムが一種の欺瞞と虚構であることを、かつての植民地インド＝東洋的精神性を流用し、それへの共感を示すことで暴くことが試みられたのである。

## 「昭和ノスタルジア」と政治

このように、一九八〇年代にイギリスで活発化した「ヘリテージ映画」、「アンチ・ヘリテージ映画」、またそれらをめぐる言説空間で生じたのは、まさしく強い記憶の抗争、政治性を伴った闘争とでも言うべきもので、その抗争は、鋭い対立的な図式を招きよせる政治的な磁場となった。二一世紀初頭の日本での「昭和ノスタルジア」と、サッチャー政権時のイギリスの「ヘリテージ産業」とはそもそも位相が大きく異なるであろうし、むろんのこと同列に論じることはできないし、その必要もないだろう。

しかしながら、序章でも述べたように、「昭和ノスタルジア」は映画、テレビ番組から音楽、雑誌、書籍、テーマパーク、観光、町おこし、ファッション、食など多岐にわたり、社会現象化するほどの広がりを見せている。そしてそれは、政治の場でも利用されることを忘れてはならないだろう。序章でも見たように、安倍晋三は二〇〇六年、最初に首相の座に就く二か月前に、五〇万部を超えるベストセラーとなる自著『美しい国へ』を著し、その中で『ＡＬＷＡＹＳ 三丁目の夕日』に三ページを割き、映画で描かれた昭和三〇年代を、自身が政治家として目指す理想郷として述べている。

また、野田佳彦首相（当時）も、映画『ＡＬＷＡＹＳ 三丁目の夕日』が大のお気に入りで、国会答弁や講演でたびたびこの映画を引き合いに自らの理想の時代や政治を語った。野田は、二〇一二年七月の参院消費税関連特別委員会でもこの映画を用いて自らの理想を語りながら、消費増税の必要性を説いている。

安倍晋三と野田佳彦。互いに政敵でありながらも、それぞれの理想を語る際には、同じ映画『ＡＬＷＡＹＳ 三丁目の夕日』が持ち出されていたのは皮肉な話だが、重要なことは、「昭和ノスタルジア」が国家の首脳によって政治的に「利用」されていることである。

新聞などのジャーナリズム言説でも昭和三〇年代前後をポジティブな時代と位置付けることが大半で、序章で見たように、この時代を戦中と比較することで対立図式が構成されることもある。

記憶のナラティブが「過去の意味についての現代の闘争」であり、「表象をめぐる闘争」を通して「過去の出来事についての倫理的解決」が目指される政治的性格を持っている事情を考慮するならば、社会現象化するほど語られたり、ナラティブ化される「昭和ノスタルジア」の言説・表象空間も、イデオロギー的性格を持った何がしかの対立を引き寄せる政治的磁場となっている可能性は十分に考えられるだろう。また、「昭和ノスタルジア」をめぐる知的言説や、オーディエンスの受容の語りにおける対立点や政治性のありようの位相の差異があることも予想されるだろう。

したがって、本書で、「昭和ノスタルジア」をめぐる映画やテレビ番組のナラティブ、およびそれを取り巻く言説の分析の際には、それぞれの政治性、およびヘゲモニーのありよう、またそれらの間の対立点に注目すると共に、それらの具体的な析出に導くアプローチが望ましいと考えられる。

## 2. ラクラウとムフの言説理論と「政治的なるもの」の発掘

### ラクラウとムフ

本書では、これまでに述べてきたようなことを踏まえ、ラディカル・デモクラシーで知られるポスト・マルクス主義の政治理論家エルネスト・ラクラウとシャンタル・ムフの言説理論をメディア研究に応用した独自の研究アプローチを試みる。とりわけ本書では、ラクラウとムフによる敵対性の概念に注目して、それをメディア言説空間の構造的把握のために用いるアプローチを試みる。「昭和ノスタルジア」のように、大衆メディア・文化作品および関連する多様な言説によって社会現象化するようなメディア・言説空間の複雑なヘゲモニーのありようを捉えるには、社会的なカテゴリーが、偶発的なものの節合を通した多様な主体位置間の抗争によって重層的に決定されるダイナミズムと考えるラクラウとムフの理論の批判的検討を通した分析枠組みの構築が有効だと考えるからである。ここでは、ラクラウとムフの言説理論を応用したアプローチの中身と、なぜそれを試みるに至ったかを、関連する議論も参照しながら議論する。

ラクラウとムフは、一九八五年に著した著書 *Hegemony and Socialist Strategy: Towards a Radical Democratic Politics*（邦訳『ポスト・マルクス主義と政治—根源的民主主義のために—』(1992)。二〇一二年に新訳『民主主義の革命—ヘゲモニーとポスト・マルクス主義—』西永亮・千葉眞訳、(筑摩書房) が出版された）で、ルクセンブルクやカウツキー、レーニンらの伝統的マルクス主義の系譜が、最終的な審級を経済とし、すべての決定は下部構造とそこから生じる階級システムであることを前提としていることを厳しく批判し、ポスト構造主義をマルクス主義に持ち込むことで、伝統的マルクス主義との決別を図りながら、独自のヘゲモニー論、民主主義論を展開している。

### ヘゲモニーと節合について

ラクラウとムフにとっての**ヘゲモニー**とは、一言で言うならば、敵対的な力の間のコンテクストにおいて、非固定的な要素を節合し、部分的に固定することで、言説の拡大、あるいは言説のセットが社会的態度と行動の支配的視野になることである（Torfing 1999 : 101)。

彼らの考えを理解するために、彼らが参照してきたグラムシやアルチュセールとの比較を中心に見ていきたい。ラクラウとムフは、グラムシを、古典的な問題編制に対する新しいズレ、とりわけイデオロギーの還元主義的問題編制と決別し、政治的主体を諸階級ではなく、複合的な「集団的意志」とした点を、レーニン主義と異なる新しい概念的視点だとして高く評価している。「集団的意志」は、分散し断片化した歴史的諸勢力の政治的＝イデオロギー的節合の結果なのである。グラムシは、有機的イデオロギーは、いかなる必然的な階級帰属も持たない諸要素の節合を通じて形成されると考えたのである（ラクラウ＆ムフ 1985＝1992：110-111）。

しかしながら、ラクラウとムフは、グラムシがあらゆるヘゲモニー編制において、単一の統一化原理、すなわち階級がなければならないとする点で、いくらグラムシが節合的実践によって構成される関係的アイデンティティを強調したとしても、結局は伝統的マルクス主義の二元論を完全には克服することができないと考えるのである（ラクラウ＆ムフ 1985＝1992：113）。ヘゲモニーを節合として捉えたグラムシでさえ、ヘゲモニー的主体のアイデンティティの究極的核心は、それが節合する空間にとって外的な点、すなわち究極の階級的核心によって捉えられていた点で、ラクラウらにとって満足のいくものではなかった（ラクラウ＆ムフ 1985＝1992：137）。

ラクラウとムフの言説理論のポイントの一つは、**節合**（**articulation**）**概念**である。彼らにとっての節合とは、「節合的実践の結果としてそのアイデンティティが変更されるような諸要素のあいだに、関係を打ち立てるような一切の実践」（ラクラウ＆ムフ 1985＝1992：169）である。節合は、ヘゲモニーを考える上ではむろんのこと、様々な要素が結びつき、アイデンティティがどのような形で結実していくかを考える上で重要である。

関連の議論でしばしば参照されるのはアルチュセールの議論であるが、ラクラウとムフは、アルチュセールを評価しつつも、ヘゲモニーにおいて最終的な審級が経済である点で、やはり批判の対象とするのである。アルチュセールは、社会を「複合的に構造化された全体」として捉え、ヘーゲル的な倫理思想における因果論との決別を図っている。アルチュセールは元々はフロイトの精神分析学の用語である「重層的決定」(overdetermination) の言葉を用いて、社会的なるもの、すなわち社会編制を、上部構造、下部構造、イデオロギーなどの関連する様々な要素によって重層的に決定されたものであると主張している (Althusser and Balibar 2009)。そしてその重層的決定は、社会的なるものが象徴秩序として構成されていることから、「その関係をある内在的法則の必然的契機に還元するような最終的字義性を社会関係は欠いている」(ラクラウ&ムフ 1985 = 1992 : 158–159) 点で、最終的な審級からは自立する可能性を含んでいる。

しかしながら一方で、アルチュセールは、経済による最終審級における決定の考えを持ち続けているため、重層的決定における偶発的な節合によるヘゲモニーの可能性が奪われ、「アプリオリな必然性」(ラクラウ&ムフ 1985 = 1992 : 159) を導くだけになるのである。それは重層的決定ではなく、皮肉なことに単なる決定になってしまいかねない。こうして、ラクラウとムフは、グラムシやアルチュセールの受容と批判を通じて独自のヘゲモニー論を試みることになる。

## スチュアート・ホールの「能動的オーディエンス論」とサッチャリズム

カルチュラル・スタディーズやメディア・スタディーズの領域で節合が議論される時には、スチュアート・ホールの議論がまず参照されるだろう。しかしながら、ホール自身もその節合概念を、ラクラウとムフの議論から影響を受け、それに負っていることを認めている (Hall 1986)。

ホールは良く知られるように、一九七三年に論文'Encoding and Decoding in the Television Discourse'（テレビ言説におけるエンコーディングとデコーディング）を発表する。この論文の中身が新鮮であったのは、従来の送り手から受け手への影響というマスコミュニケーション研究の効果研究的な一方通行な図式ではなく、テレビなどのオーディエンスの反応がメディア生産者の意図から相対的に自立したものだと主張したことである。そのため、それは「能動的オーディエンス論」という新たな地平を切り開くことになった。

ホールが、一九七三年という時期に、「能動的オーディエンス像」を志向する「エンコーディング／デコーディング論」を発表したのは、当時のイギリスの政治状況およびニューレフトのありようへのホール自身の思惑に深く関係している。当時のイギリスは「危機」の時代に位置づけられる。かつての大英帝国時代の「世界の中心」という位置からの凋落、戦後の長引く経済不況、さらにはモラルの変化など様々な変化が国民を襲う「危機」を迎えていた。それに加えて当時は、オイルショックの打撃が追い打ちをかけていた。

このような「危機」の一九七〇年代において、ホールはニューレフトの発展を構想したのである。ニューレフトは伝統的左派の理論を改革することを主眼としていたが、それと共に、文化に政治性を認め、文化を磁場にした参加型民主主義を促進することも構想された。ホールが一九七三年という時期に、テレビなどのマス・メディアに注目し、そこにおける「能動的オーディエンス像」を理論化したのには、そのような現実的な政治社会的背景と目的があったのである。

一方、そうした「危機」の一九七〇年代の末に発足した保守党のサッチャー政権は当初、それほど大きな期待がかけられていたわけではなかった。そもそもサッチャー自身、保守党党首になったのは本命候補としてではなかった。サッチャーの保守党が初めて政権を取った一九七九年の総選挙での保守党の得票率も四四％に過ぎず、圧勝とは程遠く、保守党の勝利も当時の労働党の不人気のためでもあった。政権獲得の翌年のギャラップ調査では、労働党支持率が保守党を逆転し九ポイント上回るなど、政権発足当初のサッチャー政権は、「国民に極めて不人気であった」（小川 2005：66）のである。

しかしながら、サッチャー政権は、「規制緩和」「民営化」「小さな政府」を前面に掲げて新自由主義、新保守主義的な政策を強力に推進し、保守層やエリート層、財界などの保守党支持層のみならず、サッチャー政権の政策で不利益を被るはずの労働者階級などの労働党支持層の間でも一定の支持を集め、結果的には内閣を三度組閣し、一九九〇年一一月まで一一年半にわたる長期政権となった。

サッチャー政権が民衆の合意を得ることに成功したのは、巧妙なレトリックを使うことで本来ならば対立するはずの多様な階層や集団の利害をまとめあげたからである。その最たる例は、「敵」の設定である。移民やマイノリティ、同性愛者を「内なる敵」として排除することで、それ以外の人々を「われわれ」であるという意識を高め、ナショナル・アイデンティティを醸成しようとした。また、本来ならば、固有の主体であったはずの労働者階級が消費者という主体に転換されもした。加えて、前述したように、サッチャー政権は、保守的な市場主義を導入する際にも、市場主義の淵源はヴィクトリア朝時代にあるというロジックで、その「正当性」を訴え、大英帝国の文化遺産、ナショナル・ヘリテージを重要な「政治的武器」として活用し、「ヘリテージ産業」の台頭も促した。

ホールは、こうしたサッチャリズムを権威主義的ポピュリズムと呼んでいるが、しかしながらホールが期待した労働者階級も対抗的に振る舞う力を持つどころか、サッチャーが言うところの「われわれ」、つまり内部に取り込まれていったのである。要するに対抗的な言説の力とか、それを形成するとされた

「能動的なオーディエンス」が表には現れなかったのだ。期待された多様な読みやそこからの対抗的な力ではなく政治との合意が形成されてしまったのである。

むろん前述したように、「ヘリテージ産業」をめぐるポピュラーカルチャーのナラティブや知的言説空間において激しい対立は見られたのだが、階級的な次元でのオーディエンスの対抗力が顕在化したわけではない。ホールはそうしたことの反省から後に自分のモデルやその後、自分の手を離れて発展していった「能動的なオーディエンス」論にやや懐疑的にもなる。ホールが一九八〇年代に方針の転換を模索する中で影響を受けたのがラクラウ（Laclau 1977）、およびラクラウとムフによる議論（Laclau and Mouffe 1985）なのである。

ホールの議論がサッチャー政権下で必ずしも有効に作用しなかった理由の一つは、労働者階級を参加型民主主義において結集されるべく対抗的力の主体としてあらかじめ予測していた点にある。それは、伝統的なマルクス主義の中にあった必然主義と経済還元主義と奥深いところで結びついているのであるが、ラクラウとムフの議論は、伝統的マルクス主義の言説における「労働者階級」のような、完全に統一された同質的な行為者という考え方を認めていない（ラクラウ＆ムフ 1985＝1992：135）。ラクラウらの議論は、イデオロギー的な諸要素の政治的コノテーションに何ら必然的な党派性は無いとし、異なる諸要素、社会的勢力の非必然的なつながり、すなわち節合の作用があるだけだとするのである。

## 敵対性について

ラクラウとムフの言説理論は、彼らが共にイギリスのエセックス大学に在籍し、とりわけラクラウがイデオロギーと言説分析の研究プログラムをエセックス大学政策学部の大学院内で立ち上げたことから、エセックス学派（Essex School of discourse analysis）と呼ばれることもあるなど、政治理論領域を中心に広範な影響力を持っている。

しかしながら、メディア・スタディーズやカルチュラル・スタディーズではラクラウらの理論を直接取り入れるよりも、彼らの影響を受けたスチュアート・ホールらの議論（Hall 1982；1986；1988他）を経由することが多いため、その全体像はしばしば見落とされがちである。

カルチュラル・スタディーズの泰斗ホールがラクラウらの議論の中でも特に節合概念に関心を示して取り入れたため、カルチュラル・スタディーズ、メディア・スタディーズでは、仮にラクラウらの言説理論に触れることがあっても節合的実践との関係性だけから捉える傾向が強いように思われる。だが、節合実践と共にラクラウとムフの言説理論の骨格を成す最重要な概念は、**社会的敵対性**（**social antagonism**）なのである。

言説およびそのヘゲモニー編制を考える時に、敵対性の構成を抜きに理解しようとするならば、闘争の場としてのヘゲモニー的実践の動態としてのありようをつかみ損ねかねないだろう。ラクラウとムフの言説理論の分析で重要なのは、**差異と等価性**の関係、**異なる種類の重層的決定**の働き、**結節点**（**nodal points**）の統合効果である（Torfing 1999：96）が、それらによって構築される**ヘゲモニー**には、**敵対性**が存在するのである。ここでは、ラクラウらの敵対性が何を意味するかを考える。

ヘゲモニーは、非決定性から決定性をもたらすが、あくまでもそれは暫定的なものである。ラクラウらにとって、ヘゲモニーは、差異の組織システムの中での社会的なものの意味を部分的に固定する結節点（nodal points）を設けることで成り立つ節合的実践である（ラクラウ＆ムフ 1985＝1992：213–215）。しかしながら、重要なことは、全ての節合がヘゲモニックな節合というわけではないことである。ここで敵対性の存在が重要なポイントとなる。
ヘゲモニックな節合とそうでない節合の違いは、前者は敵対的環境で起こるが、後者はそうでないことである。もしヘゲモニーが敵対性と関係し、政治の形態を取るならば、政治は社会的敵対性と分かちがたく結びつくことになる（Torfing 1999 : 121）。逆に言うならば、敵対性と関係しないならば、政治と結びつかないことになるが、「全てのルーティンの決定は根本的には政治的である」（Torfing 1999 : 123）ことから、敵対性の存在は重要となる。
ラクラウとムフは、敵対性について、以下のよう述べている。

現れるものがもはや「超越的記号内容」の連続した遅延ではなく、この遅延化のむなしさそのもの、すべての安定した差異の究極的な不可能性、それゆえに、すべての「対象性＝客観性」の究極の不可能性であるような、「経験」や言説形態は存在しないのであろうか。答えは然りである。一切の対象性の限界についてのこうした「経験」は、正確な言説的現前形態を持っており、それが敵対性なのである（ラクラウ＆ムフ 1985＝1992 : 195）。

ラクラウとムフが敵対性概念を必要としたのは、精神と肉体の二分法を克服する非二元論的な概念が必要だと考えたからである。そのため、古典的マルクス主義の概念としての「矛盾（contradiction）」を批判し、「敵対性（antagonism）」の概念を強調した。ラクラウとムフによれば、「完全な」アイデンティティの定義の不可能性は、あらゆる現実の対立や矛盾を不可能にしてしまうと考えるため、現実を説明する概念としては矛盾ではなく、むしろ敵対性と呼ぶに相応しいものになる。

敵対性は、現実的対立や矛盾と異なる。それは、現実的対立や矛盾は完全なアイデンティティが前提とされているからである。まず、敵対性はいわゆる現実的対立ではない。例を挙げながら具体的に見ていこう。例えば、二台の車の衝突は、単なる物質的事実であり、敵対性は関係しない。現実的対立の場合は、「Aが完全にAであるがゆえに、そのBとの関係は、客観的に決定可能な効果を産出する」（ラクラウ＆ムフ 1985＝1992：199）のである。矛盾について言うならば、「Aが完全にAであるがゆえに、非A（Aでないこと）は矛盾」（ラクラウ＆ムフ 1985＝1992：199）なのである。

では矛盾と敵対性はどう異なるのか。敵対性の場合は、「『他者』の現前が、私が完全に私であることを妨げるのである。関係は完全な全体性からではなく、完全性を構成することの不可能性から生じる。他者の現前は、論理的不可能性ではない。それは存在しているのである。したがって、それは矛盾でもない。だが、それは因果的連鎖における実定的な示唆的契機として包摂可能でもない」（ラクラウ＆ムフ 1985＝1992：199）。例えば、「農民は農民だけではありえないがゆえに、彼を土地から追い出す領主との敵対性が存在する」（ラクラウ＆ムフ 1985＝1992：199）のである。

スロベニアの哲学者スラヴォイ・ジジェクは、ラクラウらの敵対性の議論を独自に展開し、それを「幻想（illusion）」に結びつけた（Žižek 1990）。ジジェクによれば、敵対的な力は私たちの完全なアイデンティティを妨げる。それは、他者を否定する主体としての構成的欠落の外部化を許すことになる。結果として、私たちの政治行動は、敵対的な力の無効が、自分たちが求めていた完全な「私たち」になることを許すという「幻想」に導かれることになるのである。例えば、フェミニズム運動が父権的な権力を打倒すれば、女性が完全なアイデンティティを獲得し、その潜在的可能性を実現できるというのも、そうした「幻想」である（Žižek 1990：251）。

ラクラウとムフの敵対性の議論でもう一つの重要な概念は「**構成的外部**（**constitutive outside**）」である。言説は、それ自身がそこから除外されている差異のシステムと共通の尺度がないラディカルな他者を除外することで境界を作り出す（Laclau 1995 : 151）。

「構成的外部」とは、それ自身がそこから除外されている言説形成の境界とアイデンティティを構成すると共に、否定するラディカルな他者のことである（Laclau 1990 : 17）。敵対性を最終的に払しょくすることは不可能なので、敵対性は、「社会的なものの限界の『経験』」であり、厳密に言えば、「敵対性は社会にとって内的ではなく、外的である」のである（ラクラウ&ムフ 1985 = 1992 : 200）。

したがって、否定はアイデンティティ「内部」から生じるのでなく、「外部」から生じるのである。そのため敵対性の原則は、敵対性によって作られる「構成的外部」が存在論的アイデンティティとその存在を無効にし、存在と「構成的外部」との間の「闘争の場」を作り出すことになる（Dapia 2000 : 11）。

シルヴィア・ダピアは、「構成的外部」について以下のように説明している。

「構成的外部」の理論は、差異をめぐるコンテクストにおいて、決定的とも言える役割を果たしている。存在を絶えず無効にする「構成的外部」が無ければ、いかなる存在もありえないということを受け入れるならば、私たちは、敵対性、摩擦、分断が追い払われたと言われるような秩序を創造することをもはや試みることもないだろう。（中略）ラクラウは、「他者」を、「構成的外部」として理論化した。「構成的外部」の主な機能は、決して終わることのない葛藤（agon）を維持することなのである（Dapia 2000 : 11）。

ここで重要なことは、ヘゲモニーにおける節合的実践がなされる場合、敵対性によって「構成的外部」が作られるには条件があることである。すなわち、敵対性の構成には、おのおのの位置の種別性が解体される必要がある。

ここで重要な役割を果たすのが**等価性**（**equivalence**）と**等価性の連鎖**（**chains of equivalence**）である。「構成的外部」は、言説のアイデンティティの差異の性格を転覆する等価性の連鎖（chains of equivalence）を通して間接的にその存在を示すのである（Torfing 1999 : 124）。ヘゲモニーが構成される際には、社会的アイデンティティは、「同じである」という等価性を獲得し、それが節合実践によって結び付けられるために（=連鎖する）、それらの社会的アイデンティティの差異が消滅するのである。

ラクラウとムフは、植民地化された国を例に挙げて説明している。植民地化された国では、支配権力の現前は、衣服、皮膚の色、習慣等の差異など様々なものを通して、日々明らかにされる。これら支配権力の様々なものは、そもそもは別個のバラバラなものであるが、植民地化された人々にとってみれば、共通した差異を持つものとして他の全ての内容と等価であるため、「それは示唆的な契機という条件を喪失し、要素と言う浮遊した性格を受け取る」（ラクラウ＆ムフ 1985 = 1992 : 203）。そのため、連鎖することで得られた等価性が新たな意味を獲得し、それぞれの差異を互いに相殺し合い、それぞれの元の意味を転覆し、凌ぐことになるのである。結果として、関連するあらゆる要素が支配権力側と植民地側の間の敵対性に、いわば二分されることになる。

ラクラウらは、「ある種の言説的形態が、等価性を通じて、対象の一切の実定性 = 積極性を無効にし、否定性そのものに現実的存在を提供することが重要なのである。（中略）社会的なものは、否定性によって——つまり、敵対性によって——浸透されているので、透明性と言う地位、完全な現前という地位を獲得はせず、そのアイデンティティの対象性は、永遠に転覆される」（ラクラウ＆ムフ 1985＝1992：205–206）と述べている。そのため、等価性の連鎖は肯定性ではなく否定性を付与することになる。等価性の連鎖によって構成された言説Ａの構成的外部は、Ｂではなく、非Ａでもなく、反Ａなのである（Torfing 1999：124–125）。

このようなことは至る所で見られる。エセックス学派のジェイコブ・トーフィングは、「西洋文明」という言説を例に挙げ、この言説の境界は、何らかの形で「洗練されていない・野蛮な（barbaric）」と見なされる国々、習慣、人々の排除によって作られていると言う。しかしながら、等価性の連鎖は拡大し、さらに他の要素も含むようになると、これらの要素の共通点は、「西洋文明」の否定そのものになるのである。そのため、アフリカ、アジア、南米に等価性の連鎖がみられ、「洗練されていない・野蛮な」の概念は、「非文明的」さらには「文明の脅威」と定義されるようになるのである。こうして、「西洋文明」の言説は、それをそれであることを妨げる構成的外部との対峙を通して構築されるのである（Torfing 1999：125）。

このように、敵対性の言説的構成においては、等価性の連鎖が作られることで異なるアイデンティティが等価性を獲得し、別のネガティブなアイデンティティと対立することになる。言説空間は二つの陣営に分割されるため、「敵対性は第三項を認めない」（ラクラウ＆ムフ 1985＝1992：206）のである。以上、ラクラウらの言説理論における敵対性について簡潔に述べた。

## ラディカル・デモクラシーと闘技型複数主義

ラクラウとムフは、これらの考えに基づき闘技型民主主義、ラディカル・デモクラシーを構想している。彼らの思想の中核には、主体は権力作用を通して構成されるため、いかなる主体も究極的には政治的だという考えがある。政治は、存在論的カテゴリーであるため、あらゆる主体は政治的であり、客体的ではいられないのである（Laclau 1990 : 61）。

ムフは、ラディカル・デモクラシー、もしくは彼女が闘技型複数主義（agonistic pluralism）と呼ぶものを構想するにあたって、「政治（politics）」と「政治的なるもの（the political）」を区別する必要性を述べている（ムフ 2006）。「政治」は、特定の秩序であり、人間の共存を組織化しようとする諸実践、諸言説、諸制度の総体である。一方、「政治的なるもの」とは、「人間関係に内包される抗争性の位相」である。したがって、「政治的なるものの」の位相には、敵対関係にある存在が立ちはだかることになる。それはまさしく敵対性の次元である。闘技型複数主義の確立のためには、ムフはそれを「敵」ではなく「対抗者」として知覚的に構築されるべきだと述べている。ここで言う闘技とは、敵同士の抗争ではなく対抗者間の闘争であり、民主主義の目的は抗争性を闘技性に変換することが肝要なのである（ムフ 2006 : 159）。

ラクラウとムフのラディカル・デモクラシー、闘技型民主主義は、ハバーマスなどの討議型民主主義、審議的民主主義とは異なる。ムフによれば、ハバーマスなどの審議的民主主義は、政治的なものを構成している非決定性の位相や、抗争性が除去不可能であることを拒否している。しかし、「合理的な討論を通じて権力が解体されうるという理念、また、純粋な合理性を基礎として正統性が構築されうるという理念は、民主主義的諸制度を危機に陥れる幻想」（ムフ 2006 : 161）であるとムフは述べ、敵対性の次元を認めないハバーマスの思想の本質は「反政治的」（ムフ 2005＝2008 : 129）だとして厳しく批判している。

ムフの批判の矛先は、アンソニー・ギデンズやウルリッヒ・ベックらにも向けられ、彼らが「対抗者」の概念を政治から除去することを目指している点で、政治的なるものの本質が敵対性の次元であることを認識していないため、やはり反政治的だとして批判の対象になるのである。ムフは、ギデンズの「第三の道」の理念にも懐疑的であり、（英労働党のブレア政権などの）「第三の道」が政治的左派と右派のカテゴリーを曖昧にしてしまったとして批判している（ムフ 2006 : 2008）。

このような政治的左右の消滅は、時としてその帰結としてポピュリストの右派政党の台頭を許すことにもなるとムフらは言う（ムフ 2006 : 2008）。つまり、「政治的左右の超克を目指す第三の道」のような「病」が蔓延することで、敵対性の次元での闘技が抑圧されてしまい、その結果、ポピュリストは、「支配的な形態での合意に異議を唱え、（一般の）人びとの意思を表現する唯一の反体制勢力として自らを提示することが可能になるからである」（ムフ 2006 : 176）。リベラリズムやポピュリストが支配的なため、実質的な多元主義が不在であることから、敵対性はますます、抑圧される悪循環に陥る。

ムフによれば、世界的なテロリズムの横行は、こうした事情にも関係する。「普遍主義的な人道主義者は、政治的なもの、対立、否定性を克服していくにつれて世界が一つになり、そのおかげで、敵対性は消え去るだろうと考えているようだが、テロリズムはこういった幻想を粉々にするのだ」（ムフ 2005 = 2008 : 123–124）。そのためムフは、民主主義の第一の課題は、公的領域から感情・情熱を消去することが合理的合意を可能にするというのは欺瞞であり、むしろその感情・情熱を民主主義の企図に向けて動員することを提唱するのである（ムフ 2006 : 159）。

ラクラウとムフのラディカル・デモクラシーは、「政治的なるもの」の活性化によって対抗者との闘技的な討論空間を創造することで、境界線が失われた左派と右派の間の民主主義闘争の再活性化を目指すことが主眼の一つなのである。それによって思想の複数のオルタナティブが提出され、その中から可能性を選択することが重要なのである。

## ラクラウとムフの問題点

断っておくが、私は、ムフとラクラウのラディカル・デモクラシーに全面的に賛成しているわけではない。彼らの議論には見逃せない重要な問題点がいくつかあると思われる。

第一に、とりわけそれはムフに顕著なのだが、左と右の対立こそがあるべき正当な敵対性だとしてそれらの間の闘技の活性化が望ましいとするが、そのことによって、あるべき敵対性とそうでない敵対性の規定をあらかじめ行っているように思われることである。ムフは、近年の左右間の敵対性の衰退が、その欠落を埋めるために、オーストリアのハイダー政権をはじめとする右派ポピュリズムの台頭とそれらの誤った敵対性の台頭を許してしまうと非難している。

しかしながら、政治学者の杉田敦も言うように、「境界線の引き方に自覚的であるはずの彼女が、何が真正の敵対性であり、何が虚偽の敵対性であるかといったことについて、無造作とも見えるような形で議論している点」（杉田 2009：191）は問題だと思われる。私にはとりわけムフのギデンズへの批判はいささか酷に思える。なぜならば、「第三の道」が内包する政治的左派・右派の境界線の曖昧化は、それ自体、モダニティの再帰的な性質に起因するものであり、むしろその現実を踏まえてギデンズが構想したのが「第三の道」だからである。

ムフは、リベラリズムなどが政治的な領域に道徳の優位性を持ち出すことを問題化するが、ムフ自身も敵対性のありようについて一種の規定を行うことで、政治領域に道徳を持ち出していると言われても仕方がないのである。もっとも、社会学者の酒井隆史が言うように、こうしたムフの規定そのものが

「道徳的なものではなく政治的な性格を持っている」と見ることもできなくはなく、ムフはそれを民主主義の制度の根幹として主張しているが、ムフが「この隘路を、その制度の本質そのものも闘技的な討論をまぬかれるものではない、とすることでくぐり抜けようとしている」（酒井 2008 : 200）のならば、必ずしも理解できなくはない。しかしながら、だとすれば、やはり真正の敵対性とそうでない敵対性の境界が求められてもそれ自体が結果的には崩れていくのではないだろうか。

二つ目の問題点は、ムフやラクラウが言う敵対性の抗争性から闘技への変換がいかにして可能なのかやや不明確なことである。ムフはルールを持ち出すが抗争関係にある当事者がそのルールを拒絶すれば、抗争を闘技に転換する道は閉ざされるだろう。政治学者の葛西弘隆が指摘するように、例えば、自由民主主義の伝統とムフが呼ぶものの中に既存の合理性への優位が所与のものであるならば、この合理性そのものに疑問を投げかける立場は、秩序の破壊者の烙印を押されかねない（葛西 2006 : 220）。

そもそもムフは、民主主義の第一の課題は、公的領域から感情・情熱を消去することが合理的合意を可能にするというのは欺瞞であり、むしろその抑圧されていた感情・情熱を民主主義の企図に向けて動員することを提唱しているが（ムフ 2006 : 159）、感情・情熱が持つアナーキーな性質を考えるならば、敵対性が備える抗争性を闘技へと変換するのは容易なことでは無かろう。

以上のように、ムフとラクラウの理論には無視しえない問題点がある。しかしながら、それでも本書が彼らの視座に注目するのは、現代世界で「政治的なるもの」が欠落もしくは見えなくさせられている中で、「政治的なるもの」を敵対性という次元で発見し、その抗争性を、統一した主体性や合意の構築に導くのではなく、社会関係と主体位置が分節・節合を繰り返すようなダイナミックな関係性から民主主義を構想することに、少なからぬ意味があると思われるからである。

## 日本の世論調査、選挙結果、政策のズレ

ムフらが懸念する主にヨーロッパ諸国における政治的左派と右派の境界の消滅は、現代日本の政治状況と無縁とは言えないことも留意しておく必要がある。例えば二〇〇一年四月から二〇〇六年九月までの五年五か月間にわたった小泉政権においてもそれが言えるだろう。小泉純一郎は、政治における敵対性の存在を熟知した、ある意味では天才的とも言える政治家である。

「日本型ポピュリズム」「劇場型政治」とも形容されることのあった小泉の手法は、明解なコントラストを伴った友／敵関係を構築し、それを国民に直接的に自分の言葉で訴えると言うものであった。「改革なくして前進なし」「自民党をぶっ壊す」のスローガンを口癖のように語るなど進歩的なイメージを前面に出したが、その政策の中身は、規制緩和と私有化を推進するなど、レーガンやサッチャーの系譜に連なるネオリベラル的なものであった。二〇〇五年九月の郵政総選挙においても、小泉は「郵政民営化が構造改革の本丸」と呼びかけ、郵政改革だけが争点化され、財政改革、社会保障、アジア外交などは議題から抜け落ちたが、自民党は二九六議席を獲得する地滑り的勝利で、小泉は第三次内閣を組閣することができた。

その四年後、二〇〇九年八月の総選挙で今度は民主党が三〇八議席を獲得して政権交代がなされたが、二〇一二年一二月の総選挙では自民党が二九四議席を獲得し、民主党は僅か五七議席の大敗を喫し、三年三か月で再び政権交代し、自民党政権が復活した。

しかしながら、選挙と政策と民意の「奇妙な」ズレは否めない。二〇一二年の総選挙直後の『朝日新聞』の全国世論調査では、民意を問う総選挙で自民党がこれほどの支持を得たにも拘わらず、政権交代が「よかった」と答えたのは五七％に留まっている。二度目の首相の座に就任することになる安倍総裁

への期待についても、「期待する」がかろうじて半数を超える五一％で、「期待しない」は四二％にのぼっている。

総選挙では、原発をどうするかが争点の一つであった。民主党はマニフェストに「二〇三〇年代に原発稼働ゼロ」を掲げた。一方、脱原発について、もともと自民党は、「実現不可能かつ整合性の取れない夢」（安倍晋三総裁）だとして必ずしも前向きとは言えなかった。

総選挙直後の『朝日新聞』の世論調査で、「自民党は、原発をどうするかについて一〇年以内に判断するとして、現段階では決めていません。自民党のこの方針を評価しますか。評価しませんか」の質問項目では、「評価しない」が四六％で、「評価する」の三七％を上回っている（以上、『朝日新聞』二〇一二年一二月一九日）。脱原発の民意を受け、選挙後に自民党も公明党との連立合意で「可能な限り原発依存度を減らす」とした。

にもかかわらず、就任直後の茂木経済産業相は、「未着工の原発の新増設は認めない」という民主党政権の方針を白紙にすると発表した。確かに脱原発への道筋には議論の余地があるにせよ、「乗客が船に乗り込んだとたん、逆方向へ舵を切るようなやり方は、政治の信頼性に関わる。これでは（『原発ゼロならぬ』『反省ゼロ』政策だ」（『朝日新聞』二〇一二年一二月二九日、社説）と言われても致し方ないだろう。

また、総選挙から一〇日を経た二〇一二年一二月一七日、一八日に『朝日新聞』が行った全国世論調査では、発足した直後の安倍政権に「一番力を入れてほしい政策は何ですか」について、景気・雇用が四八％でトップであり、以下、社会保障（二〇％）、外交・安全保障（一〇％）、原発・エネルギー（一〇％）、教育（六％）で、憲法改正はわずか三％に過ぎない。

しかし、安倍は、憲法を改正しやすくするために、現在は衆参議員の三分の二以上の賛成が必要な条件を緩めることを主張している。これについても世論調査では、「賛成」（四一％）より「反対」（四三％）が上回っている（『朝日新聞』二〇一二年一二月二八日）。要するに近年の総選挙の結果と世論調査からは、選挙結果、世論、政策の相関関係を素直に読み取ることは、いささか困難なのである。

これらのことは、ラクラウやムフが言う「第三の道」に代表される政治的左右の消滅とネオリベラル的な政治の席巻と通底しているだろう。これを、「日本における政治的なるものの欠乏の深度を表現するもの」（酒井 2008 : 204）として捉えることもできなくはないかもしれない。だとするならば、この隘路から抜け出すのは並大抵のことではない。

## 「政治的なるもの」の多元的な発掘・発見の重要性

こうした状況を考えるならば、見えない、あるいは見えなくさせられている「政治的なるもの」を多元的なレベルで発見、もしくは発掘し、それによって多様な敵対性を析出することは、少なからず意味があると思われる。「政治的なるもの」の発掘によって露呈し、突きつけられた敵対性の発見が節合の新たな契機を呼ぶことになる。その際、感情・情熱が呼び起こされることが新たな節合の活性化につながりえよう。

多様な敵対性の発見は、時間を武器にすることもできる。つまり、一定の時間的猶予がある中で、偶発的な節合を繰り返すことで多元的なレベルでの敵対性の変容がなされ、その過程で生成される多様な敵対性の中には洗練された形で転換されるものが出てくることもありえよう。それはムフらが言う左右の敵対性とは必ずしも同じではなかろうし、それでも構わないと私は考える。

敵対性自体の中身と深度を測りながら、再節合を繰り返し、その作業の中で「闘技／アゴーン」へと転換しながら、またその「闘技／アゴーン」のステージで敵対性が鍛え抜かれながら変容を繰り返すという流れの創造そのものが重要ではないだろうか。むろんそこでは、ムフが言うように、「倫理と政治との和解の可能性という幻想を捨て去る」ことが求められるかもしれないが、それでもそのプロセスにおいて鍛え抜かれることで敵対性の質は幾分高められるかもしれず、それが新たなヘゲモニーへと転位することが期待できもするのである。

ここで重要なことは、記憶をめぐるメディア文化空間は、「政治的なるもの」や敵対性の宝庫とでも言うべく、極めて重要な領域であることである。サッチャー政権下のイギリスのヘリテージ産業およびそれをめぐる言説空間などの「記憶の場」は、「政治的なるもの」、敵対性の凄まじい磁場であった。

本書が「昭和ノスタルジア」に注目するのは、一つには、二一世紀初頭の日本で社会現象化している「記憶の場」としての「昭和ノスタルジア」が内包する社会文化的意味への関心にあるが、もう一つは、現代日本における「政治的なるものの」の発掘と、それを通した多様な敵対性の次元の発見の必要性を私自身が感じていたからであり、その際、イギリスのヘリテージ産業がそうであったように、「昭和ノスタルジア」はとても重要かつ興味深い題材に思えたからである。

本書が、「昭和ノスタルジア」という題材をもとに、ラディカル・デモクラシーのメディア学とでも言うべきアプローチを試みるのは以上のような事情からである。

## 3. ラディカル・デモクラシーのメディア学

ラクラウとムフの言説理論は、これまで広範な影響を与えてきたが、とはいえその直接的な影響は政治学、政治理論領域が中心で、前述のようにメディア研究領域への影響は限定的であり、とりわけメディア分析への応用はこれまでのところほとんどなされてこなかった（Carpentier and De Cleen 2008 : 265）。ましてやポピュラー・カルチャーの研究で使われることは稀である（Valenzuela 2008 : 141）。

スチュアート・ホールがラクラウらの節合概念に注目したことで、カルチュラル・スタディーズ、およびメディア・スタディーズで、言説の節合実践は広く知られるようになった。とはいえ、節合に比してラクラウらの敵対性の概念は、広く知られているとは言いがたい。

それは、ラクラウらの概念で、これらの領域に影響を与えているのは敵対性ではなく、ホールの議論などを経由した節合実践が主であり、影響は間接的なものに留まりがちだからである。そのことがラクラウらの理論が言説理論でありながらも、メディア研究領域における実際の言説分析への応用が今のところ未発展であることの大きな理由の一つである。

だが、このことの責任の一端はラクラウとムフ自身にもある。彼らの議論は、伝統的マルクス主義者や反ポスト構造主義者から激しく批判されてきたが、その理由は、その理論が抽象的すぎることに加えて、方法論が欠如していることが挙げられてきた（Carpentier and De Cleen 2008 : 265）。また、ラクラウらが言説理論を展開するにあたって、政治の言説を例に挙げることはあっても、メディアの言説に言及することは多くないことも、メディア・スタディーズなどの領域で彼らが参照される機会が乏しい背景にあろう（メディア分析に用いられる言説分析としてこれまで比較的良く知られてきたのは、批判的言説分析（Critical Discourse Analysis（CDA））である。批判的言説分析は、主に欧州の研究者の間で一九八〇年代以降に発展してきたもので、それに含まれるとされるアプローチは、数多くある。Roger Fowler（1979, 1991）に代表される批判的言語学、Gunther Kress, Theo Van Leeuwen（1996, 2001）らの社会記号学の立場、Norman Fairclough（1989, 1992, 1995a, 1995b, 2003）による社会文化的アプローチ、さらにはTeun Adrianus van Dijk（1988, 1997, 1998）による社会認知アプローチ、あるいはAllan Bell（1991）らによる社会言語学分析などの多様なアプローチが、一般に批判的言説分析という総称で語られることが多い。これら批判的言説分析（CDA）とラクラウとムフの言説理論の相違については、拙著論文「ラディカル・デモクラシー理論のメディア学への応用―ラクラウとムフの言説理論とメディア・言説空間の競合的複数性―」『立命館産業社会論集』第49巻3号（二〇一三）を参照のこと）。

しかしながら、ラクラウもムフもそれぞれ様々なところで彼らの言説理論におけるメディアやそれに関連する言説の重要性を述べている。そもそも彼らにとって、敵対性とは「言語の限界の内部に位置しており、言語の破壊として、つまりメタファーとしてのみ存在しうる」（ラクラウ＆ムフ 1985＝1992：200）のである。ムフは、理性的なコンセンサスが重要な役割を果たすハバーマス的な公共圏（public sphere）を批判し、敵対性を前提とした民主主義の複数性の場としての公共空間（public spaces）という言葉を用いて、そこにおける異なる多様なオルタナティブが表現される闘技的な言説活動の活性化を構想しているが、そこでジャーナリズムなどのメディアが果たす役割は大きいと述べている（Carpentier and Cammaerts 2006：974）。

ムフは、メディアはヘゲモニーの再生産で重要な役割を果たすと共に、全ての文化・芸術領域が政治的であるため、そこではヘゲモニーが創造、再創造されると主張し、それにはジャーナリズムはむろん、映画や文学なども含まれると述べている（Carpentier and Cammaerts 2006：967）。そして芸術（art）における政治性を以下のように強調している。

> 政治的な芸術と非政治的な芸術を区別することなどできない。なぜならば、あらゆる芸術的実践の形態は、常識の再生産に寄与するか、――そしてそれはそのために政治的なのであるが――あるい

はその常識の脱構築か批判に寄与するからである。あらゆる芸術の形態は政治的特性を備えているのである（Mouffe 2001 : 100）。

ここで重要なことは、ムフが、ジャーナリズムに限らず映画や文学、美術などの領域も政治性を持つと共に、それらが社会的神話や社会的想像によって、支配的イデオロギーを維持することもあるが、一方でそれに抵抗したり、批判を行う政治的な力を認めていることである。

情報社会ではメディアやアートが、資本主義、メディア、テクノロジーの新しい節合実践を日々行い、多様な政治性を内包した社会的神話や社会的想像物を生産するのである（Torfing 1999 : 210–211）。情報社会空間は、社会的敵対性によって維持されたり、分断される領域であり、ヘゲモニックな闘争によって絶えず再形成され続けている。ラクラウらの言説理論はむろん社会構築主義的な立場に立つものであるが、その観点からすれば、メディア言説は社会現象をパッシブに表現したり、反映するのではなく、それは社会現象そのものを生産し、そして再生産し、また変容させもするものなのである（Carpentier and De Cleen 2008 : 274）。

ラクラウとムフの言説理論では、ヘゲモニックな社会的神話が現れる条件は、構造的な転位であり、神話の機能は表象の新しい空間の構成を通して転位した空間を縫合することである（Torfing 1999 : 115）。ラクラウは、社会的神話は、「転位した要素を再節合することで新しい対象性を形成することに関係する」（Laclau 1990 : 61）と述べている。

社会的神話や社会的想像は、それ自身が敵対性の関係性で成り立っているため、すなわち、あらゆる否定的な力が内部を構成すると共に外部に転位されるため、表象の同質的空間を作り出すことになる

(Torfing 1999 : 129)。

トーフィングは、例として「近代福祉国家」の言説を挙げている。戦前の大恐慌後、企業の破綻、大量失業、貧困がアメリカから先進国に広がり、一九三〇年代の資本主義の言説を構造的に転位させた。それまでの古典的自由主義政策から、政府が積極的に市場に関与するニューディール政策などの経験を経ることで、戦後、「近代福祉国家」の言説は、社会経済の需要を合法的な差異として表象する空間を提供し、あらゆる社会的敵対性をその構成的外部に転位させたのである (Torfing 1999 : 130)。

そうしたヘゲモニックな言説は、否定しがたい社会想像や、あることを「当然」とする見方を創造する。アメリカ同時多発テロ直後の、メディアを通じてのアメリカの「愛国心」の昂揚や、我が国の東日本大震災時の福島原発事故後の、やはりメディアを磁場にした「反原発」の機運は、それぞれ位相が全く異なるものの、その点においては共通している。

社会的敵対性による社会神話の創造は、至る所に見られる。前に議論したサッチャー政権下のイギリスにおけるヴィクトリア朝時代のヘリテージを流用した社会神話の創造とそれへの批判的な言説とナラティブは、非常に良い例であろう。本書がラクラウとムフの敵対性に注目して、この概念を用いたアプローチをメディア研究に応用することを試みるのは、「昭和ノスタルジア」をめぐる言説も社会的敵対性の強い磁場の中にあると思われるからである。

序章で述べた「昭和ノスタルジア」に関する新聞ジャーナリズムの言説を思い出してほしい。新聞ジャーナリズムでは、いわゆる「昭和ノスタルジア」の大衆メディア作品に触れる際、多くの場合、昭和三〇年代前後がポジティブな時代であることが前提とされ、その時代を舞台にした作品も「甘美」で「無害」なものであることが自明視されていた。その二重の神話は、ひょっとすると、それ以外の言説的可能性を構成的外部に転位せしめるほどの強度を備えているかもしれない。

しかしながら、一九八〇年代のイギリスでは、知識人の言説空間において鋭い敵対性があったと共に、映画などのメディア作品においてもヘリテージ映画と、反ヘリテージ映画の両方が強い政治性を有したことから、両者の間で激しい敵対性が横溢していた。

同様に、「昭和ノスタルジア」の映画やテレビ番組などの大衆メディアにも強い敵対性が存在するかもしれず、それがジャーナリズムや知識人の言説空間と同様のヘゲモニーを構築している保証はどこにもないだろう。それらのメディア・ナラティブの内容を、具体的な検証を経ずして、こうした言説空間での言説と同一視するならば、神話の再生産に加担する愚を犯しかねないだろう。

加えて重要なことは、これにも関連することだが、ラクラウらの言説理論が言説空間の複数性を強調していることである。これはとりわけムフに顕著である（Mouffe 1993 ; 2000 ; 2005; Carpentier and Cammaerts 2006）。前述のように、ムフのラディカル・デモクラシー論は、敵対性を前提とした民主主義の複数性の場としての公共空間（public spaces）という言葉を用いて、そこにおけるメディア表現などを通して、異なる多様なオルタナティブが表現される闘技的な言説活動の活発化を構想している（Carpentier and Cammaerts 2006: 974）。（space でなく spaces であるのは公共空間が複数的であるため。）

そのため、位相の異なる言説空間、例えば新聞、テレビ、ラジオ、映画、論壇、文学、美術、インターネット、Twitter、Facebook、ブログ、電子掲示板などのソーシャル・メディア、デモ、市民集会等の多様な空間における言説のヘゲモニー実践の存在と、それらによる競合的かつ闘技的な言説活動の活性化が重要なものとなる。

こうしたことから、本書では、ラクラウとムフの言説理論を応用し、「昭和ノスタルジア」をめぐる位相の異なるそれぞれの言説空間のヘゲモニー的実践のありようにも注目する必要があると考える。現象としての「昭和ノスタルジア」の主要な発信源が映画やテレビ番組などの大衆メディア作品であるため、「昭和ノスタルジア」とは何かを考究する本書の主対象は、むろんのことのこれら大衆メディア作品、とりわけ『ALWAYS 三丁目の夕日』シリーズや『フラガール』など、社会現象としての「昭和ノスタルジア」を支えてきた大ヒット映画である。

映画のナラティブ構築におけるヘゲモニー的実践のありようから、昭和三〇年代、四〇年代が主な舞台となる「昭和ノスタルジア」の大衆メディア作品における社会的敵対性、節合実践、およびそれに関する等価性の連鎖の析出は、二一世紀初頭における大衆メディアを磁場にした当時への注目が何を含意しているかを明らかにしてくれるだろう。

しかしながら、新聞などのジャーナリズム言説や知識人の言説、さらにはソーシャル・メディアなどを用いたオーディエンスが発信する言説も同様に、そこでのヘゲモニー的実践のありようが問題となる。それは当然、大衆メディアのヘゲモニー的実践と同様とは限らないと共に、それらや大衆メディアもそれぞれの言説や作品によって存在するであろう個々の位相差も無視することはできない。

それらへの注目によって析出されるヘゲモニー的実践のありようの多様な差異の理解そのものが、いかなる否定的な力が内部を構成すると共に外部に転位するのかという敵対性の差異をあぶり出し、それらの比較参照は暫定的に行われているであろう言説を通じた縫合（suture）の社会歴史的力学のありようを浮き彫りにすることが期待できるだろう。

しかしながら、前述したように、ラクラウらの理論の最大の問題は、実際の言説分析のための具体的な方法論的アプローチの欠如である。エセックス学派の研究者で、ラクラウの直弟子のデヴィッド・ハワースでさえ、ラクラウらが研究者のために方法論的なガイドラインを提供していないことを批判し、彼らの理論の「唯一のルールは、ルールがないこと」（Howarth 2000 : 291）と述べているのは、皮肉なことである。

そのため、ラクラウらの下で学んだ研究者や影響を受けた研究者が個別にそれぞれのやり方でケース・スタディを行うことが多いが、これまでのところ、新聞などの活字メディアへの分析に用いられる傾向が強い（Torfing 1999; Howarth 2000; Howarth and Torfing eds 2005; 山腰 2012 他）。とはいえ、最近になって、ベルギーの研究者ニコ・カルペンティエらが、ラクラウとムフの言説理論をメディアや芸術、文学の領域の分析に応用する呼びかけを行ったことなどから、まだごく僅かではあるが、映画、広告、絵画、インターネット、文学などの分析においても研究成果が出始めている（Carpentier and Spinoy 2008など）。

ただそれらの研究においても、ラクラウらの言説理論の応用のありようは一様ではなく、統一的な方法論的アプローチがあるわけでもなく、発展途上の感は拭えない。そういう意味では、多様なアプローチを試みることでラクラウらの言説理論の可能性を引き出しながら、同時にそれらを批判的に検証しながら、その応用の方向性と可能性を模索することが関連領域の発展にとっても重要と思われる。

## 本書のアプローチ

本書は、映画を中心に、一部テレビ番組も含めた映像メディアを分析の主対象とするが、そのアプローチの第一の特色は、各作品がそれぞれのナラティブ内部のヘゲモニー実践の結果、「ナラティブ内ヘゲモニー」が構成されると考え、そのありようについての詳細な内容分析を行うことである。それらの

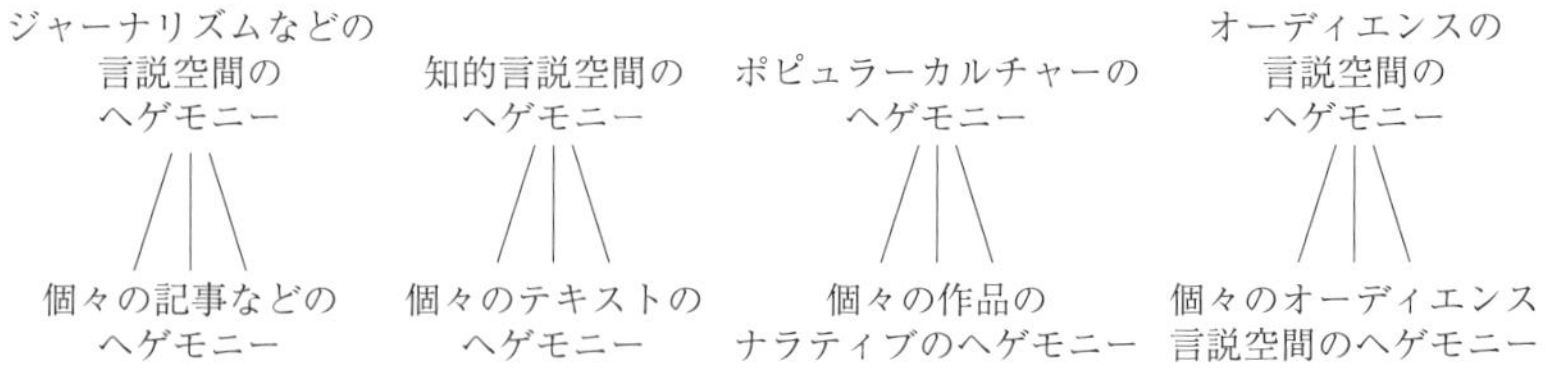


■2－1　複数的なメディア・言説空間のヘゲモニー

作品では、政治性を伴ったヘゲモニー実践による構造的転位によってナラティブの「ヘゲモニー化」が行われる。本書では、節合実践、等価性、等価性の連鎖、およびそれらによる敵対性によって構築される「ナラティブ内ヘゲモニー」「ヘゲモニー化」の具体的なありようを析出することを目指す。そして個々の作品の位相差はありながらも、「昭和ノスタルジア」のポピュラーカルチャー空間をめぐるマクロなレヴェルでいかなるヘゲモニーがありうるのかを探究する。

第二の特色は、映画などの映像メディア作品を主に扱いながらも、同時に、新聞などジャーナリズムの言説空間、知識人・論壇などの知的言説空間、先行研究の言説空間、さらにはいくつかの映画におけるインターネットの電子掲示板、ブログから、オーディエンスの言説空間についても分析の対象とし、それらの「テキスト内ヘゲモニー」に注目することで、複数的なメディア・言説空間の間のヘゲモニー実践の相違を浮き彫りにすることである。

複数的な言説空間の間の差異の析出によって、それぞれの領域でナラティブや言説を生産する人々のポジショナリティ、およびそれに関連するであろうヘゲモニー実践のありようの異同を発見し、社会的神話、社会的想像の構造的な次元での力学を明らかにしうるだろう。ラクラウとムフの言説理論を、本書のように言説空間間の比較という観点で応用するのは、管見の限りでは過去に例が無いと思われる。

これまでのメディア・スタディーズ、カルチュラル・スタディーズの領域では、ホールのエンコーディング／デコーディングの理論がメディア生産者の意図とオーディエンスの受容のありようの相違への着目という点で、言説空間間の差異に関連したものと言えるだろう。しかしながら、エンコーディング／デコーディングの理論は、メディア生産者とオーディエンスの関係性への関心が比重を占めていた。ところが、前述したように一九八〇年代前後のイギリスのサッチャー政権下でのオーディエンスは必ずしも抵抗的なパワーを組織化しえなかった。

だが一方では、同時代の「ヘリテージ産業」をめぐる知的言説の対立や、「ヘリテージ映画」と「反ヘリテージ映画」の間での対立的なナラティブ造型などで、鋭い敵対性が存在したのである。それは、まさしく記憶の意味闘争、意味介入であり、「政治的なるもの」が横溢する磁場であった。とりわけ、知的言説のみならず、ポピュラーカルチャー領域で「ヘリテージ映画」と「反ヘリテージ映画」のような対立的かつ政治的なナラティブが同時代に生産され、多くのオーディエンスを獲得した点は特筆すべきだろう。

そのため重要なことは、むしろ、そうした多元的なメディア公共空間のナラティブや言説それ自体に注目し、そこにおける「政治的なるもの」の丁寧な発見と発掘を行うことではないだろうか。膨大な数の言説やメディアのナラティブは消費されながら、消えゆく運命にある。そしてそれらが内包しているであろう「政治的なるもの」も同時に洗い流されてしまうのである。

そのため、「政治的なるもの」が見えなくさせられ、仮にナラティブや言説が社会的矛盾の縫合を拒否する「政治性」を内包していたとしても、消えゆくことで縫合されてしまうのである。したがって、メディア・ナラティブや言説における記憶の意味闘争、意味介入の痕跡の丹念な析出とその言語化は、それ自体、「記憶の場」の救済による新たな「記憶の場」の創造であると共に、「政治的なるもの」の発掘による「政治的なるもの」の可視化＝政治の活性化への契機となりうるものなのである。

本書が、第一の特色として挙げたように映画などの詳細な内容分析を行い、また第二の特色として挙げたように複数的なメディア公共空間への視点を重視して、ラクラウらの言説理論のメディア研究への応用を試みるのは、つまるところ、そうした背景と動機によるものである。後述するように、本書で分析対象とできるものは残念ながら限られてはいるが、そうした視点を大切にしたい。

本書のアプローチの第三の特色は、大衆メディア・文化作品の作り手、言説空間の語り手のライフ・ヒストリーへの注目である。偶発的な節合を通して様々な主体位置間の抗争性が重層決定されると考え、社会関係と主体位置が分節・節合のダイナミックな関係性であると考えるならば、作品の生産者、言説の語り手のポジショナリティはそれぞれのライフ・ヒストリーを通しての重層決定の堆積の一形態であると共に、作品、言説の中身も重層決定の帰結としての側面を備えると考えることができる。

一般にメディア・テキストの分析では、とりわけ映画分析では、ロラン・バルトに代表されるテキストの「自立性と特権性」への関心が根強くある。だが、本書のように大衆メディア・文化作品の持つ「政治的なるもの」の発掘と敵対性の次元の考察が主目的の場合、作り手のライフ・ヒストリーへの注目は無意味ではないと思われる。

むろん、「作家の映画」の時代はとうに終わっており、製作委員会形式で大半の映画が作られている日本映画の現状を考えるならば、映画製作そのものが複雑化しており、作品を監督の作家性などから考えることは困難になってきてもいる。したがって、本書で取り上げる全ての作品の監督や原作者のライフ・ヒストリーに注目するわけにもいかなかろうし、その必要性もないが、「作家」の役割が強いと思われるいくつかの作品では注目に値すると考える。

本書のように「昭和ノスタルジア」のような近過去、記憶を研究対象としながら、ラクラウらの言説理論の応用アプローチを試みるならば、それは、記憶研究との架橋的な意味合いも持ちうることになり、それはすなわち、前章で議論したような記憶研究の可能性と課題にも同時に接続されることになる。ラディカル・デモクラシーのメディア学とでも呼ぶべく本書のアプローチによって、記憶のポリティクスの顕在化、可視化が見込まれることで、前章で述べたような課題をいくぶん克服しうるかもしれない。すなわち、何よりもポリティクスそのものに優位性を認めることで、記憶そのものが複数的、多元的な政治的力学の空間の中に敵対的次元で構造化されているありようを析出し、それによって記憶表象・言説の中の多様な「政治性」を炙り出すことが見込まれうるからである。

## 分析対象について

本書で「昭和ノスタルジア」に関連する全ての映画やテレビ番組を扱うのは、むろんのこと物理的に困難なため、重要度の高い作品を選択した。本書の主旨からすれば、社会現象としての「昭和ノスタルジア」を支える影響力のある作品が重要なため、分析に用いる作品の選択基準は、いわゆるアーティスティックな価値ではなく、その人気度を最優先した。そのため各ジャンルを代表するような人気作品を注意深く選んでいる。

日本映画は、毎年三五〇本から四〇〇本が劇場公開されているが、その一〇％に満たない僅か数十作品が年間興行収入の八五％を占めている（堀越 2011 : 37）。本書で繰り返し論じている『ＡＬＷＡＹＳ 三丁目の夕日』シリーズ（2005–）の三作品、『フラガール』（2006）、『東京タワー――オカンとボクと、時々、オトン―』(2007)などは、そういった少数の人気グループに属する大ヒット映画である。

また第5章で主に扱うNHKテレビ番組『プロジェクトX―挑戦者たち―』は、視聴率が取れないと言われるドキュメンタリー系の番組にも拘わらず、高視聴率を獲得し、「国民的番組」とも評された。第7章で取り上げる『クレヨンしんちゃん 嵐を呼ぶ モーレツ! オトナ帝国の逆襲』(2001)は、幼児・子ども向けのアニメ映画ではあるものの、異例とも言える高い批評的評価を獲得し、二〇〇九年に雑誌『キネマ旬報』が発表したアニメ映画史上のベストテン第四位に選出されるなど、今では「古典」の位置づけがなされると共に、「昭和ノスタルジア」の重要な一角を占めている。

同じく第7章で取り上げる映画『20世紀少年』の三部作作品も、原作漫画の累計発行部数が二〇一〇年末の時点で二八〇〇万部にも及ぶ凄まじい人気を集めたことと、映画としても製作費六〇億円、総勢三〇〇〇名のキャストで、二〇〇八年から二〇〇九年にかけて三部作として連続公開され、興行収入もそれぞれ四〇億円前後の大ヒットを記録したことから、やはり「昭和ノスタルジア」を考察する際は外すことのできない作品である。

なお、繰り返し述べるように、本書は論壇や知識人の言説、一般のオーディエンスの受容も研究対象として扱われるべき領域と考えるため、第3章では、「昭和ノスタルジア」をめぐる知的言説のヘゲモニー実践のありようについて考察する。また第4章以降で映画やテレビ番組のナラティブを分析する際にも、批評などの言説空間のヘゲモニーの構築のありようとの比較参照を行うため、各章では、研究者や批評家、新聞記事による映画やテレビ評などを適宜紹介している。

一方で、一般オーディエンスの反応については、競合する複数性のメディア公共空間の考え方で言うならば、オーディエンスが発信することで実際に存在している言説空間を扱うのが望ましいと考える。

そのため、電子掲示板、ブログ、TwitterやFacebookをはじめとするソーシャル・メディアなどにおける「昭和ノスタルジア」映画やテレビ番組の言説は重要である。

しかしながら、本書で分析対象となる作品すべてについてオーディエンスの言説空間を取り上げることは困難と思われる。それは、本書で扱う映画やテレビ番組は大ヒット作品や「国民的」人気を博したものが中心なため、そもそもそれらのオーディエンスによるソーシャル・メディアでの言説空間そのものが無限大と言って良いほど巨大であり、それら全てを分析対象として扱うのは物理的に困難だからである。むろん何らかの基準で言説を選択したり、数量的な処理を施すことも不可能では無かろう。しかしながら、例えば『ALWAYS 三丁目の夕日』シリーズのように数百万人の観客を集め、DVDやテレビ放送での視聴も合わせれば数千万人単位に上るであろう膨大な数の、しかも多様な世代や階層のオーディエンスからなる言説空間を扱うのは慎重でなければならない。

そのため、本書では、「昭和ノスタルジア」映画の中でも、特にオーディエンスからの反響が大きく、オーディエンスの「語り」を誘発してきたとされる作品、映画『クレヨンしんちゃん 嵐を呼ぶ モーレツ！オトナ帝国の逆襲』と映画『20世紀少年』三部作に限って、第7章の中でこれらの作品のオーディエンスの受容のありようについて分析を行うこととした。

# 第Ⅱ部

# 第3章　「昭和ノスタルジア」をめぐる知的言説と「戦後」パラダイムの問題

## 1.「昭和三〇年代」の語られ方――「ベル・エポック」の神話と力学――

### 「小春日和の穏やかさ」―「昭和三〇年代」の語られ方―

本章では、論壇などの評論家・知識人の知的言説のへゲモニーのありようを注意深く検証するが、まず重要なことは、知的言説の多くで、序章で紹介した新聞記事と同様に、「昭和ノスタルジア」の主対象となる昭和三〇年代が「今より良い時代」であったと論じられており、その時代と他の時代、とりわけ現在との間で敵対性が構成され、「昭和三〇年代」がへゲモニー化されていることである。

一九六〇年（昭和三五年）生まれの精神分析医で数々の著作で知られる香山リカは、昭和三〇年代がブーム化しているのは、それが「日本が一番元気な時代であった」ことと、「人々は温かい心を持っていたから」という二つの理由によると述べている（香山 2008：24）。

香山は、昭和三〇年代は、昭和四〇年代にクローズアップされる大気汚染、地盤沈下、排水や河川の汚れ、公害などの「発展がもたらす弊害」もまだ目立っておらず、「人々の心にはまだ優しさ、温かさがいっぱいで、地域のコミュニティもきちんと機能していた。子どもたちは路地裏に集って遊び、家族ではなくても大人たちがそれとなく、彼らの安全に気を配った」（香山 2008：24）時代だったと述べている。香山は、高度経済成長からバブル経済までを経験してきた四〇代、五〇代の日本人がいまだ成長幻想を捨てきることができず、少子化がもたらす人口減少、日本の経済成長率の停滞などの不安から悲観的になり、現実からの「避難先として選んだのが、昭和三〇年代だったのではないだろうか」（香山 2008：26）と結論づけている。

香山は、精神分析医の視点から、ノスタルジアに見られる情動が持つ積極的な意味は認めるものの、それに浸りすぎるのは、「社会の死」につながる可能性もあるため、「『あの頃の日本は本当に良かったよ。ああ、もう一度、戻りたい』と肯定的な衝動と結びつけるのも、ほどほどにしておいた方が良いのではないだろうか」（香山 2008：27）と結んでいる。

「昭和三〇年代ブーム」について繰り返し議論を展開してきた代表的な論客の一人に、一九四四年（昭和一九年）生まれの批評家・川本三郎がいる。

川本は、明治以来、日本は西洋列強に追いつき、追い越せと猛烈な近代化を推し進めてきたが、「そんな忙しい近代の中で唯一、息をつける時代があったとしたら、それは昭和三〇年代ではなかったか」（川本 2008：4）と述べている。昭和三〇年代は、第二次世界大戦も終わり、戦後の本格的な高度経済成長の慌ただしさを迎える直前の例外的な「穏やかな」時代であったことを川本は繰り返し強調している。

川本は、「昭和三〇年代は、戦後の日本のなかで相対的に穏やかな時代だったのではないか。戦争直後の焼跡闇市的混乱は終わった。高度経済成長時代の喧騒はまだない。小春日和の穏やかさがあったのではないか」（川本 2008：7）としている。川本は、昨今の「昭和三〇年代ブーム」は、かつては政治や経済などの大きな視点から時代を見ることが多かったが、冷戦構造の終焉によってイデオロギーの重しが取れたため、市井の人々の日常生活から時代を見ることができるようになったためだと述べている（川本 2008：6）。

そうして市井の市民の暮らしの細部を思い出してみるならば、いかにそれが懐かしく、愛しいかに気づくことになると述べ、例として卓袱台《ちゃぶ》、火鉢、氷の冷蔵庫、富山の薬売り、蕎麦の出前持ち、原っぱ、駄菓子屋、暮れの大掃除の障子の張り替え、ランニングシャツ、蒸気機関車、都電、オート三輪などを挙げている。だが川本は、同時にそれらを現代の日本人が捨て去ってしまった「事実に愕然とする」と述べるのである。川本は、あの時代にわれわれは戻ることはできないため、「生活の中から消えてしまったモノを思い出し、よく記憶しておくことしかない」と慨嘆している（川本 2008：6）。

ここで注目すべきなのは、昭和三〇年代が既に高度経済成長期に突入した時代ではあったにも拘わらず、「小春日和」と形容され、高度経済成長とは「別物」として理想化され、高度経済成長期の時代との間で敵対性が構成され、ヘゲモニー化されることである。「昭和三〇年代」が同時代＝高度経済成長期と峻別されることで、そこでの敵対性が一種の虚構性に基づいたものになるのである。

なお、川本や香山が「昭和ノスタルジア」を昭和三〇年代だけを対象とすることを前提としていることも問題を含んでいる。こうした前提は、実際の大衆メディア・文化作品が昭和三〇年代に限らず、四〇年代などもう少し幅広い時代を対象化しているにも拘わらず、「昭和三〇年代ブーム」という呼称が言説空間で流通することを招くのである。

もっとも川本が「昭和三〇年代」を「小春日和」として理想化するのも、川本のライフ・ヒストリーを考え合わせるならば、分からないでもない。川本は終戦一年前の一九四四年（昭和一九年）七月に東京で生まれているが、翌年、内務官僚として広島に赴任していた父が原爆投下で亡くなる経験をしている。川本は東京大学を卒業後、一九六九年（昭和四四年）に朝日新聞社に入社する。『朝日ジャーナル』記者時代には、「京浜安保共闘」を名乗る学生運動家と親しくなり、一九七一年（昭和四六年）八月にこの学生運動家が赤衛軍を名乗って朝霞自衛官殺害事件を起こした際、相手方に依頼されて独占取材するのだが、事件後に証拠品を預かるなどしたことから、事件の幇助《ほうじょ》をしたと見られて逮捕されてしまう。川本は朝日新聞社を懲戒解雇されると共に、懲役一〇か月、執行猶予二年の有罪判決を受けた[11]。

まだ一歳だった昭和二〇年の終戦の年に原爆で父を亡くし、昭和四〇年代には若い記者として朝霞自衛官殺害事件に巻き込まれて有罪判決を受けると共に勤務先を解雇された川本のライフ・ヒストリーからすれば、先に述べたように、一〇代を過ごした昭和三〇年代が、「忙しい近代の中で唯一、息をつける時代があったとしたら、それは昭和三〇年代ではなかったか」との川本の言葉が日本近代を語ると共に、自分史を重ねていると見ることは容易であり、またその心情も理解できるものである。

しかしながら、そうすることで、「昭和三〇年代」が「小春日和」＝ポジティブとして他の時代＝ネガティブとの間で敵対性が構成され、「昭和三〇年代」内部の社会的矛盾や問題点が後景化させられることは見逃してはならないだろう。

## 「昭和三〇年代」と「高度経済成長期以降」の間の敵対性

一九五〇年（昭和二五年）生まれで「庶民文化探究家」の肩書で銭湯などの昭和文化の研究を行い、「昭和三〇年代ブーム」についての著作もある町田忍の議論も同様である。「昭和三〇年代」が「高度経済成長期以降」と対置されることで、敵対性が構成されるのである。町田の議論の主旨そのものも川本のそれに似ている。町田は、昭和三〇年代が注目されるのは、「郷愁だけでない失ったものへの『反省』」（町田 2003：38）であると述べている。

町田は、人々のコミュニケーションの場としても重要であった商店街、銭湯、駄菓子屋、紙芝居屋、魚を釣った小川など当時のものが失われたのは、「高度経済成長期以降の効率主義や経済最優先主義の結果、我々はあまりに多くのものを切り捨て過ぎて今日に至った」ためだとして、昨今の「昭和」への注目は、単なる精神的逃避ではなく「使い捨て文化への反省」だとして次のように述べている。

> 人々はいまに到って、失われたものの中にじつは重要なものがあったことに気づき始めている。その一例として資源や環境の深刻な現状を思えば、使い捨て文化への反省が生まれるのは当然だろう。ものを使い捨てにしなかった時代の記憶が蘇るのも当然で、それは単なるノスタルジーではない。
>
> 物質的に恵まれた生活を送りながら、精神的には少しも癒されていない人々が、昭和三十年代の暮らしに目を向けるのもまた、単なる精神的逃避ではないだろう。私はむしろ、これからの時代にこそ、昭和三十年代のライフスタイルを学び直して、活かしていくべきではないかと考えている（町田 2003：41）。

町田の議論も、「昭和三〇年代」が、いわば同質的な閉域としての単一の時空間とされることで、現代との間で敵対性が構成され、「昭和三〇年代」のライフスタイルが「学び直して、活かしていくべき」ものとしてヘゲモニー化されるのである。

繰り返すが、これらの言説に共通するのは、昭和三〇年代が何か別の時代とされるもの、とりわけ現代との間で敵対性が構成され、同時代としての昭和三〇年代前後の時代の共時的な位相差や、当時の時代の内部をめぐる敵対性が触れられないこと、考慮されていないことである。これが問題なのは、それによって、当時の社会的矛盾、対立点が縫合されてしまう危険性があるためである。

一九四四年（昭和一九年）生まれの川本も、一九五〇年（昭和二五年）生まれの町田も共に東京で生まれ育ち、東京の都市部で少年時代を送っている。彼らが昭和三〇年代の市井の文化として理想化する、商店街、銭湯、都電、蒸気機関車、オート三輪、駄菓子屋などは当時の首都の光景ではあっても、地方の光景はむろんそれと同じではなかったであろう。

また、前述したように川本は終戦の年に父親を亡くしているが、その父親は内務官僚で、母方の祖父は陸軍少将で貴族院議員、子爵という家柄であった。川本も町田も共に東京の大学でそれぞれ、法学（川本）、博物館学（町田）を学び、卒業後も東京で新聞記者（川本）、警視庁警察官（町田）として勤務し、職を離れた今もそれぞれ杉並区（京王井の頭線浜田山駅（川本））、大田区（東急目黒線・大井町線大岡山駅（町田））など、都心に程近い住宅地で暮らしている（『朝日新聞』週末be・be09、二〇一一年五月二八日他）。

このように首都東京で、比較的恵まれた経済資本、文化資本および学歴資本をライフコース上で蓄積してきたであろうポジショナリティから回顧する昭和三〇年代と、そうでない者との差異も少なからぬことが容易に想像されもしよう。

## 東京出身者による「昭和三〇年代ノスタルジー」

活字分野で「昭和三〇年代ノスタルジー」の言説空間を主導してきたのは、雑誌ジャーナリズムであるが、注目すべきなのは、雑誌ジャーナリズムでは、東京在住、とりわけ東京出身の東京在住者が自分自身の記憶の中の当時の東京を語るパターンの言説が主流を形成してきたことである。

例えば、一九八六年（昭和六一年）創刊の雑誌『東京人』は、頻繁に「昭和三〇年代」の特集記事を掲載してきたが、いずれもそうした特徴を備えている。一九四八年（昭和二三年）日本橋人形町生まれの横田好太郎による「昭和三十年代、輝いていた日本橋の子どもたち――力道山道場が日本橋にあった頃」（二〇〇八年八月号）、一九四二年（昭和一七年）港区赤坂生まれのイラストレーター安西水丸による「昭和三〇年代――丸ノ内線／都営浅草線／日比谷線 地下鉄っ子」（二〇〇八年二月号）、そして先に述べた川本三郎による「昭和三十年代、阿佐谷の子供たちには、若乃花がヒーローだった。」（二〇〇九年六月号）など、執筆者とその記事タイトルの組み合わせを見れば一目瞭然だろう。

雑誌『東京人』は、座談会企画を組むことも少なくないが、そこでは東京出身者・在住者の著名人による対談が中心である。「今、昭和三十年代が懐かしい理由。」と題した、政治学者の御厨貴（一九五一年（昭和二六年）東京生まれ）とコラムニストの泉麻人（一九五六年（昭和三一年）東京生まれ）の対談の冒頭では、映画『ALWAYS 三丁目の夕日』について触れながら、それぞれの記憶の中の当時の東京が語られている。

泉　：今の人が見ると、都電があんなふうに走っているのがテーマパークみたいで楽しそうだと思うんじゃないかな。男の子たちが都電、乗り継いで荻窪、高円寺まで行く場面があるでしょう。（中略）

# 昭和三十年代、阿佐谷の子供たちには、若乃花がヒーローだった。

終戦後の昭和二十〜三十年代に小学生時代を送った世代にとって、相撲は身近で人気のある娯楽だった。この時代、ラジオでの中継が、テレビ放映になり、相撲人気はますます盛り上がった。

川本三郎・文
text by Saburo Kawamoto
かわもと　さぶろう　評論家、作家。1944年東京生まれ。東京大学法学部卒業。朝日新聞社記者を経て、文芸、映画、都市論などの執筆活動に入る。著書に『荷風と東京『断腸亭日乗』私註』『林芙美子の昭和』『ミステリと東京』『向田邦子と昭和の東京』など。新刊に『銀幕風景』（新書館）。

左・昭和31年、阿佐谷の花籠部屋の稽古場（右側手前）（提供・毎日新聞社）

子供時代を中央線沿線、杉並区の阿佐谷で過ごした。

ここには西東京には珍しく花籠部屋があった。二所ノ関部屋の大ノ海（最高位、前頭三枚目）が戦後、興した部屋だが、当時は小部屋で、自前の土俵がなく、阿佐ヶ谷駅の南口にある日大相撲部の土俵を借りていた。

その花籠部屋が注目されるようになったのは、なんといっても若ノ花（のち若乃花）が登場してから。

地元の力士だから当然、若ノ花のファンになった。子供たちのあいだで若ノ花人気が高まったのは、若ノ花が関脇になった昭和二十九年ごろからだろうか。

テレビの相撲中継が始まったのが昭和二十八年だから、若ノ花の人気、そしてライヴァルの栃錦と競い合ういわゆる栃若時代は、テレビと共に生まれていったといえる。

戦後、しばらく相撲人気は低迷していた。戦前の最高の人気力士、双葉山が引退してしまったあと、いい相撲取りが出なかったし、占領時代、GHQ（連合軍総司令部）は、相撲は野球に比べると封建的だと、その興行を熱心に支援することはなかった。

若ノ花の初土俵は昭和二十二年の六月。場所は神宮球場の隣りに仮設された神宮相撲場。当時、両国の国技館は進駐軍に接収されていて使うことが出来なかった。

小坂秀二『栃若時代』（光人社、一九八八年）によると「若乃花の入門したころは、相撲がもっとも衰微していたころで、一部では再起を危ぶむ声もあったくらいだ」。

初土俵を踏むために、若ノ花はもよりの駅を降りて神宮相撲場に向かって歩いてゆく。まわりを見ると大勢の人が同じ方に歩いてゆく。みんな相撲を見に行くんだと喜んでいると、なんと隣りの神宮球場へ六大学野球を見に行ってしまう。

「こっちは[illegible]、向こうは学生さんの野球なのに……」と若ノ花は大いに口惜しがった。その口惜しさがあるか

77 東京人 JUNE 2009　　JUNE 2009 東京人 76

■3－1　雑誌『東京人』（2009年６月号）の特集記事（「昭和三十年代，阿佐谷の子供たちには，若乃花がヒーローだった。」）

対談
# 今、昭和三十年代が懐かしい理由。

御厨 貴

泉 麻人

ここしばらく続いている昭和三十年代ブーム。日本人が忘れてしまった大切なものが、あの頃の日々の暮らしにはあった。それが今、とても輝いて見えるのはなぜか。その時代に少年期を送った二人が語る、郷愁と哀愁の昭和思い出アワー。



■3－2　雑誌『東京人』（2006年８月号）の表紙と特集記事（「今，昭和三十年代が懐かしい理由。」）

御厨：まだ映画館がかろうじてがんばっていた時代です。街に出ていけば何か遊べるものがあった。東京オリンピックに向けて、昭和三十六年からポリバケツでのゴミ収集になって、それまではチリンチリンと鈴を鳴らしてリヤカーが道端のゴミ箱まで集めにきていたけど。

泉：ぼくが子どもの頃はまだ道端のゴミ箱が残っていて、あの上にのぼって人の家の柿を取ったり、野球のボールが入っちゃった時、踏み台にしてよその家に入ったり（御厨&泉 2006：47）。

むろん、雑誌『東京人』の編集コンセプトが東京という都市そのものにあるため、東京出身・在住者による町の記憶が語られるのが常であることは当然と言えば当然かもしれない。しかしながら、こうした傾向は一般の雑誌でも顕著なのである。例えば、雑誌『本の話』での「昭和三十年代が僕らの原点」と題した、「ブリキのおもちゃ館」館長・北原照久（一九四八年（昭和二三年）中央区京橋生まれ）、デザイナー矢野雅幸（一九五〇年（昭和二五年）生まれ）、経済学者の森永卓郎（一九五七年（昭和三二年）東京都出身）による座談会でも、映画『ALWAYS 三丁目の夕日』について冒頭で触れながら、それぞれの立場から当時の東京が語られている。

昭和三十年代が僕らの原点

北原照久×矢野雅幸×森永卓郎

■3－3　雑誌『本の話』（2006年６月号）の特集記事（昭和三十年代が僕らの原点」）

北原：僕は昭和二十三年生まれですから、去年封切られて話題になった『ＡＬＷＡＹＳ 三丁目の夕日』の時代そのものの子供時代を送ったわけです。家が京橋でしたから、あの通り、東京タワーが立ち上っていくのを毎日見ていました。（中略）

森永：私は昭和三十二年生まれだから北原さんより九歳下なんです。子供の頃に国産のミニチェアカーが出始めて、すごく感激して集め始めるんですが、それだって子供にはめちゃくちゃ高くて、年に何台も集められませんでした。いまでは二万台くらいのコレクションになりましたけどね、やっぱり駄菓子屋が社交場だったことは変わらない。（中略）

矢野：当時デパートに行くと、玩具売り場の一番いいショーケースの中にプラモデルが箱のまま並べられてる（北原・矢野・森永 2006：28–29）。

映画『ＡＬＷＡＹＳ 三丁目の夕日』の大ヒット後、同種の座談会企画が数多くの雑誌で試みられたが、多くの内容は類似の傾向を備えている。しかしながら、参加者の顔ぶれが多彩である場合、このような東京出身・在住者による共有された記憶の語りが持ち込まれようとした時に、思わぬ不調和が表面化することがある。

雑誌『文学』における、文学者間の座談会「昭和三〇年代をめぐって」では、川本三郎の他に、与那覇恵子（一九五三年（昭和二八年）沖縄県那覇市生まれ）、木股知史（一九五一年（昭和二六年）兵庫県生まれ）、藤井淑禎（一九五〇年（昭和二五年）愛知県豊橋市生まれ）の四人の間で対談がなされたが、この時は東京出身者は川本だけで、他の三人は関東外の地方出身者であった。ここでは、そのようなポジショナリティ上の相違、とりわけ川本と沖縄出身者の与那覇との間の、微妙な「温度差」が露呈しており、興味深い。

川本　：対日講和からオリンピックの大騒ぎが始まるまでの約一〇年間、私はそれをベルエポックとか小春日和と呼んでいるんですが、あの時代だったら戻ってもいいかなと思うんですね。

（中略）

与那覇：戦後、昭和三〇年代の沖縄の生活は『ＡＬＷＡＹＳ　三丁目の夕日』の世界よりももっと厳しかったと思います。トイレも汲み取りで、ゴミはドラム缶で燃やすこともありました。雨が降ると下水があふれる。炊事はまだ石油コンロを使っていました。沖縄は水源にも恵まれなくて、水不足の時の水汲みは子どもには重労働でした。あの仕事は今でもしたくない。小春日和というと、自分たちが遊んだ場所を懐かしく思います。海にも山にも子ども同士の世界がありました。でも微妙な気持ちですね。懐かしさと不便な生活はいやだなというのと。

藤井　：そうするとベルエポックに当たる時期は、沖縄の場合は一九七二年以降ですか。

与那覇：その前ですね。一九六〇年代。一九六〇年代後半には復帰はほぼ決まっていて、高校のクラスではどのような形の復帰が望ましいか、討論してました（川本・与那覇・木股・藤井 2008：4-6）。

以上のような三人の会話を受けて、木股は「若干の時差は地方と東京であると思う」と述べている。映画『ＡＬＷＡＹＳ　三丁目の夕日』で盛り上がった「昭和三〇年代ブーム」の中で、数多くの特集記事や座談会が組まれてきたが、雑誌『文学』の座談会のような「温度差」の露呈は忌避されるためか、大半は、雑誌『東京人』に代表される東京出身・在住者による当時＝「ベルエポック」「小春日和」の首都東京の暮らしや文化への回顧と懐古を基調とした調和的な言説が主流である。すなわち、雑誌などの言説空間における「昭和ノスタルジア」は、あくまでも首都・東京からの、（こう言って良ければ「東京目線」の)、なおかつ言説空間で言葉を発信することのできる論者の「立ち位置」からのヘゲモニー編制と考えることができるかもしれない。

### 激動の「昭和三〇年代」―「光」と「影」の交錯―

しかしながら、昭和三〇年代に区分される一九五五年から一九六四年までの一〇年間は、実際は、「小春日和の穏やかさ」「ベルエポック」の形容で収まるようなモノトーンの静かな時代ではなかった。それはむしろ激動と呼ぶにふさわしい時代であった。昭和三〇年代幕開けの年である一九五五年は、いくつかの意味で戦後の転機とも言える年である。

一九五五年(昭和三〇年)は、経済面では、朝鮮戦争の特需の影響から経済が大幅に拡大したことから発生した神武景気で幕を開ける。この好景気によって日本経済は戦前の最高水準を上回るほど回復し、翌一九五六年(昭和三一年)の経済白書には、「もはや戦後ではない」と記され、戦後復興の完了が宣言されると共に、本格的な高度経済成長期に突入していった。

政治面では、一九五三年(昭和二八年)一〇月に発覚して政治問題化した保全経済会事件と、翌一九五四(昭和二九年)年一月に明るみに出た造船疑獄事件で保守政権の腐敗が表面化していた。これによって国会内で与野党の対立が激化し、一九五四年(昭和二九年)六月には憲政史上未曾有の国会乱闘事件が起こり、国民の政治不信は高まっていた。

一方で革新陣営では、サンフランシスコの講和会議をめぐって日本社会党が分裂状態にあったが、一九五五年(昭和三〇年)一〇月に日本社会党の統一が実現し、保守合同を実現する重要な要因となって、翌一一月に自由民主党が結成されて保守合同が成り、その後のいわゆる「五五年体制」がスタートする。

このように、昭和三〇年代のスタート地点である一九五五年は政治と経済の両方にとって転機となる年であった。また、一九五五年（昭和三〇年）三月に、その後の労働運動に多大な影響を与えることになる日本生産性本部が発足するなど、一九五五年（昭和三〇年）は、労働運動の歴史においても転機となる年となった。

一方でこの年には、前年に五単産（産業別単一組合）で設立された「共闘会議」に全国金属、化学同盟、電機労連が加わって「八単産共闘会議」が結成されたが、これは後の「春闘」と呼ばれることになる賃上げ闘争のスタートであった。参加組合は年々増加し、一九六〇年（昭和三五年）春闘では、民間一一五単産、官公労全単産が参加し、四一〇万人の労働者による運動になった（武田 2008）。

こうしたことが、昭和三〇年代のとりわけ前半を「政治の季節」と言わしめる時代を形作っていく背景にあった。労組の共闘は、政府や経営側との対決姿勢を強めていく。その延長線上で一九五九年（昭和三四年）から一九六〇年（昭和三五年）にかけて、国内最大の炭鉱であった三井三池炭鉱で三池争議があった。

三池炭鉱労働組合は強硬な闘争方針を取ったため、経営側も対決の姿勢を強め、三池争議は、「総資本対総労働」の闘いと呼ばれた（武田 2008：40）。経営側は、主に組合活動家だった労働者一二九八人に対して指名解雇を通告した。これに対し労組は無期限ストを行うものの、結果的に三池争議は労組の敗北で終わる。

三池争議は、時代的には日米新安全保障条約に対する反対運動と重なっていると共に、政界の動きや国民的関心という点からも呼応し合ってもいた。一九五九年（昭和三四年）三月に社会党、総評、原水協などで「日米安保条約改定阻止国民会議」が結成される。一一月二七日の安保改定阻止第八次統一行動で、デモ隊二万人が国会構内に突入し、翌一九六〇年（昭和三五年）五月二〇日未明に衆議院で新安保条約が強行採決されると、安保反対運動は全国的に激化して一般市民も参加するようになった。五月二六日には一七万人という空前の規模の国会デモが行われた。

岸内閣への批判は各地に広がり、六月四日の安保改定阻止第一次実力行使には、国労の早朝ストを始め、全国で五六〇万人が参加、六月一五日の第二次実力行使には五八〇万人が参加するという未曾有の市民運動となった。

そんな中で、六月一九日に新安保条約が自然成立。岸内閣は退陣したものの、安保反対の大衆運動における政治的な対立の中で、右翼団体の活動も活発化し、テロも台頭した。

一九六〇年（昭和三五年）六月一七日には社会党元委員長の河上丈太郎が、衆議院面会所で右翼に左肩を刺されて負傷した。岸内閣総辞職の前日七月一四日には、首相官邸で岸首相自身が暴漢に刺され、瀕死の重傷を負う事件も起きた。一〇月一二日には、日比谷公会堂で開かれた三党首公開演説会で、浅沼稲次郎社会党委員長が右翼少年に刺殺される事件が起きた。

このように、「戦前の暗黒時代を思い起こさせる」（武田 2008 : 63）ようなテロの横行は、不安な時代状況を昭和三〇年代に作り出したのである。

他にも、雑誌『中央公論』に掲載された深沢七郎の小説『風流夢譚』での、天皇家が革命軍に襲撃される架空の話を不敬であるとして右翼が反発し、一七歳の少年が中央公論社の嶋中社長宅を襲い、嶋中は不在だったものの夫人が重傷を負い、家政婦が刺殺されるという「風流夢譚事件」が一九六一年（昭和三六年）二月に起きている。また、この年の暮れには、安保闘争による左翼の台頭を危惧した旧日本軍の元将校らが容共的な政治家や閣僚を「粛清」する目的で画策したクーデター未遂事件である「三無事件」も起きた。

一方、経済面では、昭和三〇年代は高度経済成長期の前半にあたり、政府の経済計画が次々に発表され、経済成長への道を歩んでいた。とりわけ「政治の季節」から「経済の季節」への転換をはかった池田内閣が一九六〇年（昭和三五年）の暮れに決定した「国民所得倍増計画」は、一〇年間で日本の国民総生産を二倍にすることが目標とされ、高度経済成長を国家の基本政策として本格的に推進することが目指された。

実際に、一九六〇年（昭和三五年）から一九六五年（昭和四〇年）までの実質経済成長率は九・七％で、一九六八年（昭和四三年）には国民総生産も二倍に達したことから、当初は実現不可能との「悲観論」者が圧倒的に多かったにも拘わらず、本格的な高度経済成長は、目論見通り数字の上でも達成されたと言える。昭和三〇年代の最後の年の一九六四年一〇月には東海道新幹線が開通。同じ一〇月には、東京オリンピックが開催されるなど、日本の経済成長を象徴するような出来事で昭和三〇年代は幕を閉じているのは確かである。

しかしながら、所得倍増計画発表の一年後の一九六一年（昭和三六年）の『読売新聞』の世論調査では、所得倍増計画が「うまくいっている」と答えたのは僅かに五％で、「うまくいっていない」は四六％に達している。また、当時、物価の上昇が問題化していたが、それについて「だんだん落ちつく」と答えたのが一九％だったが、「もっとひどくなる」が五九％に達するなど、当時の人々が急激な経済成長で恩恵を受けながらも、必ずしも実感を伴わないと共に、先行きに不安を感じていたことが窺える。

また、昭和三〇年代は、水俣病に代表される公害、水質汚染、大気汚染、交通事故などを多発させた。また農業の衰退、農業解体を招いたり、行政指導による官僚の権限を強めるなど、その後のバブル崩壊

■3－4　『読売新聞』（1961年元日の社説（「今年を明るい年に」）（部分）

■3－5　『読売新聞』（1961年大晦日の社説「暗いこの一年を顧みて」）（部分）

期に護送船団方式と呼ばれた「官僚王国」は、この時期に強められた。さらには「会社第一主義」が広がり、地域共同体を解体させるなど、高度経済成長期はむろん功罪の両面があり、それらは「現在に連なる問題であって、決して過去の問題ではない」（中村2005：105）のである。

　以上見てきたように、高度経済成長期には、「光」と共に、その表裏のものとして「影」と言える部分が確実に存在しており、昭和三〇年代当時も、それらの「影」は同時代のこととして重く受け止められていた。

　昭和三〇年代の半ばの折り返し地点と言える一九六一年（昭和三六年）の正月元日の『読売新聞』の社説は、「今年を明るい年に」の見出しであった。社説では、前年の一九六〇年（昭和三五年）が安保騒動、三池争議、テロの連発などで、「暗い年」だったので、「今年は何とかして、政府も国民も努力して、暮れには、今年は明るい年だったと言えるようにしたいものである」と述べている。

　しかしながら、皮肉なことに、同じ『読売新聞』の同年の大晦日の社説は、「暗いこの一年を顧みて」の見出しであった。何かの「冗談か」と思いきや、そうではない。この大晦日の社説は、世界的には米ソの軍拡競争の激化、ソ連の核実験の再開が「前途に対する不安といいようのない暗い気持ちを呼び起こした」と述べている。そして国内では、国際収支の悪化による成長政策の行きづまり、株価の暴落、さらには生計費の大幅な値上げから、「所得倍増より物価の安定を」という主婦らの訴えなどを挙げて、一九六一年（昭和三六年）は日本経済にとって「まことに暗い年だった」と慨嘆しているのである。

昭和三〇年代が終わり、昭和四〇年代の幕開けの一九六五年は、建設ブームで沸いた前年のオリンピック景気も終わり、不況が深刻化して、山陽特殊製鋼をはじめとする大型倒産が相次ぎ、「四〇年不況」と呼ばれた。東京証券取引所に上場されている企業のうち、一九六四年（昭和三九年）の一年間だけで、負債総額一〇〇〇万円以上の倒産件数は四二一二件に上った。

一九六五年（昭和四〇年）一〇月の『読売新聞』の世論調査では、「暮らし向き（生活）」が「楽になった」と答えた人は僅か五％であるのに対し、「変わらない」が三四％。また「苦しくなった」が三五％、「多少苦しくなった」が二四％で合わせて六割近くに上るなど、昭和三〇年代を終えた時点の国民の多くは、数字の上での経済成長に見合う生活的満足感を実感として必ずしも持っていなかったであろうことが推察される。

このように、「昭和ノスタルジア」の主対象となっている昭和三〇年代は、高度経済成長の「正」の側面の表裏にある「負」の側面、「ひずみ」も伴っており、それは同時代の人々にとっても、直面する現実の切実な一部だったのである。

## 「主義」「イデオロギー」としての「昭和三〇年代」

「昭和ノスタルジア」をめぐる言説の最も大きな問題は、当時に「負」「ひずみ」の側面があるにも拘わらず「古き良き時代」であったと前提することで、「昭和ノスタルジア」の大衆メディア・文化作品も当時への単純な憧憬によって当時そのものを肯定していると自明視してしまうことである。このようないわば二重の前提が時には「昭和」への過度な美化を導き出してしまうこともないとは言えない。

典型的な例は、評論家・浅羽通明の著書『昭和三十年代主義―もう成長しない日本―』（2008）に見られる議論である。浅羽は、バブル崩壊、平成不況後の現在の地点から眺めるならば、昭和三〇年代は今と異なる「協働体」の側面を持っていたとし、その点に着目する。浅羽は、昭和三〇年代は、とりわけ「人情」と「元気」が今より強かったとし、当時を、人々が生活や仕事の両面で互いに包括的に支え合う「究極のワークシェア社会」（浅羽 2008：101）であったとする。浅羽は、「未だ、貧しく不便だった昭和三十年代は、それゆえに［不便さゆえに］、日常を維持するだけでも、やらねばならぬ仕事が無数にあった。あったから、その数だけ人々の労働が必要とされ、誰にも居場所が空けられている、究極のワークシェアリング社会が営まれていた」とし、「誰もが互いを必要としあっているという関係を、日々、互いに自覚」することが可能だったと述べている（浅羽 2008：101）。

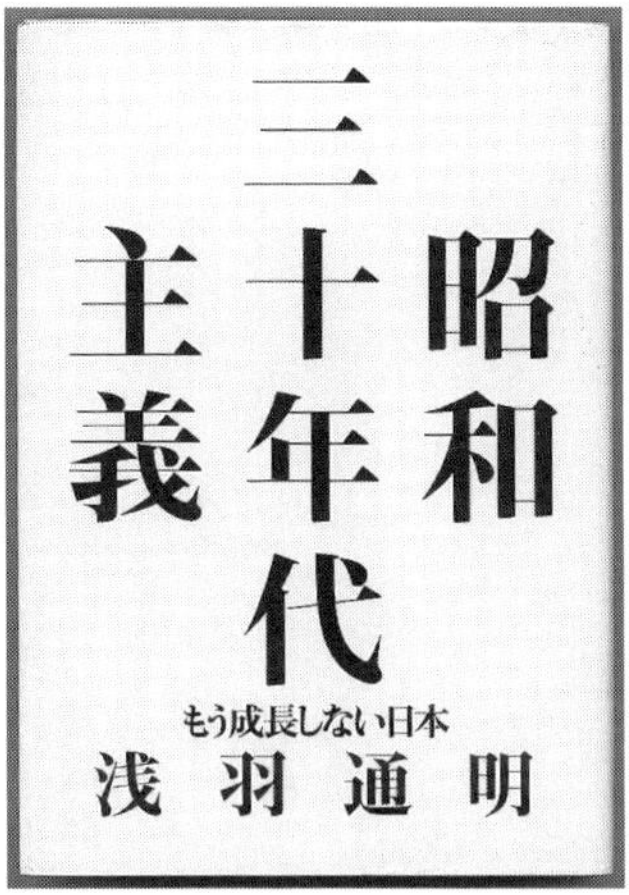

図3－6　浅羽通明『昭和三十年代主義―もう成長しない日本―』幻冬舎，2008年，表紙

浅羽によれば昭和三〇年代より後の日本は、高度成長のために、当時を特徴づけたと浅羽が言うところの「協働的な絆」が解体してしまったが、昨今の「昭和ノスタルジア」の大衆メディア・文化作品は、そうした今は失われた当時の協働体としての良さを体現した希少なものであるとされる。そのような時

代の良さは、映画『ALWAYS 三丁目の夕日』シリーズや『クレヨンしんちゃん 嵐を呼ぶ モーレツ！ オトナ帝国の逆襲』(2001) などに良く表れていると言う。

浅羽の議論は、敵対性が明確である。浅羽は、昭和三〇年代を「協働的な絆」の社会として理想化し、一方で、橋本内閣、小泉内閣に象徴される「構造改革」が否定されるべき批判の対象となるのである。日本人各々が自己決定、自己責任で生きる欧米的「個人」として生涯にわたってスキルを磨かなくてはならず、政治面では政権交代のある二大政党制や規制なき市場社会などを目指す「構造改革」は、浅羽によって厳しく批判される。

それらは、橋本内閣、小泉内閣の構造改革、ライブドア騒動で幕を閉じたIT革命、またリフレ路線に代表されるように、いずれも「新たな内発的成長」などを喚起できず、悉く失敗に終わったと浅羽は述べる(浅羽 2008 : 381)。

一方で、浅羽によって昭和三〇年代は、「構造改革」の「対極」とされる。そして現代の国民は「日本的な共同体をセーフティネットとする、適度な貧しさを含む安定した世の中」を望むようになってきている(浅羽 2008 : 381) として、昭和三〇年代的なライフスタイルが、取り返すべき理想とされるのである。

そのため浅羽は、「昭和ノスタルジア」がブーム化している現状を高く評価するのだが、それがまだ単なる趣味の域に留まっているのは残念であるとし、それをさらに一歩進めて、「昭和三十年代主義」という思想として世に広めようと提唱するのだ。浅羽の言う「昭和三十年代主義」とは、右肩上がりの好景気はもう戻らないし、不要でもあるので、当時のように人々が支え合う協働体社会を復活させようと主張する内容のものである。長い著作の最後に浅羽は次のように結論づけている。

昭和三十年代主義が実現した先はどうなるのでしょうか。おそらくは、世界的な食糧危機、資源危機、環境危機とぶつかるだろうその時代には、人類は、現在の技術の到達点、高い生産性をできるだけ落とさないかたちで、農業社会を回復してゆくのではないか。それは、昭和三十年代的な格差社会の先にある、身分制と何らかの「鎖国」で秩序づけられ、儀礼と祝祭で彩られた新しい封建主義体制の実現なのかもしれません。（中略）新たな江戸時代実現はまず二一〇〇年以降と見て、二〇五〇年はまず「新たな昭和三十年代」を目標とするくらいのペースが、やはり妥当ではないでしょうか（浅羽 2008 : 386）。

浅羽の議論が、現象としての「昭和ノスタルジア」が現代社会への批判意識と関係があるとしている点は本書の問題意識にも関連があり、それ自体としては理解できるものであり、環境問題の克服や消費のみに依存しないオルタナティブな社会構築を希求する姿勢は、とりわけ東日本大震災以降の日本社会のあり方とも響き合うため、少なからず人々に共感を与えもするかもしれない。

しかしながら、浅羽の論理展開はいくつかの点で無理があると言わざるを得ない。まず昭和三〇年代を協働体および農村社会であったとする前提は疑わしく思われる。当時は、職を求めて田舎から東京などの都会への集団就職や引越しによる一極集中や都市化が始まっていて、むしろ農村は過疎化が始まり、農村社会とは逆の動きが起きていた。

当時は仕事においても人々が支え合う協働意識が基本だったという前提に浅羽は立っているが、当時は、都市化と共に企業内労働が増加し、それと共に熾烈な競争社会が出現しつつもあったのである。昭和三〇年代の半ばの一九六〇年（昭和三五年）の『国勢調査』で、企業で働く雇用者（二三六三万人）が勤労者の半数を初めて超え、サラリーマン時代が到来した。「モーレツ社員」「モーレツ・サラリーマン」などの言葉が言われ出したのもこの頃である。

昭和三〇年代がいかに急激な都市化と企業社会化、およびその一方の農業衰退の時代であったかはデータが物語っている。当時の『国勢調査』によれば、一九五五年（昭和三〇年）から一九六〇年（昭和三五年）の五年間で、日本の人口は四一四万人増加したが、増加した地域は、南関東（二四四万人）、西近畿（一二三万人）、東海（六〇万人）、北海道（二七万人）だけであり、他の全ての地域で減少した。首都圏の人口は一九五〇年（昭和二五年）には約一三〇〇万人だったが、一九六〇年（昭和三五年）には約一七八〇万人、一九七〇年（昭和四五年）には二四〇〇万人を上回っている。東京の人口が一〇〇〇万人を突破したのも一九六二年（昭和三七年）のことであった。都市人口も終戦時の一九四五年（昭和二〇年）には二〇〇二万人だったが一九七〇年（昭和四五年）には七五四三万人になり、都市人口比率が約二八％から約七二％にまで激増し、「世界史上でも例をみない都市化現象が進んだ」（中村 2005：98）のである。

一方で、就業人口に占める農業の割合は、一九五〇年（昭和二五年）に四五・二％あったが、一九六〇（昭和三五年）年に三〇％、一九七〇年（昭和四五年）には一七・九％へと急減していった。歴史社会学者の竹内洋は、戦後日本の農村から都市への地理的移動と、農業などの第一次産業から第二次・第三次産業への社会的移動が世界的にも稀な激しさだったため、当時の農村では「予期的社会化（anticipatory socialization）」が広範に見られたと述べている（竹内 2011）。

戦後の昭和の農村家庭の子弟の多くは、将来、親と同じように農民になることを見越す「参加型社会化（participatory socialization）」を生きたのではなかった。彼らは、将来は都市市民になることを見越して、農村に住みながらも都会人やサラリーマンの価値や規範を学習する「予期的社会化」の世界を生きていたのである。そのため、「自分の一生を農村で送りたくはない」という「向都離村」の心情と決意を持つことが日常であった（竹内 2011：477）。

一九五九年（昭和三四年）の浜口庫之助の作詞・作曲による守屋浩のヒット曲『僕は泣いちっち』の歌詞は象徴的である。この歌では、恋人（女）が東京に行った後、若い男が「僕も行こう、あの娘の住んでる、東京へ」「お祭なんか、いやだよ／僕は思う、遠い東京の、ことばかり」と歌い、最後は、「早く行こう、あの娘の住んでる、東京へ」となる。

地方や農村で「予期的社会化」を経験した後に東京に上京し、都市生活者として生きるのが、当時の若者の常であった。都市に吸い寄せられた膨大な人の群れは、多くの場合、企業・組織労働者として高度経済成長を支え、私生活においては、団地に代表される「核家族」化を進めていった。むろん現在のような非正規社員は少なく、多くの人々が終身雇用制度に守られながら、正規社員として働くことのできる時代ではあったため、「協働的」な側面はあったであろう。だが時代の変化は、同時に当時を企業内労働、熾烈な競争や個人化によっても特徴づけていたのである。

浅羽の議論は、そうした当時の時代的変化の認識に基づいていないため、もともと自分が理想とする協働体社会の「復活」の持論を展開するために、結局のところ「昭和ノスタルジア」を都合よく利用していると言われても仕方がないのではないか。言うなれば、「昭和三〇年代」が、持論である「協働体主義」に流用される形でそれぞれが等価なものとして節合することで、「昭和三〇年代」＋「協働体主義」が現代という時代との間で敵対性を構成し、ヘゲモニー化する言説の構築が目論まれているように思われてならないのである。

浅羽の「昭和三十年代主義」のような議論はやや極端な例かもしれないが、当時を「古き良き時代」

であることを前提にして、それを何らかの理念なり理想と節合して、現代に対する敵対性として位置づけ、それがテキスト内でヘゲモニー化していくのは、前述した川本や町田の議論とも並行性があるもので、「昭和ノスタルジア」をめぐる言説の、いわば定番的なパターンとも言いうるものである。

問題は、これらの言説の多くが「昭和ノスタルジア」の大衆メディア・文化作品の主対象である昭和三〇年代前後の時代をポジティブな時代であることを前提としているがために、これらの表象も「当時の良さ」への単純な憧憬、郷愁であることが自明視されがちなことである。序章で述べたようなこのような重層的な「神話」は、新聞ジャーナリズムに限らず、ここで論じたように言説空間にも広範囲に存在していることから、それがいかに強い支配的イデオロギーであるかが窺い知れよう。

こうした言説は、昭和三〇年代と現代との間で敵対性を構成し、昭和三〇年代がポジティブな時代、現在がネガティブな時代とすることで、昭和三〇年代当時の社会的矛盾や問題点、対立点を覆い隠してしまうのである。結果として、それは知らず知らずのうちに社会的矛盾を縫合する役割を担うことになる。そのため前述した問題意識、つまり、そもそも新聞などのジャーナリズム言説から知的言説に至るまで、なぜどれも似たようなものになってしまうのか、というフーコー的な問いを誘うことになるのである。それは、当時をポジティブなものとする言説がなぜ支配的なイデオロギーとしてヘゲモニー化されるのかという問いである。

## 「昭和ノスタルジア」言説空間の複雑さ

もっとも中には、「昭和ノスタルジア」を論ずる言説が当時を「バラ色一色」とすることに警鐘を鳴らす言説も少なからず存在する。例えば、映画『ＡＬＷＡＹＳ 三丁目の夕日』が公開された翌年の二〇〇六年四月に、『朝日新聞』の「文化欄」で、一九五一年（昭和二六年）生まれの同紙の編集委員・四ノ原恒憲は「若者よ罠に落ちるな」と題して、前年の映画の大ヒット以来、昭和三〇年代を語る言説が世に溢れ出し、当時への「礼賛の大合唱」が起きたことを厳しく批判している。

四ノ原は、当時の国内総生産は現在の五八分の一に過ぎず、貧しかったと述べ、当時の時代の「裏にある貧しさや混乱の『匂い』を漂白すれば、『希望』や『人情』だけ充満した『美しい感傷』が出現する。その時代が是とした『希望』や『一生懸命』の果てに、今の閉塞感がある。元に戻れるわけはない。若者よ、『美しい過去』の罠に易々と落ちてはいけない」と締めくくっている（四ノ原 2006）。

とはいえ少し驚かされるが、昭和三〇年代は周りが言うようにそんなに良い時代ではなかったと主張する者も、当時は「昭和ノスタルジア」の大衆メディア・文化作品が描くような良い時代では決してなかったというような述べ方をするため、事情は複雑なのである。

例えば布施克彦は、「昭和ノスタルジア」を論じる論客の中でも、当時をネガティブに見ている一人である。一九四七年（昭和二二年）生まれで商社マンとして長い海外勤務を経て退職後に執筆活動をしているという布施は、映画『ＡＬＷＡＹＳ 三丁目の夕日』の時代設定となった一九五八年（昭和三三年）の『朝日新聞』一年間分の記事を分析し、近年スポットライトを浴びているこの時代が決して良い時代ではなかったことは、当時の新聞記事を読み解けば明らかであると主張している（布施 2006, 2008）。布施は、新聞記事で気づかされるのは、一九五八年（昭和三三年）が「高度経済成長の黎明期に当たるというのに、国をリードする人たちの間に、少しも気勢が上がっていないということだ。当時の政財界人、文化人、学者などの言説から、夢と希望のときを汲み取ることができない」（布施 2008 : 12）と述べている。

布施によれば、新聞記事に掲載された政財界人による新春座談会の内容は、「悲観一色」で、企業間の過当競争、国際競争力の不足、労組の強さ、業種間格差、大企業と中小企業間格差、労働力過剰の懸念などが紙面を占めていたことを指摘している。このことは、前述したように、一九六一年（昭和三六年）の『読売新聞』の正月元日の社説が「今年を明るい年に」の見出しで、大晦日の社説が「暗いこの一年を顧みて」の見出しであったことを思い出させよう。

布施は、むしろ現代の方が人々は幸せであり、当時の人々は貧乏に苦しみ、先行き不透明さに不安を感じながら生きていたため、当時を理想化するのはセンチメンタルに過ぎるとして、以下のように述べるのである。

> 当時の新聞の論調には、不安と閉塞感が溢れている。各分野をリードしていた人々の言葉は、概ね悲観色に包まれていた。バラ色の高度経済成長時代の到来を予測する論調は見られない。今の日本と、よく似ているのだ。現在も、不透明で不安がいっぱいの時代と言われている。少子高齢化の時代、年金破綻への不安。鬱積する若者の不安。広がる格差。増える犯罪。（中略）本当にあの時代に戻りたいか。成熟社会の中で獲得した今日の豊かさや便利さ、快適さを捨て、発展途上のあの時代に戻りたいか。今は当時よりも、遙かに住み心地がよいのは事実だ。この先不安があるからといって、先の不安がなかった時代など、過去にもなかったはずだ。（中略）あの頃を懐かしむのはいいが、懐かしむあまり、今よりもよかったなどといって、今日の状況を否定的に捉え過ぎない方がいい。あの頃より、今のほうがいいに決まっているのだ（布施 2008 : 15）。

このように布施は、昭和三〇年代は、「不安と閉塞感が溢れていた」として、「本当にあの時代に戻りたいか」と問いかけ、当時を「美化」する風潮を戒めている。

しかしながら見逃せない重要なことは、その布施自身のこのような警告の言葉も、「昭和ノスタルジア」の大衆メディア・文化作品が当時を「美化」していることを前提にしていることから発せられていることである。布施は、取り立てて映画やテレビ番組の具体的な分析を行うわけではないが、例えば映画『ALWAYS 三丁目の夕日』について、その中で描かれている昭和は、現実とは全く異なるがために、当時の「美化された思い出は、額縁の中に凝縮して楽しめばいい」（布施 2008 : 15）と述べている。換言するならば、実際の当時は相当悪い時代だったのだが、せめてノスタルジアの大衆メディア作品を鑑賞する時には、「美化」された虚構を楽しんで良いのではないかと言うのである。しかしながら問題は、布施が『ALWAYS 三丁目の夕日』も含め、「昭和ノスタルジア」の映画やテレビ番組の中身を検証した上でそれらが「美化」されたものと認識しているわけではないことである。

これまで見てきたように、「昭和ノスタルジア」を語る論者はその時代をポジティブに捉える立場とネガティブに捉える立場の双方で、「昭和ノスタルジア」の大衆メディア作品が当時をポジティブに表象していることを自明視してきた。しかしながら何がしかの分析なり検証を経ずしてそう述べるのはいささか早計ではなかろうか。確かに二一世紀初頭に生きる日本人が、長引く不況や経済危機、さらには「昭和ノスタルジア」がブーム化した後に東日本大震災および福島の原発事故などが生じたことを鑑みると、それ以前の近過去に何らかの救いを求めるであろうことは容易に想像もできよう。

しかしながら、サッチャー政権下の一九八〇年代前後のイギリスでは、大英帝国絶頂期のヴィクトリア朝時代へのノスタルジア志向のヘリテージ産業が盛んになり、映画産業でもヘリテージ映画とアンチ・ヘリテージ映画の間で鋭い政治観の対立が見られた。当時のイギリス経済は最悪だったが、必ずしもかつての栄光＝大英帝国への郷愁一色ではなかったのである。そして知的言説空間においても、ヘリテージ産業、映画へのクリティカルな検証が行われながら、それらへの評価に基づく激しい敵対性が横溢したのである。

「昭和ノスタルジア」の言説空間でも、「昭和ノスタルジア」のポピュラーカルチャー作品の内容についての議論、およびその評価をめぐる対立が見られないわけではない。例えば、前に紹介した雑誌『文学』での座談会では、「昭和ノスタルジア」肯定派の川本三郎、木股知史の二人と否定派の藤井淑禎の間で、やや緊張感のある議論の一場面がある。

藤井：川本さんは『三丁目の夕日』は肯定派ですか。
川本：肯定派ですよ。大肯定派ですよ。
藤井：僕は否定派です。精神、文化のところに届いていない。『愛と死をみつめて』的な精神や感受性は評価するわけです。でも、『三丁目の夕日』的な、ファンタジーとしての昭和三〇年代には、ほとんど何の意味もないのではないか。
木股：僕は、浮いているからこそいいかもしれないと思います。今は未来イメージがつくれない時代です。明るい未来イメージはたぶん一九七〇年の万博で終わってしまった。だから昭和三〇年代がファンタジーであっても、人間関係や共同性の一つの原型イメージを提供してくれるんだったら、現在を対象化する鏡としての意味合いでは素直に従ってもいいかなと思いますね。

藤井：そんなものは何の役にも立たないような気がしてしまうんですが（川本・与那覇・木股・藤井 2008：23-24）。

だが、残念なことに、このような敵対性が露わになりかかっても、その後に論者間で『ＡＬＷＡＹＳ三丁目の夕日』についての詳細な分析や、政治観、歴史観などを節合してのさらなる議論が展開されずに尻すぼみになってしまいがちなため、前述したような問題点を共有してしまうのである。

また、「昭和ノスタルジア」についての決して多くはない先行研究も、「昭和ノスタルジア」のポピュラーカルチャーの詳細な内容分析を行わないため、本来ならばジャーナリズム言説や論壇の言説を「脱神話化」する役割が期待されるアカデミックな研究も同様の問題点を共有しがちなのは残念なことである[12]。

しかしながら、「昭和ノスタルジア」をめぐる言説空間から見失われがちな昭和三〇年代、四〇年代の内部における批評的評価をめぐる敵対性が、大衆メディア・文化作品の中に織り込まれている可能性が無いとは誰人も言い切れないだろう。ポピュラーカルチャーのヘゲモニーと敵対性が、言説空間のそれと同じである保証はどこにもないのである。それらは競合さえしうるのである。

本書が、社会現象としての「昭和ノスタルジア」を考える時に、「昭和ノスタルジア」の主要な発信源であり続けている大衆メディア・文化作品のナラティブに注目し、それらへの詳細な分析が必要であると考えるのは、以上のような事情からによる。

## 2.「戦後」パラダイムと「昭和ノスタルジア」

### 「戦争の記憶」と「昭和ノスタルジア」

繰り返し述べるが、「昭和ノスタルジア」をめぐる言説で重要なのは、昭和三〇年代前後とそれ以外の時代との間で敵対性が構成されることである。「現在＝ネガティブ」とされ、「昭和三〇年代前後＝ポジティブ」とされ、昭和三〇年代前後がヘゲモニー化される。むろん先ほどの布施や四ノ原のようにこの図式への反動として昭和三〇年代前後への批判が試みられることがあるが、多くの言説では昭和三〇年代前後とそれ以外の時代の間で敵対性が構成され、昭和三〇年代前後がヘゲモニー化されている。

しかしながら、ヘゲモニー化される昭和三〇年代が常に敵対性の磁場の中にあるため、それは時に奇妙な形で攻撃の対象となることがある。重要なのは、「昭和三〇年代前後＝昭和の光」の記憶表象の氾濫が、「第二次世界大戦＝昭和の影」の記憶の隠ぺいや忘却につながるというロジックを導き出し、「昭和ノスタルジア」がブーム化している状況を警戒し、厳しく指弾するような言説が時に見られることである。

例えば、メディア研究者の浅岡隆裕は、「昭和ノスタルジア」についての研究を行い（浅岡 2004, 2005, 2010, 2012）、このブームがいかに危険な性質のものであるかを結論で述べている。ブームを支える大衆メディア・文化作品が昭和三〇年代前後に対象を集中させることによって、戦争などの「真の歴史」の忘却や「歴史の風化」、さらには歴史認識の改変につながりかねないと警告するのである。少し長いが以下に引用したい。

現在の先行き不透明な時代にあって、昭和三〇年代というある種物語化された時代イメージを一つのリソースとして受容されている。いわば、つまみ食い的に特定要素だけ密輸入し、都合が悪い部分はうまく捨象しているのが現状の昭和の語り方であろう。（中略）昭和全体の位置づけが、戦前・戦中時代の暗さという例外的な要素を内包しつつも、全体としては、「古き良き時代」という昭和特有のポジティブなイメージがメインの要素となっていくプロセスは必然といえるのではないか。このようなバランスを欠いた認識はどこにでも起こりうる。いわゆる歴史認識の問題であっても、一部の事実にクローズアップすることにより、その他の事実を捨象してしまうという認識のあり方があるのではないか。

このように考えてくると、昭和と言う時代に刻印されているアジア・太平洋戦争といった一つの歴史的な事実さえも、現代人が昭和を想起される際には、あっさりと通り過ごされてしまう可能性も排除できない。戦争という強烈な事実を凌駕するような別の要素によって強いイメージづけをされ、あるいは現代人の心理に親和的な事象が強調されることで、歴史の風化がより一層促進されるのではないか。（中略）時代的な閉塞感が漂うなかで昭和三〇年代ブームが起こることはある程度了解される事象であるとしても、歴史の忘却や歴史認識の改変につながりかねないような言説状況に対しては注視し続けていく必要があろう（浅岡 2012：262）。

昭和三〇年代前後というある特定の時代にメディア文化産業がスポットライトをあてることで、他の時代の記憶が周縁化されないだろうかという浅岡の問題意識そのものは理解できなくはない。しかしながら、昭和三〇年代のような「古き良き時代」がブーム化することは、戦争体験という重要な歴史と記憶への軽視につながるとし、そこから一気に「歴史の忘却や歴史認識の改変」への警告に論を進めるのは、いささか飛躍ではないだろうか。

もしそのような議論をするのであれば、昭和三〇年代を中心にしたノスタルジアの大衆メディア・文化作品のブーム化が果たしていかに「戦争の忘却や歴史認識の改変」につながるのかについて何がしかの相関関係を明らかにし、それが擬似相関ではないことを示す何らかの実証的な手続きを経る必要があろう。その際は、繰り返し言うが、「昭和ノスタルジア」の大衆メディア・文化作品が、果たしていかなるヘゲモニー実践を行い、そこにいかなる「政治性」が存在するかについての具体的な理解がおそらく欠かせないと思われる。これらの大衆メディア・文化作品の詳細な内容分析を試みるならば、通説とは異なる別の姿が浮き彫りにならないとは限らないだろう。

浅岡のような議論が無視できないのは、これが、人々が日々目に触れる新聞などのジャーナリズムの「昭和ノスタルジア」言説のヘゲモニーと、その敵対性の構築のありようが通底しているからである。序章で紹介した『読売新聞』の記事をもう一度見てみよう。

懐かしい昭和と繰り返したくない昭和、ふたつの時期を思うことが多い年だった。ひとつは、昨年あたりから高まった「昭和ブーム」で懐古される昭和三〇年代。上映中の『ALWAYS 三丁目の夕日』が描くような、貧しくても輝いていたころだ。（中略）もう一つは、もちろん、戦後六〇年を迎えた、あの戦争の時期である。（中略）受け継ぐべきこととそうではないことに線を引き、次の世代に渡すこと。この年がおいていく宿題なのだろう（読売新聞二〇〇五年一二月二五日（大阪朝刊））。

ここでは、第二次世界大戦が「繰り返したくない昭和」であり、「受け継ぐべきではない」負の時代であるとし、一方で昭和三〇年代が「懐かしい昭和」であり、「受け継ぐべきこと」＝正の時代であるとされている。その際、昭和三〇年代を描いた映画『ALWAYS 三丁目の夕日』は、受け継ぐべき当時の良さを体現する象徴として持ち出されるのである。

第二次世界大戦という「負の遺産」、決定的にネガティブな時代を、「昭和ノスタルジア」の主対象となる昭和三〇年代の前に日本人が経験した歴史が、関連する言説に影を落とさざるを得ないのは致し方ないことでもある。戦争の「影」は、その大きさがゆえにその存在自体が、他の時代を否が応でも「光」として対比せしめてしまうような強いネガティブな「影」の力を持っているため、「戦争の記憶」それ自体、それが語られる時には強い敵対性の磁場の中でなくてはありうべくもないような事情を考慮するならば、こうした言説のありようもある程度やむを得ないことも否定はしない。しかしながら、これにはもう少し根が深い背景があるようにも思われる。

## 出発点としての終戦と「長い戦後」

歴史学者の成田龍一が言うように、日本の戦後は、「一九四五年八月の光景が原風景となり、価値の基準」(成田 2012 : 265) となってきた。米コロンビア大学の歴史学者キャロル・グラックが言うように、ナチス・ドイツやファシズムの日本のような敗戦国にとって、戦前は「悪い過去」であり、戦後は「良い未来」として全く新たな出発をすることが期待されたのである (グラック 2007 : 83)。

そのため戦後日本の進歩的知識人は、近代を諦めずに、「一九四五年を戦前のゆがみとの完全な断絶としてとらえた」(グラック 2007 : 83)。彼らは戦前との連続性を切断する道を選び、戦前との非連続性を前提とした戦後社会のあり方を議論する言論を展開してきたため、日本では戦前と戦後についてのいわゆる断絶史観が根強くある。

グラックによると、自国の歴史を語る際に「戦後」という言葉が使われるのは、ほとんどの国々では一九五〇年代後半までのことで、それ以降は「現代」の扱いになるが、日本では「戦後」が言説空間を占めてきたことで「長い戦後」が続いてきた。

むろん、戦後の知識人の敗戦感情および戦後感は一様であったわけではない。歴史社会学者の竹内洋は、よく知られる丸山真男による、敗戦後の知識人の「悔恨共同体論」（丸山 1982）には敗戦感情の複数性への目配りが欠けていると批判して、敗戦感情には、「罪悪」「悔恨」「復興」「無念」の四つの類型に分類される多様な感情があったと主張している（竹内 2011：47–48）。

竹内は、「罪悪」や「無念」は東京裁判史観との相同性や受容性が見られるが、「悔恨」は革新幻想の中核を構成した反戦・平和につながり、その極限として革命志向があり、「復興」は実務家や保守政治家に顕著で経済復興などによるナショナル・アイデンティティの再構築を志向し、その極限には「悔恨」の革命と対蹠の皇国再建があったと述べている（竹内 2011：48）。

それらの相違は確かに重要なのは間違いないものの、逆説的ではあるが、ここではむしろそれらの共通点も重要に思われる。つまり、確かに感情の複数性はあったにせよ、そしてそれらの間で、とりわけ「悔恨」と「復興」の感情とその政治的志向性は対極的なものであったにせよ、いずれもが敗戦、終戦に伴ってそれを起点にしている点では相違無いからである。

竹内は、戦後を代表する知識人・丸山による「悔恨共同体論」が単一の敗戦感情を造型したため、敗戦感情の複数性を見えなくさせる「隠蔽幕効果」をもたらしたとして批判している。しかしながら、仮に感情の複数性があったにせよ、その複数性は、敗戦、終戦に伴ってそれを起点にした「戦後」という点を共有しているのである。

そういう意味では、「戦後」は終戦というタイミングで歴史をいわば「リセット」された形でその後の歴史の「ゼロ地点」としてスタートさせられ、定着させられていった側面があり、そうした痕跡は多元的に認めることができる。

例えば、メディア史家の佐藤卓己は、ポツダム宣言の受諾の通告は八月一四日であり、アメリカの戦艦ミズーリ号での降伏文書への調印は九月二日であったため、終戦直後は「終戦」の節目をこれらのタイミングとするものもあったが、にもかかわらず、玉音放送の日である八月一五日が終戦記念日とされたのは、一九五五年（昭和三〇年）の「終戦一〇周年」イベントを機に八月一五日に焦点をあてる「八月ジャーナリズム」が定着したためであることを様々な資料の分析から明らかにしている。

佐藤によれば、本来は自国民に向けた内向きの玉音放送の日が終戦記念日とされたのは、敗戦を認めたくない国内の政治的都合によるとし、一九五五年（昭和三〇年）が記憶の転換点となって、「記憶の一九五五年体制」が成立したと述べ、「玉音放送が伝えた『終戦』は、公式文書の『降伏』を国民体験の記憶で覆い隠してしまった」（佐藤 2005 : 125）としている。

ここで重要なことは、いくつかのオプションがある中で八月一五日が選ばれたことに加えて、「ゼロ地点」の策定が国民にとって重要な意味を持ったことである。

「ゼロ地点」としての「戦後」は、アメリカとの関係においてもそうであった。日本にとってのアメリカの存在は、戦勝国、占領国、そして同盟国へと特別な位置を占めてきたが、戦後のアメリカ・イメージの直接的な起点は、やはり第二次世界大戦である。一九五〇年代後半には、「暴力」としての反米闘争の標的となる基地の「アメリカ」と、メディアに媒介されるイメージとして消費される「アメリカ」の二つが出現しつつあったが（吉見 2007）、やがて後者が前景化するようになる。

その後のアメリカは、戦後日本にとって「同一化すべき他者」であり、社会学者の阿部潔が言うように、「政治的な次元では『民主主義の国アメリカ』が、経済的な次元では『資本主義の国アメリカ』が、そして文化的な次元では『自由な国アメリカ』が、それぞれに戦後日本社会が目指すべき目標として掲げられた」（阿部 2001 : 73）。とりわけ、経済発展においては、いわゆる「アメリカに追いつき、追い越せ」のスローガンに代表されるように、常にアメリカとの距離が参照される尺度とされ続けた。

新聞などの戦後メディアの言説においても、時期によって、「競米」「反米」「離米」というようにアメリカとの距離とスタンスが常に参照されてきた（鈴木 1997）。すなわち終戦直後を、リセットされた言わば「ゼロ」の出発と定め、戦争に負けたアメリカという「兄」との比較において、その都度、日本の位置が測定、確認させられてきたのである。

## 争点としての「戦争」と「戦後」

ここで重要なことは、戦後直後だけではなく、現在でも知的言説は、終戦および「戦後」をスターティング・ポイントとして争点化する傾向が少なからずあることである。この限りにおいては、戦後派知識人の言論との相同性が見られるのである。それは、記憶をめぐる抗争の中で、たえず戦争が中心的な焦点であり続けていることを意味している。

一九八〇年代以来の歴史教科書問題も、従軍慰安婦問題も言うまでもなく戦争の記憶をめぐってのことであり、議題がいかに位相の差異があり多岐に及んでいたにせよ、むろん戦争の記憶をめぐって強い敵対性の議論が構成されていたことに変わりはない。「自虐史観」なる言い方も当然、戦争を焦点するものであった。

また、一見するとそうしたものとは、かなり位相の異なる論争も、奇妙な共通点を抱えてしまう点も見逃せない。最も象徴的なものは、一九九〇年代後半に起きた文芸批評家の加藤典洋と哲学者の高橋哲哉の間による激しい論争に読み取ることができるだろう。

加藤は、一九九五年に、月刊誌『群像』に「敗戦後論」を発表し、この中で、戦後の日本人は、第二次世界大戦時の侵略国と原爆などの被爆による被害国という二重のアイデンティティがあり、それは「ジキル氏とハイド氏の分裂」（加藤 1995 : 272）のような強い自己矛盾を抱えていると述べている。加藤は、この自己矛盾を乗り越えて、統一された日本人としての自己アイデンティティの確立が必要であるとし、そのためには、まず前線で命を失った自国の三〇〇万人の死者を弔うことで、アイデンティティの統一を図ることが求められるとした。

加藤は、「戦争で死んだ自国の死者を、しっかり無意味な死と受けとめ、しかも、その無意味に頭を垂れ、無意味なままにこれを厚く弔う固有の術を、今からでも遅くはない、編み出さなければならないのである」（加藤 1995 : 279）と主張した。

これに対して、高橋は、一九九九年に出版した『戦後責任論』の中で、加藤の論は、ナショナリスティックであることに加えて、都合の良い自己欺瞞であるとして激しく批判した。高橋によれば、加藤の考えは、自国の死者への閉じられた哀悼の共同体を作り出すだけで、結局は日本の戦争責任を曖昧にしてしまうというものであった（高橋 1999）。そのため、高橋は、まず先にアジアの死者に向き合って、彼らへの弔いが行われない限り、「われわれ日本人」を立ち上げることができないと主張した（高橋 1999）。

両者の激論は、右派、左派の多くの論客を巻き込み、結果として、日本人の国民的アイデンティティのありようをめぐる白熱した議論へと発展した。確かに両者の主張は、一見対立しているように思われる。

しかしながら、本書のコンテクストで重要なことは、彼らの相違点より、むしろ共通点である。つまり、加藤と高橋の二人が共に、二〇世紀の末に、二一世紀の日本人のナショナル・アイデンティティの構築、もしくは（高橋の場合）脱構築が必要であるとし、そのためには、半世紀前の第二次世界大戦への反省、哀悼のありようを議題の中核とする点においては、両者の間でコンセンサスがあるのである。激しい議論の応酬と敵対性がありながらも、この「無前提の」コンセンサスがあるがゆえに、奇妙なことにその他の矛盾、対立点が縫合されて表面化しない懸念があるのである。

アメリカの日本研究者ハリー・ハルトゥーニアンは、そうした加藤らの議論が奇妙なことに歴史修正主義者や「新ゴーマニズム」の提唱者の議論と相同性があることを指摘する。ハルトゥーニアンは、日本がいまだ侵略行為の責任を把握していないこと、アジアの二千万人の死者の哀悼、謝罪をしていないことを加藤が内省的に捉えようとしているのは分かるが、しかしながら、結局は、「加藤は『ねじれ』た、そして『誤った』存在としての戦後日本に執着し、それを記憶するという行為によって解消しようとする」として、「われわれが認識しなければならないのは、こうした行為が、教科書の作成や歴史教育によって『ねじれ』の呪いやよごれの痕を根絶しようとする戦略からけっして遠くないところにあるということである」（ハルトゥーニアン 2010：147）と述べている。なぜならば、加藤も修正主義論者も同様に、「日本のねじれた『体験』や自己嫌悪の物語の起源を、米国占領軍の抑圧的な権力に見出している」（ハルトゥーニアン 2010：150）からである。

ジャーナリズム言説や知的言説空間において、広義の断絶史観が支配的ヘゲモニーである続けていることが本書で重要なのは、これが近過去を対象にした「昭和ノスタルジア」へのステレオタイプな理解や軽視にも全く無関係であるとは言い切れないように思われるからである。

## 記憶研究と「戦争の記憶」

「戦争の記憶」の問題は、むろん日本に限らず、世界的にも重要な位置を占めてきたし、記憶研究においても特別な位置を占めてきた。ラッドストーン(2000)が言うように、二〇世紀の二つの世界大戦が、一九世紀の「記憶の危機」と二〇世紀後半の「記憶のブーム」の間に横たわっている。

現代の記憶研究の興隆とその不可逆的なまでの普及は、人類がホロコーストを経験したこととそれを研究者が問題化してきたことと密接な関係がある。ラッドストーンは、ホロコーストの恐怖は、「現代の記憶ブームの端に位置しており、記憶と歴史、コミュニティ、伝統、過去、熟考、本物らしさの関係ではなく、空想、主観性、発明、現在性、表象、ねつ造などと記憶の関係を強調するため」(Radstone 2000 : 6)、ホロコースト以前と以降では歴史的な断層・断絶があり、現代の記憶を論ずる際には、そのことを抜きに考えることはできないと述べている。

実際のところ、記憶研究の主要な成果は、第二次世界大戦やそのトラウマに関連したものが欧米でも多い。というよりも大戦とホロコーストの経験が一九八〇年代以来の記憶研究の発展を後押ししてきたとも言える。そしてポーランド出身の社会学者ジグムント・バウマンのように、ホロコーストの問題をモダニティの内在する矛盾と関連づけて考察する議論も少なくないため(Bauman 1989 他)、欧米の記憶研究では、ホロコーストが記憶とモダニティの問題を一挙に引き受けてきた感もなくはない。

当然のことであるが、第二次世界大戦の当事国としての日本でも戦争の記憶は圧倒的に大きな影を落としていることは間違いなく、その重要性は論を俟たず、いくら強調してもしすぎることはないだろう。だがしかし、戦争が明らかな「負の遺産」、決定的にネガティブな問題系として、その記憶にアジェンダ的プライオリティを付与されることと、「終戦」のゼロ地点から出発した「戦後」の、とりわけ高度経済成長期の昭和三〇年代前後が「古き良き時代」とされ、その記憶のナラティブは、「無害」なものと自明視され、時にそれは、「大切な」戦争の記憶の忘却を引き起こすとして軽視、あるいは批判されることは決して無縁ではなかろう。

そのことが、「昭和ノスタルジア」のように社会現象化しながらも、そしてそれが言説空間で多く語られながらも、同じような語り口を招いてしまう背景にあるものと思われる。戦争の経験の重さゆえ、戦後の日本を論ずる際に、戦争をあらかじめデフォルトされた出発点として見なすべきであることをいわば「暗黙の了解」事項であるかのように、論者に働きかけるのである。

昭和三〇年代が現代の日本人にとって絶頂期であるとする心情もしくは信条は、おそらく戦前と戦後の単純な対比が基底にあると思われる。戦争が終わり、復興がなされると社会状況は改善する。しかしながら、戦後が、平時ではない戦争時のおぞましい惨禍に満ちた状況より良いのは、言うまでもないことではなかろうか。

「終戦」を「ゼロ地点」とし、戦争＝悪として戦後との間で敵対性が構成される。そのために、戦後のそれぞれの時代の内部においてありうるであろう固有の社会的矛盾や問題点をめぐる敵対性が前景化されず、見えなくさせられる可能性がないとは言えない。「負」の清算の場が終戦時とされ、「戦後」が「ゼロ地点」として前提化される言説は、時として、現代日本の社会的矛盾や問題、アイデンティティの問題が戦争の帰結であるとされ、たとえそれぞれの議論が時に真っ向から対立する際でさえ、議論の間に、もしくは背後に横たわる共通の問題点を縫合してしまうことさえありうるのである。

そして「戦後」という枠組みで言説が構成されることの一般化が、皮肉なことに日本人から戦前の過去と歴史性を剝奪し、非歴史的な存在へと縮約してしまう危険性がまったくないとは言い切れないのではないか。むろん、総力戦論の高まり以来、知的言説の周辺で認識の変化が見られるのは間違いない[13]。だがジャーナリズムや論壇的な言説空間などの、多くの国民に目に触れるところでは、依然として断絶史観的なフレームワークが根強くあると思われる。「昭和ノスタルジア」をめぐる言説空間もまさしくその一つであろう。それらは、意図しようがしなかろうが、それ自体、「戦後」パラダイムの正当性を再生産し、言説空間における記憶の意味闘争の支配的なヘゲモニーを形成しているのである。

## 戦後映画における「戦争の記憶」のパラドックス

一方で、戦後の戦争映画における第二次世界大戦の表象のありようは言説空間のそれと少なからぬ位相差があることは見逃してはならないだろう。第二次世界大戦は、映画やテレビ番組では、時代劇に代表される江戸時代などの「前近代モノ」と共にもう一つの定番とも言える記憶と過去の表象対象であり続けてきた。

重要なことは、戦争映画では、戦争は「反省」の対象であるよりも、むしろ戦後の各時代の事情に応じた「自己確認」「現状の正当化」や、「友情」「家族愛」などの理想の場として流用されてきたことである。興味深いのは、むしろどの時代も映画の中に、その時代の政治的アジェンダや世論の明確な反映が見られ、戦後のどの時代も、映画がその時代の問題の解決を図るために戦争を必要としてきたという事実である。

イゾルデ・スタンディッシュは、特攻を描いた一九五〇年代の日本の戦争映画が、特攻の悲劇を通じて反戦を描くのではなく、特攻を「戦後社会再建の精神」のシンボルとして流用しながら戦争の再定義を行い、それらが「戦中の『国体』イデオロギーが再交渉される結節点であり、戦後の異形とも言える『日本人論』として立ち現れる」(Standish 2000 : 95) と述べている。また、歴史社会学者の福間良明によれば、戦後の戦争映画は、一九五〇年代には、戦争の被害者意識と自閉的なナショナリズムが結びついていたが、一九六〇年代の高度経済成長時代には、自閉的な「敗戦国の悲哀」よりも、ナショナルな自己を積極的に肯定する語りが求められた。そして、一九八〇年代には、欧米を模した日本の高度経済成長の矛盾を反映した戦争の語りが見られた (福間 2006)。

例えば福間は、市川昆による一九五六年 (昭和三一年) の映画『ビルマの竪琴』とその一九八五年 (昭和六〇年) のリメイクを比較し、一九五六年の映画では、戦地ビルマはその後進性ゆえに無視されたが、一九八五年のリメイクでは、ビルマは、西洋には無い仏教的な精神性の場として、「西洋の超克」のためのオルタナティブな救いの可能性として表現され、観客に歓迎されたと述べている (福間 2006)。それは裏を返せば、皮肉なことに、「反戦」映画を通して戦争そのものは美化され、その一方で批判の対象となるのは戦争ではなく、繁栄を築いていった戦後の同時代だということになる。

これらの事情を換言するならば、「反戦」を通して、必ずしも戦争の矛盾や問題点が暴かれるのではなく、むしろ戦争の矛盾が縫合されることさえあるのだが、一方で映画が制作される戦後のそれぞれの時代の事情の求めに応じて戦争は流用され、その結果、矛盾や問題点が浮き彫りになるのは戦争ではなく、むしろ映画が作られた時代そのものということにさえなりうるのである。

このようなパラドックスは、近過去への単純な郷愁とされる「昭和ノスタルジア」の映画やテレビ番組においても、多様な語りと意味を内包しうる可能性への注意を喚起するだろう。戦後映画の戦争表象が時代の要請に応じて一筋縄でいかない敵対性が描かれるように、「昭和ノスタルジア」の映画やテレビにおいても、図式的ではない多様な敵対性によるヘゲモニーの物語が構築されている可能性は否定できないのである。

「昭和ノスタルジア」の映画やテレビ番組が量産されるのは、いかなる要請によるのか、そこではいかなる社会的矛盾や対立点が縫合され、一方でいかなる社会的矛盾や対立点が露顕されるのか。「昭和ノスタルジア」の大衆文化作品のナラティヴの敵対性とヘゲモニーのありように、ジャーナリズムや知的言説のそれといかなる異同を見出すことができるのだろうか。次章以降は、「昭和ノスタルジア」を代表するとされる主要な映画とテレビ番組を取り上げて考察する。

# 第4章　外部としての「昭和」―東京タワー・未完性・喪―

―『ALWAYS 三丁目の夕日』シリーズと『東京タワー―オカンとボクと、時々、オトン―』―

## 1．メディア表象史における東京タワー

本書で考察する「昭和ノスタルジア」映画の最初に取り上げるのは、映画『ALWAYS 三丁目の夕日』シリーズ（2005-）と映画『東京タワー―オカンとボクと、時々、オトン―』（2007）である。これらの作品を最初に扱うのは、一つには、前者が社会現象としての「昭和ノスタルジア」のいわば導火線となったという点で重要な作品シリーズであり、後者も高い批評的評価と人気で、「昭和ノスタルジア」を代表する作品であるためであるが、もう一つには、どちらにおいても、東京タワーが映画のナラティブで重要な役割を果たしているからである。

東京タワーは、一九五八年（昭和三三年）一二月という時期に完成した。この時期は、いわゆる戦後復興が終わり、一九五〇年代半ば頃から一九七〇年代初め頃までとされる高度経済成長期の初期にあたるため、東京タワーは、東京のシンボルであると共に高度経済成長期初期を象徴するものである。

本章では、二一世紀初頭の「昭和ノスタルジア」を代表する二つの映画が、映画制作の五〇年近く前に作られた高度経済成長期初期のシンボル・東京タワーをどのように表象するか、また、映画はいかなる敵対性のナラティブを構成し、東京タワーの表象は映画のナラティブやそこでの敵対性といかなる関係に置かれるかなどを分析、および考察する。同時に、これらの映画における東京タワーの位置づけやイメージが、タワー完成当時やその後の各時代の表象イメージといかなる差異があるのか、当時の新聞記事や映画なども比較参照しながら考察を行う。

東京タワーとの関連で本章が注目する点をあらかじめ述べておくと、これらの映画が、東京タワーの完成したイメージではなく建設中などの未完イメージを強調することである。東京タワーが竣工した一九五八年（昭和三三年）一〇月は高度経済成長期の初期であり、この後日本は本格的な経済成長を経験することになるのだが、映画の表象ではなぜ完成後のイメージよりも未完イメージを強調するのだろうか。本章では、特にこれらの表象のありようとその含意を注意深く検証する。

## 東京と戦後のシンボル「東京タワー」

一九五八年（昭和三三年）一二月に東京の港区芝公園四丁目に完成した東京タワーは、そもそも、相次いで開局する各放送局の電波塔を一本化しようという建設目的から構想された。

当時は、一九五三年（昭和二八年）に日本でテレビ放送が開始されてから五年が経過し、それまでの間にNHK、民放各局の主なものが開局され、当初はテレビ受信機が高額なためすぐには伸びなかった受信契約者数も徐々に増加し、一九五八年（昭和三三年）の五月にはテレビ受信契約数が一〇〇万世帯を突破するなど、本格的なテレビ時代を迎えようとしていた。

当初は、六つのテレビ局が個別にテレビ塔を立てる案もあったが、現在の場所に一つの巨大な塔を建てるという案は、郵政省電波監理局長だった浜田茂徳が一九五六年（昭和三一年）の元日に新聞のコラムで塔の一本化を提言したことがきっかけとされる（鮫島 2008 : 66）。

一方で、「大阪の新聞王」と呼ばれ、産経新聞社や関西テレビの社長を務めていた大物実業家・前田久吉も放送事業の将来性に注目し、塔の建設を真剣に構想していた。そして前田の案が郵政省に認められて計画が一つにまとまり、前田は日本電波塔株式会社を設立した。設計は、建設設計の構造学の権威で「塔博士」「耐震構造の父」と呼ばれた早稲田大学名誉教授の内藤多仲と大手建築設計会社の日建設計が行った。

関係者・企画者は、パリのエッフェル塔より高い、世界一高い放送塔を目指したため、高さはエッフェル塔より八・六メートル高い三三三メートルと決められた。そして総工費約三〇億円、一年半（五四三日間）の時間と延べ二一万九三三五人の人員を要して完成したのである。[14]

一九五八年（昭和三三年）の完成後、東京タワーは、東京を代表する観光スポットになり、完成翌年には、一年間で五一三万人が訪れた（鮫島 2008 : 150）。これは、上野動物園の年間入場者数の記録を大幅に上回るものだった。当時は、流行歌手のフランク永井の歌謡曲『有楽町で逢いましょう』がヒットし、東京都心の繁華街・有楽町で待ち合わせをするのが流行ったが、それを文字ってか、「東京タワーで逢いましょう」が合言葉になった（鮫島 2008 : 150）。世界各国からも大統領、首相、王族、有名芸能人が訪れたことからも、東京タワーが、当時の日本を代表する観光名所として認識されていたことが窺い知れよう。

完成から八年後の一九六六年（昭和四一年）には入場者が三〇〇〇万人を突破し、二〇〇六年には、一億五〇〇〇万人を達成した（鮫島 2008 : 258）。二〇一二年二月に東京都墨田区で東京スカイツリーが竣工したが、東京スカイツリーをメディアが取り上げる際も、いわばその「先輩格」にあたる東京タワーが参照されることが多いことからも、東京タワーは、戦後日本の復興のシンボルであると共に、観光名所であり続けてきたと言えよう。

## 建設中は注目されなかった東京タワー

映画の考察を行う前に、東京タワーの時代ごとの位置づけとイメージについて整理しておきたい。注目されるのは、東京タワーが、東京のシンボル、高度経済成長期のシンボルとしてのイメージが付与されたのは、あくまでも完成後のことであり、計画時や建設中は全くそうでなかったことである。この点は重要で、東京スカイツリーなどと同様か、あるいはそれ以上に東京タワーが建設中に注目されたかのように現在の視点からは思われるかもしれないが、実際はそうではなかったのである。

東京タワーが建設中の、一九五八年（昭和三三年）一年間の『朝日新聞』、『読売新聞』の主要二紙の当時の記事を調べると、その扱いが極めて少ないことに驚かされる。また、『朝日新聞』の場合は、東京タワーという表記を使わず、「芝公園に建設中の日本電波塔のテレビ塔」、「東京芝の総合電波塔」、「東京芝公園にできる新しい大テレビ塔」などの表記がなされているため、あくまでもテレビ電波の技術用途の建物という扱いであった。

そして時折、新聞紙面で取り上げられる時は、この電波塔の問題点が指摘されるのである。一九五八年（昭和三三年）四月二日の『朝日新聞』の記事は、新しいテレビ塔が、羽田空港を行き交う大型旅客機に接触する恐れがあるという各国航空会社代表の指摘を取り上げて、この「新テレビ塔は〝邪魔物〟」であると述べている。また、完成三か月前の一九五八年（昭和三三年）九月二一日の『朝日新聞』の記事

# 新テレビ塔は〝邪魔物〟

各国航空会社代表が指摘

## 羽田のジェット機ぶつかる恐れ

一、二年後に迫った民間航空ジェット機時代の対策について話合うため、先月十七日から東京の産経会館で開かれていた国際航空運送協会（IATA）の太平洋・アジア地区技術会議は一日終った。最終の二日間には同会議の各国航空会社代表が、欧米諸国より立遅れている日本のジェット機対策をできるだけ急ぐよう運輸省航空局に申入れた。そのさい、近く東京芝公園にできる新しい大テレビ塔が、ジェット大型旅客機の安全飛行に大きな障害になること、羽田空港滑走路の拡張が一年半ほど遅れていることなどが強く指摘された。

日本電波塔会社が工費十二億円で建てている大テレビ塔は高さ三百二十八メートル。パリのエッフェル塔より四メートルも高いというので話題になっている。ところが、この塔は羽田のA滑走路と新設される並行滑走路の北側延長線上にあるので、ジェット機時代には〝世界一の大邪魔物〟というラク印を押された。

ジェット機は羽田から北の方へ向け離陸、正規なルートにテレビ塔にひっかからないようになっている。ところが、離陸直後にエンジンが一つでも故障すると、浮力が落ち、急に飛行方向を変えないといけなくなることもある。このときテレビ塔に衝突する恐れがあるという。

会議では塔を予定より七十メートルほど低くすることを望む。もし低くできないなら、塔周辺が都心部なので事故を防ぐため、完全な照明灯や塔の位置を示す無線標識などをつけることが要望された。

また羽田の長さ三千六百六十メートルの新滑走路は昭和三十六年三月、A滑走路の延長は同七月にでき上ることになっているが、パン・アメリカン、スカンジナビア航空、日航など数社は、来年秋から三十五年末にかけジェット機を東京中心に飛ばしはじめる計画だ。

各社は一機二十五億円ほどもするジェット機を遊ばせるわけにもいかないので、羽田が間に合わなければ、その間、東京寄港をやめ

■4－1　『朝日新聞』昭和33年4月2日記事（「新テレビ塔は“邪魔物”」）（部分）

は、総合電波塔としての電波キャパシティが不十分であるとして問題化し、「電波行政の無定見さが問題」だと厳しく批判している。

『読売新聞』は『朝日新聞』に比して記事数そのものが少ないのだが、数少ない『読売新聞』の記事は、タワー完成のおよそ一か月前の一一月八日に、完成間近のタワーの展望台から、夜間に二〇代の男性が飛び降り自殺したことを報じている他に目立った報道はない。

一方で、新聞記事の中で、「完成まであと何日」のような、（東京スカイツリーの時にしばしば見られたような）、完成を期待するカウントダウン的なものは、まったく見当たらなかった。これらのことから、完成前のまだ建設中であった東京タワーに対して当時の日本人はむろん、東京に住んでいた人々でさえも、東京の新しいランドマークや観光名所として強い期待を抱いていたとは考えにくいのである。

批評家の石上三登志は、映画『ＡＬＷＡＹＳ 三丁目の夕日』について、二一世紀の日本映画を代表する一本だとして高く評価しながら、東京タワー建設時に都内の大学生だった自分の記憶の中での東京タワーについて述べているが、石上にとって記憶の中にある東京タワーは、あくまでも完成したその威容であり、建設中のものではなかったと述懐している。また石上は、若かった当時、「邪魔っ気なモン、建てやがって！」と腹立たしく思い、当時の東京の人々にとって、タワーの建設現場は生活空間にとっ

て「邪魔」な障害物と思われていたと述べている（石上 2007：142）。「邪魔っ気なモン」という言葉は、ジェット機飛行の「障害物」だとした先ほどの『朝日新聞』の記事と親和性があり、建設中の東京タワーは、その大きさゆえに何がしか生活の障害となりうるネガティブなものとして捉えられていた可能性がある。以上のことから窺えるのは、やや意外なことではあるが、建設中のタワーのイメージは、現在とはいささか事情が異なり、あくまでも「テレビ電波の電波塔」とされていたであろうことである。

## 時代ごとの東京タワーのイメージ

尹榮玉と安島博幸（2006）は、東京タワーのイメージ変遷を新聞と雑誌での表象分析から明らかにしている（尹＆安島 2006）。それによれば、新聞で注目されるのは一九五八年（昭和三三年）に完成してからであり、完成直後「高さ」「世界一」が主なテーマとなって大量に記事化されるが、一九六四年（昭和三九年）以降は、「はとバス」に組み込まれた東京見物に結びつけられると共に、関連記事数は減少し始め、「団体客用の観光名所」「おのぼりさんの観光地」のイメージが優先するようになる。ところが一九八九年に東京タワーが夜間ライトアップを開始するとそのイメージが払しょくされ記事数は再び増加し始め、お台場などの周辺地域開発によって他の高層ビルからタワーの夜景を楽しむことが一般化し、東京タワーは再び東京のランドマークとして再認識される。そして二一世紀に入ると、新聞記事は、東京タワーを昭和という時代区分のカテゴリーに入れ、「昭和の象徴」として「レトロブームのなかで」タワーを認識するようになるのである。

東京タワーを取り上げた雑誌記事の時系列的な変遷も新聞記事の場合と同様である。尹と安島によると、雑誌では「新名所誕生期」（一九五八-六八年）、「安定・停滞期」（一九六九-八八年）、「転換期」（一九八九年-九九年）を経て、二一世紀に入ると、タウン誌などで取り上げられる機会が増え、東京の都市観光の代表的な存在として再認識され、「名所化」が行われるため、「名所化期」を迎えることになる（尹・安島 2006：252）。

以上のことを簡潔にまとめるならば、東京タワーは、建設中はあくまでもテレビ電波塔として扱われ、注目度が低く、一九五八年（昭和三三年）末の完成後に東京の新しい名所として大きくクローズアップされるが、一九六〇年代後半から昭和の終わりまではメディア議題としてはやや周縁化され、平成に入って再び注目を集め始め、さらに二一世紀に入ると、レトロブームのなかで「昭和の象徴」として新たに「名所化」される形でスポットライトを浴びたと言えるだろう。

### 長嶋茂雄の後景化と東京タワーの前景化―平成以降も差異のある東京タワーの扱い―

実際に、こうした事情は平成になってから出版された「昭和」や「二〇世紀」を回顧・総括する雑誌の東京タワーの扱いにも現れている。

一九九七年に講談社は、雑誌『週刊 日録20世紀』を創刊し、毎週二〇世紀のある年を取り上げる週刊雑誌の形で発行した。この時、東京タワーが完成した一九五八年（昭和三三年）を取り上げた号では、表紙に長嶋茂雄の写真と共に「巨人軍 長嶋茂雄デビュー！」とあるように、この年に巨人軍に入団した長嶋の大特集があり、他に第一回ウェスタンカーニバルなどのロカビリー旋風、この年に発売された日清「チキンラーメン」の人気、スーパー・ダイエーの一号店出店による流通革命などが特集記事として組まれているものの、東京タワーについては、完成後の一二月二四日に一般公開が行われたという短

■4－3 『朝日クロニクル 週刊20世紀 1958』（1999年3月16日号・朝日新聞社）表紙

■4－2 『週刊 日録20世紀』（1997年3月25日号・講談社）表紙

い記述があるだけである。

講談社の雑誌『週刊 日録20世紀』発売から二年後の一九九九年には、朝日新聞社が『朝日クロニクル 週刊20世紀』を創刊している。『朝日クロニクル 週刊20世紀』の一九五八年（昭和三三年）を扱った号でも、表紙に長嶋茂雄の写真と共に「長嶋、鮮烈デビュー〝孤独の人〟場外ホームラン」とあるように、誌面は長嶋の大特集が組まれており、長嶋が議題の中心であったことが一目瞭然である。他は正田美智子さんが皇太子妃に決まったことについての特集記事、テレビ・冷蔵庫・洗濯機の「三種の神器」を取り上げた特集記事、ロカビリー・ブームの特集記事などで紙面は占められていた。だが、東京タワーについては、『週刊 日録20世紀』よりもスペースは割かれているとはいえ、「テレビ時代のシンボルタワー」と題した記事が一ページあるのみであった。

しかしながら、二一世紀に入ると事情は一変する。二〇〇七年と二〇〇八年に創刊された、昭和を回顧するコンセプトの二つの週刊雑誌では、長嶋が後景

■4－4　『週刊 昭和』（2号 2008年12月14日号・朝日新聞社）表紙

■4－5　『週刊 昭和タイムズ』（7号 2007年11月27日号・ディアゴスティーニ・ジャパン）表紙

化し、一方で東京タワー完成はその年のトップ議題として大々的に取り上げられるようになるのである。朝日新聞社から発売された『週刊 昭和』（二〇〇八年一二月創刊）、イタリアの出版社デアゴスティーニ（DeAGOSTINI）社の日本法人で、雑誌専門の出版社ディアゴスティーニ・ジャパンの発行による『週刊 昭和タイムズ』（二〇〇七年九月創刊）の二つ共に、東京タワーが完成した一九五八年（昭和三三年）を扱った号でタワーの完成を大きく取り上げているのは、表紙からも分かるだろう。一九九〇年代の二誌と比して、東京タワーの前景化、一方で長嶋茂雄の後景化が行われていることが表紙によって端的に示されている。

　まず『週刊 昭和』（二〇〇八年一二月一四日発行）を見てみよう。特集ページは、「東京タワーが建った」というタイトルで、東京タワーは計六ページにわたって大きく取り上げており、同じく六ページの長さの長嶋茂雄の特集と共に、この年のいわば「二枚看板」として大きく取り上げられていることからも、同じ朝日新聞社が九年前に発行した『朝日クロニクル 週刊20世紀』から様変わりしていることが分かるだろう。内容は、「塔博士」「耐震構造の父」と言われ、東京タワーの構造設計を託された早稲田大学名誉教授の内藤多仲による、タワー設計の構造上の卓越性と塔それ自体の「都市美」に焦点があてられている。

『週刊 昭和タイムズ』では、『週刊 昭和』以上に東京タワーが前景化させられており、その一方で長嶋は議題から脱落しているため、両者の扱いは完全に逆転している。『週刊 昭和タイムズ』の一九五八年（昭和三三年）を取り上げた号（二〇〇七年一一月二七日発行）では長嶋の特集記事は無く、この年を代表する社会的出来事として、「日清チキンラーメン発売」、「日劇ウェスタンカーニバル開催」、「西鉄ライオンズ奇跡の日本一」、「売春防止法施行」などと共に「東京タワー完成」についての特集が組まれているが、三ページにわたって大きく取り上げられているのは、東京タワーの完成だけである。表紙でも中央に東京タワーの写真が据えられていることから、タワーの完成がいわばこの年のイベントのメイン・ディッシュとして特別に扱われていることが分かるだろう。

## 東京タワーの未完性イメージ

このように雑誌では東京タワーは前景化されるのだが、その際完成した威容ではなく、建設中の姿がフォーカスされるのは、注目される。

『週刊 昭和』の記事では、数枚のタワーの写真が掲載されているが、完成したタワーの写真は一枚も無く、全てが建設中の写真なのである。タワーの構造や「都市美」が主題となっていながら、タワーの全体像が映し出されていないのは、ややチグハグな印象を受ける。[15] 特集の最初のページには、全面にタ

■4－6 『週刊 昭和』（2号 2008年12月14日号・朝日新聞社）から

ワーの写真があるが、それも建設途中の夕景写真である（図4-6）。『週刊 昭和タイムズ』でも、タワーの完成が特集の主旨であるにも拘わらず、表紙の写真が建設中のタワーであることが目を引く。一ページ目には、一九五八年（昭和三三年）の月ごとのメイン・イベントが写真と共に掲載されており、一二月は「東京タワー完成」のタイトルであるものの、ここでの写真もタワーの屋台骨程度の状態で完成とは程遠い状況である（図4-7）。

特集ページは、「高さ三三三メートルを誇る日本一のランドマーク」、「総工費二八億円をかけた世界最高の鉄塔」、「日本中のとび職人が集結 美しさを追求した電波塔」などの見出しで、タワー建設の高い技術力が強調されているのは『週刊 昭和』と同様である。完工式や完成後の夜景の写真なども用いられて説明されていることから、『週刊 昭和』よりも完成後の状況が示されてはいるのは確かだが、とはいえ、「東京タワー完成」のタイトルではあるものの、完成後の威容ではなく、高い建設技術力と共に建設中のイメージが強調されている点では共通している。

しかしながら、前述したように、一九五八年（昭和三三年）の建設当時の新聞記事が示しているのは、東京タワーは建設中は注目されず、あくまでも「テレビ塔」「電波塔」と見なされ、むしろその存在はどちらかと言えば何がしかの「障害物」として見なされていたであろうことである。タワーが脚光を浴びるのは、タワーが完成後、展望台などが新名所として訪問対象となってからであるため、これらの雑誌での東京タワーをめぐる建設中の表象イメージは、現在の視点から、何らかの理由であえて選び取られて、構成されている可能性が考えられる。

「建設中の東京タワーの夕景」のイメージは、これらの雑誌の数年前に作られ、本章で議論する映画『ALWAYS 三丁目の夕日』や『東京タワー―オカンとボクと、時々、オトン―』にも共通して見られるものであることから、間テクスト性が見られると言って良いものなのだが、それはあくまでも二一世紀になってメディア生産者の手で作られたイメージなのである。

ここでの問題は二つ挙げられる。一つには、二一世紀初頭に入ると、なぜ長嶋茂雄が後景化し、東京タワーが前景化するかという点である。むろん現役時代の長嶋茂雄を知る人は次第に少なくなったことも背景として十分考えられるだろう。しかしこの問題は、前述したように、二一世紀に入っての東京タワーへの関心の高まりが「昭和ノスタルジア」のブームなどともリンクしていることを忘れてはならないだろう。要するに、なぜ「昭和」が欲望され、その象徴として東京タワーへの注目が増しているのかである。

■4－7　『週刊 昭和タイムズ』（7号 2007年11月27日号・ディアゴスティーニ・ジャパン）から

二つ目は、メディアによって前景化させられたタワーは、なぜ完成後の威容や大量の見学者が押し寄せ、「名所化」した状況ではなく、当時は必ずしも注目されなかった建設時のイメージなのかという点である。これらの問題は、『ALWAYS 三丁目の夕日』シリーズや『東京タワー―オカンとボクと、時々、オトン―』などの映画を本章で分析する際に注意深く検証したい。

## 映画史の中の東京タワー表象

東京タワーは近年の「昭和ノスタルジア」関連の映画でしばしば取り上げられるが、タワーが映画で登場するのはむろん今が初めてではない。その取り上げ方は多様であり、近年の「昭和ノスタルジア」関連の映画とはいささか事情が異なっている。結論を先取りして言うならば、その表象の時系列的な変容は、実のところ、新聞や雑誌記事のタワーの位置づけの変容のありようにかなり重なっている。ここでは、映画史における東京タワーの表象の時系列的な変容を簡潔に整理しておく。

まず東京タワーの建設中の時期に、(映画ではないが)テレビドラマが一つつくられている。このドラマ『マンモスタワー』は、タワー完成の一か月前の一九五八年(昭和三三年)一一月一六日の二一時一五分から、ラジオ東京テレビ(現・TBSテレビ)の『東芝日曜劇場』の枠で放送されたもので、VTR録画、屋外ロケのフィルムと生放送が組み合わされた、テレビ放送草創期のいわゆる「生放送ドラマ」の形式の一種であった。

興味深いのは、八〇分間のこのドラマが、建設中のタワーの真下の建物にある映画会社の重役会議という設定であり、新テレビ塔が建設されるなどテレビ産業が台頭する中で、映画会社の経営のあり方をめぐって重役らが激論を交わすというシリアスな内容であったことである。ドラマ『マンモスタワー』の最後は、このままでは映画産業はテレビに追い越されるとの危機感を持った森雅之演じる主人公の映画プロデューサーが、追われるように映画界を去るという硬派のドラマであった。

このドラマでは、タイトルが示すように「マンモスタワー」である東京タワーが、映画産業からすれば当時の「ニューメディア」であったテレビ産業の脅威の象徴として表象されており、当時の新聞や雑誌記事と同様、ここでも建設中のタワーが、完成後の「首都のランドマーク」「高い展望台から景色が眺める新名所」というイメージではなく、あくまでも「テレビ電波のための電波塔」という「テレビ業界内部のもの」として位置づけられていたことが窺い知れる。

完成直前のタワーの下で、森雅之、森繁久彌、芦田伸介、金子信雄、滝田裕介、殿山泰司、小松方正など大勢の大物俳優らが映画産業のありようをめぐって議論を交わす様子は、現在の視点からすればいささか異様な観もあるが、裏を返せば、完成前の東京タワーのイメージがいかにその後と異なっていたかを端的に示していると言えよう。

ところが東京タワーが完成し、多くの見学者を集めた一九五〇年代末から一九六〇年代にかけては、タワーは何よりもまず映画の中では、戦後復興の中で数々のビルが建設されていった首都の光景の威容のシンボルとして表象されるようになった。それがゆえに娯楽映画では破壊される対象にもなった。東京タワーは、子供向けの特撮怪獣映画では、東京の都心の街並みと共にタワーが頻繁に登場するが、その際、怪獣は東京タワーを壊すのが常だったのである。

東京タワーができて三年後の一九六一年（昭和三六年）の『モスラ』では、早くもタワーは怪獣モスラによって破壊されている。その後も、『三大怪獣　地球最大の決戦』（1964）、『大怪獣ガメラ』（1965）、『ガメラ対宇宙怪獣バイラス』（1968）などで怪獣が東京の都心を破壊する際、やはり東京タワーを破壊している。『キングコングの逆襲』（1967）では、キングコングが金髪美女を奪い返すためにタワーによじ登るシーンがある。[16]

二一世紀に入ってからの映画『ゴジラ×モスラ×メカゴジラ　東京ＳＯＳ』（2003）でも、東京タワーが頻繁に登場し、ゴジラが吐いた青い放射線がタワーを直撃し、タワーは一瞬にして崩れ落ちた。このように、子供向けの怪獣映画において、怪獣が東京の都心を襲い、東京タワーを襲うのは「定番」であり続けたため、東京タワーはまず何よりも怪獣による破壊の対象なのであった。それは、キングコングがニューヨークを襲い、エンパイアステートビルによじ登ったり、破壊するのとおそらく同様のことであろう。

それでは怪獣映画ではなく、一般の映画で東京タワーが登場するのは近年だけのことかと言うと、むろんそうではない。戦後発展のシンボルとしての東京タワーの表象は、戦後それぞれの時代に固有の社会的状況を映し出す舞台装置としての役割を果たしてきたことは注目に値する。

タワー完成後の最も早い映画の例は、タワー完成の翌年一九五九年（昭和三四年）二月に公開された大映の映画『たそがれの東京タワー』（1959）であろう。この映画は、貧しい洋裁店の女性店員が自動車会社の社長の息子と結婚するシンデレラ・ストーリーであるが、東京タワーが二人を結びつける幸運な場所として効果的に使われている。

銀座の洋裁店の針子の女主人公は、店から持ち帰って仕上げたコートを自分で着てみたくなり、それをまとって夜の東京タワーの展望台に上り、そこで一人の男性と知り合うことになる。女主人公は自分が外国航路の船長の娘であるなどと偽って見栄を張りながら、展望台での男性とのデートを重ねていく。最初、身元を明かさなかった男の方が実は自動車会社の社長の御曹司でありことが分かり、彼女は結婚を諦めかける。ところが男の方は婚約者がいたにも拘わらずそれを破棄し、東京タワーの展望台で針子との結婚を誓うのである。針子と大会社社長の御曹司という組み合わせは、いかにも当時らしいが、この映画が階層の異なる男女が結びつくというシンデレラ・ストーリー的なコンセプトに基づいているのは明白である。

『たそがれの東京タワー』と同じくタワー完成の翌年一九五九年（昭和三四年）二月に公開された二谷英明主演の日活の映画『東京ロマンス・ウェイ』も、貧しい女性が紆余曲折ありながらも周囲の協力で、有名会社社長の御曹司と結ばれるという瓜二つのコンセプトのシンデレラ・ストーリーであり、ここでも完成直後の東京タワーが間接的ではあるものの縁結びの記号として機能させられていた。

これらの類似の映画ナラティブが造型されたのは、タワーが完成した一九五八年（昭和三三年）の内閣府の世論調査で自らの生活程度を「中流」とした者が七割を超えるなど、国民の間で中流意識が高まり始めた当時の事情も背景にあろう。夢の実現は容易ではないが、その夢は全く無縁なわけではなく、もしかしたら手が届くかもしれないという期待が背後にあった。東京タワーは、そうした繁栄と豊かさを約束してくれる記号として、映画の中では象徴的に使われていた。

この頃の映画でもっと有名なものは、東京タワー完成の二年後に公開された小津安二郎監督の手になる『秋日和』（1960）である。この映画では、冒頭の最初のカットで、東京タワーが正面からのアップ・ショットでその威容が映し出される。タワーが青空の中に画面いっぱいに聳え立つように現れることから、鮫島敦が言うように、小津は東京タワーを「新しい時代の記号」として表現している（鮫島 2008 : 297）のは間違いない。

小津安二郎の映画は、しばしば「日本的美意識」を体現しているとして評価されるが、一方でそれはその映画が保守的な内容として受け止められてもいることを意味している。

しかしながら、イギリスの映画学者アラステア・フィリップスは、戦後の小津映画における原節子をはじめとするスター女優の表象をモダニティとフェミニニティの関連から検証し、小津が伝統的、保守的であるどころか、むしろ逆に「進歩的な」価値観を映画の様式と文法の中で表現するために巧妙な工夫を施していると述べている（Phillips 2006 : Phillips and Stringer 2007）。フィリップスが言うように、戦後の小津映画は、映画内に占める女性の位置の交渉を通して、戦後社会の秩序形成における伝統と進歩的な価値観の間の緊張状態が表わされるのである。

小津映画の登場人物や風景は、一歩見誤ると、凡庸とさえ見られることもあるのだが、むしろ「典型」と「普通さ」が幾重にも提示されることで、都市生活における新旧の価値観の間の摩擦が激化する光景を、実にさりげなく示すことを可能にしているのである。

映画『秋日和』の冒頭の、東京タワーの正面からの「愚直」とも言えるアップ・ショットは、そうした小津特有の映画のナラティブの開始を告げるものであり、ここでの「典型」とは、戦後の「発展」と「進歩」によって新しい時代を迎えているという当時の自己イメージに他ならないだろう。映画『秋日和』や『たそがれの東京タワー』、『東京ロマンス・ウェイ』における完成間もない東京タワーの表象は、前述した新聞や雑誌記事における タワー完成直後の位置づけとも符合するものである。

しかしながら、一九七〇年代前後になると、このような東京タワーの、いわばモノトーンでポジティブなイメージは後景化し、時にタワーは、社会的矛盾の意味合いが織り込まれ、陰影に富んだ扱いがなされることもあった。

最も象徴的な例は、松本清張原作で、野村芳太郎監督による一九七八年（昭和五三年）の映画『鬼畜』であろう。緒方拳演じる主人公の印刷屋の竹下宗吉は妻（岩下志麻）に隠れて、料理屋の女中（小川真由美）と長い間不倫し、三人の子供を産ませていた。しかし火事をきっかけに印刷業は上手くいかなくなり、女中にも子供の養育費が出せなくなっていたところ、女中は宗吉と妻のもとに現れ、子ども三人を置き去りにして忽然と姿を消す。愛人と隠し子のことを知った妻は激怒する。二人はやむなく三人の子を養育することになるのだが、妻は子供への凄絶な虐待を重ね、次男は衰弱死する。

なおも妻は残りの二人を「片づける」ように宗吉に迫ったため、宗吉は長女を捨てようと決意するのだが、その際、東京タワーの展望台を置き去りにする場所に選ぶのである。宗吉は子供を捨てることに良心の呵責を感じ、逡巡した後、人混みに溢れたタワーの展望台に長女を置き去りにする。慌ててタワーを降りて、宗吉が後ろを振り返った瞬間、夕暮れの中、タワーのライトが一斉に点灯し、宗吉が驚き、動揺した姿が照らし出されるのである。

映画『鬼畜』が公開された翌年の一九七九年（昭和五四年）五月の内閣府の「国民生活に関する世論調査」では、「物質的にある程度豊かになったので、これからは心の豊かさやゆとりのある生活をすることに重きをおきたい」と回答した者（四〇・九％）が、「まだまだ物質的な面で生活を豊かにすることに重きをおきたい」と回答した者（四〇・三％）を初めて上回るなど、当時の国民が物質的な豊かさは達成できているものの、一方で内面的な豊かさについて不足感があることを示していた。

映画『鬼畜』の松本清張の原作小説は、実はまだ東京タワーができる前の一九五七年（昭和三二年）四月に『別冊 文藝春秋』で発表されている。原作では主人公の宗吉が長女を置き去りにする場所は、デパートの屋上になっているが、映画では、この残酷な場面に東京タワーが選ばれることで、イメージとしての戦後の矛盾、「光と影」がシンボリックに表現され、緒方拳の鬼気迫る演技と共に鮮烈な印象を残している。

一九七〇年代、八〇年代には、映画『鬼畜』のような使われ方を除けば、映画の随所に東京タワーが登場することはしばしばあるものの、この時代の新聞や雑誌記事と同様、タワーは、せいぜい「はとバス」「おのぼりさんの団体客」などの記号的なイメージがさほど映画のメイン・ナラティブと関係しない形で補助的に付与される程度で、映画の舞台装置上の重要な役割を失うと共に、「最先端」イメージも喪失していく。

再び舞台装置上の役割が与えられ、「洗練」されたイメージが与えられるようになるのは、新聞、雑誌と同様に、昭和が終わり、平成に入ってからの一九九〇年代である。

相米慎二監督の異色作『東京上空いらっしゃいませ』(1990)では、事故で死んだ主人公(牧瀬里穂)と「死の案内人」(笑福亭鶴瓶)が会話を行う場所として、東京タワーの尖端部分の上空が選ばれていた。タワーの尖端が冥界への入り口とされることで、九〇年代初頭の東京で、東京タワーが単なる「おのぼりさん」の場所ではなく、やや異色ではあるものの東京に生きる人々のシンボルとしてのポジションを再び獲得したことが窺われる。

本章で議論する『ALWAYS 三丁目の夕日』シリーズの第一作目が公開される一〇か月前の二〇〇五年一月の映画『東京タワー Tokyo Tower』は、江國香織原作の同名小説を原作に、黒木瞳、寺島しのぶと岡田准一、松本潤との恋愛を描いた内容だが、ここでは、夜の東京タワーが二〇歳も年が離れた男女の過激な不倫を包み込む首都のシンボルとして効果的に使われていた。

以上のように、東京タワーは、それぞれの時代との関連の中でシンボリックな意味が付与される舞台装置の役割を果たしながら、時系列的な変容の痕跡を示してきた。「昭和ノスタルジア」を扱う本書のコンテクストで重要なことは、三点ある。一つは、建設中の東京タワーは、テレビドラマが対象化しているだけであるため参考材料は乏しいものの、新聞・雑誌記事と同様に、完成後の「首都のランドマーク」「高い展望台から景色が眺める新名所」の位置づけではなく、あくまでも「テレビ電波のための電波塔」という位置づけしか存在しなかったことである。

二つ目は、完成直後の東京タワーは「繁栄と豊かさを約束してくれる記号」とされたものの、一九七〇年代、八〇年代は、社会矛盾の象徴として持ち出される以外は新聞や雑誌と同様にやや議題としては周縁化された。だが平成に入ってから再注目され、そこでは昭和後期では喪失していた首都のシンボルとしてのポジティブな記号性が与えられるようになる。

三つ目は、そうは言いながらも平成以降の映画においても、後で議論するような建設中の東京タワーへの関心は、近年の「昭和ノスタルジア」映画がおそらく初めてであり、これまでは見られなかったことである。ましてや「建設中の東京タワーの夕景」イメージは、これまでは見られなかったものである。

そのため、本章では、この後、映画『ALWAYS 三丁目の夕日』シリーズと『東京タワー―オカンとボクと、時々、オトン―』を考察する際に、なぜ近年、東京タワーが再び注目を集めているのか、これらの映画はなぜタワーに注目し、その際、なぜ完成前の建設中のイメージや未完イメージを重視するのか、さらにはこれらの映画のタワー表象のありようは、実際に東京タワーが建設されていた当時のタワーのメディア・イメージといかなる差異があるのかなどに注目する。

## 2. 未完性と「遅延戦略」―『ALWAYS 三丁目の夕日』と昭和三〇年代―

### 映画『ALWAYS 三丁目の夕日』の受容

繰り返し述べているように、「昭和ノスタルジア」が社会現象化するまでにクローズアップされるようになったのは、二〇〇五年の映画『ALWAYS 三丁目の夕日』が大ヒットしたことによる。西岸良平原作の、コミック雑誌の連載漫画に基づいたこの映画は、まさに東京タワーが建設中の一九五八年（昭和三三年）が舞台であり、建設中のタワーのすぐそばの下町コミュニティの人々を描いた作品であった。西岸良平の原作漫画は、一九七四年（昭和四九年）から現在まで小学館の『ビックコミックオリジナル』で四〇年近くの長期間にわたって連載されているが、一話完結型のため、特に一貫したストーリーがあるわけではない。だが映画では、連載漫画のうちから複数のエピソードが選び取られ、それらに映画オリジナルのサブ・ストーリーが組み込まれて一つの全体としての物語が独自に創造されている。[17] そういう意味では、原作に基づいた厳密な映画化というよりも翻案に近い映画化と考えた方が良いだろう。

この映画は、興行収入三二億円の大ヒットを記録した。日本アカデミー賞をはじめその年の映画賞を独占し、『キネマ旬報』誌の読者選出ベストテンでも第一位に輝くなど高い人気と評価を獲得した。評論家や新聞などによるこの映画への批評は、この映画が「昭和ノスタルジア」の導火線となっただけあって、序章でも議論したような、「古き良き時代」としての当時を肯定的に描いたものとして語られるのが常であった。

その際、よく見られたのが、そうした「古き良き時代」における「人情」「夢」が巧みに描かれているという語り口である。二人の映画評論家（山根貞男、浅野潜）の以下のような語り口はその典型的なものである。

> 下町人情劇の傑作で、これほど気持ちよく泣ける映画はめったにない。（中略）。当時を感じさせる無数の小道具。CG技術で再現された上野駅などの風景。こうした映画的要素が一体となり、古

（山根貞男）

い新しいのを超えて行くのである。東京タワーの完成した年の物語で、商店街の向こうには建設中のタワーがいつも見える。そこで、懐旧の情をそそるが、画面の造形力は、ここで繰り広げられる人情世界が二一世紀の現在にも確実に埋まっていると思わせる。だから隅々まで楽しめ、快い涙をたっぷり流すことができる（『朝日新聞』二〇〇五年一一月一〇日）。

（浅野潜）

日本がまだ未来に向かって走り続けていた昭和三〇年代にタイムスリップした不思議なほど魅力的な作品。（中略）近くを都電が走り、力道山が活躍するテレビの映像がみんなの注目を集めていた時代の東京を舞台に、人情味あふれる人々の生活が描かれていく（『朝日新聞』二〇〇五年一一月九日（大阪版））。

■4－8　映画『ALWAYS 三丁目の夕日』（山崎貴監督・東宝・2005年）の劇場用パンフレット表紙

『読売新聞』は、映画公開中の二〇〇六年一月の元日から、長期間にわたって特集記事『ノスタルジックにっぽん』を連載したが、その最初となる第一部の六回の連載では、すべての記事の中で映画『ALWAYS 三丁目の夕日』のシーンから抜き取られたスチール写真が使われている。むろんこの映画が連載タイトルの『ノスタルジックにっぽん』の意味するものの記号として使われているのは明白であり、写真の横には毎回、説明が付けられていた。そこでは、「貧しくても、夢や理想に満ちあふれていた時代」「親が目を離していても、子どもの安全への不安は少なかった」「企業が家族のようだった時代」などの言葉が躍っている。

このようなジャーナリズムの言説は、当時と現代を比較することで、当時をポジティブなものと表現することがしばしばある。以下の『読売新聞』の記事を見てみよう。

パソコンもケータイもなかった時代。貧しかったけれども、人々の心は豊かで希望に満ち、毎日を懸命に生きていた。単に『懐かしい』というだけでなく、本当の心の豊かさとは何だろうかと考えさせられる。［映画『ALWAYS 三丁目の夕日』を見て］久しく忘れていた『清貧』という言葉を思い出した（『読売新聞』二〇〇五年一一月四日）。

当時は、現代のように「パソコン」も「ケータイ」もなく、「貧しかったけれども」、「人々の心は豊かで希望に満ち」ていたのは、当時には「本当の心の豊かさ」があったからだという語り口である。時に、こうしたロジックを一歩進めて、現代を批判するためにこの映画が持ち出されることさえある。すなわち映画を通して、当時と現代との間で鋭角的な敵対関係が構成されるのである。以下の『朝日新聞』の記事は、この映画と同じ二〇〇五年に公開された「昭和ノスタルジア」映画の一つ、『カーテンコール』（佐々部清監督）も一緒に論じているが、そうした言説の好例である。

『ALWAYS 三丁目の夕日』は昭和三三年の東京の下町の物語。実写とCGを巧みに融合させて、町並みだけでなく、人の息づかいも再現した。『カーテンコール』は山口・下関の映画館が舞台。懐かしい歌声で、懐かしい人情の記憶を呼び覚ましてくれた。

登下校中の子どもが命を奪われ、マンションの耐震強度までが偽装された今年。人と人とがふれあい、信じ合えた時代への羨望《せんぼう》がよぎった（『朝日新聞』二〇〇五年一二月八日）。

この記事では、現代がネガティブな時代（子どもの殺人、マンションの耐震強度偽装）であり、一方で昭和三〇年代がポジティブな時代（人と人とが信じ合えた時代）とされ、「羨望」の対象となる。つまり、これらの言説の特徴は、この映画とその時代が「影」のない世界として語られるのである。つまりせいぜい「貧しかった」ことぐらいがネガティブな事情として前置きされる程度で、それ以外はすべてポジティブな表現＝「光」が並べられるのである。

これらの言説は、本書の冒頭で触れたような、安倍晋三や野田佳彦といった歴代の首相がこの映画を持ち出し、当時を理想化して自説を語るロジックと相同性がある。だが当然のことながら、「影」の無い世界などありえない。そうであるがゆえに、こうした批評空間の言説には警戒が必要である。本書がラディカル・デモクラシーの視点から、映画や言説の詳細な分析を敢えて行うのは、一つには社会的矛盾、問題点などが縫合されて「光」しか見えなくさせられている表面にメスを入れて、「影」を炙り出すためでもある。

### 原作と異なる映画『ALWAYS 三丁目の夕日』の物語造型

映画『ALWAYS 三丁目の夕日』の監督・山崎貴は当初乗り気でなかったが、渋々監督を引き受けたことは本書の冒頭で述べた。また後述するように、山崎は一九六四年（昭和三九年）に長野県で生まれており、映画の舞台設定時の一九五八年（昭和三三年）はまだ生まれておらず、当時の東京も知らない。こうした事実は、映画『ALWAYS 三丁目の夕日』の分析にあたって意外に重要である。というのは、この映画がいわゆる巨匠監督が自身の当時の経験を反映させたような「作家」的な作品ではなく、大作映画として制作委員会方式で制作がなされ、おそらくはその過程で映画のナラティブも複数の人間の手によって慎重に造型されたであろうからである。

この映画には、原作との重要な違いがあるが、こうした違いも作り手たちによって慎重に選ばれた事情を考慮するならば、注意深く見ておく必要がある。原作漫画と映画の重要な違いは二つ挙げられる。一つは、原作では一九五五年（昭和三〇年）から一九六四年（昭和三九年）、つまり昭和三〇年代すべてが舞台となっているのだが、映画化に際しては、東京タワー建設中の一九五八年（昭和三三年）のみという設定になっていることである。元々は各連載回に、それぞれ別々の時期の個別のストーリーとして描かれていたエピソードが全て一九五八年（昭和三三年）の出来事として集約されているのである。

二つ目は、原作では舞台の夕日町三丁目は東京都内の都市部であるものの架空の場所であるが、映画での夕日町三丁目は、東京タワーがどこからでも間近に見えるため、タワーの至近距離にあるという設定とされ、その姿が頻繁に登場することである。つまり、映画では、あえて東京タワー建設中の一九五八年（昭和三三年）という時期の、タワー周辺地域の下町を舞台にした物語という、原作とはいささか異なる位相の物語が意識的に造型されているのである。そのため、建設中の東京タワーが映画内で重要な舞台装置の役割を担わされていることが予想されよう。

原作も映画も東京の下町、夕日町三丁目に住む人々が数多く登場する、いわば群像劇のスタイルである点では共通しているが、映画では主に二つの家族にフォーカスしている。一つは、売れない小説家の茶川竜之介（吉岡秀隆）をめぐる物語である。茶川は芥川賞を受賞することで著名作家になることを目指すが毎回選考に漏れ、児童向け雑誌の冒険小説を書きながら、自宅の軒先で駄菓子屋を営んでいる。茶川は独身だが、居酒屋の女店主である石崎ヒロミ（小雪）から見ず知らずの子供である古行淳之介を預かるよう頼まれ、彼と二人で共同生活をする、いわば擬似家族である。

一方、茶川の家の向かいには、自動車修理販売の鈴木オートを営む鈴木則文（堤真一）の鈴木家が住んでいる。鈴木家は、妻トモエ（薬師丸ひろ子）と息子一平の三人家族だが、青森から集団就職で上京した六子（堀北真希）が住み込みで働いている。

## 夢と希望の記号としての東京タワー

物語は、この二つの家族を中心に進行していくが、映画の随所に、彼らの近所に位置する建設中の東京タワーが映し出されており、それは映画の作り手の手によって、効果的な舞台装置（mise-en-scène）の役割を担わされている。建設中のタワーが何らかの形で別の未完イメージに節合させられ、映画のナラティブにおいて、重要かつ象徴的な意味合いを付与されるのである。それはナラティブ構成上の敵対性に関係してもいる。

例えば、青森から集団就職のため集団就職列車で上京してくる女学生の六子は、上京後、上野駅から鈴木オートに向かう時、鈴木則文が運転するオート三輪の車中から建設中の東京タワーを見ることになる。

集団就職列車は映画内の六子が上京する四年前の一九五四年（昭和二九年）四月に青森発上野行きの臨時夜行列車が運行開始されている。この時期は大量の若者が東北、九州などの地方、特に農村の第一次産業従事者の家庭から、都市部、とりわけ東京に流入していた。当時の農村は、高校に進学させる経済的余裕がない世帯が多く、都会に子どもを就職させることで経済的に自立することが期待されることが多かったことと、高度経済成長期には都市部の中小企業や工場、個人商店などで人手不足になりがちなため、双方の利害が一致し、昭和三〇年代には集団就職はピークを迎えていた。

一九六四年（昭和三九年）には、東京で働く集団就職者が上野駅に着いた日のことを思い出す歌詞内容の、井沢八郎の歌謡曲『あゝ上野駅』がヒットして人々の共感を獲得したことからも、当時の膨大な数の集団就職者の生活は、都市の光景の重要な一部であったことが推察される。企業や工場にとっては、まだ若い人材を安い賃金で雇えるという点から、集団就職の若年労働者は、いわゆる「金の卵」としてもてはやされもしたが、その一方で集団就職者は多くの場合、労働組合も持たない中小企業での労働であったため、劣悪な労働条件や安い賃金で苦しめられもした。

映画『ALWAYS 三丁目の夕日』の、上野駅に着いたばかりの六子がオート三輪から建設中の東京タワーを見上げるシーンは、典型的な集団就職者が、おそらくは生まれて初めて足を踏むことになる首都での新しい生活に期待を弾ませていることを端的に暗示している。

同時に、タワーが建設途上であるために、六子の夢とタワー完成の夢にパラレルな意味合いが与えられることにも留意するべきだろう。実際、映画の中では、建設中の東京タワーが各シーンをつなぐ間に何度も短く挿入され、僅かずつではあるが建設が進む様子が提示されることで、時間の経過を示す映画の文法通りの使い方がなされると共に、登場人物の夢が少しずつ実現していく途上にあることを期待させる記号にもなっている。

このように建設途上の東京タワーは、主要な登場人物たちの未来の夢にシンボリックに結び付けられるため、「テレビ電波のための電波塔」としての、実際の建設当時のイメージではなく、映画『たそがれの東京タワー』や『秋日和』のように希望と夢の記号とされている点で、建設中の舞台設定であるにも拘わらず、タワー完成後のイメージが流用されていると言えよう。

## 遮断される夢

ここで重要なことは、この映画のナラティブがそうした登場人物たちの夢が実現するという大衆映画の常道を踏むのではなく、彼らの夢は何ら達成することも無いままに映画が終了させられてしまうことである。つまり、映画の始まりにおいては、登場人物たちはそれぞれ明確な夢を抱いているのだが、映画の終わりにおいても彼らの理想の達成は程遠いコンディションなのである。

主人公の茶川竜之介と鈴木則文のケースを見ておこう。茶川は、一杯飲み屋「やまふじ」のおかみの石崎ヒロミに恋をする。ヒロミは、自分の子ではなく身寄りのない子供である淳之介を預かって育てているのだが、内心は誰かに面倒を見てもらいたい。そこで気の良い常連客でヒロミに思いを寄せる茶川に、淳之介を自分の代わりに面倒を見てもらうよう頼む。断れない茶川は渋々、自分の家で淳之介の面倒を見始める。しばらくしてクリスマス・イブの日に茶川はヒロミにプロポーズする。ところが、ヒロミは翌日、突然店を閉め、二人の前から忽然と姿を消してしまうのだ。

茶川は、ヒロミに託された身寄りのない淳之介を残されたままであり、映画では最後まで、ヒロミが茶川と淳之介の元に戻ることはない。つまり、淳之介はヒロミとの恋が叶わないだけでなく、身寄りのない子供の面倒を押し付けられ、やむなく擬似家族をつくらなければならない破目に陥るのだ。しかも一流の小説家を目指している茶川は、何度も文学賞に応募するが受賞に至らず、本来副業であるはずの駄菓子屋で生計を営むことを余儀なくされたままである。映画のナラティブは茶川に何の成就も与えないどころか、むしろ残酷な負荷を負わせて終わらせるのである。

もっともその一方で、淳之介の血縁上の父で、大企業の社長の川渕康成は、財力を利用して茶川から淳之介を奪い返そうとするが、叶わない。そういう意味では、この映画が、物質的成功よりも人間的絆の方が大事であるとのシンプルではあるが明確なメッセージを発しようとしていることは疑いない。敵対性の観点で見るならば、金に物を言わす権力者と庶民との間で敵対性が構成され、権力者が批判されているのは明白である。しかしながら、茶川ら主人公たちのシビアな現実は決して無視しえないものである。

他の登場人物たちも何がしか夢を実現することはなく、せいぜいのところ現状の維持が精一杯であるか、むしろ状況が悪化することすらあることも留意しておく必要があろう。

茶川の家の向かいで鈴木オートを営む鈴木の場合も事情は厳しい。鈴木は、現在の小さな自動車修理販売業を脱皮して、自動車メーカーを設立し、いずれはアジアに進出する夢を抱いているものの、事業形態や規模に何の変更も見られず、依然として、小さな修理工場のままで映画は終わっている。

六子は青森から希望に溢れて集団就職で上京し、最初自分は一流企業で社長秘書になれるものと思っていたが、実際は鈴木オートで自動車の修理をさせられるはめになり、仕事上は不本意なままである。

近隣の住民である宅間小児科医院の医師の宅間史郎（三浦友和）は、一三年前の戦時中の東京空襲で愛妻と幼い一人娘を失っており、現在も一人暮らしをしている。宅間医師が娘の好物だという焼き鳥を買って家に帰ってみると家に妻子はいない。実はそれが夢の中の出来事であり、目覚めると、妻子がずっと以前に亡くなっていることを改めて自覚させられるという印象的ではあるものの残酷なシーンがあるが、その宅間医師にも何か新しい生活が約束されるわけではない。

映画は登場人物の肝心の夢を遮断したまま終了するにも拘わらず「国民的映画」とも言っても差し支えないほどの人気を、なぜ獲得したのだろうか。東京タワーが完成した時、都内の中学二年生だったという評論家の川本三郎は、映画館でこの映画を観賞した際、「実に懐かしく、面白く、久々にいつまでも映画が終わらないで欲しいと思った。劇場で見たのだが、最後のクレジットのところで立ち上る観客は少なかった。みんなずっとこの世界にいたいと思ったのではないか」（川本 2005：108）と述べている。果たして、なぜオーディエンスは「ずっとこの世界にいたい」と思ったのだろうか。なぜこの映画は三〇〇万人近い観客動員を成し遂げ、それをきっかけに俗に言う「昭和三〇年代ブーム」に火がつき、社会現象化するまでに至ったのだろうか。

## 未完のナラティブと「遅延戦略」

映画『ALWAYS 三丁目の夕日』をナラティブ構造から分析するならば、この映画は固有の構造を備えていることが分かる。そのナラティブの固有性がゆえに、この映画を「国民的映画」たらしめている可能性がある。結論を先取りするならば、この映画は、登場人物たちに夢の実現を許さず、むしろ引き伸ばすことを意図的に試みる、言うなれば未完のナラティブを採用しているのである。

換言するならば、この映画のナラティブは、明確な未完イメージとプロットを巧妙に配置した「遅延戦略」とも呼べるものなのである。実のところ、この映画があえて建設中の東京タワーの時代に設定し、タワーの近隣を舞台にするのは、この「遅延戦略」を効果的にナラティブに持ち込むためと思われる。映画は、建設中の東京タワーを、その固有のナラティブに説得力を持たせるための格好の舞台装置として必要としているのである。

映画『ＡＬＷＡＹＳ 三丁目の夕日』は、一種の群像劇のごとく数多い登場人物が登場し、それぞれの人生がいわば映画全体のサブ・ナラティブのようにツリー状に構成されている。そこでは茶川と鈴木などの大人たちだけではなく、六子のような一〇代のティーンエージャーや淳之介、一平などの子供たちも重要な位置づけが与えられている。

映画の冒頭では、一平と淳之介がゴム動力の模型飛行機を飛ばすが、それをカメラは追って路面電車などの向こうに建設中の東京タワーを捉えることが象徴するように、この映画は終始、大人たちと同様、あるいはそれ以上に子供の視点、とりわけ淳之介と一平の視線で構成されている。

一九五八年（昭和三三年）の映画の舞台設定当時、一〇歳前後の淳之介と一平は、一九四七年（昭和二二年）から四九年（昭和二四年）頃に生まれた、いわゆる「団塊の世代」にあたる。そういう意味では、この映画が「団塊の世代」の人々の当時の視点によって物語を構成しようとしていると見るのはあながち間違いではないだろう。実際、監督の山崎貴も映画をつくるにあたって、「団塊の世代」の存在を強く意識している。

一九六四年（昭和三九年）生まれで長野県出身の山崎は、映画の舞台設定時はまだ生まれておらず、当時の東京も知らないことから、映画撮影中は当時を知る人々の意見を聞くよう努めたと言うが、とりわけ、「団塊の世代の人たちの話は真摯に聞くように」したとし、「当時子供だった人たち、つまり、今の団塊の世代の人たちが懐かしんでくれて、温かい気持ちになっていただければ幸せですね。まず、そこをクリアしないと、この映画は成立しないと思いますから」（映画『ＡＬＷＡＹＳ 三丁目の夕日』パンフレットでの監督インタビュー）と述べている。

映画の中での東京タワーの役割が重要なのは、一九五八年（昭和三三年）頃の東京タワー建設時は、「団塊の世代」の当時の子供たちの成長の時期と重なるからでもある。先に述べたように、一平の父親の鈴木則文や淳之介の「擬似」親の茶川竜之介ら大人たちの夢は遮断されるが、一平や淳之介などの子供の視点で見れば、生活は夢や希望に満ちているために、夢の達成は担保されるとも言える。映画の作り手は、世代間差異を映画の中に持ち込み、重層的なナラティブ構造を構築することで、悲劇性が前景化しないようにバランスを取っている。そのために、この映画の「遅延戦略」は、必ずしも観客にそれと知られることもないかもしれない。

## 「遅延戦略」とポジショナリティの複数性

しかしながら、そもそもなぜ手の込んだ「遅延戦略」が映画に持ち込まれる必要があるのだろうか。ここで重要なことは、映画をめぐる複数の視点が存在することである。映画のナラティブ上は、前述したように登場人物の大人たち（茶川、鈴木他）と子供たちの視点（淳之介、一平）がある。それに観客の視点を加えてみればどうなるだろうか。むろんオーディエンスの世代間の相違なども考慮すべきだろうし、オーディエンスの映画の読みも多様なため、単一のオーディエンスの視点など存在しようもないのは言うまでもない。

だが、映画の登場人物とオーディエンスの間には決定的な差異が存在する。要するに、登場人物たちはその後の日本を知るわけがないが、五〇年後の現代の観客は、知っているのである。映画の登場人物たちはその後、一九六〇年代初頭の池田内閣の「所得倍増計画」を経て、一九六五年（昭和四〇年）一一月からは五七か月続くいざなぎ景気で高度経済成長のクライマックスを迎え、一九六八年（昭和四三年）

には国民総生産（GNP）が資本主義国家で二位になるなどの好景気を経験することになる。

しかしながら同時に彼らは、その後一九九〇年代初頭のバブル崩壊、そして「失われた一〇年」、あるいは「二〇年」と言われる時代をも経験することになる。茶川や鈴木は、バブル崩壊後の時期には既にリタイアしているが、淳之介や一平ら「団塊の世代」は、映画公開時は五〇代後半。退職間際であると共に、バブル崩壊後、リストラの対象になることも少なくなかった世代である。

当然のことながら、これらのことを映画内の登場人物は何もまだ知らない。このことは、映画の登場人物たちと現代の観客たちとのポジショナリティの決定的な相違を示している。映画『ALWAYS三丁目の夕日』の作り手たちが意識した「団塊の世代」の現代のオーディエンスたちにとってすれば、仮に鈴木則文が自動車修理工場から自動車メーカーに転じて夢を達成したところで、その後何が待ち受けているかその苦労を容易に想像できるのである。

もしかすると、夢の達成はむしろ興醒めかもしれない。したがって、この映画が巧妙に採用している「遅延戦略」は、登場人物と、その後の日本の歩みを知っているオーディエンスとの間の知識のギャップを埋め合わせるための装置でもあるのだ。

映画の中の「遅延戦略」は夢や希望の達成を目撃することが目的ではないため、「遅延戦略」のナラティブを完成度の高いものにするには、東京タワー完成後の日本社会の描写はむしろ映画の作り手にとって不都合な可能性が考えられる。東京タワーがいまだ建設中であり、未完成であることが重要なのである。未完成であることによって、完成への期待が持ち越され、夢と希望が永続性を獲得し、神話化を可能にする。当時の「団塊の世代」の子供たちの希望は最大化させられるが、時はそこで終わる方が好都合なのである。

映画のラストシーンがそれを象徴している。映画の終わりに、鈴木一家の親子三人は、夕焼けの中をオート三輪に乗って走る。川の堤防でオート三輪を降りた家族は、夕日を浴びながら以下のような会話を交わす。

一平（息子）：今日は（夕日が）きれいだね。明日も五〇年後もきれいだね？
トモエ（母）：そうだといいね
則文（父）：そうだといいなあ

この鈴木家の会話の後、画面は完成間近の東京タワーを、家族三人の遠景に捉えたロング・ショットで終わる。夕日が「明日も五〇年後もきれいだね？」という一平のセリフは、言うまでもなく、当時から見た日本の中長期的な未来の希望的観測の確認のメタファーであることは疑いない。この映画は、夕日を浴びた完成間近の東京タワーのイメージを、当時の普通の人々の希望に結び付けることで、現代の観客に開かれた未来を想像することを可能にせしめる。東京タワーは、まだ完成していないがために、映画を「未完のナラティブ」として構成するための重要な舞台装置の役割を果たすことができるのである。

敵対性の観点で見るならば、登場人物たちの夢の未完が建設中の東京タワーの未完イメージと節合されて等価なものとなり、それに対して何がしかの「完成形」が敵対関係に置かれることになる。そして映画ナラティブでは、「完成形」ではなく、節合された「未完性」の方がヘゲモニー化されるのである。繰り返し述べるが、映画の舞台となる、東京タワー建設中の一九五八年（昭和三三年）は、高度経済成長期に本格的に突入する、いわば入口の時期である。にも拘わらず、自動車修理工場を営む鈴木をはじめ登場人物が皆、それぞれの夢の実現からほど遠いまま映画が終わるという、いささか残酷な結末が「国民的映画」たりうるのは、建設中の東京タワーのイメージまでも流用される「未完性」のヘゲモニーが巧妙に構築され、一方で興醒めともなりうる「完成形」が排除されることが、二一世紀初頭の現代のオーディエンスの視点からは皮肉なことに、好ましい「リアリズム」であるからである。

## 3.「現状維持」の確認―『ALWAYS 続・三丁目の夕日』のパラドックス―

### 前作を上回る続編映画の受容

この映画が大ヒットしたため、二年後の二〇〇七年一一月には、続編の映画『ALWAYS 続・三丁目の夕日』が公開された。この映画の興行収入四五億六〇〇〇万円は、この年の邦画の第三位だが、テレビ番組の映画化作品を除けば『ALWAYS 続・三丁目の夕日』がこの年の興行収入一位である。この映画は、正編を大きく上回る約四〇〇万人もの観客動員を果したため、シリーズを「国民的映画」として決定づける人気を博した。

映画批評も正編とほぼ同様で、「古き良き時代」の「人情劇」「心温まる触れ合い」がCGによる当時の街並みの精巧な再現と共に巧みに描かれているという語り口で肯定的に評価されるのが常であった。例えば、映画評論家の山根貞男は、「あの愛すべき三丁目の人々がふたたび心温まる人情劇を繰り広げる」（『朝日新聞』二〇〇七年一一月二日）、朝日新聞記者の斉藤勝寿は「今回も家族愛に『近所愛』がふんだんに盛り込まれている」（『朝日新聞』二〇〇七年七月二〇日）、読売新聞記者の津久井美奈は、「明日への希望を抱き、誰もが精いっぱい、誠実に暮らしを送る。まだまだ貧しかった時代だからこそ、小さな幸せをいつくしみ、分かち合う。これぞ古き良き昭和の心意気なのだろう」（『読売新聞』二〇〇七年一一月二日）と述べている。

また、例えば、朝日新聞記者の佐々木達也が、「人情味を前作よりさらに丁寧に映し出していく。（中略）それ［温かいまなざし］は、人間関係が希薄になった現代社会では失われてしまったものでもある」（『朝日新聞』二〇〇七年一一月一六日）と述べているように、映画が描いた時代がポジティブ（人情味）なものとされ、一方で現代がネガティブ（人間関係が希薄）なものとされ、当時と現代の間でしばしば敵対性が構成されるのも、前作をめぐる事情と同様であり、「昭和ノスタルジア」一般をめぐるジャーナリズム、知的言説との相同性がみられる。

■4－9　映画『ALWAYS 続・三丁目の夕日』（山崎貴監督・東宝・2007年）の劇場用パンフレット表紙

**継承される「遅延戦略」**

続編は、東京タワーが完成した翌年の一九五九年（昭和三四年）の春が時代設定であり、正編と同様に主要な登場人物は、茶川家と鈴木家を中心にした夕日町三丁目の住民であるが、興味深いのは、既に前年に完成している東京タワーに、ここでも未完のイメージが付与されることである。

このことは、正編で採用された、東京タワーの未完イメージを利用した「遅延戦略」が続編においても継続していることを意味している。正編、続編の二つの映画が「遅延戦略」によって登場人物たちの夢と希望の永遠性の表象を目指すとするならば、これらの映画が完成した東京タワーのイメージを注意深く避けるのは理解できるものである。

まず興味深いのは、映画の冒頭のシーンから、完成した東京タワーの存在の否定を暗示するようなシーンが用意されていることである。鈴木則文と息子の一平の間で交わされる会話は、希望の「引き延ばし」の巧妙なナラティブの好例である。

一平は、父の則文に完成したばかりの東京タワーに連れて行くように懇願するのだが、則文は、「それどころじゃねえんだ。東京タワーはそのうちだ」と言って取り合わない。それでも息子はしつこく食い下がる。それに対して、則文は通りすがりの近所のタバコ屋の太田キン（もたいまさこ）に、東京タワーに行きたがる息子を黙らせてほしいと頼む。太田は一平に対して、東京タワーは「あわてなくっても無くなるもんじゃないよ」と諭す。それでも一平は食い下がるため、則文は怒り、挙句の果てには、そんなに行きたいなら自分の小遣いで行ってタワーに上るように息子に言うのである。

映画の冒頭で、このような激しいやりとりがあり、結局、鈴木一家が東京タワーの展望フロアに上るのは、映画のエンディング・シーンまで持ち越される。自宅から目と鼻の先にある完成したばかりの首都の新しいランドマークへの訪問を父親から執拗に制止されるのは、いささか不自然であろう。

しかしながら、これまでの議論のコンテクストから考えるならば、このシークエンスの解釈は難しくないだろう。至近距離にある東京タワーを訪れることは物理的には容易なはずだが、タワーに上りたがる息子を父親が制して、じらすことで、続編映画は、正編の「遅延戦略」を継承し、夢と希望を継続させる可能性を開くのである。

このいささか奇妙とも言える遅延のナラティブは、正編の最後で完成間近であった東京タワーが、続編を制作する際はタワー完成後の時代設定にせざるをえないにせよ、「完成済み」のイメージでは不都合なために、東京タワーをめぐる新たな未完的イメージを創出しようとする意図であると解釈するのが自然に思われる。実際に続編では、完成した東京タワーの全景の威容を表象することは少なく、たびたび映し出されるタワーは、部分のアップであることが多いのだが、それも同様の理由によると考えるならば合点がいく。

## 「忌避される」同時代─戦前に戻る映画のナラティブ─

だが続編映画で見逃せないのは、登場人物たちの人生の「未完性」が巧妙なナラティブの造型によって前作よりもさらに強調されることである。続編では、一九五〇年代末という高度経済成長期の真っただ中に突入する時代を描きながら、登場人物たちが未来の人生を切り拓くことはなく、高度経済成長期と歩調を合わせて発展することが期待される生の歩みが剝奪され、なぜか過去、とりわけ戦争の時代に引き戻されてしまうのである。

主要な登場人物たちの高度経済成長期の活躍が描かれず、彼らの戦時期の体験や記憶をめぐるエピソードの数々がサブ・ナラティブとしていくつも紡ぎ出され、映画全体を支配する様は、いささか異様なほどである。続編映画は正編の翌年の時代設定でありながら、奇妙なことに正編より以前の時代が焦点になるのである。

登場人物それぞれのケースを見ていこう。集団就職で上京した六子は、故郷東北の中学時代の同級生たちと再会するが、その中の一人が詐欺師グループの一員になっていてトラブルに巻き込まれることになる。宅間医師は、狸に化かされて、戦中に大空襲で失った妻子と夢の中で再び出会う。

茶川竜之介の場合は、東京大学の同窓会に出席するために会場に向かうのだが、会場の入り口でかつての同級生らが、茶川が何度も文学賞に応募しながら落選続きであると陰で噂話をしているのを耳にして、耐えがたく、会場に入ることなく家に帰ってしまう。

鈴木則文とその妻トモエの場合は、戦争の記憶が重くのしかかることになる。戦中に戦地に赴いた経験のある鈴木は、戦友会の集いの案内状を受け取るが、自分の部隊が戦地で散り散りになったため、かつての戦友たちの安否を確認するのが怖くて会に出席することを躊躇する。

ところが（死んだと思われる）戦友の一人牛島と同窓会で再会し、仲の良かった牛島の生存が確認できて喜んだ鈴木は、その後に牛島を自宅に連れて行き二人で杯を交わす。ところが目が覚めてみるとそれが夢だったことを鈴木は知る。実際は、牛島は戦地で亡くなっていたのだ。鈴木が戦友会に行くべきかどうか何度も逡巡し、その後に夢を見るエピソードも合わせると、このサブ・ナラティブは映画の中でかなり大きな比重を占めている。

しかしながら、時代考証的に言うならば、このサブ・ナラティブはやや不自然である点は否めない。確かに経済成長に伴う生活の安定は各地に戦友会を生み出していったのは事実だが、戦友会の設立数が増加し始めるのは一九六〇年（昭和三五年）頃からであり、この映画『ＡＬＷＡＹＳ 続・三丁目の夕日』の舞台設定時の一九五九年（昭和三四年）にはまだ戦友会組織は少なかった（吉田 2011 : 107）。

また仮に戦友会が設立されたにせよ、映画で登場するような「戦友たちの集まり」が全国で持たれるようになったのは、一九六〇年代前半頃からである。そして戦友会結成のピークは一九七一年（昭和四六年）から一九七五年（昭和五〇年）、戦友会活動の最盛期は一九七六年（昭和五一年）から一九八〇年（昭和五五年）である（吉田 2011 : 148）。

一九七〇年代に戦友会活動が活発化した背景には、歴史学者の吉田裕が言うように、遺骨収集事業との関係が深い。日本政府は一九五二年（昭和二七年）から遺骨収集事業を実施するが若干の「象徴遺骨」を収集するだけで、遺族会などの民間団体への協力要請には消極的であった。こうしたことに遺族会や戦友会には強い不満があり、政府は一九七三年（昭和四八年）度から七五年（昭和五〇年）度にかけての第三次遺骨収集事業の実施を決め、その際、戦友会や遺族会への協力を要請し、関係団体に国庫補助金を交付する制度を創設した。戦友会の組織整備や拡充はこの政策転換によるところが大きいのである（吉田2011: 163）。

これらの事情を考えるならば、一九五九年（昭和三四年）での戦友会の集まりの開催というこの映画での設定は、やや時期尚早と言えよう。実際に映画史においても、戦友会がプロット上の役割を与えられる対象として表象されるのは、もっと後の時代であることが多い（例：同時代としての戦友会組織が登場する映画として一九九一年の山田洋次監督の映画『息子』、二〇〇〇年の篠崎誠監督『忘れられぬ人々』など。）

一方で、鈴木則文の妻トモエをめぐる「戦前に戻される」サブ・ナラティブは、夫・則文の戦友会のケースとは逆に、いささか「遅すぎる」印象を与える。トモエは、ある日、戦前に婚約者だった男と都心の橋の上で偶然に再会する。互いの無事を確認して別れるが、このシーンは、戦争が二人の仲を引き裂いた残酷を端的に暗示している。しかしながらこの後、映画は、トモエが家に帰った後、現実の夫である則文の顔を見て安堵するという「説明的な」シーンも用意している。

トモエが橋の上で戦前の婚約者だった男性と偶然再会することは、むろん起こりうることではあろう。しかしながら、このエピソードが、二人が再会する場所に都心の橋の上が選ばれることと、その時トモエが既に人妻となっている悲劇を示す点で、明らかに一九五三年（昭和二八年）の、岸惠子と佐田啓二が主演した大庭秀雄監督の映画『君の名は』のあまりに有名なシーンの模倣と反復を試みているのは間違いない。そのため、このエピソードが既視感を与えると共に、その既視感が一九五三年（昭和二八年）という戦後復興期のイメージと結び付けられるため、一九五九年（昭和三四年）という時代設定との間のいくぶんの「時差」をも同時に感じさせなくもないのである。

このように、映画の時代設定は一九五九年（昭和三四年）春という高度経済成長期の真っただ中でありながら、奇妙なことに同時代の発展と繁栄への道程の表象が「外され」、時にやや不自然に思えるようなやり方で過去へ、とりわけ戦前、戦中に登場人物たちを引き戻してしまうのである。それによって、皮肉なことに登場人物の夢の実現に向けての前進は阻まれ、それどころか彼らの過去を回顧する様子が繰り返し描かれる。そこでのコンセプトは、もはや夢の実現ではない。

夢については正編での「遅延戦略」が続編でも継続してはいるが、果たされないまま後景化させられ、その結果、映画の主題は「現状維持」へと微妙に変容するのである。「遅延戦略」が戦中など過去と節合され、映画の中の現在＝高度経済成長期との間で敵対性が構成され、後者における夢の実現の可能性が退けられ、前者、すなわち「現状維持」がヘゲモニー化するのである。

おそらく最も象徴的なのは、新婚時代に息子の一平が育つ様子などを撮影したホームムービーの映像で鈴木夫婦が過去を懐古するシーンであろう。ある日、則文とトモエは、自宅のプロジェクターを使って8ミリカメラの映像を楽しむことを思いつく。則文自身によって撮影された8ミリ映像は、二人がまだ幼い一平と遊ぶ姿が映し出されている。このシーンは、映画のプロットと特に関係がないため明らかに挿話的であり、必然的に説明的になる――すなわち、則文とトモエの夢は叶わずにいるが、しかし戦前に比べるならば遥かに生活は良いのだと。戦後一五年。子供が生まれ、ささやかながらも幸せな家庭を築けている現状に満足すべきだと――。

## エンディングの東京タワー――「現状維持」の確認の場として――

正編の映画コンセプトである夢の「遅延戦略」は、続編では「現状維持」の確認へと変容を遂げながら映画はエンディングを迎える。その際、続編は正編と同様に東京タワーがシンボリックな舞台装置として流用される。前述したように正編のエンディングでは、堤防で夕日をバックに鈴木家の親子三人が、完成間近の東京タワーを見ながら、「五〇年後の夕日もきれいであれば良いのに」と語ることで未来への希望を暗示して終わる。

しかしながら続編では、このような未来への展望が示されることはもう無い。続編のラストシーンは、先述したように、一平が待ち望んだ東京タワーの展望デッキへの訪問がようやく実現し、展望デッキでの親子三人の語らいで終わるのだが、以下に見るように、会話の中では、もはや五〇年先どころか今日より先のことさえ話題にならず、現状の維持だけが確認されるのである。

トモエ（母）：今日もきれいね
則文（父）：きれいだなー
一平（息子）：夕日が目に染みるね
則文（父）：生意気言ってんじゃねえよ。一〇年早いよ

「夕日が目に染みるね」や「一〇年早いよ」などの言葉があえて選ばれているのは、それらのクリシ

ェそのものが戦後のポピュラー・カルチャーの中で無数の反復の歴史性を持っているからである。言うなれば、五〇年後の観客たちに、実人生とメディア表象の接触の双方において記憶の既視感を与える装置としてこれらの言葉は注意深く選ばれている。それがあまりに月並みなクリシェであるがために、夢の実現が遮断され、「現状維持」の確認のみという実は後ろ向きで残酷でさえある映画のナラティブが、観客たちには一種のパロディとして客体化されながら許容される余地を残す効果を生むのである。

正編映画において「遅延戦略」の映画コンセプト上の事情のために、未完イメージが付与された東京タワーは、続編の冒頭でも未完イメージの継続が強調され、映画の最後で「現状維持」を確認する場として選ばれることで、映画の敵対的なナラティブ構成を支える一貫した舞台装置の役割を担わされている。実際は、「テレビ電波のための電波塔」に過ぎず、ひょっとすると「障害物」でさえあったかもしれない建設中の東京タワーに、正編映画は、当時を生きた登場人物たちの人生の確認の場の役割を付与し、建設中＝未完イメージを「遅延戦略」のために流用した。

しかしながら続編映画では、「遅延戦略」が、東京タワーをめぐる未完イメージ、戦中などの過去のエピソードなどと節合されることで、高度経済成長期の「完成形」が排除され、「現状維持」がヘゲモニー化するナラティブが不自然でなく許容されるような効果を生み出している。そこでは、「未完性」と「完成形」の間での敵対性のナラティブが構築され、「完成形」＝高度経済成長が「外部」化されるのである。

続編映画には、むろんもう一つ別のナラティブがあるのは言うまでもない。プロットとしては、むしろこちらの方がメインかもしれない。淳之介の実の父親である川渕は、財力に物を言わせて、正編に引き続き淳之介を茶川から取り戻そうとするが、またしても失敗し、淳之介は茶川の元に踏みとどまる。

加えてヒロミが茶川の元に戻ってくるというハッピーエンディングが用意されてもいるため、むろん、この映画を「現状維持」＝「未完性」という点だけから論じるわけにはいかない。茶川と川渕の間で敵対性が構成され、川渕が敗北することで批判の対象となり、茶川がヘゲモニー化されていることは間違いない。

だが、この敵対性は、庶民VS.権力者の構図であり、庶民がヘゲモニー化されることで、権力者が批判されるという点では、むしろ「現状維持」＝「未完性」がヘゲモニー化され、「完成形」＝高度経済成長期の達成が後景化するという、先述したナラティブと親和性が高いとも言えるのである。この映画では、重層的に異なる敵対性が交錯しながらも、基本的なコンセプトの点では実は一貫しているのである。

## 第三作目の『ALWAYS 三丁目の夕日'64』の離れ業

映画『ALWAYS 三丁目の夕日』シリーズの第三作目となる『ALWAYS 三丁目の夕日'64』は、二〇一二年一月に公開され、第二作目には及ばなかったものの、三四億円の興行成績を記録し、二〇一二年の上半期の邦画では三位、アニメを除けば二位の大ヒットを記録した。批評面でも、「濾過された記憶の世界を再構築したもの」（石飛 2012：50）、「長屋的交流の時間」（巽 2012：137）などと好意的に受け入れられた。

第三作目のこの作品の舞台は、前作から五年後の一九六四年（昭和三九年）に設定されている。第三作目では、東京タワーはナラティブの中心から外れているため、本章では深く議論の対象にしないが、本章と関連深い二点についてだけ触れておきたい。

一つは、第三作では東京タワーの役割は後景化するものの、第一作、第二作と同様に「未完性」が重要なコンセプトのナラティヴが造型されている点である。この映画は、昭和三〇年代最後の一九六四年という年に設定され、この年の一〇月一一日から開催される東京オリンピックを控え、準備を進める東京の町や、オリンピックに期待を寄せる人々の姿が繰り返し描かれる。

要するに、東京タワーをめぐる「未完性」の物語は、時代的に第三作目の舞台設定ではもはや無理があるためか、東京タワー完成の六年後に行われる戦後屈指の大イベント、高度経済成長期のもう一つのシンボルである東京オリンピックの開催直前の時期へといわば時間が「リセット」されるのである。そうすることで、この「国民的」映画シリーズは、東京タワー建設中の時代から、東京オリンピック開幕前の時代へと「未完イメージ」を接続する離れ業を行うのである。

監督の山崎貴によれば、三作目の一九六四年（昭和三九年）という時代設定は、出演者（堤真一、薬師丸ひろ子など）やスタッフの間で、「決まりごとのような自然な流れ」で決まったとのことだが（金澤 2012 : 41）、登場人物の年齢や時間の経過を考慮して「未完性」の映画コンセプトの継承を目指すならば、次作品の「東京オリンピック直前」という時代設定は、まさしく「決まりごと」と言って良いほど「適切」であろう。裏返して言うならば、それは作り手たち自身がこのシリーズを「未完性」をコンセプトとするナラティヴと位置付けていることの証左でもある。

この映画が公開されたのは、東日本大震災から一年後であったため、ジャーナリズムや映画評では、この映画を震災と関連づけて論じる言説も時に見られた。『読売新聞』記者の近藤孝による以下の映画評はその好例である。

映画の冒頭、東京タワーを中心にして、東京の町がスクリーンいっぱいに映し出される。この光景を目にして、胸に迫るものを感じた。なぜだろう。

一九六四年、焼け野原からの復興を果たし、東京オリンピックが始まろうとする町には、未来への胎動があふれている。と同時に、澄んだ青空をバックにした光景は、どこかのどかで穏やかでもある。東日本大震災を経験した今、かけがえのない風景に見えたのだ。

彼らの〔登場人物らの〕物語に共通するのは、「本当の幸せとはなんだろう」という問いかけ。このテーマは、これまでも描かれたが、今回は、いっそう胸に響く（『読売新聞』二〇一二年一月二〇日）。

■4-10　映画『ALWAYS 三丁目の夕日 '64』（山崎貴監督・東宝・2012年）の劇場用パンフレットの表紙

「未完性」＝「東京オリンピックが始まろうとする町の未来への胎動」が、東日本大震災後の現代にとって、「かけがえのない風景」で、「本当の幸せ」として受け止められたのは、この映画シリーズに一貫している「未完性」のコンセプトが、大震災後のような困難な時代に、より強く人を惹きつけることを示している。

二つ目のポイントは、この映画では、第一作、第二作目と持ちこされた「遅延戦略」が世代交代、世代間継承という形で継承が行われている点である。監督の山崎貴本人も、「一作目が出会いの物語とすると、三作目は巣立ちがテーマ」（『朝日新聞』二〇一二年一月二六日）と述べているように、世代交代が意識的にナラティブ化されているのは明らかである。

三作目では、茶川竜之介は、雑誌『冒険少年ブック』で連載を続けるが謎の新人作家に人気を奪われ、ファンレターを偽造するなど、監督の山崎が「最低の男」（金澤 2012：42）と語るほど落ちぶれている。この新人作家が実は、自分の「擬似」息子である淳之介であるという驚愕の事実に竜之介は動揺し、その一方で淳之介は竜之介の手前、漫画家を断念して竜之介やヒロミが望むように東大進学を目指そうとするが、実に「辛口」なやり方で、竜之介は淳之介に小説家の道を選ばせるのである。

鈴木オートの鈴木家では、則文や妻トモエが大自動車メーカーを設立することは既に口にすら上らなくなっている。第三作目での鈴木家をめぐるエピソードは、六子の結婚話や反抗期のためリードギターを弾いて明け暮れる息子・一平をめぐる話にもはや限られている。第一作目から続いた「遅延戦略」の成れの果ては、やや残酷ではあるが、茶川竜之介と鈴木則文の隠しようのない挫折がそれとなく示されざるを得ず、しかしながら夢が次世代に引き継がれることで、夢そのものがかろうじて消滅しない形でナラティブ化＝「遅延戦略の継承」が図られるのである。

## 4. 「喪」の儀式と集合的意識―『東京タワー―オカンとボクと、時々、オトン―』―

### 二〇〇万部の大ベストセラー小説の映画化

二〇〇五年一一月に公開された映画『ALWAYS 三丁目の夕日』が大ヒットした後、昭和三〇年代、四〇年代前半あたりの時代にフォーカスした映画が数多く作られるようになった。二〇〇万部を超えるベストセラーとなったリリー・フランキーによる自伝的小説を映画化して、二〇〇七年四月に公開された映画『東京タワー―オカンとボクと、時々、オトン―』は、それらの中でも批評面で最も成功した作品の一つである。

この映画は、興行成績こそ、一八億八〇〇〇万円で年間一六位のため、メガヒットとまではいかなかったが、二〇〇八年の日本アカデミー賞最優秀作品賞、監督賞をはじめ、この年の日本アカデミー賞を独占するなどしたことから、二〇〇万部を超えた原作小説と合わせて「国民的な作品」（相田 2007 : 122）と言っても決して過言ではないだろう。そのタイトルが示すように、この映画は、東京タワーが重要な役割を果たしていることから、映画『ＡＬＷＡＹＳ 三丁目の夕日』と共に本章で考察の対象とするのに適切と考えられる[18]。

## 「自己」の物語としての受容―経験的かつ教訓的「普遍性」―

最初に、ストーリーを簡潔に整理しておこう。これは、一つの家族をめぐる物語である。主人公の「ボク」こと中川雅也（オダギリジョー）は、九州の田舎に住む三人家族の一人息子である。物語は一九六〇年代の主人公の幼年時代からスタートする。「オカン」こと母親の栄子（樹木希林）は変わり者でだらしのない「オトン」こと父親の兆治（小林薫）と離別したため、雅也は母親の女手一つで育てられる。雅也は、美術を学ぶための大学進学を機に上京する。生活費は居酒屋などで働く母親の仕送りだけに頼っている。しかし東京の空気に触れた雅也は授業をサボり、遊んでばかりの生活を送る。雅也は学業を怠けたために卒業できずに留年し、さらなる財政の負担を母親にかけてしまう。卒業後、ラジオのＤＪなどで少しずつ収入が入るようになって雅也は自立する。

しかしながら母親がガンになったため、雅也は母親を田舎から呼び寄せ、東京で久しぶりの親子二人の暮らしを始める。母親は、東京の生活にも溶け込んでいくがガンは悪化し、雅也は、母親を東京タワーが間近に見える都内の病院に入院させるが、その後治癒することなく母親は息を引き取る。

原作小説は、ベストセラーとして売れただけではなく、批評面でも評価を得た。文芸評論家の池上冬樹は、この小説を、齋藤茂吉の『赤光』(1913)、井上靖の『わが母の記』(1975)、安岡章太郎の『海辺の光景』(1959)などの「死にいく母を見つめる息子の物語」の系譜と位置付け、それらに比べれば「冗漫で、ねじのゆるい語り」であるものの、「逆にそのゆるさが風通しをよくし、豊かな猥雑さをとりこんで、ユーモアを光らせ、母の死を、恬淡《てんたん》と語りながらも静かに胸にしみいるものにしている」として、「まぎれもない傑作」と評価している(池上 2005)。

作家で評論家の関川夏央は、男性作家による母親への愛情の言葉は、文学上は「言わない約束になっていた」が、「そんな近代文学的『縛り』をあっさり解いた八〇〇枚の長編が広く読まれたのは、野球の投手になぞらえると、けれんのない球筋だからだろう。球速は一二〇キロくらい、ストライクばかりで気持ちよく打ち返せる。そのため、読者と著者との共同作業的快感が生じ、いやみのない読後感が残った」(関川 2006)と評した。

映画化された『東京タワー―オカンとボクと、時々、オトン―』も批評面では同様に高評価を得たが、評価のされ方は原作小説とはやや異なる。映画『東京タワー―オカンとボクと、時々、オトン―』の批評で共通して見られるのは、映画の中の物語を「われわれ自身の物語」(斎藤 2007:41)、「これは私の子供時代を描いている」(石飛 2007:42)などとして、映画の主人公の出来事を「自分のこと」として受け止めながら批評が行われていることである。

そのため観客の反応も、とりわけ男性観客の感情を激しく揺さぶったとされる。『読売新聞』記者の津久井美奈は、「試写室で多くの男性が嗚咽《おえつ》していた。心を揺さぶられたのは、マザコンや郷愁に浸りがちな中年男性だけではないだろう。誰もが自身の物語を重ねて親不孝を悔いていたに違いない」（『読売新聞』二〇〇七年四月一三日）と述べている。

さらに映画評論家の佐藤忠男が、この映画を「母への罪の意識の極致を描いた」と評し、演出家で作家の久世光彦が「ひらがなで書かれた聖書」と絶賛したことにも見られるように、その物語の経験的かつ教訓的な「普遍性」が高い評価と支持の理由となっている。

## 『東京タワー――オカンとボクと、時々、オトン――』考察のポイント

本章での映画『東京タワー――オカンとボクと、時々、オトン――』の分析のポイントは、一つには、なぜこの映画が「ひらがなで書かれた聖書」と評されるほど、「国民の物語」「普遍的な自己の物語」として理解されるのかをナラティブの構造や「昭和ノスタルジア」との関連から考察することである。加えて、映画『ALWAYS 三丁目の夕日』シリーズと同様に東京タワーが繰り返し表象されるが、そのありようとナラティブの敵対性の位置づけ、そしてそれらが『ALWAYS 三丁目の夕日』シリーズとの間にいかなる異同が見られるかを注意深く検証する。

また、『ALWAYS 三丁目の夕日』シリーズ三作が一九五八年（昭和三三年）から一九六四

■4-11　映画『東京タワー――オカンとボクと，時々，オトン――』（松岡錠司監督・松竹・2007年）のDVDパッケージ（発売・販売元：バップ）

年（昭和三九年）までという昭和三〇年代の限られた時間を舞台設定にしているのに対し、『東京タワー――オカンとボクと、時々、オトン――』は、イメージとして現れる東京タワー建設中の一九五八年（昭和三三年）頃、主人公の幼少期の一九六〇年代から上京後の一九八〇年代までの長い時間軸を扱っている。そのことは東京タワーも長い時間軸でナラティブの中に組み込まれることを意味するが、その際タワーの表象のありようがいかなる変容を遂げるのかも考察の対象になるだろう。

## 「東京の中心に。日本の中心に」突き刺さる東京タワー

まず重要なことは、映画『東京タワー――オカンとボクと、時々、オトン――』は『ALWAYS 三丁目の夕日』シリーズ同様に未完性をめぐる物語を造型していることと、『ALWAYS 三丁目の夕日』シリーズ以上に東京タワーをシンボリックな舞台装置として流用していることである。『ALWAYS 三丁目の夕日』第一作目では、前に述べたように、映画の冒頭から、集団就職で東北から上京したばかりの六子が建設中の東京タワーを仰ぎ見るシーンがあるが、『東京タワー――オカンとボクと、時々、オトン――』も映画の冒頭から建設中の東京タワーが登場させられ、そこではより一層、明確なメタファーが付与されている。

この映画の冒頭では、建設中の東京タワーをバックにして、主人公雅也の父親・兆治が若かりし頃にギターを手に微笑んでいる白黒写真が紹介されることから映画が始まる。カメラは、写真の中の東京タワーにズームインし、その後、現代の夜の東京タワーのロングショットやアップショット、さらには再び建設中の白黒のタワーの映像などが音楽と共に次々と映し出されながら、主人公の「ボク」こと雅也を演じるオダギリジョーによって以下のような長いモノローグが語られる。

これが僕のオトン。写真の中の何となく不気味な青年と同じ人だ。その後ろに映りこんでいる、オトンのファッションと同じくらい中途半端な出来の東京タワーは、昭和三三年、三三三メートルの高さで完成する。それから数十年後の現在でも、それがまるで独楽の芯のように、どっしりとど真ん中に突き刺さっている。
東京の中心に。日本の中心に。

映画の中では、この写真や、この写真が撮られた時期の兆治の生活は語られないが、息子の雅也が一九六〇年代の前半に生まれたことを考え合わせると、タワーが建設中のこの写真は、兆治が結婚前の独身時代に撮影されたことが推察される。

リリー・フランキーの原作小説には周辺事情についてもう少し詳しい説明があり、それによると、兆治は北九州の小倉生まれで地元の高校に通っていたが、素行が悪く二年の時に父の意向で東京の高校に編入する。その後、系列の大学へエスカレーターで進学するが、授業をさぼり続けて中退。デザイン専門学校に入学するがそれもすぐに中退。「様々な学校をやめ続けたオトンは晴れて、ただの無職になり、酔っ払ったり、かっぱらったり、性病もらったりを繰り返し」(リリー 2005:13)、その後放浪するが、父の訃報で、九州に「強制送還」されることになった。兆治はその後も退職を繰り返し、地元で小さな広告代理店に勤めていた頃に、二七歳で栄子と結婚し、雅也を生む。しかし酒乱のため、酒に酔っては至る所で暴れるなどトラブル続きで、雅也が四歳になる頃に母は雅也を連れて家を出て行ったと書かれている。

若かりし頃の兆治が田舎を離れて上京した頃、期待に胸を弾ませていたことを暗示する舞台装置として、この写真が映画の中で使われているのは明白である。この写真が当時の青春期の夢の記号として存在していることから、映画『ＡＬＷＡＹＳ 三丁目の夕日』の冒頭の集団就職者の六子が東京タワーを見上げるシーンとの相同性を認めることは容易であろう。

しかしながら一方で、先述した原作小説の説明の省略が行われているためやや不明確ではあるものの、映画の進行と共に、兆治が夢の成就どころか人生において何ら生産的なことを行わない、一家のいわばお荷物であることが明らかになっていく。この兆治の写真は、その後も映画の中で用いられるが、この映画は、実際には「テレビ電波のための電波塔」に過ぎなかった建設中の東京タワーに、青春期に共通する夢と野心についての象徴的な意味を持たせると同時に、それらがしばしば時の経過と共に打ち砕かれる残酷さのメタファーとしての機能をも与えているのである。

## 原作者リリー・フランキーによる「想像上の」東京タワー

原作者のリリー・フランキーは、子どもの頃は九州で暮らしていたため、実際の東京タワーは見たことが無いものの、「小さい頃から東京タワーの絵ばかり描いていた」（『朝日新聞』二〇〇八年一二月二四日）と述べていることから、タワーへの執着が幼少期からあったと思われる。リリー本人による原作小説も、冒頭から東京タワーへの言及から始まる。書き出しの最初の三行は、「それはまるで、独楽の芯のようにきっちりと、ど真ん中に突き刺さっている。東京の中心に。日本の中心に。ボクらの憧れの中心に。きれいに遠心力が伝わるよう、測った場所から伸びている」とあり、それとは触れないまでも明らかに東京タワーを指示する記述から小説が始められている。

注目すべきことは、一九六三年（昭和三八年）に北九州市小倉で生まれたリリー・フランキー本人が、「建設中」を知っていた父親にとっての東京タワーと、「完成後」しか知らない自分にとってのタワーのイメージには「大差がある」ことをインタビューで述べていることである。リリーは、「東京タワーが建設中だった頃、おやじは東京に住んでいた。組み上がっていく様子を、何かが始まっているな、と眺めていたのだと思う。組み上がっているところから見ている人と、僕みたいに完全に出来上がった後に見ている人とでは、東京タワーに抱く思いにも大差があるだろう。僕にとっては憧れだった」（リリー 2008 : 205）と語っている。

リリーの言葉は、二つのことを物語る。一つは、原作者自身が建設中のタワーと完成後のタワーのイメージには大きな差異があると考えていること。二つ目は、とはいえリリー自身は建設中のタワーを知らず、あくまでも想像上のイメージとして建設中の東京タワーが捉えられており、それは「組み上がっている様子を、何かが始まっている」ものとして「想像」されていることである。父親の姿を通して、建設中のタワーが、「上京した青年の希望の象徴」であったろうと「想像」されているのである。

繰り返し述べるように、建設中の東京タワーは、実際は「テレビ電波のための電波塔」で、時に「障害物」としても見られたのだが、建設から半世紀近く後に、ベストセラー小説の作家の手によって、それとはいささか異なる「想像上」の「青春期の希望」イメージが造型され、舞台装置としてナラティブに組み込まれるのは、そうした事情のためなのである。

### 強調される悲劇性

結論を先取りするならば、『東京タワー――オカンとボクと、時々、オトン――』でも、建設中の東京タワーに未完イメージが付与されている。しかしながら、以下に見るようにそのナラティブは、「完成形」の敵対性としての「未完性」のヘゲモニーが構築されると共に、その「未完性」には悲劇的な性格がより強調されている。

東京タワーをめぐる未完イメージは、父から息子に残酷な形で継承される。息子雅也は母親に、東京タワーに一緒に上る約束を果たしたにも拘わらず、タワーに上ることなく母は亡くなってしまうのである。

雅也は、美大を卒業後、ラジオのDJなどで少しずつ自立して生活を営めるようになっていくのだが、母親の栄子がガンに罹ったため東京で看病できるよう栄子を呼び寄せる。車窓から見える東京タワーを眺めながら、自分が東京に住んでいながらこれまで一度も東京タワーには上ったことがないことを明かすと共に、そのうち一緒に上ろうと雅也は栄子に約束する。最初雅也は、自宅で栄子を看病するが、病状が悪化したため、東京タワーに程近い、病室からタワーが見える病院に栄子を入院させる。

病室の窓から見える東京タワーは、映画の中で繰り返し映し出されることになる。図（4-12）のシーンは、雅也と栄子が夜の病室から東京タワーを見つめているシーンである。この時、雅也の声のヴォイス・オーヴァーによって、「こうして東京タワーのふもとの病院。これがオカンの終の棲家になったのです」と語られ、栄子が東京タワーが至近距離のこの病室でやがて亡くなることが示される。

ほどなくして栄子は亡くなるため、栄子のタワー訪問が叶わぬだけでなく、雅也にとっても母親との約束を果たせぬまま母を喪失することになる。皮肉なことに、東京タワーは至近距離にありながら、親と子が揃って東京タワーの展望デッキに上る機会は永遠に奪われるのである。映画『ALWAYS続・三丁目の夕日』では、正編からの「遅延戦略」のナラティブが持続するも、映画のエンディングで

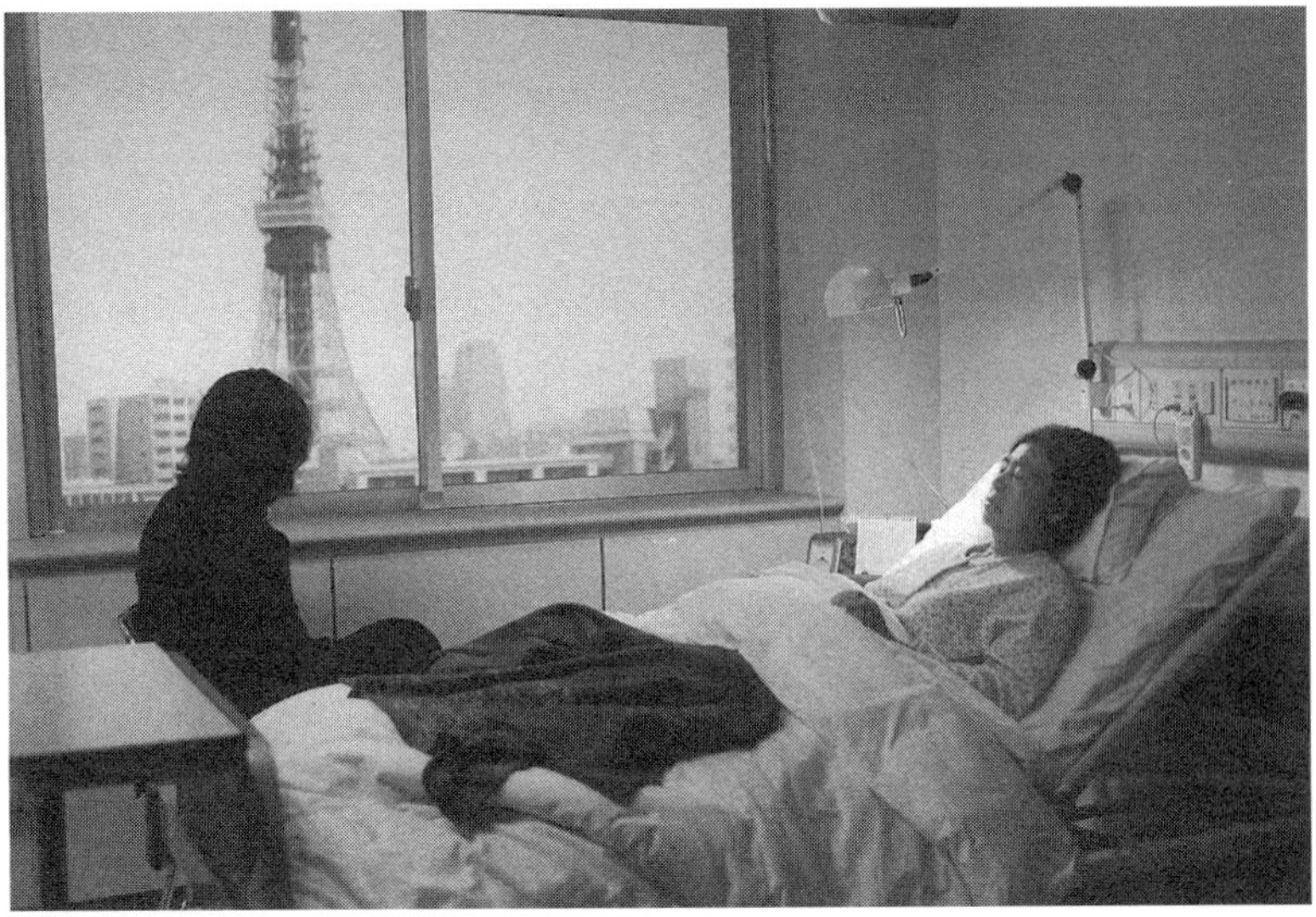

■4-12　映画『東京タワー—オカンとボクと，時々，オトン—』（松岡錠司監督・松竹・2007年）のシーン（映画パンフレットより）

鈴木一平とその両親はタワーの展望デッキへの訪問をかろうじて許されるが、映画『東京タワー—オカンとボクと、時々、オトン—』では、未完のままその可能性が閉ざされるのだ。

映画『ALWAYS 三丁目の夕日』の正編と続編では、未完性が支配的なヘゲモニーが構築されてはいたが、代わりにオルタナティブな「完成形」（茶川による淳之介の奪還、ヒロミと結ばれること）が付与されることで、ナラティブ上のバランスが巧妙に図られていた。

しかしながら、映画『東京タワー—オカンとボクと、時々、オトン—』では、「未完性」がナラティブを支配するのみで、可視化できるような代替的な完成なり達成が与えられるわけではない。この映画では、「完成形」が決定的なまでに「外部化」されるのである。

**「ひらがなで書かれた聖書」**

母親の体を次第にガンが蝕み、やがて息子が看取るまでを描いた物語の内容、および暗い画面では重苦しさが全体を支配している。にもかかわらず、前述したように、この映画と原作小説は、「国民的」と言っても差し支えない人気を博した。原作小説は、二〇〇万部を超える大ベストセラーになり、二〇〇六年の第三回「本屋大賞」で二位以下を大きく引き離す得票数でこの年の大賞に選出されている。映画が二〇〇八年の第三一回日本アカデミー賞を独占したことも前述したとおりである。

他に二〇〇六年と二〇〇七年に、それぞれ単発と連続ものの二度のテレビドラマ化（共にフジテレビ）、さらに二〇〇七年には萩原聖人と加賀まり子主演で舞台化までされている。これらのことをどう考えればよいのだろうか。原作者のリリー・フランキー自身は、原作者としてこの映画の出来に満足しているとした上で、「これは全ての人に共通する物語だと思っています。僕の本を読まれた方とお話ししてみても、ほとんどの方が自分の家族のことにフィードバックして考えている」（リリー 2007：22）と述べている。演出家で作家の久世光彦はこの小説を読んで感動し、小説を原作にした単発物のテレビドラマの演出を務めることになったが、その久世は、「泣いてしまった。これはひらがなで書かれた聖書である」とまで述べている[19]。

原作者リリー・フランキーや久世光彦の言葉から読み取れるのは、『東京タワー──オカンとボクと、時々、オトン──』が絶大な支持を集めたのは、この物語の編制のありようが、ある特殊な個別的な出来事ではなく、多くの日本人がそのライフコースで経験することと密接な関係があることである。雅也は母を失うが、死後、母の位牌と共に東京タワーの展望デッキに訪れる[20]。大切だった身近な人が亡くなった後、その位牌と共に登場人物が移動を行い、どこか別の場所を訪問するのは、日本の映画やドラマの歴史で数限りなく反復されてきた系譜上にある表象であり、そこでは「喪」の行為が本来備えている悲劇性と儀式性が高められる。

リリーが原作小説を書いたのは、実母の死後の五年後であるが、それは「書かないと葬式が終わらない気がして」（『朝日新聞』二〇〇六年四月七日）と述懐していることからも、書く行為がまさしく「喪」の作業であったことが窺われる。

**「喪」と集合的意識**

ここで重要なことは、「喪」と「集合的意識」には密接な関係があることである。アメリカの比較文学者スヴェトラーナ・ボイムは、「内省的ノスタルジア（reflective nostalgia）」の概念を導入し、記憶の集合的フレームワークは、「喪」によって呼び起こされると述べている。

人はコミュニテイから離れたとき、あるいはコミュニティそのものが黄昏時に入った時に記憶の集合的フレームワークに自覚的になる。［そして］記憶の集合的フレームワークは、喪によって再発見されるのだ。フロイトは、喪とメランコリアを区別した。喪は愛する人の死や、故郷、自由、あるいは理想のような何か抽象的なものの喪失に関係する。喪は、「悲嘆の作業」のために必要とされる時間の経過と共に過ぎてゆく。たとえ「その命令が一度は守られなくても」、喪においては、「現実への服従が日に日にまさってゆく」。メランコリアでは、喪失は明確には定義されず、もっと無意識なものである。（中略）内省的ノスタルジアは、喪とメランコリアの両方の要素を持っている。喪失したものは決して完全には思い出されないが、しかしながらそれは記憶の集合的フレームワークと関係がある。内省的ノスタルジアは、苦悩を熟考することを通して、そして未来を指示する行為を通して悲嘆の作業を行う深い喪の形態なのである（Boym 2001 : 54–55）。

ここでとりわけ重要なことは、コミュニティが黄昏時に入った時に、人々は記憶の集合的フレームワークに自覚的になる、とボイムが述べていることである。同様にアメリカのドイツ文学者リリアン・ワイスバーグも、集合的記憶は、「しばしば服喪の形態になり、逆説的な喪失のサインとなる」（Weissberg 1999 : 22）と述べている。

二一世紀初頭のポピュラーカルチャー作品が、半世紀近く前に建てられた高度経済成長期初期のシンボルである東京タワーに囚われ、それに未完イメージを節合し、さらに喪を節合することで呼び起こされることが期待される集合的フレームワークとは何かと問うならば、その時点から現在に至るまでのナショナルな現代史と記憶に思いを馳せざるを得ない。

東京タワーが建設された頃からの高度経済成長を通じての経済的繁栄を享受した後に、一九九〇年代初頭のバブル経済の崩壊、それに続く「失われた一〇年」もしくは「二〇年」と評される長期的な不況に悩まされてきた日本に生きる人々の事情を考慮するならば、『東京タワー――オカンとボクと、時々、オトン――』が、肉親の死の一点へと収斂していく救いがたく「暗い」ナラティブでありながらも国民的な人気を博したことの一つの説明を与えてくれはしよう。

亡き母の「喪」の儀式を目撃することで、誰もがライフコースにおいて経験するであろう典型とも言うべく悲嘆と内省のドラマに立ち会うだけでは、物語は「ひらがなで書かれた聖書」足りえないだろう。この物語は、父、母そして息子までが、戦後発展のシンボルである東京タワーが至近距離にありながら「不可触」であることの悲劇性が、オーディエンスに、「光」と「影」が混然一体となったナショナルな次元で経験的に堆積されてきた近過去の記憶を呼び起こし、悲嘆の作業へと誘うのである。

その際、たとえ膨大な記憶の中身の「良し悪し」の振幅がいかに大きいものであれ、あるいはむしろそうであるがゆえに共同体の「喪」の作業を通して共有させられ、確認させられ、受け入れられていく。むろん、実際のオーディエンスの反応は一様ではなく多様であろうが、少なくとも映画はそのための儀式的な空間を用意するがゆえに「ひらがなで書かれた聖書」の資格を獲得したのである。東京タワーは、「未完性」と「完成形」の間の、静謐だが劇的な敵対性のドラマを、ナショナルな次元での集合的心性の神話的記憶ナラティブに結晶化するためのシンボリックな舞台装置として流用されているのである。

では「喪」による未完性がヘゲモニーを構成するこの映画のようなナラティブは、死者への弔いを通して過去をどのようにコメモレイト（commemorate）しうるのだろうか。[21] イスラエルのメディア研究者タマール・カトリエルによれば、過去への「記憶志向」は、「現在の中に過去の無時間的な状態を創造するように仕向けられた儀式的な行為を通して過去を祈りによって呼び起こすことに深く関わる」（Katriel 1999 : 99–100）という。

映画『東京タワー──オカンとボクと、時々、オトン──』において主人公が母の位牌と共に東京タワーを訪れることの儀式性は、映画ナラティブを「無時間的な」（atemporal）な神話レヴェルにまで昇華することを可能にする。換言すれば、映画と原作小説の儀式的な結末は、物語のプロットを「現実」から剝離し、観客や読者に非日常的な、言うなれば「超」時間的体験を与えるのである。そこでは、罪責や悔恨さえもが自らの手を離れ、「超」時間の中で中空化されることによって贖いが担保されるのである。

## 悲劇とモダニティ

注目に値するのは、実のところ二一世紀に入ってからの多くの「昭和ノスタルジア」映画は、過去への憧憬のイメージがちりばめられてはいても、『東京タワー――オカンとボクと、時々、オトン――』同様、悲劇的なナラティブが主流を占めていることである。

大林宣彦監督の『なごり雪』(2002)、塩田明彦監督の『この胸いっぱいの愛を』(2005)、浅田次郎原作で篠原哲雄監督の『地下鉄に乗って』(2006)、佐々部清監督の『カーテンコール』(2005)、塙幸成監督の『初恋』(2006)、永島慎二原作で犬童一心監督の『黄色い涙』(2007)、本田隆一監督の『GSワンダーランド』(2008)をはじめ、悲劇的ナラティブは枚挙に暇がない。むろん、これらはそれぞれ位相の異なる映画群であり、単純に一括りにするのは危険だが、それでもここで重要なことは、悲劇的ナラティブが「昭和ノスタルジア」映画の重要な部分を構成していることである。

イギリスの文学理論家テリー・イーグルトンは、悲劇性それ自体はモダニティの本質に備わる属性であるとしながらも、悲劇的なナラティブはモダニティへのアンチテーゼであり、モダニティの矛盾を反映しているとして以下のように述べている。

> 悲劇に絶対的な価値があるとするならば、その理由はそれが近代的野蛮にたいする反応であったからだといえる。近代にたいする悲劇の不満は、不公正や搾取や軍国主義ではなく、科学、民主主義、自由主義、社会的希望であった。この意味で、悲劇はそれが否定する社会形態と結びついている。(中略)しかし、近代は悲劇からの警告を必要としていなかった。必要としているのは複雑な構造物を単一の勝利主義的原理に、個人の生活を踏みにじるような進歩のグランド・ナラティブに還

元することであった。（中略）［だが］すべてのグランド・ナラティブが、進歩と上昇をつねに目指すと考えるのは過ちである。（中略）近代はそうした物語も語るが、それで物語のレパートリーが尽きるわけではない。進歩の寓話の暗い裏面である袋小路や、自己矛盾や、自己破滅などを語った物語もあるに違いないからだ（イーグルトン 2003＝2004：311-312）。

このように悲劇とモダニティの関係は複雑で両義的ではあるが親和性が高いものである。悲劇はモダニティの属性であると共に、それへの批判力でもあるのだ。悲劇的ナラティブと戦後日本の関係については、戦争レトロ映画（war-retro films）やヤクザ映画などの戦後の映画に顕著であった。これらの映画は主人公に、自己犠牲や過度なマスキュリニティなどに特徴づけられる「悲劇的ヒーロー」の役割を与えることにより、戦争の体験を巧妙に再配置し、戦後の社会矛盾を解決することが目指され、その結果、「悲劇的ヒーロー」のナラティブは、「反復される中で神話的な重要性を獲得した」（Standish 2000：200）。

もし「昭和ノスタルジア」映画を、戦後映画の「悲劇的ヒーロー」の系譜のコンテクストで考えるならば、それらのナラティブの登場人物たちを取り巻く悲劇的要素は、二一世紀初頭の立ち位置から、近過去から現在に至る社会矛盾の解消を図るために持ち込まれたものと見なすこともできなくもない。

大きな物語、進歩、合理的思考、セキュリティなどをモダニティの典型的特徴とすれば、曖昧さ、未完性、儀式的服喪、悲劇などはモダニティへの不満やフリクションでありうるが、だとすれば、「昭和ノスタルジア」の映画表象は果たしてモダニティのいかなる側面に対するフリクションを含意するのだろうか。

## 「構成的外部」としての完成形＝高度経済成長期の「現実」

本章で考察できることは限られている。しかしながら、映画『東京タワー——オカンとボクと、時々、オトン——』の「無時間性」と、映画『ALWAYS 三丁目の夕日』シリーズの「遅延戦術」は、近過去から今に至る「現実」との間で敵対性の関係にあり、それら「遅延戦略」と「無時間性」は、対立する「現実」を遠ざけ、想像上の時間と未来を表象する物語の造型のために持ち込まれたと考えられるだろう。これらの映画では、「遅延戦略」「喪」「悲劇性」などが節合された未完イメージがヘゲモニーのナラティブが構成されることで、それら「未完性」と敵対関係にある「完成形」が「構成的外部」としてナラティブの境界線の外に退けられているのは確かである。ここでのフリクションの対象は、「完成形」＝高度経済成長期そのものとみなすことができるだろう。

前述したように、ボイムによると、コミュニティが「黄昏時に入ると」（Boym 2001：54）人々は、記憶の集合的フレームワークに自覚的になる。また、デイヴィスは、戦争、不況、大災害などの不幸な歴史的イヴェントや突然の社会変化が起きるとそれ以前の社会歴史的連続性を維持しようとするために集合的ノスタルジアが現れると主張している（Davis 1979）。

デイヴィスのような議論は、前章までに紹介した昭和ノスタルジアを取り巻くメディアや知識人の言説と親和性が高いものである。なぜならば、不幸な社会変化が起きたため、それ以前の社会歴史的連続性を維持するために集合的ノスタルジアが現れるとする議論は、「昭和ノスタルジア」が、バブル崩壊、「失われた一〇年」、「二〇年」以前の昭和、とりわけ高度経済成長期の真っただ中にあった昭和三〇年代前後の「古き良き時代」への憧憬であるとの議論と重なり合うからである。

しかしながら、本章の考察で浮かび上がってきたのは、むしろ逆の事情であろう。「昭和ノスタルジア」の大衆メディアの表象は、高度経済成長期前後の時代の「完成形」への憧憬やそれとの何らかの社会的連続性への希求ではなく、むしろそれとの何がしかの不調和、不協和音なのである。これらの映画表象は、たとえ一見すると近過去への単純な憧憬を思わせるステレオタイプな表象と見なされようが、過去の「現実」との摩擦、あるいは幾分の不和を含意していると考えられるのである。

本章の最初に触れたように、『ALWAYS 三丁目の夕日』シリーズは、しばしば「古き良き時代」における「人情」「夢」が巧みに描かれているという語り口によって批評言説で高く評価されてきた。時には、こうしたロジックを一歩進めて、現代を批判するためにこの映画が持ち出されることさえあり、そこでは当時と現代との間で鋭角的な敵対関係が構成されることがある。こうした言説の特徴は、映画とそこで表象される時代が「影」のない世界として語られ、せいぜいのところ、「貧しかった」ことぐらいがネガティブな事情として前置きされる程度で、それ以外は、すべてポジティブな表現＝「光」が並べられる傾向がある。

しかしながら、本章での『ALWAYS 三丁目の夕日』シリーズと『東京タワー──オカンとボクと、時々、オトン──』の分析が示唆するのは、言説空間のヘゲモニーと映画ナラティブのヘゲモニーの少なからぬ差異である。映画が示していたのは、言説空間の中で「光」とされた昭和三〇年代との何らかの不調和である。それゆえに、ナラティブの対象となった当時の「完成形」は、言うなれば外部化されるのである。では果たして「昭和ノスタルジア」の大衆メディア作品は、当時の何に対して不調和を示しているのか。またなぜその必要があるのだろうか。本章の材料からこれ以上推察できることは限られている。

次章では、「昭和ノスタルジア」の映画作品が「未完性」のナラティブを構築する中で、「構成的外部」として脱落していった「完成形」に焦点をあてた作品の表象における敵対性のドラマを考察する。ここでの「完成形」とは、東京タワーの完成以降の高度経済成長の真っただ中の時代である。すなわち次章では、戦後の発展を特徴づける、高度経済成長期前後の技術開発、技術革新を正面から取り上げた作品に焦点をあて、それらの表象のありようを詳細に検証する。

# 第5章　叛逆への憧憬―「技術立国」の神話と構造―
## ―『プロジェクトX―挑戦者たち―』―

### 1. モダニティ、戦後と「技術立国」

テクノロジーが、モダニティの発展と密接な関係があるのは言うまでもなかろう。リオタールが言うように、モダニティとは何よりも科学的思考であり、「知を道具として無批判に受け入れること」（リオタール 1984＝1986：51）である。またデヴィッド・ライアンが言うように、「近代は伝統的な手法すべてを疑問視し、科学、経済成長、民主主義あるいは法にもとづく近代自身の権威を代置した」（Lyon 1994＝1996：46）。モダニティは、科学的思考、テクノロジーに高いプライオリティを置くと同時に、モダニティの発展はテクノロジーがどの程度進歩するかによって測られもする。

日本の戦後復興および経済発展は、何よりも目覚ましい技術革新の蓄積によって築かれてきたのは疑いない。したがって、「昭和ノスタルジア」の大衆メディア・文化作品が、その主要な表象の対象としている高度経済成長期前後の時代の技術革新、技術開発をどのように位置づけ、表象しているかを検証することは重要に思われる。それによって「昭和ノスタルジア」のモダニティとの関係性もより明確になりうるだろう。

本章では、高度経済成長期の技術革新に焦点をあてたＮＨＫのテレビ番組『プロジェクトＸ──挑戦者たち──』の主要な放送を取り上げ、番組の中で、いかなるナラティブが構成されるかを検証すると共に、それが前章で論じた「未完性」がヘゲモニックなナラティブといかなる関係性がみられるかについても考察する。

## 政治ナショナリズムのオルタナティブとしての「技術立国」

テクノロジーとモダニティ、ナショナリズムの密接な関係は、多くの先進国で共通して見られるものだが、とりわけ日本では、テクノロジーは特別に重要な地位を占めてきた。歴史学者テツオ・ナジタは、西洋の産業テクノロジーを最初に取り入れたアジアの国として、日本は「西洋諸国で形成された文化的フレームワークの秩序の外部で国家としての文化アイデンティティを明らかにする」（Najita 1988 : 408）必要があったと述べている。

テクノロジーは、とりわけ第二次世界大戦後の日本で重要な位置を占めてきた。終戦直後、日本の主な敗因は、アメリカの圧倒的な軍事力と技術力に比して、日本のそれはあまりに劣っていたためであるとされた。一九四五年（昭和二〇年）八月一五日の玉音放送後の夕方のラジオ放送で、当時の鈴木貫太郎首相は、戦後の日本再建のためには、「今回の戦争における最大欠陥であった科学技術の振興に努めるの外ない」と述べている。そのため、政治スローガン「科学・技術立国」は戦後復興のキャッチフレーズとなった。

第二次世界大戦後は、戦争への反省から、政治的な次元でのナショナリズムを肯定することはタブー視され、敬遠されたが、代わりに「科学・技術立国」という理念は、戦後復興にとってうってつけでもあったのである（阿部 2001）。政治的に表立ってナショナリズムを標榜できない日本は、戦後、「科学・技術立国」というスローガンを国民に掲げることで、一種のオルタナティブなナショナリズムを進めようとしたと言える。そういう意味で、戦後日本にとってのテクノロジーは、単なる技術領域の問題ではなく、ナショナリズムと政治の問題に密接に関わっていたのである。

アメリカは、日本のナショナリズムの復活を警戒してきたが、冷戦構造が強固になる中で、日本を反共の砦にするという大義名分から、皮肉なことに、日本のテクノロジーの発展はアメリカにも歓迎された。その結果、技術革新は、アメリカに追いつくことが戦後復興の状態を測る際の有効なベンチマークとなり、実際、日本の技術革新は世界的な関心を集めるようにもなった。

一九六〇年代は、松下やソニーのような日本の家電メーカーは、世界の市場に進出することを広告で誇らしげに強調した。その際、日本人独自の個性とされる「器用さ」や「繊細さ」が高度な技術力の製品化に成功していることが強調され、一種の「テクノ・ナショナリズム」が台頭した（吉見 1998）。また、一九八〇年代終わり頃になると、日本の経済力がアメリカを凌ぐと見られることがあるほど強くなったため、日本製の技術製品のクオリティの高さが、日本ではよりナショナリスティックに、そして「攻撃的に」語られるようになっていった（岩渕 2001 : 103）。

このような日本人の「プライド」は、日本人論の書物の増加と時期が重なっている。一九七〇年頃から数多く出版された日本人論に関する本は、無前提の「自民族独自論」が、エリート企業人や識者の手で書かれ、ビジネスマンを中心に愛読された。それらは、書き手も読み手もナショナリズムを自覚していないが、外国、特に西洋との差異を論じて自民族の独自性を強調する点で一種の文化ナショナリズムだとして、吉野耕作は、「文化の差異の言説の送り手、伝え手、受け手のいずれもナショナリストと呼べない状況で、文化ナショナリズムが展開する可能性に注目すべき」（吉野 1997 : 255）だと指摘している。そのような日本人論は、「日本を西洋と差別化する自衛的反応の形態として」（Miyoshi and Harootunian 1988 : 395）アピールした。

スウェーデンの社会人類学者ウルフ・ハナーツは、アメリカは自国文化を普遍的なものと考える傾向があり、フランスは自国文化を「世界への贈り物」であるとしてそれを世界に広めることを使命と考えているが、日本は自国文化の独自性を強調したがり、「誰でも『日本人になれる』」というのは奇妙な考えであると見なし、自国文化を広めるよりは、それを変換できない表現上の特殊性として、国際的な接触の枠組みの中で披露する」（Hannertz 1989 : 67）傾向があると述べている。そのため、日本は、自分たちの開発したテクノロジーを論じる際も、それを自分たちの文化的特質から得られた成果だと主張する傾向がみられるのである（吉見 1998）。

## 「昭和ノスタルジア」と技術革新

ここで重要なのは、二一世紀初頭の「昭和ノスタルジア」のメディア文化作品の表象においても、戦後日本の技術革新が重要なポジションを占めていることである。そのことは終戦直後の「科学・技術立国」のスローガンが、戦後六〇余年を経ても日本人にとって重要な意味を持ち続けていることを意味している。

前章で議論した東京タワーの建設も、技術力によってパリのエッフェル塔を超える高さの巨大建造物が目指された高度経済成長期初期の大プロジェクトであった。二つの雑誌『週刊昭和』と『週刊昭和タイムズ』のいずれもがタワー建設で用いられた高い技術力について詳細な記述を行い、科学者や技術者らがタワー建設のためにいかに独創的な開発を行ったかについて誇らしげに詳述していたのもそのためである。

同じく前章で考察した映画『ALWAYS 三丁目の夕日』シリーズにおいても、テクノロジーにまつわる挿話がサブ・ナラティブとして、重要な役割を果たしていることを見逃してはならないだろう。主人公の一人である鈴木則文は、自動車修理工場「鈴木オート」を経営し、映画の設定の一九五〇年代後半から六〇年代前半ではまだ町工場に過ぎないものの、いずれは自動車メーカーを作り、アジアや世界への進出を夢見ているのは、当時の日本の「科学・技術立国」のイデオロギーの影響下で技術の発展に掛けて「バラ色」の未来を信じて懸命に生きる庶民の、いわば典型として描写されていると見ることができる。

鈴木は、工員募集広告で、修理工場と書かずに自動車会社と書いてしまったために、大きな自動車メーカーであると勘違いして募集に来た一〇代の少女の六子が事実に気づいた後、二人の間で激しい口論になるシーンがある。その際の鈴木の心情吐露は、そうした事情を象徴的に示している。

鈴木則文：まあ、でもお前ががっかりしたのも、分からないではないんだ。
　　俺も募集の時に何て書くか悩んだんだよ。

六子　　：え？

鈴木則文：だけどな、どうしてもただの修理工場って書きたくなかったんだ。書いちゃったらそれで終わりのような気がしてな。自動車はこれからドンドン伸びる産業だ。俺はウチがちゃんとした自動車会社になるのだって夢じゃないと思っている。いや、それどころか、自動車で世界に打って出ることだって出来ると考えているんだ。確かに今はお前の言うように小さい町工場だ。だけどな、戦争も終わったんだ。でっかいビルヂングにだってきっとできる。協力してくれるよな？

一九五〇年代後半は、白黒テレビ、洗濯機、冷蔵庫が電化製品の「三種の神器」として喧伝され、これらを購入することが当時の日本人の憧れであった。吉見俊哉が指摘するように、「三種の神器」は、「個々の家庭が『近代化』された家族としてのアイデンティティを確認していくための記号として作用していくことになった」（吉見 1998：144）のである。

映画『ALWAYS 三丁目の夕日』シリーズでは、そのような一九五〇年代後半の「家庭電化」への渇望と夢が、いささかステレオタイプではあるものの象徴的に描かれている。例えば、一九五八年（昭和三三年）が舞台となる映画第一作目では、まだテレビの一般家庭での普及率が低かったため、鈴木家が白黒テレビを購入した日、自宅にテレビを持たない地域住民数十人が鈴木家に押しかけ、テレビでプロレスを観賞するシーンがある。注目すべきは、原作漫画では鈴木家がテレビを購入する逸話はあるものの、近所の住民が押し寄せることは無いため、映画では「三種の神器」を、当時を表わす記号として前景化するためにあえて脚色を加えたものと思われる。

映画『ALWAYS 三丁目の夕日』シリーズでは、もう一つの「三種の神器」冷蔵庫についてのやや取ってつけたような、しかしながら印象深いシーンも用意されている。一九五〇年代は、まだ冷蔵庫が一般家庭に普及していなかったため、東京や大阪のような都会では氷屋と呼ばれる職業が存在していた。氷屋は注文を受けた後、製氷を荷車に積み、家庭や商店に届けていた。映画『ＡＬＷＡＹＳ 三丁目の夕日』第一作でも、この氷屋が鈴木家に氷を届ける光景が描かれている。ところが、一九五九年（昭和三四年）が舞台となる第二作目の『ＡＬＷＡＹＳ 続・三丁目の夕日』では、鈴木家が待望の冷蔵庫を購入するシーンが用意されている。冷蔵庫が到着した日、家族は喜んで迎えるが、その一方で仕事を失った氷屋が寂しく町を去っていく姿までもがわざわざ描かれるのである。

## 二〇世紀のテレビに映し出された技術革新―ＮＨＫ『電子立国 日本の自叙伝』―

戦後の技術革新を同時代に最も正面から取り上げてきたのは、映画よりテレビ番組であった。二〇世紀に、同時代としての技術革新を取り上げた代表的な番組として、ＮＨＫの『電子立国 日本の自叙伝』が挙げられる。

『電子立国 日本の自叙伝』は、日米の半導体開発の歴史を追った内容で、ＮＨＫスペシャルの番組枠で一九九一年一月から九月にかけて計六回にわたって放送された大型特別番組である。番組内容は、トランジスター、ＩＣ（集積回路）、ＬＳＩの開発から、電卓市場のシェア争い、世界で初めての一チップの開発など、戦後初期から一九八〇年代末まで時代を追って、主に日本とアメリカの企業、技術者がいかに激しい競争を繰り返しながら新技術を開発するに至ったかを、関係者へのインタビューや秘話の紹介などを織り込みながら明かしたものである。番組は、日本はアメリカのテクノロジーを模倣して成り上がったと海外から揶揄されることがしばしばあることに対して、模倣だけではなく、日本人の「能力」と「努力」の賜物であることを強く主張している点で、いささかナショナリスティックな内容を含んでもいた。

しかしそれは、おそらく当時の世相を反映していたことは間違いない。一九八〇年代後半、日本は積極的な輸出に加えて、アメリカへの投資を増大させ、ソニーのコロンビア映画買収や三菱地所のロックフェラー・センター買収などで、いわゆる「アメリカ買い」を盛んに行い、アメリカ人の「プライド」をいたく傷つけた。アメリカ側は「リビジョニスト」と呼ばれる日本への批判的知識人が多数現れて「日本たたき」という形で逆襲するのだが、日本でも石原慎太郎と盛田昭夫による著書『「NO」といえる日本—新日米関係の方策—』(1989)に代表されるような対米強硬派が台頭し、「離米ナショナリズム」(鈴木 2003:54–60)が顕在化することになったのである。

『電子立国 日本の自叙伝』は、そのような当時の日本の状況を色濃く反映していた。番組形式においても、司会進行の三宅民夫アナウンサーに加えて、番組を担当した相田洋ディレクター自らもスタジオに出演し、二人が掛け合いながら軽妙かつざっくばらんに話を展開するという、今では中々考えにくいユニークなものであったが、こうした番組形式が許容されたのも、当時の日本人の間で共有されたナショナリスティックな「自信」が背後にあったからであろう。実際この番組は、高柳記念科学放送賞、国際科学技術映像祭銀賞、芸術選奨文部大臣賞を受賞するなど高い評価を得て、当時のNHKを代表する番組となった。

しかしながら、社会学者の阿部潔は、この番組では、戦後日本の技術発展において国家が果たした役割が前景化されず、番組の中では、技術開発に取り組んだ民間企業が「成功物語」の主役として脚光を浴び、国でなく、民間企業の功績が繰り返し強調されるのはやや事実と異なるとして批判している(阿部 2001 : 117–120)。確かに戦後日本の技術開発は、特に重要度の高いものは官と民の協力によって達成されてきたことは無視できないものであり（山田 2001）、実際に一九六〇年代から七〇年代にかけての大衆メディア作品では、まだ官と民の連携がきっちりと表象されてもいた。

例えば一九七〇年（昭和四五年）の、石原裕次郎主演、村野鐵太郎監督による東宝の大作映画『富士山頂』はその良い例である。この映画は、富士山頂の測候所に、台風の事前予知のための観測レーダーを建設する実話に基づいた新田次郎原作の小説の映画化であった。一九一二年生まれの新田次郎は、作家になる以前、戦前から中央気象台（その後の気象庁）に勤務し、富士山観測所での勤務経験もあった。

小説では新田自身がモデルの気象庁課長が主人公であるが、映画は富士山レーダーを納入した三菱電機の協力で製作されたためか、映画の主人公は三菱電機社員に変更され、石原裕次郎が演じている。また、原作では登場する企業名はすべて架空のものであったが、映画化に際しては実際の社名（三菱電機）が使われるなど、このプロジェクトが官と民の協力のものでありながら、民間企業の役割がやや前景化しているのは否めない。

しかしながら、芦田伸介演じる気象庁の葛木課長は、様々な政治的圧力の中、プロジェクトを成功に導くために、強い責任感で官と民の間を調整する高潔な人物として描かれるなど、官主導のプロジェクトとしての基本的な位置づけが映画ではなされていた。

ところが、映画『富士山頂』から二〇年後のNHK番組『電子立国 日本の自叙伝』における官と民の位置づけは、大きく異なっている。この番組が取り上げている戦後の半導体開発の歴史は、官民の協調的な関係の成果であるにも拘わらず、国家による技術政策の意義が軽視され、民間企業の役割ばかりが強調されるのである。戦後日本の未曾有の技術発展が官僚によるお上からの政策的な要請ではなく、民間レベルの力によって達成されたとするメディアのナラティブは、「放送当時の視聴者＝『日本人』の多くにとって、受け入れられやすい／望ましい物語だったことは想像にかたくない」（阿部 2001：121）。そのため、このテレビ番組では、官と民の敵対性が配置され、民がヘゲモニーを構成するが、その一方で官がいわば「構成的外部」として後景化されるのである。

しかしながら、戦後の技術発展は、通産省などが主導した産業育成策によるところも大きい。例えば一九五六年（昭和三一年）に成立した機械工業振興臨時措置法は、基幹産業としての機械工業の振興を図ることを目的として、金属工作機械、自動車部品、銑鉄鋳物など計四五種について、通産大臣が合理化カルテルを業界に指示できることを定め、日本開発銀行が合理化設備基金を特利で融資する支援制度であった。当初は五年間の時限立法であったが、一九六一年（昭和三六年）、一九六六年（昭和四一年）にそれぞれ五年間延長され、結果的には高度経済成長期の全てをカバーすることになった。

確かに、『電子立国 日本の自叙伝』が題材とする半導体開発に関して言うならば、一九八〇年代以降は、日本のメーカーが国際競争力をつけたため、政府助成金の重要性が低下し、旧来の国家プロジェクトに比して民間主導性が高まったのは確かである（山田 2001）。

とはいえ、戦後の長い間、国家と地方行政による様々な政策の後押し（研究に対する税金優遇措置、共同研究機関の設置など）を背景にした、官民の協調的な関係が技術発展を飛躍的に高めたことは疑いない（Morris-Suzuki 1994）。通産省は、一九六一年（昭和三六年）に、国策としてコンピューター開発の一元化をもくろんで、コンピューター・レンタル会社の日本電子計算機株式会社を設立し、翌一九六二年（昭和三七年）には、大型コンピューターを官民で開発するために電子計算機技術研究組合を結成し、アメリカなどの外国企業の日本進出に、官主導で対抗しようとしたのである。

そのため、『電子立国 日本の自叙伝』のような民間企業だけによる戦後の「成功物語」という図式は、実情とはいささか異なる「幻想」とも言えるものかもしれない。しかし、そうであるからこそ、この番組は高い人気と評価を獲得したとも考えられる。

## 二一世紀初頭の「国民的番組」――NHK『プロジェクトX―挑戦者たち―』――

『電子立国 日本の自叙伝』から約一〇年後に放送された、二一世紀初頭の「昭和ノスタルジア」を代表するテレビ番組の一つ、NHK『プロジェクトX―挑戦者たち―』の場合も、戦後日本のテクノロジーの卓越性が強調されると共に、技術革新の達成においては国家ではなく、民間企業の役割が強調される。そういう意味では、二〇世紀の番組『電子立国 日本の自叙伝』と大差が無いようであるが、実は見過ごせない相違点がある。

それは、『プロジェクトX―挑戦者たち―』の場合は、技術開発は、単に民間企業の力というより、民間企業内の技術者や関係者の「個人」の力によるものであることが強調されることである。つまり、組織としての民間企業でなく、「個人」による努力と力量によって様々な障害が乗り越えられて革新的な新技術が開発されるとするナラティブが構成されるのである。

さらに、後で詳しく議論するように、その個人が、時として日本型会社組織に適合した模範的なエリート技術者ではなく、アウトロー的な技術者や窓際族として描かれ、そのような「周縁的」とされてきたようなアウトローが戦後日本を建設したという物語が支配的なのである。この番組は、いわば「正史」としての戦後発展の理解についての一種の修正的な歴史ナラティブ＝「外史」の性格を備えている。

二一世紀初頭の戦後の技術開発をめぐる公共放送の表象は、一九九〇年代前半を代表する番組『電子立国日本の自叙伝』から一〇年ほどの時しか経ていないにも拘わらず、相当なまでに変化したのである。

『プロジェクトX—挑戦者たち—』は、二〇〇〇年三月から二〇〇五年一二月までの間に、計一八七本がNHK総合テレビで放送された。この番組は、大半が戦後の日本の様々な技術開発プロジェクトや製品開発などにおいて直面した課題や難題を当事者がどのように克服し、成功に導いたかについてのいわば「サクセスストーリー」についてのドキュメントであった。

放送時間は毎週火曜日の夜九時一五分で、民放がドラマやバラエティなどの娯楽番組で占める、いわゆる「ゴールデンタイム」の時間帯に、戦後の技術開発の秘話を無名の技術者らが毎回スタジオに出演して語るという「地味な」内容が放送されたのは、極めて異例のことである。

しかしながら『プロジェクトX—挑戦者たち—』は高視聴率を稼ぎ、数ある「昭和ノスタルジア」のメディア文化作品の中でも代表的なものの一つと見なされている（保坂・松本 2003）。この番組は当初は、高度経済成長期を実際に経験した中高年が視聴者層のターゲットではあったが（枝川 2001）、日本PTA全国協議会による「一番子供に見せたい番組アンケート」では四年連続で一位を獲得するなど、中高年に限らず、あらゆる世代の国民に高く支持された。また、『プロジェクトX—挑戦者たち—』の場合、放送によっては数千本もの感動を伝える電話がNHKの視聴者センターにかかってきたり、視聴者によるアンコール放送希望の最も多いNHKの番組の一つになったことから、この番組に対する反響は「異常なくらいに大きい」（枝川 2001：91）ものだったと言えよう。

そのためこの番組は、単に「昭和ノスタルジア」関連のメディア作品のみならず、二一世紀初頭の日本の公共放送を代表するテレビ番組の一つと言っても差し支えないだろう。

## 知識人の間の賛否

知識人の間でも、この番組を「優良な」番組として国民に推奨する声があった[22]。日本の惑星科学の第一人者である松井孝典は、自分も番組のファンであるとして、「この番組に出ているのは、組織に埋もれていた人たちです。特に技術者たちは、まじめにこつこつと与えられた仕事をやってきた。会社の利益率とか、リストラとかではなく、物作りで世の中に貢献する人もいるんだという信念が番組作りにあって、そこが新しい発想だった[23]」と述べている。

精神科医の小田晋は、「今の若者は、まじめに働くことの美徳を軽視しているが、この番組を見れば、名誉や金銭にめぐまれなくとも、まじめに働いた人たちがこんなにいい顔をしている、いい声でしゃべるんだと感動する。学校の教材にすべきだと思いますね[24]」と誉めあげている。

しかし同時にこの番組は、知識人からの批判の対象にもなった。一つには、誇張される演出への批判である（眞木・田原 2002 他）。メディア学者の稲増龍夫は、「番組の良さでもあるのだが、過剰な演出が目につく。ちょっとしたビジネスチャンスを生かしただけなのに、音楽やナレーションで必要以上にドラマティックにしている[25]」と指摘する。

もう一つの批判は、パターン化された構成に対する批判である（眞木・田原 2002 他）。ノンフィクション作家で評論家の石川好は、「私もついひきこまれてしまう。だけど、ちょっと泣かせようとしすぎで、最近、食傷気味だ。栗良平の『一杯のかけそば』じゃないけど、必ずお涙頂戴のシーンが用意されている。『遠山の金さん』や『水戸黄門』と同じで、決まったパターンになっていて、視聴者もそれを毎回期待して見るようになっているのでは[26]」と述べている。

石川は、『プロジェクトX―挑戦者たち―』が『遠山の金さん』や『水戸黄門』と同じように「決まった「パターン」であることに批判的だが、しかしながら小田桐誠が言うように、時代劇はマンネリ、ワンパターンであるがゆえに、オーディエンスは「慣れ親しんだ日常の継続に安定を見出す」（小田桐 2009：44）ことができる点も見逃せないだろう。イギリスの社会心理学者マイケル・ビリッグは、メディア表象が紋切り型であればあるほど、人気を集めやすいこともあると指摘している。なぜならば、「馴染み深い特徴が、共通に理解された『われわれ』の感覚を表現するために活用され、馴染み深いがゆえに、その表象は繰り返され、非想像の想像的なものと関係する」（Billig 1995：102）からである。

## 「トーキング＝ヘッド型」と「編集型」ドキュメンタリーの混淆

ここで留意しておかなければならないのは、ＮＨＫ番組『プロジェクトＸ―挑戦者たち―』が時代劇はむろんのこと、他の一般の映画、ドラマと異なっているのは、それがフィクションではなくドキュメンタリーの一種である点である。

ドキュメンタリーにも様々なジャンルがあるが、『プロジェクトＸ―挑戦者たち―』は、アーカイブスの資料映像などからの映像を構成した「編集型（compilation style）」のドキュメンタリー番組と、実際の出来事についての関係者のインタビューや証言から構成される「トーキング＝ヘッド（talking head）型」番組を組み合わせたタイプの番組と考えることができる。

アメリカのドキュメンタリー映画理論家の第一人者ビル・ニコルズが言うように、フィクションとドキュメンタリー番組の間の明確な境界線を設けるのは難しいが（Nichols 1991：6）、とはいえ二つの間には少なくとも基本的な隔たりがあるのも確かである。映画理論家のデヴィッド・ボードウェルとクリスティーン・トンプソンによれば、「一般的に、ドキュメンタリー映画作家は、準備、撮影、構成などの特定の変数しか調整を行わない。すなわちいくつかの変数（例えばスクリプト、リハーサル）は調整から除外される。他のもの（セッティング、ライティング、人物の姿勢）は提示されるが、多くの場合調整されることはない」（Bordwell & Thompson 1990 : 23）。

しかしながら『プロジェクトX―挑戦者たち―』では、「神の声」のナレーターによるヴォイス・オーヴァーのコメンタリーに依存する解説的なモード（expository mode）を採用する「編集型（compilation style）」ドキュメンタリー番組の特徴を強く備えているため、スクリプトが重要な役割を果たしていることを見過ごしてはならないだろう。そのため、この番組は、「コメンテーターの議論のレトリックがテキストで支配的な役割を果たし、それが説得力ある理由でテキストを展開する」（Nichols 1991 : 35）という「編集型（compilation style）」のドキュメンタリーの典型とも言えるものになっている。

また、ドキュンタリー番組では一般的に、インタビューは番組の議論の骨格の中では補助的である傾向が強いが（Nichols 1991 : 37）、『プロジェクトX―挑戦者たち―』もストーリーを補強するために、編集で抜粋された関係者のインタビューをストーリーに沿って満載している。このことはこの番組では事前に作られたスクリプトが番組制作上、中心的な役割を果たしていることを逆に裏付けてもいる。

ドキュメンタリーは架空の人物よりも、実在の社会的人物に関心を示し、物語を描くよりも、議論を提示することに関心を示す傾向がある（Nichols 1991 : 5）。しかし、同時にレトリックは、「不利な、あるいは魅力に乏しい事実の提示がたとえ情報に基づく判断に必要であったとしても、それを述べたり、評価したりせず、説得力ある事例を作ることに貢献できる」（Nichols 1991 : 136）ため、ドキュメンタリーは説得力ある議論を構成することを目的に、レトリックを多用する。

以上のことからドキュメンタリーは、むろんフィクションの作品とはいささか異なるとはいえ、決して「中立的」ではなく、制作者の思想や意図を如実に反映するものとなる。特に『プロジェクトX―挑戦者たち―』のような番組は、「編集型（compilation style）」のドキュメンタリー番組と「トーキング＝ヘッド（talking head）型」番組を組み合わせたタイプの番組スタイルを貫いていると共にレトリックが多用されることから、作り手の意図が容易に反映しやすい内容となるだろう。

## 異例の制作システム

加えて重要なことは、『プロジェクトX―挑戦者たち―』の制作体制は、放送局の番組システムの点では、いささか特異なものである点である。この番組は、公共放送ではやや異例なことではあるが、全放送を通じて統括プロデューサーを務めたNHKチーフ・プロデューサー（当時）今井彰の個人としての意図や哲学が明確に反映されていると考えることができるのである。

なぜならば、『プロジェクトX―挑戦者たち―』は通常の番組にあるような提案会議を持たず、今井本人が全企画にタッチして、ディレクターの提案を「フェース・トウ・フェース」で話して採否を行い、「ディレクターが下原稿書い」た上で、自らナレーションを「頭から書きます」（今井・柳川 2001：312）と語っているからである。

これは、NHKの通常の番組制作の流れとはかなり異なり、現場のディレクターの自発性や裁量の余地が小さく、プロデューサーの権限が異例なほど大きいと言える。[27] そのため、前述したように、『プロジェクトX―挑戦者たち―』がレトリックを多用した「トーキング・ヘッド型」と「編集型」の混淆スタイルであることも併せて考えるならば、この番組では、今井本人の意図や哲学が濃厚に反映されると見てよいであろう。そのため、番組の考察を行う前に、今井本人が何を考え、語っているかを知っておくのは、少なからぬ意味があると思われる。

### 番組プロデューサー今井彰の基本哲学

『プロジェクトX―挑戦者たち―』のナラティブの際立った特徴は、民間であれ官庁であれ組織ではなく、「個人」としての技術者や従業員による技術革新への貢献を際立って強調することである。今井は、この番組があえて個人のキャパシティと功績に焦点をあてて制作したことの理由を、次のように語っている。

この『プロジェクトX―挑戦者たち―』の企画は、私自身がどうしてもやりたい仕事でした。それは、日本が人を大事にしない国になってはいけないという思いからです。
私は、日本の歴史は昭和二〇年から始まったと思っています。科学も技術も文化もほとんど根絶やしになるほどの状況の中から、今の日本を立ち上げ、育ててきたのは、サラリーマンと中小企業と地域の人たちの思いと、その人たちが作った数千、数万のプロジェクトの攻防戦の結果です。決して、政治的なスーパーリーダーが現れて引っ張ってきたわけではなく、地域のリーダーや会社の部署の中のリーダー等、そういう人たちを含めた一般の人たちの戦いの末に、今の日本があるのだと思っています（今井 2002）。

このように、『プロジェクトX―挑戦者たち―』は、そもそも官僚や政治家ではなく、民間の、しかも「一般の人たちの戦い」に焦点をあてることが作り手によって意識的に構想された企画であることが分かろう。大物官僚や企業の社長、芸能人、スポーツ選手などの著名人ではなく、民間企業の無名の社員や技術者に焦点をあててドキュメントを構成しているのは、そうした制作者の基本哲学によることは明白である。この番組は、無名の一般人である技術者やサラリーマンをスタジオにゲストとして出演させる独自の手法を採用したが、こういうことはクイズ番組でもない限りテレビの世界では考えにくかった。しかしこれも、番組のコンセプトを考えれば頷けるだろう。

しかしながら、『プロジェクトX―挑戦者たち―』が取り上げている、主に戦後の民間企業による技術開発プロジェクトの功績を社員や技術者の個人的な力にのみ還元するのは、いささか無理がある。なぜならば、実際は日本の組織内のプロジェクトの多くは、首脳陣の理念や決断なくしては達成されなかったであろうからである。

経営評論家の片山修は、戦後日本の企業プロジェクトの多くは、伝統的に上意下達型（トップダウン型）とされてきた日本の企業が、「個人の自発的な意思や意欲を引き出すシステム」（片山 2001：202）として、あえて首脳陣の経営方針の都合から採用されたものに過ぎないと述べている。だとすれば、そもそもがプロジェクトそのものが企業トップによる巧妙な戦略であるため、もしも個人の力のみに還元して番組がナラティブ化されるとすれば、プロジェクトの背後にある起業家、企業家の経営戦略が見落とされかねないだろう。

さらに、今井は『プロジェクトX―挑戦者たち―』の成功によって各地の講演会に招かれてこの番組を語る際、「日本人ほど大胆で独創的な民族はいない」という主旨のナショナリスティック、というよりむしろエスノセントリックな哲学を繰り返し表明していることを見逃してはならないだろう（今井 2002；2007a；2007b）。例えば今井は次のように述べている。

よく日本人は団体で行動するとか、臆病だとか言われますが、それは誤りであり、日本人ほど大胆な民族はいません。（中略）
標高四〇〇〇メートル近い所にレーダーをつくろうとか、海底二三〇mにトンネルを打ち砕こうとか、海を跨ぐ橋を架けるというような、大胆不敵なことを考えるのは日本人しかいないと思います。技術開発の現場においても、ロータリーエンジンも液晶もそうですが、あれは物真似したものではありません。世界中が投げ捨てた技術を拾い集めて、もう一度ゼロから構築して、日本人が世界の技術に育てたものです。ですから、そういう意味では、日本人の知力、発想の大胆さというのは、堂々と胸を張って自分たちのことを信じて良いと思います（今井 2002）。

このような今井の発言は、一種の文化本質主義と言えるものであり、今井に限らず、石原慎太郎などの右派文化人を中心に日本の一部の知識人にしばしば見られる傾向のものである（盛田・石原 1989; 石原・江藤 1991; 石原 2001; 石原 2004; 石原 2006 他）。

## 「文化性」「国民性」の神話

日本人は一九八〇年代以降、主に「文化性」「国民性」によって日本の技術力が世界一になったと考えることがあるが、しかしながら一方で、それは客観的な裏づけのない一種の過信であり、そのような思い込みはナショナリスティックで危険ですらあるという見方も、当然のことながら存在する（内橋 1992）。一九七九年（昭和五四年）にベストセラーとなった著書『ジャパン・アズ・ナンバーワン―アメリカへの教訓―』で、日本の社会システムの「卓越性」を高く賞賛したアメリカの日本研究者エズラ・ヴォーゲルでさえ、戦後の日本の技術革新は日本人の国民性とされるもの（勤勉さ、忍耐力など）ではなく、日本企業の特異な構造と計画性によってもたらされたとして次のように述べている。

［日本の成功を理解するために］まず私が思い立ったことは、勤勉、忍耐力、克己心、他を思いやる心といった日本人の美徳と考えられる特質を検討してみることだった。しかしながら、日本人の組織、財界、官僚制などへのかかわり方を調べれば調べるほど、日本人の成功はそのような伝統的国民性、昔ながらの美徳によるものではなく、むしろ、日本独特の組織力、政策、計画によって意図的にもたらされたものであると信じざるをえなくなった（ヴォーゲル 1979＝1979：3）。

さらに、英国カルチュラル・スタディーズのポール・デュ・ゲイやスチュアート・ホールらは、ソニーのウオークマンについての歴史文化的分析を行い、戦後日本の工業製品、特にその工業デザインはドイツやアメリカの影響が強いことから、それらを日本人や日本文化の伝統的な特質や精神性と結びつけるのは誤りであり、戦後日本のテクノロジーの目覚ましい革新は、むしろ日本と欧米の文化的な「ハイブリディゼーション」の成果だと考えるべきだと述べている（du Gay et al. 1997：72）。したがって、今井の文化本質主義的な信条はいささか裏付けを欠いていると推察される。

ボードウェルとトンプソンは、もしドキュメンタリー番組の結論が疑いない証拠や論拠を欠くならば、番組の作り手は、「事実に基づく証拠を提示するにとどまらず、しばしば私たちの感情にアピールする」ために、修辞学的な表現を駆使すると述べている（Bordwell and Thompson 2004：141）。したがって、番組『プロジェクトX—挑戦者たち—』は、取り上げる対象の「事実」と、制作者の意図——とりわけ、すべての放送を通して統括プロデューサーを務めた今井彰の意図――の差異を埋めるために必要な修辞学的表象が駆使されていることが予想されるだろう。

本章では、番組『プロジェクトX―挑戦者たち―』が「事実」との差異を埋めるためにいかなる修辞学的表現を用いてナラティヴを構成するか、その際にいかなる要素が節合されて敵対性を形成し、ヘゲモニーが構成されるかを具体的に検証する。そして、それが前章で論じた「未完性」がヘゲモニックなナラティヴといかなる関係があるかについても考える。前章では高度経済成長期前後の時代の「完成形」が外部化させられていたが、その「完成形」を象徴する技術革新をめぐるヘゲモニー構築のありようが本章では焦点となる。

本章では、二〇〇回近い放送回の中で、高度経済成長期前後の技術革新のプロジェクトを正面から取り上げ、なおかつ視聴者から高い支持を得た四回の放送を考察の対象とする。すなわち『東京タワー恋人たちの戦い』(二〇〇〇年九月五日放送)、『首都高速　東京五輪への空中作戦』(二〇〇五年四月五日放送)、『窓際族が世界規格を作った　VHS・執念の逆転劇』(二〇〇〇年四月四日放送)、『世界を驚かせた一台の車　名社長と闘った若手社員たち』(二〇〇〇年四月二五日放送)を取り上げる。

## 2.「世界一」の技術と恋の節合―『東京タワー　恋人たちの戦い』―

### 『東京タワー　恋人たちの戦い』のナラティヴ

まず最初に考察するのは、前章でも議論した東京タワーの建設を取り上げた二〇〇〇年九月五日放送の『東京タワー　恋人たちの戦い』である。番組の冒頭で、司会者の国井雅比古アナウンサーは、「技術が無かった時代に、世界一のものを作ろうというので周りは驚きました」と語っているが、この放送が最初から最後までタワーの建設が「世界最高」「世界一」の技術を必要としたことが強調されている点では、前章で論じた雑誌『週刊昭和』『週刊昭和タイムズ』などを思い出させよう。

東京タワーの建設は、前章でも触れたように厳密に言えば民間のプロジェクトであるが、元々は郵政省などが鉄塔の乱立を避けるために電波塔を一本化する構想を考えていた経緯もあるところへ、「大阪の新聞王」と呼ばれ、産経新聞社や関西テレビの社長を務めていた大物実業家の前田久吉らが放送事業の将来性に注目して計画が一つにまとまったことで建設が実現した。

前田は奔走の末、日本電波塔株式会社を設立し、建設設計の構造学の権威で「塔博士」「耐震構造の父」と呼ばれた早稲田大学名誉教授の内藤多仲と大手建築設計会社の日建設計が設計を行った。もし東京タワー建設についての「オーソドックス」なドキュメンタリー番組を制作するならば、おそらくは、「大阪の新聞王」前田久吉の先見の明や尽力、あるいは「塔博士」内藤多仲の卓越した建築技術に焦点をあてるか、もしくは二人双方の功績にフォーカスすることになるだろう。

しかし、前述したような統括プロデューサー今井彰の哲学から容易に推察されるように、そうならないのが、『プロジェクトX―挑戦者たち―』である。『東京タワー 恋人たちの戦い』では、内藤多仲は番組冒頭で短く触れられる程度で、前田久吉に至っては名前すら紹介されない。この番組は、「世界一」の技術と困難な工事は、前田久吉や内藤多仲はおろか、日本電波塔株式会社の経営陣や設計者ではなく、「普通の」技術者と鳶《とび》職人らの懸命な努力によって達成されたとするコンセプトの内容なのである。

この番組は、タワー建設現場の現場監督と鳶《とび》職人二人の人物を主人公に仕立てて番組を構成している。現場監督は当時、NHK松山放送局電波塔の建設にあたっていた宮地建設工業社員の竹山正明（当時三一歳）、鳶《とび》職人は土木建設工事を主に請け負う東京上野にある黒崎建設の桐生五郎（当時二五歳）という、むろん二人とも無名の一般市民である。

興味深いのはそれに加えて、この放送タイトル『東京タワー 恋人たちの戦い』からも推察されるように、当時独身だった二人の、女性への恋とその成就が描かれることである。東京タワーの完成という「世界一」の功績と二〇代前後の若者のプライベートの恋の成就が等価なものとして節合され、「普通の」技術者と鳶《とび》職人が仕事を懸命に行うことを通して仕事と恋の両方を達成するという二重構造のナラティブなのである。以下は番組冒頭のナレーションと二人の発言であるが、ここから番組のコンセプトが明瞭に理解できるだろう。

ナレーション：世紀の難工事は、日本一の腕前を持つ男たちに委ねられた。トビの世界に黒崎ありといわれた黒崎建設の鳶《とび》職人たちだった。この仕事を誰よりも喜んだ若者がいた。桐生五郎二五歳、腕と度胸で若手の筆頭を任された男だった。

桐生五郎：「燃えてた。はやく一人前になって、いい給料もらって嫁さんをもらうというのがあったからね。」

ナレーション：プロジェクトには、百戦錬磨の鳶《とび》職人たちを束ねる、現場の指揮官が必要だった。巨大で精密な塔の構造を把握し、同時に職人を率いて、世界一高い現場で働ける、体力と努力が求められた。その時、東京タワーの現場指揮官に任命された技術者は、

■5－1　プロジェクトX―挑戦者たち―』の『東京タワー 恋人たちの戦い』（NHK・2000年9月5日放送）のDVDパッケージ（発行：NHKソフトウェア）

竹山正明、まだ三一歳だった。その時竹山は、NHK松山放送局の鉄塔を造っていた。どんなことにも動じない、肝の据わった男だった。世界一の電波塔を造る東京での大仕事に胸が高鳴った。

竹山正明　：「格好よく言えば、武者震いがありましたね。世界一の仕事に、それなりの覚悟と技術者としての意地がありましたからね。」

ナレーション：竹山は、この仕事を京都に暮らす一人の女性に知らせた。思いを寄せる八つ年下の伊沢亮子さん。竹山は、大仕事の決意を便箋五枚にしたためた。竹山にとって自分をわかってもらうには、やはり仕事しかなかった。

竹山正明　：「今度の日本電波塔は、テレビ塔としては世界一になります。命をかけなければなりません。」

ナレーション：静かな決意、たぎる野心。昭和三二年夏、さまざまな思いを胸に、男たちが東京芝に集結した。

東京タワーが「世界一」を目指す世紀の難工事であると共に、そのプロジェクトが鳶《とび》職人と現場監督の二人の若者の意気込みに託されていることが端的に示されている。同時に、二人共まだ未婚であり、いまだ片思いではあるものの意中の女性がいて、高度な技術が要求されるタワー建設に邁進することで、彼女たちのハートを射止める決意をしていると冒頭から明かされる。技術領域であるタワーの建設と恋の成就が等価なものとして節合されるのである。

番組は、この後、現場監督の竹山、そして鳶《とび》職人の桐生の恋の行方が東京タワー建設の苦労と平行して描かれ、最後はタワーの完成と共に彼らの結婚が成就するというドラマティックな結末が用意されている。桐生の場合は、見合いした女性に、タワー建設の努力をアピールすることでプロポーズの夢が叶い、タワー完成の翌日に結婚式を挙げる。竹山もタワーの完成後、意中の女性に結婚を申し込み、翌年結ばれる。番組のナレーションは、二人のその後について以下のように語って番組を終わらせている。

東京タワーが完成して一年後、伊勢湾台風が上陸した。東京タワーにも、風速五二mの強風が襲い掛かったが、びくともしなかった。

親方になった桐生さんの傍らで、みさをさんは飯場を仕切り、三人の子どもをもうけた。四二年前、みさをさんに突然舞い込んだ見合いの話、相手は無骨な鳶《とび》職人だった。決心のつかないみさをさんは、ある日、こっそり現場を訪ねた。そそり立つ鉄骨の一番上に黙々と働く若者がいた。鳶《とび》職人桐生は輝いていた。それが結婚を決めた理由だった。

現場で男たちを指揮した竹山さんは、思いを寄せた亮子さんと、完成した翌年結婚した。今、二人が出会った京都で静かに暮らしている。

この後、中島みゆきによるテーマソング『地上の星』が流れて番組は終わる。むろんのこと、放送は本人たちの実際の経験に基づいたものであろう。だが、この二人だけではなく他にもオルタナティブな主人公やナラティブがあり得た中で、現場監督の竹山正明と鳶《とび》職人の桐生五郎の二人が選ばれて「技術」と「恋」が節合される物語が紡ぎ出されたことに留意する必要がある。

東京タワー建設のために日本電波塔株式会社の設立に奔走した「大阪の新聞王」前田久吉や、三か月余りで一万枚にも及ぶタワーの設計図を書き上げた「塔博士」の早稲田大学名誉教授・内藤多仲は、二〇〇〇年期初頭の東京タワー建設を描く公共放送のナラティブから排除されている。前述したように、前田の名は番組の中で名前すら出てこない。ここでは、「世界一の」技術開発の技術が、タワーの建築構造や設計内容、およびそれを担った組織や功労者ではなく、実際の建設現場に携わった現場の「個人」の苦労と達成に縮減されているのである。これらの点で、たとえ民間ではあっても組織の力に技術革新の功績を認めていた一九九〇年代初頭の同じＮＨＫの番組『電子立国 日本の自叙伝』と際立った違いがあると言えよう。

## 3. 国民の「金メダル」の「光」と「影」――『首都高速 東京五輪への空中作戦』――

### 『首都高速 東京五輪への空中作戦』

『プロジェクトX―挑戦者たち―』が戦後の技術開発における「個人」の役割を強調するのは、どの放送回も一貫しているが、時にその役割が単に技術者などの関係者「個人」だけではなく、当事者でない人々に節合されることがある。典型的な例として挙げられるのは、一九六四年（昭和三九年）一〇月の東京オリンピック開催にあたって、羽田空港から都内への交通事情を改善するために建設された首都高速道路の建設を取り上げた『首都高速 東京五輪への空中作戦』（二〇〇五年四月五日放送）である。

五輪が開催される以前の東京の都心の交通事情が悪かったのは事実である。一九六四年（昭和三九年）の東京の人口は約九〇〇万人。この年七月の自動車登録台数は終戦直後の五〇倍の一〇〇万台に及び、なおも月に一万台ずつ増加していたが、道路事情は戦前とさほど変わらなかったため、深刻な交通難が社会問題となっていた。

そのため、五輪開催には、当時の羽田国際空港（当時は成田国際空港はまだ無かった）から会場の都心まで車で二時間かかるという交通事情を克服することが課題であった。東京オリンピックの一年前の新聞記事でも、「いまのままではオリンピックの大観衆をさばくことをはじめ、選手を各会場へ時間通りに運ぶことさえ容易ではなさそうだ」（『朝日新聞』一九六三年四月一九日）と危惧されていた。

そのため首都高速の建設は喫緊の課題であったが、東京五輪の開催が決定したのは、一九五九年（昭和三四年）のため開催まで五年の猶予しかなく、道路建設のための用地買収が間に合わない。そこで既存の道路や川の上に高速道路を開通させることで用地買収の手間を省き、工期を短縮させる「空中作戦」が提案された。結果的に、東京都庁建設局によって、羽田から都心を結ぶ高架式の空中高速道路の建設が計画され、総勢一三〇社、一〇万人が関わる大プロジェクトになった。

番組『首都高速 東京五輪への空中作戦』は、五輪開催の直前に、難工事の末、「前代未聞の」技術が要求されるとする首都高速一号線と四号線が完成するまでを、主に都庁の技術者二人の技術開発の苦労とその克服に焦点をあててストーリーを組み立てている。[28]

主人公として選ばれ、スタジオにも出演した都庁の技術者二人、すなわち羽田工事事務所長の仲田忠夫と第一設計課の玉野治光が無名の一般市民である点は、先に論じた『東京タワー 恋人たちの戦い』などと同様に『プロジェクトX—挑戦者たち—』では御馴染みのものである。だが興味深いのは、この放送ではサブ・ナラティブとして、官僚技術者たちが苦労の末、開発したテクノロジーがそのままでは活用することができず、東京湾の漁師たちの協力を得ることで初めて首都高速が開通するというストーリーが組み立てられていることである。

首都高速の建設は、東京五輪の際、海外からの参加選手が羽田空港から都心の会場に向かう時間を短縮するために、最短のコースを作ることが目標の一つに掲げられていた。ところが、建設のためには都心の河川工事を行う必要があったのだが、工事に日数を要することで河川での漁師の仕事がストップしてしまうため、一部の漁業組合は工事に強硬に反対したと説明される。しかしながら工事が行われないと建設はできない。羽田工事事務所長の仲田忠夫は漁業組合を直接訪れて、工事日数を短縮するので認めて頂きたいと願い出て、この提案を結果的に漁業組合は受け入れたと説明される。

番組『首都高速 東京五輪への空中作戦』は、この逸話をドラマティックに仕立てている。番組ナレーションでは、仲田の訪問時、仲田は「工事を一日で済ませてみせます」と語ったとされ、それに対して漁業組合長の杉原茂衛門は事務所長が自ら足を運んだことを喜び、仲田に対し、「一升瓶を出し、酒をついでくれた」ことで受諾の意を示したとされる。

『首都高速 東京五輪への空中作戦』では、都庁の技術者と漁師との交流が番組の後半で再び描かれる。番組では、工事の前日、台風が来たため、翌日の工事の決行が危ぶまれる事態になったとされ、不安が募る仲田に、傍にいた若い漁師が声をかけたとされる。この若い漁師は漁師としての自分の経験から、台風はすぐに収まるから工事に支障は無い見通しであると仲田に告げ、仲田を安心させる。この漁師の一言の後、仲田は工事の決行を決意すると番組では説明される。

要するに、「世界一」の技術力による首都高速の実現は、技術者「個人」の苦労に加えて、工事に直

■5-2　プロジェクトX―挑戦者たち―』の『首都高速 東京五輪への空中作戦』（NHK・2005年4月5日放送）の DVD パッケージ（発行・販売：NHK エンタープライズ）

接の関係のない一般市民のサポートがあることで果たされたとのナラティブが構成されるのである。それは、羽田工事事務所長の仲田忠夫と第一設計課の玉野治光の二人の都庁職員が、首都高速建設から四〇年後に、この番組のスタジオ・ゲストとして出演した時の司会者の国井雅比古とのやりとりでも強調されている。

仲田忠夫：それ［首都高速が完成したこと］は、やっぱり日本の技術じゃないでしょうか。

司会者（国井雅比古）：前代未聞の首都高速成功の秘訣はどの辺にあったと思いますか？

玉野治光：民族の総意を挙げてオリンピックを迎えたわけです。そういった日本国民の、日本民族の総意が、オリンピックを絶対成功させなきゃいかんと。

首都高速が日本の技術力の卓越さの証明であり、その「前代未聞の」プロジェクトの成功の秘訣が「日本民族の総意」であったというロジックは、前に触れた番組の統括プロデューサー今井彰のエスノセントリックな哲学を思い出させる。

工事関係者だけではなく、漁師たちの役割が過剰なまでに前景化されるのは、そのような番組コンセプトの実現のためであることは疑いないだろう。むろんのこと、これらの言葉は、ゲスト二人と司会者の間で実際に語られた言葉であるわけだが、生放送ではない事前収録のテレビのスタジオ番組では、長めにゲストとのやりとりが収録され、実際に放送の中で使われるのはその一部であるため、これらの会話は作り手によって、あえて選び取られたことに留意しておく必要がある。

## 戦後開発と東京オリンピックの「影」――東京湾内湾漁業の消滅――

しかしながら、ここで重要なことは、「日本民族の総意」の番組コンセプトのために首都高速建設に節合された漁師たちが直面した当時の現実は、実際は過酷を極めたものだったことである。つまり、戦後の東京湾内湾漁業の歴史は、戦後の発展の「影」そのものだったのである。番組ではその点が見事までに拭い去られている。

東京湾内湾は首都という場所柄、戦後の開発と漁業が調和的に両立することはそもそも困難であり、開発を進めれば漁業は衰退させられるという点で表裏の関係性にある。それはまさしく敵対性の関係なのである。「日本民族の総意」と番組で形容された東京オリンピック実現を支えた首都高速建設の陰には、東京湾内湾漁業の消滅という戦後の「負」の側面があり、当時の資料を見る限り、漁業組合をめぐる問題は遙かに深刻で、それは番組で描かれているような「きれいごと」では済まされないものであった[29]。

東京湾の開発は、一九四八年（昭和二三年）の豊洲石炭埠頭の建設、一九五二年（昭和二七年）の外国貿易港としての品川埠頭の着工など、戦後早い時期に行われた。一九五九年（昭和三四年）五月に、その五年後の東京オリンピック開催が決まると、首都高速建設のため、京浜地域の埋め立てが不可避となる。これによって戦後の港湾建設・都市開発と内湾漁業の両立は完全に困難になり、漁業者側との利害の対立は決定的となった。そこで東京都は、一九五九年（昭和三四年）八月に東京都内湾漁業対策審議会を設置し、漁業者側と交渉を行うようになる。重要な点は、審議会は内湾漁業権の放棄を前提として補償対策に取り組む姿勢であったため、漁業組合側は激しく反対したことである。例えば、大森漁協は埋め立て自体に反対し、都による漁業の実態調査さえをも拒否する強硬姿勢を取ったため、都と漁業者側との交渉は難航を極めた。

審議会が内湾漁業権の放棄を前提としたのは、首都高速建設のためには、約六八〇万坪もの広大な東京湾区域を埋め立てる必要があったからである。しかしながら、埋め立てに伴い、代々、東京湾で海苔や貝で生計を立てていた地元の漁師たちは失職せざるを得なくなった。

そのため、この漁師たちへの巨額の補償をめぐる「漁業補償問題」が存在したのである。この「漁業補償問題」は、東京湾の四〇〇〇世帯の漁師と一七の関連漁業組合が関係し、数百億円規模の補償額が検討されたもので、国会でも何度も取り上げられるほど、大きな問題であった。交渉は進展しないまま時が経ち、新聞でも、首都高速の建設が「果たしてオリンピックに間に合うのかという『赤信号』にぶつかっている」という懸念が示されることもあった（『読売新聞』一九六一年七月二七日）。

そして一九六二年（昭和三七年）になると、あと二年に迫った東京オリンピック開催に備えて、京浜二区・三区の埋め立てと首都高速建設の着工が待ったなしの喫緊の課題となった。そのため、この時期の補償交渉は困難を極めた。一九六二年（昭和三七年）八月二四日の『参議院会議録』によると、過去に三十数回の折衝の場が持たれ、首都高速道路公団側の二七〇億円の補償額の提示に対し、組合側は七九〇億円の補償を要求するなど相互の溝は大きく、議論は平行線を辿っていた。

補償の妥結がまだであっても工事を行う了承を漁業者側から何とか得たものの、工事の中止要求が出されるなどしたことから、一九六二年（昭和三七年）八月二四日の、国会でのオリンピック東京大会準備促進特別委員会に参考人として呼ばれた東京都副知事の鈴木俊一（後の都知事）は、「最後の詰め」に入ろうとしているが「ただいまは微妙な段階」と述べていることから、一進一退の激しい攻防が瀬戸際まで続いたことが窺われる。「漁業補償問題」をめぐる折衝は、多くの場合、都副知事、都局長クラスと漁業組合幹部らの間で行われる重要な場であったが、度重なる補償交渉は熾烈を極めた後に、都議会議長の斡旋でようやく決着を見ることになった。

　しかしながら、その後もなお、一部の組合では補償提示額を不服として港湾作業妨害事件が起こされたり、組合員の配分額をめぐる紛糾が見られもして、漁業補償問題は尾を引いた。それもそのはずである。これによって、東京湾内湾漁業の長い歴史はほぼ終焉し、多くの漁師たちは失職させられたのであるから。

　こうした事情を顧みるならば、テレビ番組『首都高速 東京五輪への空中作戦』で描かれているような、一都庁職員の仲田が組合に足を運んで河川工事が一日に短縮したとか、組合長が「一升瓶」を振る舞った、あるいは若い漁師が台風の見通しを仲田に告げたなどのことは、仮に「事実」ではあったとしても、失職する四〇〇〇世帯の漁師の補償問題の本筋の話に比べるならば、些末とも言える小さな逸話でしかなかったことが分かろう。

　しかしながら、にもかかわらず、番組『首都高速 東京五輪への空中作戦』では、都庁の二人の技術者と漁師が節合されることで、首都高速建設が円満かつ調和的に達成されたとするナラティブが構築される。だが、それによって、東京オリンピックの背後にあった東京湾内湾漁業の衰退という「負」の遺産は見えなくさせられ、結果として首都圏地域における戦後開発の矛盾の一つが縫合されもしたのである。[30]

**国民の「金メダル」**

番組ではこの後、五輪開催直前に首都高速が開通し、五輪開催中に、世界中の技術者が首都高速を見学に訪れたことが紹介される。興味深いのは、その際、「日本民族の総意」によって実現した工事の技術力の卓越さが第二次世界大戦の戦勝国アメリカの技術を凌ぐため、「金メダル」にも比肩すべき偉業であるとの説明がなされることである。

ナレーション：昭和三九年一〇月一〇日、東京オリンピック開幕。期間中、海外から二万人が詰め、首都高を通った。完全復活を世界にアピールした。

（※この時、映像はなぜか東京タワーのアップを見せている。）

観客に混ざり、やってきた男たちがいた。アメリカ、西ドイツの道路技術者一〇〇人、首都高を見に来た。案内役は玉野治光さん。

アメリカ道路局長ウィットンに言われた。

「大都市の上を走る複雑な曲線道路。我々ではとても造れないグレードだ」。

玉野　：「やった！という事ですね。達成感、満足感ですね。前人未踏の荒野を開拓したなという感じですよね」

ナレーション：玉野さん、自分への金メダルだと思った。

この放送では、戦後開発の一コマについての「国民の神話」が、いささか紋切型ではあるものの相互に関連する要素が節合されることで巧妙に造型されている。まず、首都高速の完成が、東京オリンピックと等価なものとして扱われ、敗戦の屈辱から復活した日本を世界にアピールする絶好の契機と捉えられる。さらに首都高速建設の技術力は、戦勝国アメリカの技術力と比較される。見学に訪れたというアメリカの道路局長の言葉を引き出すことで、戦勝国のアメリカでさえ実現不可能なほど高い技術力であることが強調され、首都高速建設によって、日本が敗戦を克服したものとして誇らしげに提示される。

最後に、その業績が、実際は都庁や数々の企業などの巨大組織の力によって達成されたにも拘わらず、当時若かった無名の一技術者の成果に還元される。しかも、その称賛のありようは、「金メダル」という言葉を使用することで、東京オリンピックと等価なものとして改めてオーヴァーラップされている。つまり、首都高速建設に携わった無名の個人としての技術者の努力は、同時期に開催された五輪での世界的なトップ・アスリートらの金メダルに匹敵するとして称揚されるのである。さらにこの放送では、首都高速建設に直接関わりのない漁師たちにも重要な役割を付与するサブ・ナラティブが導入されることから、総じてすべての国民が無条件に戦後発展の立役者であり、「金メダル」に値するとの「国民の神話」が創造されるのである。

しかしながら一方で、この「国民の神話」のヘゲモニーを成立させている「構成的外部」の存在を忘れてはならないだろう。首都高速建設は前述したように、都庁と総勢一三〇社が参加する巨大プロジェクトであった。しかしながら、番組『首都高速　東京五輪への空中作戦』では、技術者二人の「個人」の苦労が、プロジェクトに直接関わりのない漁師に節合されてそれらがヘゲモニックなナラティブが構成され、その敵対関係に位置づけられる組織の力は「構成的外部」として排除されるのである。

この点は、アメリカとの関係においても同様である。日本の技術が五輪の「金メダル」と節合させられ、アメリカの技術力と敵対的な関係性で語られるが、「金メダル」と節合されているのは、技術内容そのものというわけではなく、それを牽引した組織でもなく、一技術者なのである。むろん『首都高速東京五輪への空中作戦』の場合、民間企業の技術者ではなく都庁職員ではあるものの、組織ではなく、あくまでも「個人」である点は見逃せないだろう。

『プロジェクトX―挑戦者たち―』の二つの放送『東京タワー 恋人たちの戦い』『首都高速 東京五輪への空中作戦』の考察から浮かび上がってくるのは、これらの番組のナラティブの、官僚組織や大企業との何がしかの不調和の可能性であり、それが一貫していることから、単なる偶然ではないと考えられる。この点が一九九二年のNHK番組『電子立国 日本の自叙伝』との少なからぬ相違である。

だが、『首都高速 東京五輪への空中作戦』に見られるように、「個人」間の節合と等価性の連鎖は、東京湾内湾漁業者四〇〇〇人の失職と内湾漁業の歴史的消滅という戦後開発の「影」を見えなくし、戦後開発に伴う矛盾を縫合させもしたことは、忘れてはならないだろう。番組での「個人」間の節合は、番組の統括プロデューサー今井彰の、戦後の成功は会社組織や政治リーダーでなく、「一般の日本人の戦後の戦い」の末にもたらされたとする哲学に沿ったものであることは間違いない。

しかしながら、そのナラティブは、都庁や関連企業などの「組織」との間での敵対性を構成しただけではなく、皮肉なことに、そうした「組織」が関与した戦後のネガティブな「影」の痕跡をも同時に消去してしまったのである。「個人」としての「一般の日本人」間の節合によるナラティブ造型は、節合された一方の「個人」＝漁師たちの悲劇を縫合してしまう点で、詰めの甘さと都合の良さを併せ持ってもいたのである。

## 4. 叛逆の神話化──『窓際族が世界規格を作った　ＶＨＳ・執念の逆転劇』──

『プロジェクトＸ─挑戦者たち─』の大半の放送は、『東京タワー　恋人たちの戦い』『首都高速　東京五輪への空中作戦』と類似の敵対性のナラティブを構成している。しかしながら、テクノロジーの開発に関する「普通の個人」への称賛は、しばしば、もう少し極端な形で表現されることがある。つまり、技術開発は、単に「普通の個人」ではなく、組織内の「アウトロー」的な個人の成果であると語られるのである。

### 『窓際族が世界規格を作った　ＶＨＳ・執念の逆転劇』

組織内の「アウトロー」とは、窓際族であったり、異端者、時には反抗分子であったりする。彼ら「アウトロー」が、既成の日本型の組織秩序に抵抗し、その結果、「未曾有の」技術革新に導くというパターンのナラティブが構成されるのである。そこでは、「個人」としての「アウトロー」およびその共感者と組織経営陣との間で明確な敵対性が形成されることで、「アウトロー」の「個人」のヘゲモニーが構成され、一方で組織経営陣や旧来型の企業システムは「構成的外部」とされて批判の対象となる。

『窓際族が世界規格を作った　ＶＨＳ・執念の逆転劇』（二〇〇〇年四月四日放送）は、その代表的な例である。タイトルが物語るように、この放送は、エリートコースから外れ、リストラの対象者となるような、いわば落ちこぼれ社員の技術者たちが一念発起して、経営陣の方針に逆らいながら、独創的なやり方で努力を重ね、最終的には家庭用ＶＨＳビデオの世界規格の技術を開発するとされるサクセスストーリーである。

『窓際族が世界規格を作ったＶＨＳ・執念の逆転劇』は、一九九九年に出版された、元日本経済新聞記者でノンフィクション作家の佐藤正明によるノンフィクション小説『陽はまた昇る―ビデオ・男達の産業史―』（1999）をベースにしており、放送にあたってＮＨＫは佐藤に協力要請を行い、番組化に至っている。

番組の概要は以下の通りである。一九七〇年代初頭、家電業界八位の日本ビクター（現ＪＶＣケンウッド）は、レコード部門では収益を上げていたものの、肝心の家電部門は赤字であった。ビデオ事業が特に成績が悪く採算が取れないため、会社はいずれビデオ事業部の技術者たちをリストラすることを考えていたと説明される。そんな中、技術者の社員・高野鎮雄がビデオ事業部長就任を命じられる。

それまで、「窓際族」であった高野は、部長就任を機会に、同じくリストラ寸前の「窓際族」の社員らと起死回生の案を練ると説明される。当時ビクターは業務用ビデオの開発のみ扱っていたが、高野は、今後は家庭用ＶＴＲの時代がやがて到来するので、それを自分の事業部で開発できないものか慎重に検討するのである。幸いビデオ事業部内には、戦前にブラウン管による電送・受像を世界で初めて成功させた「テレビの父」高柳健次郎の指導の下で、一九四六年（昭和二一年）からテレビ受像機の開発に関わった優秀な技術者もまだ残っており、高野は部内の潜在的なキャパシティがあると見込む。

そこで高野は、部内の一部の技術者を集めて家庭用ＶＴＲの独自開発プロジェクトを内密に立ち上げる。会社としては、家庭用ＶＴＲの開発を断念し、業務用ＶＴＲの開発だけに業務縮小する方針であったため、家庭用ＶＴＲの開発を進めていることを会社首脳に知られれば処分の対象になるため、経理担当者にまで口止めをして、文字通り極秘に進められたと番組では説明される。

当時の日本ビクターが家庭用ＶＴＲを開発できる勝算は薄いと見られていた。当時、日本の家電業界で最高の技術力を誇るとされたソニーが、ＶＨＳとは異なるベータ方式での家庭用ＶＴＲの開発を進めていたからである。当時、業界八位で不利な立場の日本ビクターがＶＨＳ方式で、ソニーより優れた家庭用ＶＴＲを開発するのは、極めて困難と思われていた。

しかしながら、部長高野の、時には社の方針に抵抗しながらの精力的な指揮と技術者の懸命の努力が叶い、ＶＨＳ型の家庭用ＶＴＲは、小型化と長時間録画の両方を実現させることに成功する。技術面においてはソニーに競り勝ったものの、日本ビクターは、販売力やブランド力がソニーに劣っていた。

そこで、高野は、ライバルメーカーである松下電器、三菱電機、日立やシャープなどに無条件、無償で新技術を公開し、ＶＨＳグループを形成し、ソニーに対抗しようとする。ソニーによるベータ型と日

■5－3　プロジェクトＸ―挑戦者たち―』の『窓際族が世界規格を作った VHS・執念の逆転劇』（NHK・2000年４月４日放送）のビデオ・パッケージ（発行：NHK ソフトウェア）

本ビクターによるＶＨＳは、当初、市場において並存状態が続いたが、欧米など、世界的にも次第にＶＨＳが優位になり、一〇年以内にＶＨＳが世界規格となるのである。

## 「窓際族」の創造―原作と異なる番組ナラティブ―

以上が、ＮＨＫの番組『窓際族が世界規格を作った ＶＨＳ・執念の逆転劇』の概要だが、興味深いのは、この番組が、下敷きとなった佐藤正明原作のノンフィクション小説『陽はまた昇る―ビデオ・男たちの産業史―』の内容とは、かなり異なっていることである。

ＮＨＫの番組では、先に述べたように、高野をはじめとするビデオ事業部の社員を「窓際族」と位置付け、世界規格となる画期的な新技術開発が、組織内の「窓際族」による日本型上意下達組織への抵抗によって実現されたという主旨になっているが、原作ではそうした含意は見られない。本章では、『窓際族が世界規格を作った ＶＨＳ・執念の逆転劇』がいかなるやり方で「窓際族」がヘゲモニーのナラティブを構成しているかを、主に佐藤の原作や当時の資料と比較しながら具体的に検証する。

まず、タイトルにまで含まれているこの番組の「窓際族」の言葉には二つの含意があると思われる。一つには、高野とビデオ事業部が日本ビクター社内でエリートコースから外れた「お荷物」で、リストラの対象とされるような位置づけであること。もう一つは、家電業界における当時業界八位だった日本ビクターの企業としての位置づけ、とりわけ家庭用ＶＨＳ開発のライバルであったトップ企業ソニーとの比較において劣位であったこと。この番組では、この二つの意味合いが終始、物語構成上の軸になっている。

番組の冒頭から、ナレーションで、「その［家庭用ＶＨＳ］開発の陰には、窓際に追いやられながら夢を捨てなかった技術者たちの執念の逆転劇があった」と紹介されることで、この番組の主人公たちが「窓際族」であることが強調される。

このナレーションの後、司会者の国井雅比古アナウンサーは、スタジオの背後に大きく張られた日本ビクターのビデオ事業部の技術者たちの写真を指差しながら、「その家庭用ビデオを開発したのは、この人たちです。日本ビクターの技術者たちです。当時は業界では八位。この人たちはいわゆる窓際族と申しますか、リストラ寸前の部署にいた人たちで、誰一人としてこの人たちが家庭用ビデオを開発するとは思わなかったんです」と強調される。さらにその後のVTRの冒頭でも、「窓際に追い込まれた男たちの意地と執念のドラマが始まった」と語られている。

確かに、VHS開発に至るまでの道は平坦なものでなかった。日本ビクターの社史『日本ビクターの60年』によれば、高野が部長に就任した一九七〇年（昭和四五年）からVHSが開発される一九七六年（昭和五一年）の六年間の間に、累積赤字は九億円、設備投資等の借入金は一五億円にも上り、「苦難の時代がつづいた」と説明されている（『日本ビクターの60年』1987：114）。

しかしながら、重要なことは、番組が下敷きとした佐藤のノンフィクション小説では、ビデオ事業部員を「窓際族」とはしていないことである。佐藤によれば状況はもっと複雑であり、必ずしも彼らを「窓際族」と言うことはできないとしているのだ。確かに当時のビデオ事業部は赤字を出しており、人員の削減が求められていたのは「事実」である。

しかしながら当時の日本ビクターは、レコード販売部門の売り上げが家電製品を上回っていたため、相対的にテレビやビデオ開発の採算が悪かった[31]。また日本ビクターは各部の独立採算制を採用していたため、ビデオ事業部に限らずどのセクションも大変シビアな状況にあり、ビデオ事業部のみならず、大半のセクションにリストラが迫られていたと佐藤は記している（佐藤 1999：50）。

また当時、家庭用ビデオが、「ポストカラー」、すなわち、一九六〇年（昭和三五年）九月のカラーテレビの本放送開始後のカラーテレビ受像機の販売以来の、五〇〇〇億円規模の市場の「金のなる木」として、どの電器メーカーにとってもその開発が重要であった時代背景があったことも見逃せない。日本ビクターは元々家電メーカーであったため、当時の経営陣は、レコード部門への依存体質から本業の家電部門で収益を上げる企業への転換を模索しており、その際、一九七〇年代前半は、次世代のビデオ開発は悲願でもあったのである。

当時の社長、百瀬結は、「日本ビクターが家電業界として生き残るためには、事業部制のさらなる徹底は当然として、レコードに代わる金の卵を育てなければならない。となればビデオしかない」と考えていたと佐藤の原作では書かれている（佐藤 1999：50）。実際、当時の日本ビクターのビデオ事業部は二〇〇人を超える技術者、社員を擁していたことからも、社内的には、少なからず重要だったと推察される。また、高野鎮雄がビデオ事業部長の任命を受けたのは、一九七〇年（昭和四五年）のことであったが、当時、各社のビデオテープ・プレーヤーは再生専用であったにも拘わらず、ビクター社製だけが録画が可能であり、『朝日新聞』は「動き出したビデオ産業」と題した特集記事で、ハードウェアにおいては、「ビクターとソニーが先行したかたち」であったと報じている（『朝日新聞』一九七〇年一月三〇日）。そのため、高野がビデオ事業部長になった頃のビクターは、むしろ「ポストカラー」の本命製品であるビデオ開発を行う各社の中では、むしろ優位な立場にあったことが窺える。

ＮＨＫの番組では、『窓際族が世界規格を作った』のタイトルと共に、冒頭から最後に至るまで、ビデオ事業部が「窓際」であることが繰り返し強調されるが、それは実際の事情とはいささか異なっていたと考えられるのである。

**「酔いつぶれ」の「窓際族」——主人公・高野鎮雄の人物造型——**

この番組のナラティブで最も興味深いのは、ビデオ事業部長の高野鎮雄の表象であろう。番組では、高野は入社以来、「日の当たらない」セクションばかりを渡り歩いてきた典型的な「窓際族」であると紹介されるが、これも佐藤の原作ノンフィクションの説明とは、大きく食い違っている。

テレビ番組では、「高野は昭和二一年、日本ビクターに入社した。しかし長い間、日は当たらなかった。ステレオやテレビが主力のビクターで、担当したのは地味な映写機。最後が赤字のビデオ事業部では、あまりに甲斐がなさすぎた」とナレーションで語られる。

ところが佐藤のノンフィクションでは、高野は日本ビクターのビデオ開発には余人をもって代えがたい優秀な技術者として社内で高く評価されていたと書かれているのだ。佐藤によれば、高野は元々光学機器の専門技術者であり、部長になる以前から次世代はビデオの時代になると感じており、当時副社長であった百瀬に、「ビデオは金の卵を生むニワトリです。将来必ず商売になります。ビクターとしては一日も早くビデオ事業部を新設すべきです」と直言するなど先見の明のある人物と記されている（佐藤 1999 : 36）。

その後社長に就任した百瀬は、ビデオ事業部の開設にあたって誰を部長に据えるかを考えた時に、まず高野の顔を思い浮かべる。高野の光学技術者としてのこれまでの実績と資質、さらには人柄などから、「あの男は一本芯が通っている。やはりあの男しかいない」として、一九七〇年（昭和四五年）の二月に高野を社長室に呼び、新設のビデオ事業部長の初代部長を命じたと、佐藤は記している（佐藤 1999 : 51）。社長百瀬の要請に対し高野は、ビデオは、「会社の将来を左右する事業」であるので、自分には荷が重い大役であるとして、最初は断っている。その後、百瀬の度重なる説得のため、部長就任を決意する。

佐藤の説明とNHKの番組の描写のどちらが、より「事実」に近いのかを検証するのは容易なことではない。民間企業の四〇年以上前の一社員の当時の社内評価が実際はどのようなものであるかを客観的に検証する術はないからだ。関係者の証言を拾ったところで派閥などの本人の立ち位置によって評価は異なることが予想される。

さらに言うならば、その「事実」関係そのものを突き止めるのが本書の主目的とも思わない。ここで重要なのは、番組『プロジェクトX—挑戦者たち—』が、日本ビクターによる家庭用VHSの開発を題材として選び、番組化にあたって佐藤のノンフィクション小説を下敷きとし、佐藤本人に協力要請まで行っているにも拘わらず、出来上がった番組の「主人公」高野の表象のありようが原作と大きく異なっている事実である。

番組『窓際族が世界規格を作った VHS・執念の逆転劇』における日本ビクター・ビデオ事業部長の高野鎮雄の描写の特異さは、「窓際族」であることに加えて、高野がいつもアルコールに依存して「酔いつぶれていた」ことが繰り返し強調されることである。

番組の冒頭では、高野が勤めていたビクター横浜工場の近くにある居酒屋「きしや」が紹介され、高野が毎晩居酒屋で酒を飲んでいたと紹介される。ナレーションによる説明は、以下の通りである。

（映像：横浜の工場ロングショット）

ナレーション：大小一万の工場が立ち並ぶ横浜市神奈川区。

（映像：夜の酒場）

ナレーション：その一角にサラリーマンが仕事帰りの一杯を楽しむ居酒屋『きしや』がある。店がオープンして間もない昭和四五年のことだった。一〇〇mほど離れた日本ビクターの工場から毎日来ては、酔いつぶれるまで酒を飲む白髪頭の男がいた。男の名は高野鎮雄、四七歳。会社のお荷物と陰口を叩かれていたVTR事業部の部長に就任したばかりだった。そこはリストラ寸前の部署だった。

「毎日来ては、酔いつぶれるまで酒を飲む」、「会社のお荷物と陰口を叩かれていた」、「そこはリストラ寸前の部署」など高野を「窓際族」として表象する言葉が並んでいる。

この居酒屋「きしや」は、番組の中では何度か象徴的な意味合いを持った場所として登場させられる。その後、高野は、家庭用VTRの開発のため、プロジェクトを結成する決意を固めたとされる頃には、「この頃、『きしや』で飲んだくれていた高野の姿がぷっつりと消えた」とナレーションで語られ、まるで、ならず者の不良社員が、一念発起して更正したかのような印象を与えている。

しかしながら、佐藤の原作での、高野の酒に関する叙述のニュアンスはいささか異なる。佐藤によると、「高野はそれまで酒をたしなまず、飲み物はコーヒー一辺倒だったが、事業部長に就任してからは、日が暮れる前から横浜工場の近くにある居酒屋『きしや』へ入り浸る」（佐藤 1999：56）となっている。また「傍目には飲んだくれの生活を続けながらも、ビデオの将来性を自分なりに分析して考え、悩み、苦しんだ」（佐藤 1999：57）ともある。

ＮＨＫ番組では、「窓際族」高野が「会社のお荷物」「リストラ寸前」のため、毎日酔いつぶれていたとの含意があるが、佐藤の原作では、社長から会社の命運をかけた新セクションの部長の大任を任され、プレッシャーのためビデオ開発の知恵を絞るために普段酒を飲む習慣の無い人間が酒場に通ったという説明がなされているのである。

既に故人となっている高野本人の心中は分かるべくもないが、生前の一九八〇年（昭和五五年）にジャーナリストから取材を受けた高野の貴重なインタビューが遺されている。[32] インタビューでは、高野は当時を振り返り、ビデオ開発の仕事を最先端と考え、面白くてたまらず嬉々として仕事に取り組んでいたとして、以下のように答えている。

なにしろビデオというのは、当時の技術の最先端。テープレコーダーなんかとはケタ違いに面白い。三百人の技術屋たちは、気狂いのようになって取り組んでいる。技術屋にとって、こんなにおもしろいことないっていうことでしたからね。ビデオをやっていたら技術の先端をいける時代でした。（中略）とにかく何をいわれても、おもしろいことをやっているので気にならない。これをやらしてくれれば、何を言われようとかまわない（寺門 1980 : 85）。

最先端の仕事が「おもしろい」の言葉を連発する、こうした高野本人の言葉や佐藤のノンフィクションの描写は、ＮＨＫ番組『窓際族が世界規格を作ったＶＨＳ・執念の逆転劇』における「窓際族」高野の人物造型といささか食い違っていることが窺えるだろう。

## 「世界規格」を作ったのが「窓際族」である必要性

ではなぜ『プロジェクトX─挑戦者たち─』は、「社長に見込まれて新セクションのヘッドとなり」「最先端技術の開発に嬉々として取り組んでいた」高野を、「窓際族」で「飲んだくれ」の「会社のお荷物」として表象する必要があったのだろうか。

本章で考察の対象としてきた『プロジェクトX─挑戦者たち─』の『東京タワー　恋人たちの戦い』、『首都高速　東京五輪への空中作戦』との関連から推察するならば、高野が経営陣に近いエリート社員、優秀な技術者であることは、前に紹介した統括プロデューサー今井彰の言葉にあるように、「一般の人たちの戦いの末に今の日本」があることをコンセプトとする番組構成上、必ずしも都合が良くないためと考えられる。

特別なエリートや経営者でない「普通の個人」として表象するために、高野はあえて「窓際族」に引きずり下ろされるのだ。この後論じるように、高野が率いる日本ビクターのビデオ事業部は、実際に世界規格となる家庭用ビデオの開発に成功するのだが、「窓際族」と「世界規格」というギャップの大きさがナラティブ構成上、望ましいのである。すなわち、まさしく番組タイトルにあるように、他ならぬ「窓際族」が「世界規格」を作る必要があったのである。

見逃せないのは、高野が結成したビデオ事業部内のプロジェクトチームの個々の技術者もエリート技術者ではないとの説明的な情報がわざわざ視聴者に示されることである。番組では、プロジェクトチームの二人の技術者が紹介され、インタビューも行われているが、その際、この二人が大学卒や院卒の技術者ではなく工業専門学校や高校卒業であるという学歴があえて紹介されているのは、そのためであろう。

高野やビデオ事業部員らを「窓際族」と位置づけることで、日本ビクターの経営陣およびトップ企業のソニーを敵対性に位置づけることを可能にし、そこから敵対性のドラマを激化させ、最終的に経営陣やソニーを退け、高野ら「窓際族」の活躍をヘゲモニーのナラティブとして番組化することで、「家庭用VHSビデオ開発」という戦後の技術発展史の重要な一コマについての修正的な歴史叙述が完成し、神話化への可能性を開くのである。

## 逸脱者による「極秘」プロジェクト

この番組『窓際族が世界規格を作った VHS・執念の逆転劇』は、そうした神話的ナラティブを造型するために、高野を単なる「窓際族」ではなく、タテのつながりを重んじる日本型上意下達の組織システムの規範から外れた「異端者」「反体制者」として表象する工夫も施している。すなわち赤字を出しているビデオ事業部は業務用ビデオに専念しなければならないにも拘わらず、高野が社内の一部のスタッフを集めて、家庭用ビデオ開発を「極秘」のプロジェクトとして立ち上げたため、もし経営陣に知れたら「処分」されるリスクがあったと紹介されるのである。つまり、「反体制」社員たちが密かに経営陣への叛逆を試みるというロジックである。

だが日本ビクターの社史『日本ビクターの60年』の説明は、いささか異なっている。

商品として開発途上のVTRを扱っていたその頃のビデオ事業部の経営基盤は決して安定したものではなかった。また、当社経営陣は日本ビクターの企業規模、おかれていた経営環境から果たして事業として成功するか、当初見当のつかない家庭用ビデオの開発にこれ以上投資すべきか否か、深刻な選択に迫られていた。

その頃、「ポストカラー」として業界をあげ沸いた家庭用ビデオであったが、撤退もしくは躊躇するメーカーが相次いだ。そうした内外のきびしい諸条件の中で、家庭用ビデオの開発に果敢に取り組み、今日のＶＨＳの成功をもたらしたのは、後日「ミスターＶＨＳ」との異名をとった高野鎮雄事業部長（現副社長）を中心とする事業部員のビデオに掛けたロマンと不屈の闘魂であった（『日本ビクターの60年』1987 : 112-113）。

また、同じく日本ビクターの社史『日本ビクターの60年』では、ビデオ事業部内にＶＨＳ開発チームが設置されたのは一九七六年（昭和五一年）二月のことであり、その際、「六か月間で設計を完成させよ」という経営トップの方針が示された、と書かれている（『日本ビクターの60年』1987 : 114）。

したがって、当時の経営陣は、それを継続すべきかどうか迷ってはいたものの、むろん家庭用ビデオの開発を知っており、短期間に結果を出すよう指示を出していたため、決して「極秘」ではなかったと考えられる。佐藤の原作でも、ビデオ事業部は赤字を出していたため、社としては家庭用ビデオの開発よりも業務用ビデオの販売にプライオリティを置く必要があり、家庭用ビデオ開発に入れ込みすぎることを躊躇していたものの、決して「極秘」とは書かれていない。

また番組では、家庭用ＶＴＲの開発に成功した後、これを世界規格に広めるため、日本ビクターの親会社である松下電器産業の創業者、松下幸之助に製品を見てもらう提案を、高野個人の判断で行ったかのように説明されている。ここでも「個人」の役割が強調されていることは言うまでもないだろう。

一九七〇年代半ばにはライバル社のソニーがベータ方式の家庭用ビデオの規格を開発したばかりであ

ったため、日本ビクターとソニーは他社に自社の規格を採用してもらうため熾烈な競争を繰り広げていた。トップ企業の松下電器がいずれを採用するかはどちらの規格が支配的になるかの命運を左右すると当時は考えられていたのである。

番組のナレーションは、「高野は、極秘で開発したVHSの成否を、一人の人物に懸けようと思った。ビクターの親会社である松下電器を作り上げた松下幸之助である」とされ、映像は松下幸之助の顔のアップになる。番組はこの後、松下幸之助本人が横浜の日本ビクターの工場を訪れて高野らの説明を受け、触れてみた家庭用VHS試作機に感動し、VHSを採用する腹を固めたとするナラティブがドラマティックに語られている。

しかしながら、原作の佐藤のノンフィクション小説によれば、松下幸之助にVHS試作機を見せることを提案したのは高野ではなく、社長の松野である（佐藤 1999 : 98）。社長松野が高野に松下幸之助に見てもらうよう提案したと佐藤は記している。ところが番組では、高野がVHS規格を「極秘」で開発し、経営陣の意向ではなく、「独断」で松下幸之助に見せて松下を説得せしめたかのように語られるため、そもそものコンセプトである「窓際族」としての高野に、「タテ社会」の因習を逸脱した反体制的なアンチ・ヒーローの意味づけが加えられることになる。

## 他者社員との「運命共同体」―伝統的ホモソーシャル・ナラティブの系譜として―

番組ではこの後、いよいよソニーに対抗して世界規格を目指すことになった時、高野が部下を集めて「相手はソニーと世界の競合メーカーである。一緒に行動し負ければ私と心中することになる」と語ったとされ、それに対し、社員たちは「黙ってうなずいた」と紹介される。「将」と配下の間で一蓮托生の「心中」を覚悟した絆の関係性が物語として構成されることで、この番組は、『忠臣蔵』に代表される（アンチ）ヒーローたちの仁義に基づくホモソーシャリティを描く日本の伝統的な大衆文化ナラティブの系譜（Standish 2000）に連なるものとなるのである。

番組はさらに、高野が「タテ社会」の原則を逸脱して「大金星」を獲得したとされるナラティブが続く。高野が、日立、三菱電機、シャープなど、他の日本を代表する家電メーカーの担当者に会い、VHSの採用を呼びかけ、その際、VHSの試作機を無条件で提供し、技術を公開することが紹介される。結果として、高野の誠実な姿勢が各メーカー担当者の心に響き、各社が採用することになるとされる。その際、当時の各メーカー担当者のインタビューが紹介される。三菱電機の担当者は、「高野さんはおそらく、VHSのグループは運命共同体なんだという意識を、かなり強くお持ちだったと思いますね」と語り、シャープの担当者は、「ビクターだけでなくて、みんなでやっていくんだというものが、やっぱりあったですねえ。それがサラリーマンというものを超えて、皆の共感を呼んだと思います」と語っている。

「運命共同体」、「サラリーマンというものを超えて」という言葉は、当事者によって実際に語られた言葉ではあるが、当然のことながら、長時間のインタビューの中から選び取られたものである。これらの言葉の節合によって、日本ビクター社内のビデオ事業部員間のホモソーシャリティだけではなく、VHS採用企業の関連セクションの社員の間までも拡大された、一企業の枠を超えたアンチ日本型企業システム的な、一種の「秘密」の連帯が存在したかのような暗示を与えることに、番組は成功している。

しかしながら佐藤の原作ノンフィクションは、VHSとベータの技術の相違、およびそれらの双方が市場に出回ることへの高野の技術者としての冷静な現実分析に重点が置かれている。家庭用VTRの様々な規格が市場に出回れば混乱し、消費者に受け入れられないため、統一規格が必要であることを熟練の技術者として見抜いていた高野の合理的な計算が、他社に技術提供を申し出た背景にあるとされているのである。実際には高度な技術力と技術普及への深い理解が、ＶＨＳを世界規格に至らしめるのであるが、そのような本筋の技術に関する複雑な事情は、番組内でナラティブとして構成されていない。

ＶＨＳの世界規格を目指す「窓際族」たちは、他社メーカーの担当者たちと「運命共同体」となることで節合され、他社メーカーの担当者にも等価性が付与され、高野⇩ビデオ事業部員⇩他社メーカー担当者へと等価性の連鎖が拡大していく。政治理論家のジェイコブ・トーフィングが言うように、等価性の連鎖が拡大すると、それに該当しないものは敵対性に位置づけられ、「構成的外部」として排除される傾向がある（Torfing 1999 : 124）。ここでは、日本型組織の力および日本ビクター経営陣がそれに該当するだろう。これらは、ナラティブ上、批判の対象となるのである。

### 小泉「構造改革」へのアンチテーゼ

興味深いのは、これらの「主人公」高野のアンチヒーロー的な人物造型が、明らかに番組が放送された二一世紀初頭の日本の企業経営のありようへのアンチテーゼとして流用されていることである。

前に述べたように、日本ビクターは赤字を補うために全社内でリストラを断行する方針だったにも拘わらず、番組では、ビデオ事業部が特別なリストラ対象であったと説明されていた。注目に値するのは、この番組が、会社から部内のリストラを断行するよう命じられた高野が、ＶＨＳ開発を行うことで社内の「お荷物」だった部を再生させ、結果としてリストラを行わずに済ませたとするサブ・ナラティブを構成していることである。

これに加えてさらに、「さらなる補助的なサブ・ナラティブ」とでも言うべき別の小さな物語も構造化されているのも見逃せない。というのは、番組では、高野がもしVHS事業が失敗してリストラを断行せざるを得ない場合は、「せめて詫びの印に一鉢ずつ」社員に手渡すつもりで、ビデオ事業部員の人数二七〇と同じ二七〇鉢の盆栽を自宅の庭で育てていたと紹介されるのである。

佐藤の原作では、高野が盆栽いじりをしていたことは短く紹介されるものの、部下のために育てたとは書かれていない。番組の後半のクライマックスのナレーションでは、「かつて窓際と陰口を叩かれたVTR事業部。部長高野鎮雄は、一人のリストラも行わず、二七〇人の従業員全員を守り抜いた」と称えられる。その後に、彼が育てた盆栽は、高野亡き後も妻と共に自宅に育っているとして映像と共に紹介されている。

『窓際族が世界規格を作った VHS・執念の逆転劇』が放送されたのは、二〇〇〇年四月四日である。バブル崩壊後の「失われた一〇年」と言われる中、一九九七年秋の三洋証券、北海道拓殖銀行、山一證券など立て続けの大型金融破綻をきっかけに失業者が急増した結果、この番組が放送された二〇〇〇年の完全失業者の数は三二〇万人（完全失業率は四・七％）に上った。この失業者数は、その三〇年前（一九七〇年）の五九万人の約五倍、二〇年前（一九八〇年）の一一四万人の約三倍の数字である（総務省『労働力調査』より）。

こうした失業は、人員解雇、いわゆるリストラによるものが少なくないのは言うまでもないが、この時期のリストラは中小企業より、従業員数一〇〇〇人以上の大企業に多く見られた。厚生労働省が実施している「産業労働事情調査」によれば、一九九二年から九四年の二年間で「希望退職の募集・解雇」で雇用調整を実施した企業は一一・七％だったのが、一九九八年から二〇〇〇年では一七・七％に上昇した。しかしながら、このデータを大企業に限れば、割合は八・五%から二三・八%、すなわち四社に一社にまで激増しているのである。

大企業のリストラが中小企業より多い要因は様々あるが、その一つに、「出向」の飽和状態による頭打ちが挙げられる（玄田 2002:6）。「出向」は、これまで大企業からの余剰人員を系列の中小企業に異動させることで日本型終身雇用を機能させる重要なシステムであったが、不況のため受け皿となる系列中小企業がキャパシティを失い、「出向」がシステムとして機能しなくなったのである。

中高年社員のリストラが多いのは、彼らが、本来ならば「出向」対象者であったのだが、その場を喪失したことも一因である。中高年失業者の再就職がいかに難しいかは、当時、四五～五四歳の完全失業者のうち、失業を一年以上継続している人の数が一三万人にも上った（総務省『労働力調査特別調査』（二〇〇一年二月））ことからも明らかである。

『窓際族が世界規格を作った VHS・執念の逆転劇』が、日本ビクターのビデオ事業部長であった高野の自宅の庭の盆栽まで動員した手の込んだサブ・ナラティブを造型するのは、二一世紀初頭前後の日本企業が、大企業でさえも、不況を理由にリストラ、人員削減による合理化を数限りなく行ってきたことに対するアンチテーゼと考えられる。

実際、『プロジェクトX―挑戦者たち―』を現代の日本の不況と関連づけて語る識者もいた。「構造汚職」の造語で知られる社会評論家の室伏哲郎は、「現在叫ばれている構造改革こそが、『プロジェクトX』になるべきなんですよ。（中略）いま、日本人にそのエネルギーと熱気は無くなってしまった[33]」と述べている。また、評論家の松本健一は、ノンフィクション作家の保坂正康との対談で、『プロジェクトX―挑戦者たち―』を高く評価しながら、同時に、小泉政権においてなされた構造改革を批判している。

松本は、とりわけ当時の経済財政・金融担当相の竹中平蔵を厳しく批判し、竹中が「不況のなか国民がどのように苦しんでいるのか、リストラされた人がどのような屈辱を味わい、その家族がどのような運命を辿るのか、まったく考えていない」エリート政治家の典型であり、「彼は一般国民の生活など考えたことがありません。それでは政治家としての資格がない」と一刀両断している（保坂・松本 2003：187）。

これらのことは、二一世紀初頭の知的言説の生産者が、国民的番組『プロジェクトX―挑戦者たち―』を、小泉政権の構造改革を批判するナラティブとして解釈していることを物語っている。

NHK番組『窓際族が世界規格を作った VHS・執念の逆転劇』が描く世界規格VHSの開発と普及秘話には、日本ビクター経営陣および伝統的な日本型組織経営システムが巧妙に排除されている。番組が高野らをわざわざ「窓際族」に貶めることをナラティブの出発点とするのは、それが、その後の世界規格の開発達成の輝かしさとのギャップの大きさを強調することを可能にするからである。社内の「お荷物」「窓際族」が「叛逆」によって成果をあげればあげるほど、経営陣や伝統的な日本型組織経営システムは「構成的外部」として敵対化されながら排除されるが、それらは排除によって不可視化されながらも同時に批判対象としての意味づけがなされるのである。

さらに高野が一人もリストラを実施しないことで、「窓際族」の偉業は、リストラが日常茶飯事の二一世紀初頭の不況下の企業経営のありように異を唱えるオルタナティブな経営のあり方にも節合されるのである。

### 「国民の神話」の磁力

これらの重層的なナラティブの巧妙な構造化によって、戦後の技術発展史の重要な一コマについての修正的な歴史叙述が完成する。それは、「幻想」という言葉を用いるならば、「幻想」でしかないかもしれない。しかしながら、その「幻想」の「完成度」は高く隙が無いため、この番組は、二一世紀初頭の「国民の神話」となりうるような、抗しがたい強い磁力と、一種の生命力を兼ね備えているのも否めない。

実際、社会現象とも言えるほどの反響を呼んだ『プロジェクトX―挑戦者たち―』の二〇〇回近い全放送の中でも、『窓際族が世界規格を作ったVHS・執念の逆転劇』は、特に好評だったため、統括プロデューサーの今井彰は講演会やメディアによるインタビューでこの放送の反響の「凄まじさ」を繰り返し語っている。今井は、「通常、反響の多い番組の場合、かかってくる電話は四〇~五〇本ですが、［この番組では］二日間で五〇〇〇を超える電話と反響がありました。その多くは中小企業で頑張っている人や、サラリーマンでした」（今井 2002）と述べている。また、「放送終了後、電話回線が壊れるぐらいの視聴者からの反応がありました。『感動した』、『勇気をもらった』という感想が凄まじい勢いで寄せられたのです。視聴者を信じていてよかった。心からそう思いました」（今井 2001: 189）とも述べている。

また、番組放送後、高野が通ったという日本ビクターの横浜工場近くの居酒屋「きしや」には、北海道から九州に至るまで全国のサラリーマンが訪れる「きしや詣で」がブーム化したという。高野が酔って座っていた席に座って、互いに仕事の激励をし合う光景が番組放送から時間を経た後も続いたという（今井 2002）。これらのことは、この番組が、国民的なナラティブとも言える神話的な地位を、とりわけサラリーマンの間で実際に獲得するのに成功したことを物語っているだろう。

## 映画『陽はまた昇る』の「逸脱」ぶり

番組『窓際族が世界規格を作った VHS・執念の逆転劇』が反響を呼んだため、佐藤のノンフィクション小説はその後、東映によって映画『陽はまた昇る』として佐々部清監督の手で映画化され、NHK番組の二年後の二〇〇二年六月に公開された。興味深いことに、NHK番組で造型されていた高野鎮雄の「窓際族」としてのキャラクターは、東映映画では、高野を演じる主役の西田敏行の熱演（怪演）ぶりも相まって、人情派の落ちこぼれ技術者として、さらに誇張されたものになっている。

佐藤の原作がありながらも内容が原作とかなり異なるのは、NHK番組と同様であるが、それにしてもこの映画のナラティブの「逸脱」ぶりはNHK番組を大きく凌いでいる。例えば、原作では、日本ビクターは、親会社の松下電器産業にVHS方式を採用してもらうため、松下幸之助にVHS試作機を見てもらうお願いをすると書かれていた。松下本人が横浜の工場まで試作機を見学に来る様子がNHK番組でも描かれたのは前に述べたとおりである。

しかしながら、映画『陽はまた昇る』では、深夜に高野が自動車を運転して、部下（渡辺謙）と共に横浜から松下が住む大阪まで徹夜で向かうという「脚色」が行われている。高野と部下の二人は、大阪の松下電器産業本社にいる松下幸之助（仲代達也）を早朝に突然訪問する、いわば「奇襲作戦」を行うという、いささか荒唐無稽な設定に変更させられているのだ。この「奇

■5－4　映画『陽はまた昇る』（佐々部清監督・東映・2002年）のDVDパッケージ（発売元：日本ビクター株式会社　販売元：ビクターエンタテインメント株式会社）

襲作戦」は功を奏し、松下の心を捉えることになる、とされる。

この映画は、興行収入こそ四億二〇〇〇万円と振るわなかったが、二〇〇二年の『キネマ旬報』誌の評論家選出ベストテンの二八位にランクされ、日本アカデミー賞優秀作品賞、日刊スポーツ映画大賞の石原裕次郎賞を受賞するなど、一定の評価を得た。

しかしながら映画評論家の佐藤忠男はこの映画について、「技術上の問題点はひとつやふたつではなくてたくさんあったと思われるのだが、ほんの一部しか扱われていないので技術者の本当の苦労というのがよく分からないし、それが解決したからといって大の大人たちが子どものように騒ぐというのも、そうしないとドラマチックにならないと思うからだろうか、少々わざとらしい」として、「作品としては底が浅くなっている」（佐藤 2002：16）と辛口の評価をしている。

「窓際族」がヘゲモニーのナラティブが構成されている点は、NHK番組と同様であるが、この映画ではそれがさらに誇張され、「人情」を軸にした人間関係の描写がヘゲモニーの物語となり、物語構造上は肝心の技術開発さえもが排除されるのである。

## 5．叛逆と反省——本田宗一郎をめぐる敵対性の構築——
### ——『世界を驚かせた一台の車　名社長と闘った若手社員たち』——

**『世界を驚かせた一台の車　名社長と闘った若手社員たち』**

本章で最後に取り上げる『世界を驚かせた一台の車　名社長と闘った若手社員たち』（二〇〇〇年四月二五日放送）が興味深いのは、この番組が本田技研工業の「異端児」の若手技術者たちと、「技術の神様」と称され戦後日本を代表する経営者の一人であった本田宗一郎の間の敵対性のドラマとして構成されている点である。この番組では、最終的には「異端児」の若手技術者たちがヘゲモニー化され、「保守的」とされる本田宗一郎は批判の対象として相対化され、経営および技術開発の舞台から寂しく去るとするナラティブが造型されるのである。

一九七〇年（昭和四五年）、自動車の排気ガスが社会問題となったことから、アメリカでは改正大気汚染清浄法、通称「マスキー法」が成立した。この法律は一九七五年〜一九七六年型モデル以降の乗用車は、一九七〇年〜一九七一年型モデルの自動車排出ガス中の有害物質（一酸化炭素、炭化水素、窒素酸化物）の一〇分の一以下にするという、当時は実現不可能と言われた厳しい排出ガス規制法であった。

この番組は、本田技研工業が「マスキー法」をクリアすることに挑み、排気ガスを抑制する新型の低公害エンジンを開発し、一九七二年（昭和四七年）に、世界で初めて「マスキー法」の規制値をクリアし

■5－5 『プロジェクトX―挑戦者たち―』『世界を驚かせた一台の車 名社長と闘った若手社員たち』（NHK・2000年4月25日放送）のDVDパッケージ（発行・販売：NHKエンタープライズ）

たＣＶＣＣエンジンを搭載した乗用車「シビックＣＶＣＣ」を開発するに至るまでのサクセスストーリーを取り上げている。[34]

番組の概要を以下、簡潔に述べよう。一九六九年（昭和四四年）六月、アメリカのメディアが日本の輸入車の安全性を槍玉に挙げる、いわゆる「欠陥車問題」と言われる事件が起き、日本の主要自動車メーカーが槍玉に挙がった。とりわけ本田技研工業は、翌年の一九七〇年（昭和四五年）に、当時の本田技研工業の人気軽乗用車「Ｎ３６０」に乗っていた人が事故で亡くなり、遺族が事故原因は「Ｎ３６０」の基本的欠陥にあるとして、社長の本田宗一郎が殺人罪で起訴されるという衝撃的な事態に直面していた。

結局、車の走行性能に刑事責任は問えないとして、本田は不起訴になったものの、「Ｎ３６０」の売り上げは四分の一まで落ち込むなど、本田技研工業は危機に立たされていた。加えて、前述した「マスキー法」が成立したため、元々は二輪車のメーカーだった本田技研工業は四輪車撤退の可能性がある岐路にも立たされることになった。そのため、低公害エンジンの開発は本田技研工業の命運がかかっていたと番組では説明される。

当初、社長の本田宗一郎は自身の経験から、空冷エンジンの優秀さを信奉し、「マスキー法」をクリアするには、空冷エンジンを改良することに尽きると考えていた。しかしながら、若手技術者たちは皆、水冷エンジンの方が優秀であると考えており、本田にもそのように進言するのだが、本田は烈火のごとく怒り、取り合わなかったとされる。

この番組でも、関わった若手技術者たちが社内で異端視されるアウトローとして描写されているのに加えて、本田に内緒で「極秘」に「世界一の技術」の水冷エンジンの開発を進めたとされ、『窓際族が世界規格を作った　ＶＨＳ・執念の逆転劇』と類似のナラティブが構築されている。本田は空冷式が優れているという自説を一切曲げず、周囲の意見に耳を貸さないのだが、繰り返し周囲から水冷式の卓越性を説かれることで、最終的にはそれを認めざるを得なくなる。

本田は水冷式エンジンの開発を認知してからは、このプロジェクトを成功させることが自社が世界の一流自動車メーカーの一角を占めるための「絶好のチャンス」と考え始める。

しかしながら、若手技術者たちの水冷式エンジン開発の真意は、低公害エンジンを開発することによる環境保護的な狙いが第一であったと番組では説明され、経営者本田の姿勢は企業利益を優先しているだけに映ったため、若手技術者たちは、次第に不満を募らせていくと説明される。その後、若手技術者たちは、「マスキー法」をクリアする低公害エンジンの開発を、世界に先駆けて成功させる。

『世界を驚かせた一台の車 名社長と闘った若手社員たち』が注目に値するのは、この番組が必ずしも、低公害エンジン開発の成功が主軸のコンセプトではないからである。この番組では、社内で「異端」の若手技術者たちが、世界的経営者である本田宗一郎に自分の「非」「傲慢」を認めさせることがナラティブの軸になっているのである。

この番組コンセプトは、本田は低公害エンジンの開発を喜んだものの、自分の時代が終わったことを悟り、若い世代に未来を託すことが番組の最後で示されることによって、象徴的なやり方で強調されている。

低開発エンジンを搭載した「シビック CVCC」の発売後の一九七三年（昭和四八年）一〇月に、当時六六歳だった本田は社長を辞任して後進に道を譲り、自身は取締役最高顧問となって経営の一線から退くことになる。番組は、社内での本田の退任式での本田自身による挨拶をナレーションによって紹介している。

ＣＶＣＣの開発に際して、私は〔アメリカの自動車会社の〕ビッグ３と並ぶチャンスだと言った。その時、若い人たちから、自分たちは会社のためにやっているのではない。社会のためにやっているのだと反発された。いつの間にか私の発想は、企業本意のためのものになってしまっている。若いということは、何と素晴らしいことか。皆がどんどん育ってきている。

この後ナレーションは、「オヤジと息子たちが激しくぶつかった開発への現場。今も若者たちが油まみれで車に向き合っている」との言葉で締めくくり、番組は終わる。この番組は、本田宗一郎という一時代を築いた世界的実業家の「自己過信」「傲慢さ」、そして「企業利益優先」に対する自己反省で終わらせることで、「ノスタルジア」の表象対象としている絶頂期の日本の企業経営のありように真っ向から批判の矛先が向けられているのである。

### 選び取られたエピソード

この放送で語られた中身はおおよそ嘘では無かろう。なぜならば、本田宗一郎に関するいくつかの評伝で語られている内容と大きな齟齬が見られないからである（佐藤 1995；大下 2003 他）。この点においては、『窓際族が世界規格を作った ＶＨＳ・執念の逆転劇』とはいささか事情が異なる。

しかしながら留意すべきなのは、仮にそれが「事実」であるとしても、膨大な「事実」の中から、作り手の手でこの題材が選び取られたことである。本田宗一郎が一代で「世界のホンダ」に育てた本田技研工業、および本田宗一郎本人には数限りないエピソードや武勇伝があるに違いない。本田技研工業の場合、そもそもは四輪車ではなく二輪車が企業のルーツであり、「オートバイのホンダ」の名がまず世界を席巻した。

また四輪車関係では、F１レースとの長い歴史がまず思い起こされる。ホンダは、二輪車メーカーから自動車メーカーに転身したのを機に、一九六四年（昭和三九年）という早い時期にF１世界選手権への出場を決めている。これは、本田宗一郎が「頂点で王座を目指せ」と社内で号令をかけたことがきっかけで、当時は「無謀だ」と揶揄されることもあったが、翌年に初勝利を収めるなどしたことから、ホンダの車はF１のイメージと重ね合せた若者の間で人気を呼ぶことになった。

とりわけ一九八〇年代には、当時世界最高のドライバーのアイルトン・セナと関係を結んだり、一九八八年（昭和六三年）にはホンダのエンジンを搭載したマクラーレンが一六戦中一五勝するなど、「ホンダのエンジンが無ければ優勝は狙えない」とさえ言われたこともあった。これらF１への貢献は、すべて本田宗一郎自身のF１への肩入れから来ていると言われている（佐藤 1995：大下 2003）。本田宗一郎が死去した直後の一九九一年のハンガリーGPでセナが本田に哀悼の意を示すために喪章を腕に巻いて参戦し、見事優勝したエピソードなどもよく知られている。また本田宗一郎は、一九八九年一〇月にはアメリカ・デトロイトの「自動車の殿堂」に日本人として初めて入る栄誉を受けている。

本田技研工業、および本田宗一郎本人に無数の栄誉やエピソードがある中で、なぜあえて一九七〇年代初頭の低公害エンジン開発の逸話が『プロジェクトX―挑戦者たち―』の番組で選ばれたのか。むろん、低公害エンジンが、一九七二年（昭和四七年）九月に世界で初めてマスキー法の厳しい基準をクリアしたのは、本田技研工業の長い歴史の中でも重要度の高いものの一つであることは疑いない。

しかしながら、仮にそうであるにせよ、それを取り上げる際に、なぜ本田宗一郎に自らの「非」と「企業利益優先」の自己反省を厳しく迫らなければならなかったのか。一方でなぜ、「異端」の若手技術者たちを環境保護のために献身するヒーローとして描かなければならなかったのか。

## 高度経済成長期の「光」と「影」

これまでの三本の放送の考察と併せて考えられるのは、『プロジェクトX―挑戦者たち―』が表層的には高度経済成長期前後の戦後の技術開発のサクセスストーリーを懐古的に描きながら、そのナラティブの構造的理解が露わにするのは、むしろそうした技術開発を支えた組織や経営陣、さらには高度経済成長を支えた日本型経営システムへの、二一世紀初頭の時点からのクリティカルな眼差しがこの番組の通奏低音にあることである。この点が前章で議論した「昭和ノスタルジア」映画の東京タワーの表象における「未完性」がヘゲモニーのナラティブの造型と響きあう点である。

「完成形」＝「現実」の戦後の発展が「構成的外部」として排除されるのは、それが不都合なためである。「未完性」や「個人」、さらには社内の「窓際族」、「お荷物」がヘゲモニー化されるのは、「ノスタルジア」の対象とされている高度経済成長期前後が、実のところ、決して「古き良き時代」ではなく、むしろ何らかの修正が期待され、欲望される対象とされることから、大衆メディア作品は巧妙な物語造型によって、「事実」とはいささか異なるオルタナティブなナラティブを構造化し、反復しているのである。

『プロジェクトX―挑戦者たち―』の各回の放送は、いささか図式化されたナラティブの反復ではあるにせよ、無駄がない巧妙な構成で物語化されている。それらは、「現実」の戦後日本のありようにさりげなく「毒」を盛ることで微妙な化学反応を起こし、大衆に親和的な神話ナラティブとなることで人々の心を捉えたのである。

クリティカルな神話造型は、『窓際族が世界規格を作った VHS・執念の逆転劇』で見られたように、三〇年前の昭和を描きながら、二一世紀初頭の小泉政権の構造改革に象徴される新自由主義的な風潮への批判が含意されることもあるなど、番組が放送された同時代の「現実」との緊張関係が垣間見えることもあった。

一九九〇年代初頭の番組『電子立国 日本の自叙伝』では、まだバブル期の余韻があったためか、戦後の発展を牽引した組織としての民間企業の矜持が前景化していたが、同じNHKの『プロジェクトX―挑戦者たち―』では、「失われた一〇年」「失われた二〇年」を反映してか、僅か一〇年しか時を経ていないにも拘わらずクリティカルなスパイスが盛られ、企業組織とその経営のありようは批判の対象へと一気に陥落し、代わって「普通」の個人や「窓際族」がナラティブ上、いわば逆ヘゲモニー化されるのである。

そうした「現実」との緊張関係の一方で、『首都高速 東京五輪への空中作戦』に見られるように、番組での「個人」間の節合は、首都高速建設という戦後開発を担った「組織」との間での敵対性を構成したものの、皮肉なことに、そうした「組織」が関与した戦後のネガティブな「影」の痕跡（東京湾内湾漁業の消滅）を同時に消去してしまってもいた。

そのために、番組を通じた戦後発展のありようへのクリティカルな意味の交渉は、ジャーナリズムや言説空間でスポットライトを浴びる機会の乏しかった「普通」の日本人＝「影」を救済することで、戦後の「光」＝技術革新についての修正的なナラティブを造型しつつも、同時に、別の「影」を覆い隠し、縫合してしまう点で、保守的な一面もあると共に、「御都合主義」の側面も併せ持っていた。

むろん、番組が表象するように、技術開発や日々の仕事の中で、多くの日本人が充実感を感じながら仕事をしてきたことに嘘は無かろう。懸命に頑張った多くの「普通」の日本人が技術開発の扉を開くことに貢献してきたのもむろん事実と思われる。メディア学者の伊藤守は、『プロジェクトX—挑戦者たち—』を論じて、この番組には過去の出来事に関しての誇張があるため、「より十全な、真実の表象であると」とは言えないものの、「その内容がどの程度確かなのか（不確かなのか）わからない、と単純に非難することはできないということだ。彼らが熱い情熱を抱き困難に挑戦したことはまぎれも無い事実」（伊藤 2005：88）と述べているが、その通りであろう。

## ナラティブの重層決定性と作り手のライフ・ヒストリー

記憶のナラティブのヘゲモニーを構成する重層決定の因子には、そのナラティブを造型する作り手のライフ・ヒストリーも含まれる。繰り返し述べているように、『プロジェクトX—挑戦者たち—』には、全放送の統括プロデューサーをつとめた今井彰の強固な基本哲学があると共に、この番組の、レトリックを多用した「トーキング・ヘッド型」と「編集型」ドキュメンタリーの混淆スタイルという性格を考えるならば、作り手の意図や狙いが容易に反映されやすいことも前に指摘した。

重要なことは、この番組のナラティブのヘゲモニーには、今井本人のライフ・ヒストリーが深く関わっていることが推察されることである。今井は、『プロジェクトX—挑戦者たち—』の成功で一躍、寵児となるほど世間の注目を集め、講演会やインタビューで引っ張りだこになるが、番組終了から五年を経て自ら著した後日談・自伝風の回想録（今井 2010a）、および自伝的小説（今井 2010b）では、他ならぬ今井本人が元々は「窓際族」であったことが告白されている。

今井は、「私の肩書を見て、外部の人たちはエリートコースをひた走った男だと思ったようだが、事実は全く逆である。会社で最も出世の遅れたサラリーマンだった」（今井 2010a : 178）と告白している。

今井は、一九五六年（昭和三一年）に大分県佐伯市で生まれ、大学卒業後の一九八〇年（昭和五五年）にディレクターとしてNHKに入局する。今井は、「地域フランチャイズ放送要員」、すなわち九州の地域放送局「限定の放送にしか関われず、特定の例外を除いては東京へ上がることはない。定年までその地域で過ごす放送要員」（今井 2010b : 15）として採用され、若い頃は、「三流品のへっぽこディレクター」（今井 2010b : 33）の扱いを受けたと後年、述懐している。二〇代の頃、いくつかの地方局勤務を経た後に何とか東京に異動になるが、「そこは会社の中で、視聴率ゼロパーセントと揶揄されていた三流部署だった。仕事のトーンはがくりと落ちた」（今井 2010a : 24）と述べている。

その環境で「希望は打ち砕かれ、ろくな仕事は廻ってこなかった。やる気を失った人々に囲まれながら穴埋め番組のために時間を消耗する日々が続いた」（今井 2010a : 178）と述べ、「つまらない仕事は、本当につらい。自分が二流、三流人間になるのも嫌なら、怠惰な職場の雰囲気と同化してしまうのも耐えられない」（今井 2010a: 24-25）と振り返っている。

そうした若かりし頃の職場環境は、今井にとって不満だらけらしく、「新入社員が来ると酒を飲ませて、便器に顔を突っ込むのを趣味にしている者、アフリカの取材で風土病にかかった社員が労災認定の書類を出したとき、自分の責任になると署名捺印を拒否した上司、等々、振り返ると、ひどい出来事が随分たくさんあった」（今井 2010a : 67）という。今井の述懐は、いささか愚痴めいているため、どこまでが本当か定かではないものの、今井が若い頃「窓際」的な境遇にいながら不満を募らせたことは確かなのだろう。

そして入社してから管理職になるまでの昇級のプロセスも、同期の中では最も遅く、「そのままいけば定年間際に管理職になれるかどうか」（今井 2010a：179）さえ微妙だったと述べている。今井本人によれば、当時は「自分の中途半端さに不安を感じており、何とかせねばならないという焦燥もあり」、いつの日にか「誰もが息をのむような優れた番組を作りたい」ことばかりを祈り、試行錯誤する日々が続いたという（今井 2010a）。

ところが三五歳の時に転機が訪れる。自作の特別番組が文化庁の芸術作品賞を受賞したのを皮切りに自作番組が連続して評価を受けることになり、「とどめは『プロジェクトX―挑戦者たち―』」で「いつのまにか［昇進の］超特急に乗っていた」状態になり、『プロジェクトX―挑戦者たち―』の成功で特別職＝エグゼクティブ・プロデューサーに昇格する。この出世は、「管理職になるのも怪しかった時代を知る人事部の人間から、三〇〇〇人抜きだと言われた」（今井 2010a：186–187）ほど、異例中の異例の出世だったと述懐している。

今井は講演会やインタビューで必ずと言って良いほど、VHSビデオを開発した日本ビクターの高野鎮雄に触れ、「今は苦しくとも頑張ろう」（今井 2010a：84）と読者や聞き手に呼びかけるのだが、このように今井本人のライフ・ヒストリーを思えば、今井の高野への思い入れは十分理解できよう。今井は、「会社のお荷物」とされた状況から劇的に状況を打破して、いわば「捲土重来」を果たしたとされる高野の人生を自分に重ねているのである。

高野自身が実際は「窓際族」であったかどうかは、本章で議論したように実は疑わしい。だが自身が告白していることから明らかなように今井本人は元々「窓際族」であったのだろう。そして若かりし頃に組織のありようへの不満を募らせていたのだろう。

本当は、「窓際族が世界規格を作った」のではなく、「窓際族が世界規格を作った」とする想像上のナラティブを構築し、世に発信することで、元「窓際族」＝今井が世間の寵児となったのである。その番組ナラティブは「幻想」かもしれないが、それは作り手・今井の願望であり、「失われた二〇年」の時代に生きる多くの「普通」の国民の願望でもあった。そうであるからこそ、『プロジェクトX―挑戦者たち―』は、「国民の神話」となったのである。

だが、『プロジェクトX―挑戦者たち―』は次第に「ワンパターン」、「マンネリ」が指摘されるようになると共に、過剰演出がたびたび批判され、二〇〇五年五月には、いわゆる「やらせ」が社会問題化し[35]、同年一二月二八日、五年九か月にわたる長い放送に幕を閉じた。

## 『ALWAYS 三丁目の夕日』と『プロジェクトX―挑戦者たち―』をつなぐもの

二一世紀の「昭和ノスタルジア」関連の映画やテレビドラマでは、「異端」、「窓際族」、「アウトロー」などへの共感は顕著に見られ、一方で、経営者、権力者、エリートは、権威的で保守的なものとして批判の対象となるのは『プロジェクトX―挑戦者たち―』に限らず、むしろ主流でもある。

前章で考察した『ALWAYS 三丁目の夕日』シリーズで、作家であるものの駄菓子屋で生計を立てている主人公の茶川竜之介と大実業家の川渕康成の間で敵対性が構成されるが、淳之介が実の父親である川渕ではなく茶川を選ぶことで茶川がヘゲモニーのナラティブが構成されていることは、今更繰り返すまでもないだろう。

『プロジェクトX―挑戦者たち―』と『ALWAYS 三丁目の夕日』という、それぞれ同時に語られることの少ない、二一世紀初頭の「昭和ノスタルジア」を代表する二つの作品に共通するのは、固定的な「昭和」そのものへのストレートな憧憬とは、いささか異なる欲望のベクトルである。

『ALWAYS 三丁目の夕日』シリーズは、しばしば「古き良き時代」における「人情」「夢」が巧みに描かれているという語り口によって批評言説空間の中で高く評価されてきた。時には、こうしたロジックを一歩進めて、現代を批判するためにこの映画が持ち出されることさえあり、そこでは当時と現代との間で鋭角的な敵対関係が構成されていた。『プロジェクトX—挑戦者たち—』も、「今は失われた昔の日本人の努力と真剣さ」が表現されていることが高く評価され、それゆえに四年連続で日本PTA全国協議会で「子供に見せたい」番組の第一位に選出されもした。

しかしながら、これらの映画や番組のナラティブのヘゲモニーは、そうした言説空間のヘゲモニーとはいささか位相を異にしている。これら二一世紀初頭の「国民的テレビ番組」「国民的映画」は、共に戦後のクライマックスである高度経済成長期前後の戦後発展の、「企業利益優先」「日本型企業システム」に代表されるありようへの現代の視点からの何がしかの不満や批判であると共に、そうした「現実」の近過去の記憶の修正への欲望からの意味介入と考えられる。

ナラティブの造型を通して記憶へのクリティカルな交渉を行うことで、オルタナティブなものとして今の時代に支持を得られるであろうような敵対性の対立図式が注意深く構築されるのである。想像上のアンチ・ヒーローがヘゲモニックな物語が紡ぎ出されるのは、そのためであろう。

それは多くのジャーナリズムや知識人の言説が「昭和ノスタルジア」の大衆メディア・文化作品について語るような、当時が「古き良き時代」であるがゆえに、その「古き良き」ありようを再現したものでは決してなかろう。また、それはいわゆる「美化」ともいささか異なる。そうではなくて、現在を規定することもある近過去の経験と記憶への何らかの不調和から、その「修正」を欲望するクリティカルな身体性から生まれた、存在論的条件に対する想像上の表象のありようの現在形の一種なのである。

ただし、注意すべきなのは、本章のように、大衆メディア作品が高度経済成長期前後の技術開発＝戦後の「光」についての神話的なナラティブを造型する際、同時に、東京湾内湾漁業の衰退、漁師の漁業権の放棄のような戦後の「影」の部分を覆い隠し、縫合してしまうこともあることである。だが「影」のない「光」などむろんのこと存在しない。「光」には必ず「影」が伴うからである。それは「一切の対象性の限界の経験」（ラクラウ＆ムフ 1985＝1992：195）である点で存在論的な宿命とも言うべきものであり、それはまさしく敵対性の次元なのである。

「昭和ノスタルジア」の大衆メディア・文化作品には、戦後の「光」ではなく、「影」そのものに焦点をあてた作品も少なからず存在している。そうした「影」を扱ったナラティブの敵対性の構成とヘゲモニーのありようを検証することは、二一世紀初頭の「昭和ノスタルジア」の多様なポリティクスについての、より立体的な理解に導いてくれるだろう。

次章では、それを試みるために、戦後の「影」、「負」の遺産とも言うべき、エネルギー革命の犠牲者である炭鉱地域を描いた映画『フラガール』を中心に考察を行う。

# 第6章 「陰画」の交錯——戦後の「闇」、偶発的な節合と炭鉱映画の系譜学——

## ——『フラガール』——

社会学者フレッド・デイヴィスは、映画とノスタルジアの関係を論じ、一般的に映画が特定の過去の時代を「リアル」に描きすぎると作品としては面白みに欠けるため、失敗すると述べている。つまり、「これらの映画が体現しているようなメタファーの豊かさに欠けたハイパーナチュラリズムは、過去へのノスタルジックな感覚を引き起こすよりも、むしろ出来事を現在をほんの少しゆがめたものに過ぎないように見せてしまう」（デイヴィス 1979＝1990：129）のである。

換言すれば、過去を描きながら過去そのものと一定の距離を置き、「現実」とはいささか異なるメタファーで装飾された時空間が造型されていることが、ノスタルジア映画が人々の支持を得る条件と言えるかもしれない。

デイヴィスは、そうした欧米のノスタルジア映画の成功例として、『突然炎のごとく』（1962、フランソワ・トリュフォー監督）、『俺たちに明日はない』（1967、アーサー・ペン監督）、『ラスト・ショー』（1971、ピーター・ボグダノヴィッチ監督）、『フェリーニのアマルコルド』（1973、フェデリコ・フェリーニ監督）などを挙げている。

一方で、著名なアメリカ映画の『アメリカン・グラフィティ』（1973、ジョージ・ルーカス監督）、『ひとりぼっちの青春』（1969、シドニー・ポラック監督）、『追憶』（1973、シドニー・ポラック監督）などは、当時の時代を「あまりに正面切って尋ねすぎたため」失敗したと指摘している（デイヴィス 1979＝1990：129）。「昭和ノスタルジア」映画の中でも商業的に成功した作品は、おそらくは当時を「正面切って尋ねすぎず」、多彩なメタファーを凝らすことで近過去についての修正的な歴史ナラティブの造型を図っていることが人々の支持の背景にあると思われる。実際、前章までに議論した映画やテレビ番組もそうであった。

これらは、「昭和ノスタルジア」のポピュラーカルチャーが、その対象としている高度経済成長期前後の時代へのストレートな憧憬とはいささか異なり、むしろそうした「現実」の過去への何らかの不調和を含意し、ジャーナリズムや知的言説で語られる「昭和ノスタルジア」についてのヘゲモニーのありようとの間に差異が存在する可能性を示唆している。

本章では、これらの事情を踏まえながら、「昭和ノスタルジア」のポピュラーカルチャーのナラティブと敵対性を異なる角度から検証を行うために、シネカノン制作・配給で李相日監督による二〇〇六年のヒット映画『フラガール』を考察する。『フラガール』を取り上げるにはいくつかの理由がある。

第一に、前章で考察したNHK番組『プロジェクトX―挑戦者たち―』が戦後の「正」の遺産、高度経済成長期の「光」を特徴づける技術革新、技術開発を取り上げているとするならば、映画『フラガール』は、エネルギー革命の犠牲者である炭鉱地域という戦後の「負」の遺産、高度経済成長期の「影」を描いている点で、前章との比較参照が少なからぬ意味があるからである。戦後の「正」と「負」というそれぞれの位相差がナラティブやそこでの敵対性の構成とどのように関係するか、いかなる差異と相同性が見出せるかは考察の際の重要なポイントとなるだろう。

第二に、第4章で考察した映画『ALWAYS 三丁目の夕日』シリーズ、『東京タワー——オカンとボクと、時々、オトン——』、第5章の『プロジェクトX——挑戦者たち——』はいずれも東京などの都会、およびそこでの出来事が表象対象であったが、映画『フラガール』の場合、東北の炭鉱地域という地方が舞台であることである。とりわけ『ALWAYS 三丁目の夕日』シリーズや『東京タワー——オカンとボクと、時々、オトン——』が、東京タワー周辺という首都東京の中心部を舞台にした記憶のナラティブであるため、昭和四〇年代初頭の、閉山と失業に怯える福島県の炭鉱地域を対象化した『フラガール』の場合、その記憶のナラティブのありようが、ローカリティ、または「周縁性」などとどう関連し、またナショナルなもの、「中心的なもの」といかなる関係性に置かれ、それらがナラティブのヘゲモニーにいかなる形で結び付けられているかなどが問題となろう。

第三に、映画『フラガール』では、主に男たちを中心にした炭鉱労働で支えられていた地域に、フラガールという若い女性の身体表現による労働が持ち込まれることから、ジェンダー的な観点からの分析と考察の可能性が開かれることである。映画の作り手のポジショナリティも考慮に入れながら、何らかのジェンダー・ポリティクスがナラティブに織り込まれるのか、もしそうだとするならば、そのジェンダー・ポリティクスと先に挙げた第一、第二のポイントがどのように結び付けられながら、ナラティブがヘゲモニー化されるか、またいかなる敵対性が構築されるかが考察の対象になるだろう。

## 1.『フラガール』と炭鉱映画史

## 独立プロ映画としての『フラガール』の快挙

二〇〇六年の映画『フラガール』は、『ALWAYS 三丁目の夕日』シリーズ、『東京タワー―オカンとボクと、時々、オトン―』と並んで、二一世紀の「昭和ノスタルジア」映画を代表する作品である。映画『フラガール』は独立系映画会社の制作であったため、これらの作品のような大手の映画会社の制作・配給ではなかったにも拘わらず、口コミで噂が広がり、全国の劇場でロングラン興行がなされ、最終的には一二五万人の観客を動員する大ヒット映画となった。

『フラガール』は観客からの支持のみならず、評論家からも高く評価され、二〇〇六年度の日本アカデミー賞最優秀作品賞を含む五部門を独占受賞した。日本アカデミー賞は、二〇〇五年度の『ALWAYS 三丁目の夕日』に続いて、二年連続で「昭和ノスタルジア」映画が最優秀賞を独占したことになる。（翌二〇〇七年度のアカデミー賞最優秀賞も『東京タワー―オカンとボクと、時々、オトン―』が受賞したため、結果的には、三年連続で「昭和ノスタルジア」系の映画が最優秀賞を受賞したことになる。）

加えて『フラガール』は、西川美和監督の『ゆれる』、山田洋次監督の『武士の一分』、中島哲也監督の『嫌われ松子の一生』などの他の有力作をおさえて、『キネマ旬報』誌の評論家選出および読者選出のベストテンの両方で、二〇〇六年の日本映画のベスト1に選出された。これは、『ALWAYS 三丁目の夕日』や『東京タワー―オカンとボクと、時々、オトン―』も獲得できなかった栄誉である。

独立系映画会社の手で作られた『フラガール』の快挙は強調しておいて良い。この映画が公開された二〇〇六年は、国内の年間映画興行収入のシェアにおいて二一年ぶりに日本映画が外国映画を上回った。二一世紀に入ってから「日本映画バブル」と言われ、製作本数、興行成績においても日本映画は活況を呈し始めていたが、しかしながらそれは日本映画界が全般的に底上げされたというよりも、ひとえに映

■6－1　映画『フラガール』（李相日監督・シネカノン・2006年）のポスター（『いわきの産業遺産ガイド』より）

画会社の東宝一社の活躍によるところがあった。『フラガール』が公開された二〇〇六年、東宝が公開した二七本中一五本が興行収入一〇億円を超え、東宝は過去最高の約五八八億円の興行収入を上げるに至った。そのため、「日本映画バブルは、東宝映画バブルと限りなくイコール」（金澤 2007：502）に近い状況だったのである。（ちなみに、『ALWAYS 三丁目の夕日』シリーズも東宝配給の映画である。）二〇〇六年も興行収入ベストテンのうち一〇本中八本を『ゲド戦記』『LIMIT OF LOVE 海猿』などの東宝配給映画が占めるなど、東宝一人勝ちの様相を呈しており、その一方で独立プロ系の映画は、シネコンによる上映がシステムとして定着する映画産業においては上映館を見つけることが必ずしも容易ではなかった。

加えて、映画会社のみならず、テレビ局、広告代理店、新聞社、出版社、商社などが参加する製作委員会方式の映画制作が近年主流だが、この製作委員会方式も東宝が先鞭をつけ、東映や松竹が追随して広まったものである。製作委員会方式では、とりわけテレビ局が主導することが多く、『フラガール』が公開された二〇〇六年の興行収入トップ一〇作品は全てテレビ局が関わっていた。そのため、日本映画が活況を呈しているように「表層的に見えるムーブメントと実態が乖離している」（金澤 2007：502）一面もあるのだ。

そういう意味で、『フラガール』がシネカノンという独立系映画会社による製作で、しかもそれほど大きくない公開規模であるにも拘わらず一四億円の興行成績を収めるヒット作となり、この年の映画賞を独占する高い評価を獲得したことは、映画産業を取り巻く背景を考えると注目に値しよう。しかも映画の題材は、昭和四〇年前後の東北の炭鉱地域の再生という「地味な」内容でもあった。

## 『フラガール』のストーリー

『フラガール』のおおよそのストーリーは、以下の通りである。映画の設定は、一九六五年（昭和四〇年）頃の福島県常磐炭鉱周辺の町である。それまで日本では、石炭がエネルギー需要の主役であり、戦後復興においても石炭は重要な役割を果たしてきたが、一九六〇年代には、輸入品に比しての国内の石炭の価格の高さに加えて、石炭の「直接的な競合商品」（吉村 1984 : 346）である石油への需要が高まり、炭鉱の閉鎖が相次いでいた。

首都圏に近く、本州最大級の規模を誇った常磐炭鉱も危機的な経営状態に陥り、炭鉱労働者の大量解雇を迫られていた。炭鉱会社の経営陣は、遅かれ早かれ閉山を迎えざるを得ない事態になることを見越して、新しいビジネスのあり方を模索し始める。

そうした状況下で、経営陣は、地元の温泉を利用したリゾート施設の建設を思いつく。その結果、炭鉱会社は、ハワイをイメージしたエキゾチックな雰囲気を前面に打ち出した巨大レジャー施設・常磐ハワイアンセンターを建設する。炭鉱会社は、ハワイのフラダンスのショーをこの施設の売り物にするために、ハワイでフラダンスを学んだ後、プロの舞踊集団・SKDでのキャリアがあるフラダンサー平山まどか（松雪泰子）を東京から招き、地元の娘たちへのダンスの特訓を依頼する。

まどかは特訓を行うものの、地元住民は炭鉱を営んできたプライドから、炭鉱を閉山してレジャー施設を建設することに猛反対する。しかも、フラダンスを習う地元の娘たちの親は、フラダンスへの偏見から、娘がまるで裸を晒す水商売まがいの商売をするのではないかと訝る。しかしながらその後、まどかの懸命な指導によって娘たちが真剣にフラダンスを習得する姿に町の人々の偏見は徐々に消えていく。映画の最後は、ハワイアンセンターでのフラダンスが大成功し、危機に陥る炭鉱の町の再生を暗示して終わる。

## 「エネルギー革命」の犠牲者

内容に踏み込む前に、最初にも少し触れたが、まず映画『フラガール』の外形的な特徴を整理しておきたい。それらの特徴は、本章での分析と考察のポイントと密接に関係しているからである。『フラガール』で最も重要な点は、石炭から石油や天然ガスへと燃料の主役が交代する戦後のエネルギー革命の犠牲者である炭鉱地域を取り上げた映画であることである。

戦後のエネルギー革命は、そもそも産業、運輸の発展の要請によるもので一九六〇年代から急速に進行したため、内容的にも時期的にも高度経済成長期と重なっている。前章で議論したような技術開発、技術革新がそうしたエネルギー革命によって支えられたものであったのに比し、炭鉱地域はエネルギー革命の犠牲者と言えるものであったため、それは戦後の「正」と「負」の側面、高度経済成長期の「光」と「影」の対照を成している。

後述するが、映画史には戦前から炭鉱地域を描いた、炭鉱映画とでも言うべき映画の系譜があるが、エネルギー革命によって石炭産業の地位が急低下した後、それに比例するかのように日本の炭鉱映画は廃れていった。しかしながら、二一世紀に入ると、いくつかの炭鉱映画が作られ、昭和三〇年代、四〇年代の炭鉱地域が対象化されているのは注目に値する。

『フラガール』の他に、辻内智貴原作で平山秀幸監督による昭和三〇年代の福岡の炭鉱を描いた『信さん・炭坑町のセレナーデ』(2010)、同じ年に公開された佐藤泰志原作で熊切和嘉監督による北海道の空想上の炭鉱都市・海炭市(モデルとロケは函館市)を舞台にした『海炭市叙景』(2010)、さらにはドキュメンタリー映画ではあるものの、一九九七年に一五〇年の歴史を閉じた九州の三井三池炭鉱を描いた熊谷博子監督の『炭都シンフォニー』シリーズ(2002)、『三池 終わらない炭鉱の物語』(2005)など、ちょっとした「炭鉱映画ルネサンス」が二一世紀に入って起きている。『フラガール』は、そうした炭鉱を描いた二一世紀初頭の映画を代表するものである。

第4章で議論した『東京タワー――オカンとボクと、時々、オトン――』も前半の、主人公が上京する前の幼少期の舞台が、一九六〇年代の筑豊の炭鉱地域であったことも考え合わせると、近年の映画界が炭鉱地域に視線を注ぐ機会が少なくないのは決して偶然ではないと思われる。本書で『フラガール』の分析を通して、エネルギー革命の犠牲者である炭鉱地域という戦後の「負」の遺産、高度経済成長期の「影」が映画の中でいかなるナラティブとして織り込まれているかを考察するのは、そのためでもある。

### 「ふるさと」「地方」イメージ

『フラガール』のもう一つの特徴は、『ALWAYS 三丁目の夕日』シリーズや『東京タワー――オカンとボクと、時々、オトン――』と異なり、この映画が地方(福島県いわき市)を舞台にしている点である。ノスタルジアをめぐる日本のポピュラーカルチャーでは、「ふるさと」のイメージがナラティブ構成において重要視されてきた歴史的系譜があり、出生の場所、幼少期を過ごした場所としての「ふるさと」

を「国家に結びつけることで、ローカリズムとナショナリズムを接続する」（Robertson 1991：35）ことを可能にしてきた。

実際に、「昭和ノスタルジア」映画の中でも「ふるさと」イメージが前景化させられたものは決して少なくはない。伊勢正三が作詞・作曲した曲『なごり雪』をモチーフに、大林宣彦監督によって映画化された二〇〇二年の映画『なごり雪』では、幼馴染みの妻が交通事故で危篤との知らせで、二八年ぶりに故郷の大分県臼杵市に帰郷した主人公（三浦友和）の青春時代の回想が綴られる。

第一五回日本映画批評家大賞を受賞した『カーテンコール』（2005、佐々部清監督）では、山口県下関市を舞台に、昭和三〇年代から四〇年代にかけて存在した映画館の幕間芸人（藤井隆）の人生が描かれた。『この胸いっぱいの愛を』（2005、塩田明彦監督）では、百貨店に勤める主人公（伊藤英明）が幼少時を過ごした福岡県北九州市を出張で訪れたことをきっかけに、奇妙な形で二〇年前の自分自身と出会うことになる。

他にも、漫才師の島田洋七（元B&B）のベストセラーとなった自伝的小説を原作とし、幼少期に佐賀に住む祖母に預けられた主人公と祖母の生活を描いた『佐賀のがばいばあちゃん』（2006、倉内均監督）、およびそのヒットを受けて、原作者の島田洋七本人が監督した『島田洋七の佐賀のがばいばあちゃん』（2009、島田洋七監督）をはじめ、「昭和ノスタルジア」映画には、『ALWAYS 三丁目の夕日』などの都会を舞台にしたものとは異なる「ふるさと」、地方を舞台にした作品群が少なからず存在する。『フラガール』は、これらの映画の代表的な作品である。

これらの映画に共通しているのは、地方が都市との対比、とりわけ中心に対しての周縁の記号性を付与されていることと、しばしば、現在は東京などの都市に暮らす主人公のかつての「ふるさと」として表象されることで、「現在＝都市生活」に対する「過去＝地方」のイメージが与えられ、現在との時間差がナラティブの中に有意味なものとして織り込まれ、ある出来事を通して過去の罪責、過ち、喪失などについての反省や教訓が示されることである。

本章で『フラガール』を考察する際には、地方が国家などのナショナルなもの、また都市との間にどのような関係性が構築されるかと共に、表象対象とされているものと現在との時間差の持つ意味がナラティブにいかなる形で織り込まれるかも見逃されてはならないだろう。

映画『フラガール』のもう一つの重要な特色は、この作品が実話に基づいていることである。『東京タワー──オカンとボクと、時々、オトン──』も実話がベースとされているが、それはあくまでも原作者リリー・フランキーの個人のライフ・ヒストリーであった。『フラガール』の場合は、実際にあった、不況にあえぐ炭鉱の町の再生を題材にしている。

## 「正統的娯楽映画」としての評価と、批評のジェンダー的差異

映画『フラガール』は、なぜ広範な支持と高い評価を勝ち得たのだろうか。批評家や評論家らはこの映画に何を読み込んだのだろうか。前述したように、この映画は、二〇〇六年の雑誌『キネマ旬報』年間ベストテンの第一位に選出されている。評論家によるベストテン選出理由を掲載した二〇〇七年二月下旬の特別号の紙面での数ある評論の言説から読み取れるのは、この映画が評価されたのは、「正統的な娯楽映画」としての水準の高さゆえとされたことである。

大森望（翻訳家）「実話をもとにした娯楽映画の王道」、佐藤忠男（映画評論家）「非常に正統的な作り方」、高橋聡（大阪日日新聞編集委員）「映画的カタルシスはまた圧巻だった」、恩田泰子（読売新聞記者）「踊りの楽しさをたっぷり盛りこみつつも、登場人物の心の機微をきっちり見せ、時代を超えた普遍性を持つみずみ

ずしい娯楽作」、土屋好生（読売新聞記者）「ここには笑いあり哀しみあり、映画に必要なすべてがそろっている」などの言葉がそれを端的に物語っている。

一方で注目されるのは、映画『フラガール』の評価における評論家のジェンダーに差異を見出すことができることである。男性評論家に比して女性評論家のこの映画への評価は高いのである。この年の『キネマ旬報』ベストテンを選出した男性評論家・記者は四五人いるが、『フラガール』に票を投じたのは二八人であった。一方で、女性評論家・記者は一五人のうち三人を除く一二人が『フラガール』をベストテンに票を投じている。

興味深いのは、女性評論家、記者が、映画の中で描かれたフラガールら女性・娘たちの「たくましさ」「元気」「意地」を評価の対象としていることである。内海陽子（映画評論家）「娘たちの意地と興奮が伝染する」、大竹洋子（東京国際女性映画祭ディレクター）「時代性と社会性を備え、かつ元気溌剌」、木村啓子（共同通信社文化部記者）「直球勝負で、心に迫った」、林冬子（映画評論家）「たくましく生きる女性たちを描いた作品」などの言葉は、それを物語っていよう。一方で、男性の評論家で、この映画をフラガールら女性・娘たちと関連付けて評価しているのは、川本三郎（評論家）による「女の子たちのけなげさ」との短い言葉しか見つけることができなかった。

むろんのこと、映画を論じる者の言説を論じ手のジェンダーと安易に結びつけるのは危険であろう。しかしながら、本章で分析するように、映画『フラガール』には、ナラティブ構造の奥深くにジェンダー的価値が埋め込まれており、ジェンダー・ポリティクス抜きにこの作品を考えることができないのも事実であり、そういう意味からは、男性よりも女性評論家にこの映画が高く支持された点は重要だと考えられる。

しかしながら、一方で『フラガール』について、ジェンダー的視点からのメタ・レヴェルでの批評的解読は評論家らの言葉から見出すことはできなかった。また、この映画の炭鉱映画史の系譜上での位置づけや、映画設定当時（一九六〇年代）の「現実」の炭鉱事情との比較・参照などについて議論された痕跡も見られなかった。

これら批評言説のありようと映画のナラティブにはいかなる差異があるのだろうか。本章では、映画『フラガール』が「正統的な娯楽映画」として高評価を得ていることを念頭に置きつつも、映画『フラガール』がそのナラティブにおいていかなる敵対性を構成し、どのようなヘゲモニーのナラティブを造型しているか、予断を排して詳細な考察を行いたい。

結論をやや先取りするならば、この映画は強固な敵対性のドラマを構成しているのだが、それは例えば前章で議論した『プロジェクトX―挑戦者たち―』で見られた日本型企業システムへの批判と「普通の個人」の称揚のような、幾分図式的な敵対性のありようとはいささか異なっている。この映画は、ジェンダー的要素など作り手のライフ・ヒストリーも複雑に絡み合った偶発的な節合による敵対性の空間が独自の方法で構築されていることから、娯楽作ではあっても「正統的」ではなく、むしろ異形とも言うべき相当な「異色作」なのである。

## 日本の炭鉱映画史―同時代の「暗部」として―

炭鉱は、戦前戦後を通して数々の映画の表象の対象となってきた。とりわけ一九五〇年代後半以降は、炭鉱不況を反映して炭鉱の閉山や廃坑が現実問題となり、貧困、失業やストライキなどで苦悩する炭鉱地域の人々の姿がしばしばクローズアップされた。

一九五九年（昭和三四年）に作られた今村昌平監督の出世作である日活映画『にあんちゃん』は、一〇歳の少女の日記体の手記を原作としたもので、佐賀県の炭鉱の町で炭鉱労働者の父親を亡くした四人の兄妹が苦しみながらも力強く自分たちの人生を模索する姿が描かれている。人間の原初的エネルギーの発露の表象にこだわった初期の今村映画にとって、当時の炭鉱の場に生きる大人や子供たちの生々しい身体は格好の表象対象だったに違いない。

しかしそれだけではなくこの映画では、当時の佐賀県の弱小炭鉱で失職と閉山におびえる人々の苦悩がオールロケのリアルな映像によって鮮烈に捉えられていた。この映画が「生活記録映画」（大黒 1959：75）と評されるように、子どもの視線から、閉山、解雇、自殺、組合運動のシビアな現実はむろんのこと、栄養失調や赤痢の発生で苦しむ住民の困窮ぶりまでもが描写されていたことから、当時の映画が炭鉱を同時代の重要な社会問題として捉えていたことが分かる。

『にあんちゃん』の三年後の一九六二年（昭和三七年）には、安部公房原作・脚本で勅使河原宏監督によって、ATG（日本アート・シアター・ギルド）による初めての日本映画『おとし穴』が作られた。この映画は、失業した北九州の炭鉱労働者の主人公（井川比佐志）がたまたま炭鉱の労働組合の組合長と顔が瓜二つだということから、謎の殺し屋（田中邦衛）によって殺害されることから始まる。殺された後もこの男は幽霊となって終始、画面に現れて主人公であり続ける。殺し屋がこの殺人後に画策した情報操作によって、結局、対立し合う労働組合長同士が泥沼で決闘する羽目になり二人とも絶命して映画は終わる。

映画『おとし穴』では、勅使河原特有のアヴァンギャルドな映像世界が前景化しているが、勅使河原本人がこの映画について、「観客の目を幽霊が代行して現実直視の媒介となっています」（小倉 1962：54）と語るように、謎めいた殺人が、炭鉱労組の内部分裂を誘導することで漁夫の利を得ようとする資本家、経営者の指示で行われたことを示唆することで、社会問題としての炭鉱問題の鋭い告発を行っていた。

この映画が作られる前の一九五九年（昭和三四年）から六〇年（昭和三五年）にかけては、福岡県で三池争議があり、映画の翌年の一九六三年（昭和三八年）一一月一九日には、三井三池炭鉱で死者四五八人を出す戦後最大の炭鉱爆発事故が起きた。大規模事故の原因の一つが、三池争議による労組の敗北による過度な合理化政策のための一人当たりの過剰労働であるとする声もあったことから、[36] 映画『おとし穴』で描かれた、労組分裂を狙って漁夫の利を得ようとした資産家への告発のドラマは、不条理劇でありながらも、同時に現実的にも生々しいリアリティを持っていた。

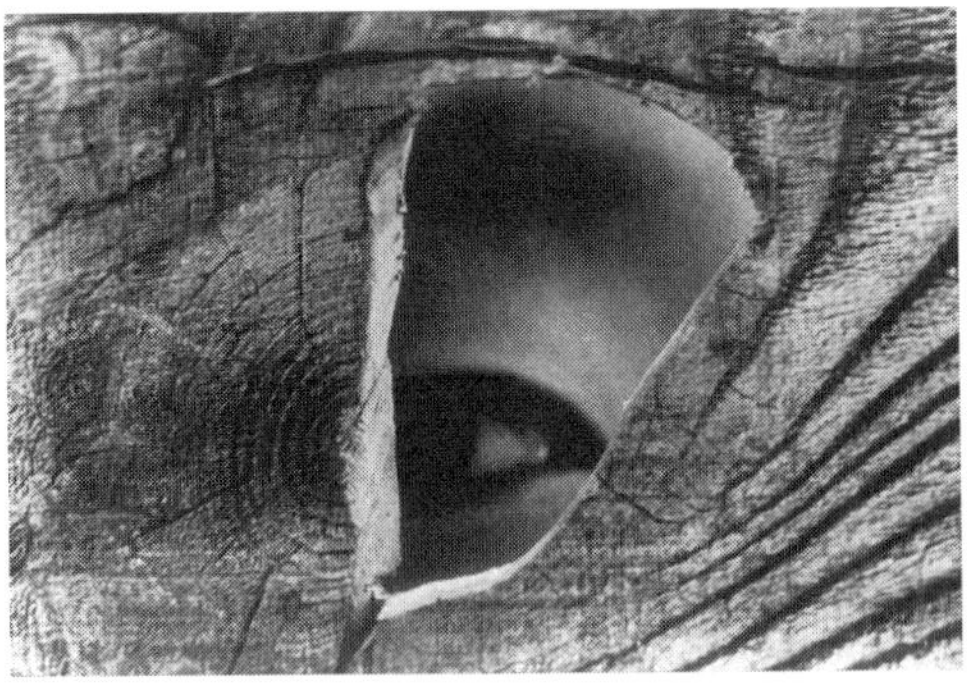

■6－2　映画『おとし穴』（勅使河原宏監督・ATG・1962年）のシーン（『勅使河原宏の世界』DVD コレクションの中のパンフレット）

また、映画史家の四方田犬彦は、『おとし穴』の中の炭鉱が、「単に人間の欲望と救済への情熱が交錯する煉獄とした以上に、人間の生と死の境界が具体的に露にされる限界状況」（四方田 2012：11）として描かれると指摘しているように、炭鉱が数ある社会問題の単なる「ワン・オブ・ゼム」ではなく、存在論的な場とされていたことにも留意しなければならないだろう。

逆説的に言うならば、映画が作られた一九六〇年代前半は、炭鉱がそのようなものとして表象化されることがリアリティを持ちえた時代であったことを示唆してもいる。非商業的な映画の制作・配給を目指すことで設立され、一九六〇年代、七〇年代の日本映画史に重要な貢献をすることになるATGの、記念すべき日本映画制作の第一作が炭鉱問題を取り上げた点もそれを物語っていよう。

『おとし穴』の八年後の一九七〇年(昭和四五年)の山田洋次監督の松竹映画『家族』は、既に炭鉱の閉山が各地で行われ、炭鉱地域の住民が炭鉱以外の人生の活路を求めざるを得ない時代背景を反映していた。この映画の家族は長崎県の炭鉱での生活に見切りをつけて、新天地の北海道で酪農を営むことを夢見て列島を南から北へ縦断する。

列車での長い旅の道中で、北九州の八幡製鉄所、徳山の大コンビナート、開催中の大阪万博、大阪や東京の雑踏などを通り過ぎ、さらには東北での移動を経て、室蘭本線から根室本線に乗り換え、家族はようやく開拓地に辿り着く。しかしながら家族は、道中の東京で赤子を急病で失い、北海道の開拓地に到着した直後には、一家の最長老の源蔵(笠智衆)が亡くなる。

映画『家族』では、閉山後の炭鉱労働者家族に待ち受ける理想は幻想に過ぎないことを知らしめる悲劇的内容を、日本列島縦断のロード・ムービーの形式で描くことによって、映画の批判の矛先は当時の日本社会の構造的な矛盾に向けられていた。

一九五九年(昭和三四年)の『にあんちゃん』、一九六二年(昭和三七年)の『おとし穴』、一九七〇年(昭和四五年)の『家族』が作られたのは、それぞれ高度経済成長期の初期から到達点の時期に重なるが、ここで重要なことは、炭鉱問題が、当時を代表する映画監督らの手によって、目覚ましい経済発展をしていた同時代の「暗部」、「負」を象徴するものとして捉えられていたことである。

一九七〇年代以降は、炭鉱の時代が遠のいていった時代の事情に比例し、炭鉱の問題は映画で対象化される機会は減少し、アクション映画やヤクザ映画などの娯楽映画で、炭鉱不況などが問題化されない形で炭鉱の町が単なる舞台設定として選ばれるに過ぎなくなっていった（友田 2010：24）。近年は、ドキュメンタリー映画や一部の劇映画を除けば炭鉱は、映画の主題からも舞台からも周縁化されている。

もっとも、『フラガール』以外にも二〇一〇年には、『信さん 炭鉱町のセレナーデ』（平山秀幸監督）、『海炭市叙景』（熊切和嘉監督）などの炭鉱を舞台にした二作の劇映画が公開された他、三井三池炭鉱を描いた『炭都シンフォニー』（2002）、『三池 終わらない炭鉱の物語』（2005）などのドキュメンタリー映画によって、炭鉱は二一世紀に入って再び注目を集めていることは、前述した通りである。

## イギリスの炭鉱映画とサッチャー政権

炭鉱が同時代の社会問題として長い間断続的に映画の主要な表象対象であり続けた数少ない国に、イギリスが挙げられる。イギリスでは、一九七九年からの保守党のサッチャー政権が、利潤と効率の追求を容赦なく進めたため、一九八〇年代には採算の合わない各地の炭鉱の閉鎖が断行された。

一九九〇年代には、こうした「サッチャー革命」の総括がイギリス映画界で多元的に行われるが、その中で炭鉱の閉山による貧困、失業の問題、さらには付随するコミュニティの荒廃などが重要な社会問題としてしばしば取り上げられた。

そうした炭鉱事情などを描いた一九九〇年代の主な映画としては、マーク・ハーマン監督の『ブラス！』（1996）、ピーター・カッタネオ監督の『フル・モンティ』（1997）、スティーブン・ダルドリー監督の『リトル・ダンサー』（2000）などが挙げられ、どれも地味な題材ながら国内のみならず世界的にも高い評価と人気を得ているのは注目に値する。[37]

これらのイギリス映画に共通するのは、閉山や失職などの厳しい現実に直面した炭鉱地域の人々の苦悩を描きながら、同時にその解決への道筋を炭鉱労働と類似の別の職業（例えば工場労働）で見出すのではなく、いささか奇想天外なものと節合し、その中に発見する点である。『ブラス！』の場合は炭鉱労働者らのブラスバンドであり、『リトル・ダンサー』の場合はバレエであり、『フル・モンティ』の場合は失職中の男六人が男性ストリップ・ショーに出演するという奇抜なものであった。とりわけ、『フル・モンティ』は男性ストリップという異色なものを扱いながら、英国アカデミー賞最優秀作品賞、主演男優賞の受賞、ヨーロッパ映画賞の最優秀作品賞の受賞、さらにはアメリカのアカデミー賞でも作曲賞を受賞するなど高い評価を得た。

サッチャー政権は、同性愛者の権利拡大は伝統的なイギリス社会の価値観を崩壊させるとして、公的な場、特に学校での同性愛の助長を禁止する地方自治体法二八条を一九八八年に制定して物議を醸したことがある。『フル・モンティ』で描かれる失職中の男六人が男性ストリップで人生を切り拓くナラティブは、そうしたサッチャー政権のあり方への痛烈な風刺なのである。

一九八〇年代から九〇年代にかけてのイギリス映画には、同性愛の男性を主題にしながらも高い評価を得た傑作が少なくないのもそうした社会的背景がある。代表的なものは他に、共産主義と同性愛への共感を示すことで新自由主義のサッチャー政権への批判を暗示したマレク・カニエフスカ監督の『アナザー・カントリー』（1984）、同性愛が犯罪とされていた二〇世紀初頭のイギリス・ケンブリッジ大学を描いたE・M・フォースター原作でジェームス・アイヴォリー監督による『モーリス』（1987）、コインランドリーを開店した「サッチャーかぶれ」のパキスタン移民の息子とその友人が父親の思惑とは裏腹にビジネスパートナーの関係を飛び越えて同性愛に陥る皮肉を描いたスティーブン・フリアーズ監督の

『マイ・ビューティフル・ランドレット』(1985)などが挙げられる。

これらの映画はどれも第2章で述べた「ヘリテージ映画」もしくはそれへのアンチテーゼとしての「反ヘリテージ映画」に分類されるものである。どの映画も、「同性愛＝異端＝革新」と「異性愛＝正統＝保守(サッチャー政権)」の間における敵対性がナラティブで構成されており、政治的な側面が強い映画群であったが、それぞれ高い人気と批評的評価を獲得してきた。

炭鉱映画と、「大英帝国ノスタルジア」と言うべく「ヘリテージ映画」やそれと対立する「反ヘリテージ映画」との間に連続性があるのは、イギリスの炭鉱が近過去や記憶の意味の交渉の対象として政治的な重要性を備えているからである。この点は、日本の「昭和ノスタルジア」映画の中に、『フラガール』のように昭和の炭鉱地域を取り上げる作品がいくつか存在していることと決して無縁ではなかろう。本書が『フラガール』のナラティブのポリティクスのありように注目するのはそのためでもある。


**英映画『ブラス！』と日本映画『フラガール』**

これらのイギリス映画の中で日本映画『フラガール』と密接な関係があるのは、『ブラス！』(1996)であろう。『ブラス！』と『フラガール』には物語構造上の共通点がある。『フラガール』がフラダンスのインストラクターを主人公にし、彼女と共に、指導を受けた素人の娘たちがダンスへのデビューを目指す点と、『ブラス！』がブラスバンドの指揮者を主人公に据え、彼の指導の下、炭鉱労働者らが自分たちのブラスバンドの全国大会での優勝を目指す点は、明らかに物語構造上の並行性が見られる。また、不況にあえぐ炭鉱の町のドラマを炭鉱そのものではなく、楽器やダンスという全く別の物と節合し、それを前景化させながら炭鉱地域の苦悩を象徴的に映し出す点も類似のナラティブである。

■6－3　映画『ブラス！』（M. ハーマン監督・イギリス・1996年）のDVDパッケージ（発売元：アミューズピクチャーズ株式会社／東芝デジタルフロンティア株式会社　販売元：アミューズソフト販売株式会社）

『ブラス！』でのブラスバンドのメンバーは、皆、解雇される炭鉱労働者たち本人であり、彼らは、借金に追われてパートタイムをしたり、家族と別れたりの苦悩を抱えており、新たな仕事を見つけるのが目下のところ重要なためブラスバンドを辞めたいという本心を抱いている。にもかかわらず、ブラスバンドのメンバーは練習に奮闘し、映画の最後では、ロンドンで行われる全国大会で優勝する。

ところが指揮者のダニーは、優勝後のスピーチで、イギリス全土で一四〇もの炭鉱の閉山を行い、二五万人もの失業者を出した政府、――明示はしないものの――サッチャー政権への批判を述べる。ダニーはスピーチで、「政府は産業全てをシステマティックに破壊した。私たちの産業だ。それは産業だけではない。私たちのコミュニティ、家庭、人生、それらすべてを進歩の名の下で破壊したのだ」と語り、優勝トロフィーの受け取りを拒否して映画は終わるのである。したがって、『ブラス！』の場合は、ブラスバンドを描きながらも、あくまでも、炭鉱の閉山が及ぼす広範な社会的影響を問題化することが主なテーマであることに間違いはない。

一方で、『フラガール』も炭鉱閉山の町を舞台にし、むろん炭鉱問題に触れてはいるのだが、それは背景のセッティングに過ぎず、あくまでもフラダンサーたちの成功物語が支配している。『ブラス！』がイギリスの同時代の一九九〇年代の社会事情を描いた映画であるのに対し、『フラガール』は、日本の四〇年前の過去を扱った映画である点でそもそも位相が全く異なることなどから、同列に論じることはむろん無理があろう。しかしながら、『フラガール』の物語上の軸足がフラダンスの娘たちに置かれるため、当時の炭鉱労働者の厳しい現実が周縁的にしか扱われていないのは否めないのである。

## 2. ナラティブの敵対性と炭鉱の構造的問題

### 『フラガール』における炭鉱問題の後景化

『フラガール』は、女性プロデューサー石原仁美が、常磐ハワイアンセンター（現在は名称がスパリゾートハワイアンズに変更されている）の設立経緯や、この施設が炭鉱の町を再生させたことをある時に知り、映画になると考えて映画化を企画したものである（北原 2007：66）。当初、石原は、不況の炭鉱の町がレジャー施設の町として蘇ったことについて、炭鉱会社の戦略を中心にした内容の、NHKの番組『プロジェクトX―挑戦者たち―』をイメージしたサクセスストーリーに仕立てることを考えていた。ところが調査を進めるうちに、石原はフラダンスのインストラクターとダンスを習う娘たちの懸命な努力も背後にあったことを知るようになり、映画のコンセプトを、彼女たちを中心にしたものに変更したという（『朝日新聞』二〇〇七年九月一五日（「be 週末 e1」他）。

しかしながらフラダンサーたちに焦点があてられることによって、炭鉱の構造的問題、それを踏まえての炭鉱会社の経営戦略のありようや温泉を生かした独創的な技術開発によるレジャー施設の建設、そして何よりも炭鉱労働者らの苦悩がナラティブ構成上、周縁化されている。フラガールらが主役となることで、炭鉱労働者たちの描写はサイドストーリーに過ぎなくなるのである。確かに、この映画は炭鉱労働者の解雇通告や、炭鉱事故での炭鉱労働者の死などを描いてはいるが、炭鉱を取り巻く厳しい現実そのものが主題ではない。

## 「巨大な底なし沼」―戦後の苛酷な炭鉱事情と失業―

日本では明治時代の近代化と共に、鉄道、船舶の輸送燃料および製鉄用原料として石炭が大量に使用されることになり、北海道、東北、九州などで炭鉱が開かれ、最盛期には全国に八〇〇以上の炭鉱があった。とりわけ戦時中の年間産出量は六〇〇〇万トン近くにも達した。

しかしながら戦時中の石炭需要がなくなった終戦後、全国の出炭量は急減する。その一方で、敗戦にともなう膨大な数の戦災、引き揚げ、帰還兵士、および戦時工業の崩壊などによって放出された失業者の受け皿として炭鉱は労働者を受け入れたため、戦前の一九三三年(昭和八年)には一〇万人足らずだった炭鉱労働者は、終戦三年後の一九四八年(昭和二三年)には四六万人に膨れ上がった(上野 1960 : 240)。

朝鮮戦争特需で一時的に需要は高まるが、その後は安価な外国石炭の輸入に加えて、中東やアフリカでの大規模油田の発見により石炭から石油へのエネルギー転換が顕著になり、一九六一年(昭和三六年)にピークを迎えた後、国内の石炭産業は衰退の一途を辿る。

日本の炭鉱労働者は、戦前から、一般産業従事者の賃金に比べて低賃金であり、なおかつ大手・中小炭鉱間の大きな賃金格差もあった。そして戦後になると炭鉱は、前述したように大量の失業者の受け皿となったため「社会保障の権利からまったく放置された停滞的・潜在的過剰労働力の存在」(吉村 1984 : 355 他)があった。

過剰労働力であることは、当然失業も招くのだが、実際、一九六〇年代以降の全国の炭鉱の閉山に伴う炭鉱労働者の失業問題は、実に深刻なものがあった。日本の第一次エネルギー供給の構成比率は、国内炭は一九五五年（昭和三〇年）には四三・五％だったものの、一九六五年（昭和四〇年）には一九・五％、一九七三年（昭和四八年）には僅か四％に減少する（『電気事業と燃料』p19（資源エネルギー庁編））。それに比例して、一九四八年に四六万人いた炭鉱労働者は、その間に僅か一割程度にまで減少したため、九割の炭鉱労働者、すなわち四〇万人以上が失職したことになる。

戦時中は関東軍に入営し、復員後、京都大学文学部に入学するも中退し、九州で炭鉱労働者となりながら、一九五〇年代後半の炭鉱の過酷な実態を記した異色のルポルタージュ作家・上野英信（一九二三―八七）は、当時の炭鉱労働者の失業問題は、容易に救済しがたい資本主義の構造的な問題であるとして、次のように述べている。

戦後の失業のことにときがたい矛盾は、このような機構のなかで、きわめて現代的な失業の法則、独占資本の危機段階に特有な構成的失業が、質的にも量的にもきわめて大きく作用していることに原因がある。このふたつの残酷な法則が絡み合い、加速しあってつくりだす失業は、いったんここにおちこむとふたたびまともな産業雇用に再吸収される機会がとぼしい巨大な底なし沼のごときものとなった。（中略）このような構成的失業者は、いかに低劣な条件であろうとも口を糊するために働かなくてはならぬ。そして労働者としての働く権利、働くときの基本的な権利を奪われたままの労働に緊縛された生涯をおくることを余儀なくされる（上野 1960 : 240）。

一旦、失業の憂き目に遭うと再浮上の機会がない「巨大な底なし沼」と形容されるような失業者の実態は、まさしく構造的な問題から生じたものであった。経済学者の吉村朔夫は、炭鉱労働者の失業が、「独占炭鉱資本の下部構造として炭鉱地帯過剰人口を存立基礎とする中小零細炭鉱の景気変動のバッファ的役割にもとづく」とともに、失業した場合、兼業、帰農、内職、「ヒロイ仕事」などの自己救済、また失業保険、生活保護費などの制度による労働力再生産費の社会的負担の転化によって問題を「回避する」政府や資本家のありようは「インチキ」と呼ぶしかないと批判している（吉村 1984 : 371）。

## 離職者の七割から九割が失業した常磐炭鉱

このような厳しい事情は、映画『フラガール』の舞台となった常磐炭鉱でも同様であった。本州最大級の常磐炭田には、一九五七年（昭和三二年）には九四の炭鉱があったが閉鉱が相次ぎ、一〇年後の一九六七年（昭和四二年）には一七炭鉱にまで激減している（丸井 1969）。常磐炭田では、一九五七年（昭和三二年）から一九六七年（昭和四二年）の間に、二万七八七一人の炭鉱労働者のうち一万八九九〇人が合理化や閉山などの理由によって離職し、約三割の八八八一人にまで激減した（丸井 1969）。その際、五五歳の定年を五二歳に切り下げるなど、かなり強引に合理化が進められもした（矢田 1975 : 267）。炭鉱離職者全体の七〇%から九〇%が失業者になり、そのうち三五%から四〇%が長期失業者となったのである（矢田 1975 : 285）。

常磐炭鉱の人員整理は一九五五年（昭和三〇年）から始まった。常磐炭田は経営多角化が行われたため、多くの系列会社の受け皿があり、一部の炭鉱労働者の離職と関連事業への再就職は上手くいったとされる。しかしながら、前述したように、離職者の七〇%から九〇%が失業し、うち三五%から四〇%が長期失業者となったのである。

しかも経済学者の矢田俊文が、関連事業主が「利潤追求のために、以前より低賃金で、離職者を再雇用したという事実を無視するわけにはいかない」（矢田 1975：269）と指摘しているように、常磐炭鉱の離職者が仮に関連事業へ再就職できたとしても、炭鉱時代よりさらに低賃金で再雇用されたことを見逃してはならないだろう。また社会学者の武田良三らが常磐炭鉱について一九六〇年（昭和三五年）に実施した大規模な調査によれば、常磐炭鉱労働組合員らへのアンケート調査を行った結果、組合員の「労組に対する期待と意欲は、強い組織といわれる他労組員に勝るとも劣らない」（武田他 1963：101）としていることからも、個々の組合員の問題意識は、他地域同様に高いものだったと考えられよう。

ところが映画『フラガール』では、炭鉱労働者の失業、炭鉱内での死亡事故や北海道への移住者の姿などが断片的に触れられている程度で、炭鉱労働者の大量失業問題や離職者の低賃金の再雇用などのシビアな現実や、炭鉱労組などによる炭鉱労働者の抵抗が描かれていない。映画の中での解雇事情の表象は、閉山による合理化解雇通告の短いシーンで、一人の炭鉱労働者が通知書類を受け取る際、「三〇年やって、紙切れ一枚でお終えか」と一言呟くだけで処理されている。

## 「無力な」炭鉱労働者──構造的問題の捨象──

重要なことは、この映画では、炭鉱問題が日本の近代化に伴う「負の遺産」と言われるような資本主義固有の構造的な問題として対象化されていないことである。エネルギー革命が進行する中、石油の需要が高まるにつれて石炭の需要が激減するのは不可抗力であるが、この映画では、それに対して炭鉱労働者たちは炭鉱にのみ執着する保守的で非力な存在としてのみ表象されている。複雑な背景のある石炭産業の構造的な問題が、炭鉱労働者の人間的な問題に縮減されてしまっているのである。

とりわけ炭鉱労働者の「保守性」「無力さ」が、フラガールらの「進歩性」「柔軟性」との対比というナラティブで構成されていることは注目に値する。フラガールのインストラクターを務めるため東京から来たばかりの主人公の平山まどか（松雪泰子）と炭鉱労働者の谷川洋二朗（豊川悦司）の間で交わされる次のような会話はその典型であろう。

洋二朗：「なしてこっだ田舎町に来た？　まあ聞かねくたってわかっけどな。……金だべ」
まどか：「悪い？　あんただって、お金の為に穴掘りしてんでしょ」
洋二朗：「穴掘りじゃねえ、石炭掘りだ。死んだ親父も爺っちゃんも石炭掘りだった。大人になったらヤマ入るのが当たり前だと思ってた。親父が掘ってた頃は石炭は黒いダイヤって呼ばれて、掘れば掘るほど金んなった」
まどか：「もう石炭の時代じゃないでしょう」
洋二朗：「時代が変わったからって、なして俺らまで変わらなきゃなんねえ？　勝手に変わっちまったのは時代の方だべ」
まどか：「そうやっていつまでも時代の所為にしてれば？」
洋二朗：「あんたみてえな女、むかっ腹がたつんだ。自分一人で生きて来ましたって顔してよ」
まどか：「ちょっとあんた、喧嘩売ってんの？」

洋二朗は、活路を見出すために知恵を絞ることも無く、ただ状況に左右される無力な炭鉱労働者の典型として表象されている。洋二朗の「保守性」と「無能さ」は、炭鉱労働者仲間の光夫がハワイアンセンターに協力することを表明した際、それを全く理解しない次のようなセリフで象徴的に示されている。

光夫　：「炭鉱はもう駄目だ、本当は洋ちゃんもわかってっぺよ」
洋二朗：「わかんねえ、なんのことだか全然わかんねえ！　おめえらいつから頭でモノ考えるようになった、お？」
光夫　：「オラ洋ちゃんみたいに気楽に生きていけねえべよ」
洋二朗：「気楽って何だ、気楽って」
光夫　：「気楽でねえが、ヤマ潰れるっつうのに先のこと何も考えねえで！」

このように、映画では、とりわけ洋二朗の姿を通して、炭鉱労働者の「保守性」と「無能さ」が繰り返し描かれるのである。

## 卓越した経営者・中村豊

前述したように、常磐炭田を経営する常磐興産は石炭産業からの経営転換を模索した末、常磐ハワイアンセンターを一九六六年（昭和四一年）に開業するなどの多角経営に乗り出したことから、離職者の七割以上が失業し、しかも再雇用は低賃金だったにせよ、常磐炭鉱労働者の離職に伴う関連事業への再就職は他地域と比べると上手くいった面があるのは確かであろう。またそれ以前の話ではあるものの、一九五二年（昭和二七年）、日本炭鉱労働組合は六三日間に及ぶ賃上げ要求の大ストライキを決行するが、常磐炭鉱労働組合はストの三六日目に日本炭鉱労働組合を脱退している（武田他 1963 : 15）。

■6－4　中村豊と常磐ハワイアンセンター勤務１期生（1963年頃）（常磐興産（株）所蔵・『いわきの産業遺産ガイド』（2011）より）

　こうしたことから、常磐炭鉱での労使関係は決定的にまでは険悪ではなかったとも推察しうるが、先に触れた武田良三らによる一九六〇年（昭和三五年）の常磐炭鉱の産業と労働についての大規模な研究調査によれば、常磐炭鉱における労使関係が致命的なまでに悪くならなかったのは、経営の合理化計画のためなのである（武田他 1963：28）。そうであるならば、当時の常磐興産の経営手腕は高かったことが想像され、経営陣の経営の多角化と合理化の先見の明は一定の評価がなされるべきかもしれない。

　より具体的に述べるならば、映画『フラガール』の対象となった常磐ハワイアンセンターの成功は、それを構想した当時の常磐炭鉱副社長（後の社長）の中村豊の先見の明と尽力によるところが大きい。中村は、九州唐津炭田の小炭鉱経営者の長男として一九〇二年に佐賀県で生まれ、一九二七年（昭和二年）に東京帝大を卒業後、常磐炭鉱の前身であった入山採炭に入社した。

長年経理畑で仕事をし、早くから石炭産業の未来に危惧を抱いた一人で、常磐ハワイアンセンター建設時には副社長として経営多角化の中心を担った。当時の中村は、まだ社長でなかったため、「本当のオーナーではないが、正にオーナー的に行動した人であった」（田中 1988 : 61）とされる。

中村は、石炭産業の危機を乗り越えるために思案を凝らす。そこで炭鉱周辺に温泉が湧き出ることに着目して、温泉を武器にしたリゾート施設の経営を目指して、一九六〇年代の前半に日本全国のみならず、ヨーロッパやアメリカを視察に訪れている（田中 1988 : 61）。中村は、単なる温泉付のホテルでは多くの客やリピーターが見込めないと判断し、温泉のみならず温泉熱を利用した総合的なリゾート施設を建設することを思いつく。

その結果、巨大なドームを作り、その中を温泉熱で常夏の高温状態にし、擬似的な南国のトロピカル・アイランドを建設するという奇抜なアイデアを考案するのである。中村のアイデアは斬新だったため、「周囲は度肝を抜かれ、容易に賛成しかねた」が、関係者を辛抱づよく説得することで実現にこじつけたとされる（常磐炭田史研究会編 2008 : 44）。

そして当時の日本人にとっては、憧れの夢の島として広く知られてはいても、旅行で行くことはまだ容易でなかった「ハワイ」をコンセプトにした巨大なレジャー施設を福島に建設することに踏み切ったのである（田中 1988）。

ハワイは、戦後の日本人にとって早くから憧憬の対象だった。一九四八年（昭和二三年）、岡晴夫が歌った『憧れのハワイ航路』が大ヒットした。一九六一年（昭和三六年）には、「トリスを飲んでハワイへ行こう」のコマーシャルが流れた。一九六三年（昭和三八年）には加山雄三の映画『ハワイの若大将』がヒットした。「常磐ハワイアンセンター」がオープンした一九六六年（昭和四一年）当時は、日本人の海外渡航自由化から二年が経過したばかりで、実際にハワイを訪れる日本人は、年間二万人に過ぎず、ハワイは多くの日本人にとって、あくまでも想像上の憧憬の対象であった。そのため、常磐ハワイアンセンターがオープンした時のキャッチフレーズ、「一〇〇〇円を持ってハワイへ行こう」は多くの人々を魅惑し、福島県にある「東北のハワイ」へと足を向かせることになるのである。

一九六六年（昭和四一年）に開業した常磐ハワイアンセンターは、初年度は一二七万人、翌一九六七年（昭和四二年）は一二四万人、一九六八年（昭和四三年）は一四三万人の来場者を集めるなど、大成功を収め、開業一〇年間に一〇〇〇万人の動員を行うという計画はわずか八年で達成された（田中 1988：64–6）。この後、炭鉱の閉山に追い込まれながらも、常磐ハワイアンセンターなどの成功で、地元経済は再活性化していくのである。

こうした事業多角化成功の背後には、炭鉱だけではなく地域コミュニティ全体の繁栄を願った中村豊の哲人経営者とでも言うべく明確な哲学と理念があった。常磐炭田の周辺地域には湯本温泉街が古くからあり、温泉関係者は常磐ハワイアンセンターの開業で温泉宿の経営が圧迫されることを危惧したが、中村は温泉街を気遣い、常磐ハワイアンセンターの宿泊施設料をあえて高めに設定することで、地域共生の哲学を貫いたとされる（常磐炭田史研究会編 2008：44）。

そのため中村は、「この事業は常磐炭鉱のために興すものではありません。もう一度、炭鉱と苦楽を共にしてきた皆さんと、地域社会と、共存共栄を築きたいのです」、「常磐炭鉱が長年にわたって作り上げてきた〝一山一家〟の精神は、新しく誕生するハワイアンセンターに受け継がれ、花を開くものと私は固く信じております」と訴えた[38]。

また中村は、炭鉱地域にそもそも縁の無かったフラダンサーの養成に尽力し、その精神的支柱ともなった。中村の真剣さは、残されている数々の中村の言葉の節々からも窺える。中村は、「松竹や宝塚を真似ようと思うな。少女歌劇やレビューを見たい人は東京か神戸に行けばいい。ハワイアンセンターはここでしか見られないショーを上演する」、「炭鉱人の血を受け継いで、炭鉱の空気の中で育ってきた人が踊ることによって、この目的が達せられる」、「君たちは二度と常磐炭鉱へ戻れると考えてはいけない。ハワイアンセンターは君たちの永久の職場なのだ。背水の陣を布いた覚悟で努力してもらいたい。私もまた君たちの将来の安定を約束し、そのための努力を惜しまない」と訴えた[39]。

炭鉱地域の再生を、奇抜なレジャー施設やフラダンスで目論んだ中村の経営者としての斬新さと真摯さは、期せずして中村の言葉の中に「宝塚」が出てくることもあるが、二〇世紀初頭、山あいの地に箕面有馬電気鉄道（後の阪急電鉄）を創業し、宝塚歌劇団や宝塚ファミリーランドをつくった稀代の実業家・小林一三を想起させよう。

これらのことから、ホテルや温泉に加えて、常夏のドームでの熱帯樹、南国の踊り、バンド演奏などを目玉とした独創的な巨大リゾート施設・常磐ハワイアンセンターを発案、開業し、地域コミュニティとの共生を願いながら地域再生に導いたのは、ひとえに中村豊の斬新な発想と冷徹な経営戦略・哲学に拠るところが大きいと考えられるのである。

## 敵対関係に置かれる功労者

こうした経緯については、この映画のプロデューサーの石原仁美も認めており、前に述べたように、石原はフラダンサーに焦点をあてた映画化を進める前は、常磐ハワイアンセンターの経営サクセス・ストーリーを描くことを考えていた。しかしながら、映画のコンセプトが変更された結果からか、映画の中では中村の貢献がほとんど触れられていない。映画では中村をモデルにしたと思われる経営幹部の吉本紀夫（岸部一徳）が登場するが、吉本＝中村による施設の発案と建設に至るまでの経緯がすべてと言ってよいほど排除されているのである。

かなり驚かされるのは、吉本が独創的な経営者であるどころか、何のイニシアチブも発揮できず、フラダンスショーを成功させるためにインストラクターのまどかに、ただひたすら頭を下げる「冴えない」人物として表象されていることである。まどかの前で土下座をする次のようなシーンは、象徴的である。

吉本　…「ハワイアンセンターの理念は、炭鉱人の、炭鉱人による、炭鉱人のための……」
まどか…「タンコータンコーうるさいのよアンタ！　ド素人の炭鉱娘がたった何ヶ月で舞台に上がろうなんてねえ、プロをなめんじゃないわよ、プロを！　アー、頭くる」

吉本は、それに対し、「タンコータンコーとバカにすんでねえ……」と、方言で啖呵を切るものの、すぐに冷静になり、まどかに謝る。

吉本　…「すいません、すいません……」
まどか…「あのさあ、訛ってて全然わかんないんだけど」
吉本　…「頼む先生。あの娘ら一人前のダンサーに育ててやってくんちぇ。このとおりだ」
吉本は頭を地面にこすりつけて（土下座をして）、懇願をする。

「炭鉱人の、炭鉱人による、炭鉱人のための……」のセリフは、前述した中村の言葉が意識されていると思われるが、吉本の「冴えなさ」の表象は映画の最後まで一貫している。それが意図的であるのは、巧妙な舞台装置（mise-en-scène）が至る所で配置され、それがとりわけ、インストラクターのまどかと対比されることで強調されていることからも明らかである。

例えば、映画のオープニングで吉本が、東京から来たまどかを迎えるシーンがあるが、まどかの派手な服と吉本の地味な作業服は、ステレオタイプながらも都会と地方のコントラストのメタファーとして用意されたのであろう。そのコントラストは、標準語を話すまどかと強い東北弁の吉本の対比との間に並行性が与えられている。そして背筋を伸ばすまどかと背を屈める吉本、さらには画面の中央（まどか）と周縁（吉本）、上下（上がまどかで下が吉本）のコントラストなど細部に至るまで両者の差異は注意深く、重層的に構成されている。

## 「男性が描けない『女性像』の構築」――持ち込まれるジェンダー・ポリティクス――

映画『フラガール』のナラティブ構造は明らかであろう。映画ではフラガールの成功物語が前景化させられるが、その一方で炭鉱産業をめぐる構造的な問題とその経営レベルでの克服が後景化させられている。それに関連して、ここではジェンダー・ポリティクスの敵対性が構成されていることを見逃してはならないだろう。フラガールのインストラクター・平山まどかと経営幹部・吉本の敵対的構図が見られるのである。

炭鉱の町の再生が、「炭鉱の町の異端者」「異人」とも言えるフラガール・インストラクター平山まどかによる懸命の指導とフラガールたちの必死の努力によるものとされ、経営者の先見の明や経営戦略が排除されるという点では、むしろ前章で議論したNHK番組『プロジェクトX─挑戦者たち─』の構図に似ていなくもない。

しかしながら興味深いのは、映画『フラガール』では経営者のみならず、従業員の立場である炭鉱労働者もその「保守性」と「無能さ」が批判の対象となることである。この点は、『プロジェクトX─挑戦者たち─』とは大きく異なると共に、映画『ALWAYS 三丁目の夕日』のコンセプトからもかなり遠いところにある。

なぜ映画『フラガール』は、類型的ではないナラティブ構造を備えているのだろうか。むろん、それは偶然もたらされたものではない。実のところそれは制作者の明確な意図に基づいていると考えられるのである。前述したように、この映画は女性映画プロデューサー石原仁美が長年の苦労の末に実現させた企画である。

石原は雑誌のインタビューで、「私は女性プロデューサーですから、男性が描けない『女性像』を、描きたいと思っていました」(北原 2007:68)と語っている。したがって、この映画は何よりも女性プロデューサーの視点による「女性像」の構築が目指されている点に注目すべきであろう。

プロデューサー石原仁美は、『フラガール』の企画を思いついた時、「一〇年に一度の鉱脈」にあたったと語っているが(北原 2007:65)、なぜ石原がこの企画を「一〇年に一度の鉱脈」と考え、映画を通して男性が描けない「女性像」の構築を目指したのかを考えるには、石原が語る言葉とライフ・ヒストリーへの理解が役に立つかもしれない。

## プロデューサー石原仁美と、そのライフ・ヒストリー

石原は、一九六三年（昭和三八年）に岡山県倉敷市の水島工業地帯を見下ろす小さな町で生まれ、映画が描かれた一九六六年（昭和四一年）の頃はまだ三歳であった[40]。石原は学生時代も岡山で過ごし、倉敷商業高校時代は演劇部を立ち上げ、部長として部活動を担った。将来は舞台演出家を目指して、商業高校卒業後に東京の大学の演劇コースに入ることを希望したが、父親の猛反発のため断念。地元の岡山県銀行協会に就職する。しかしながら、事務職の仕事が合わず、辞めたいと思う中で、友人に声をかけて劇団を立ち上げ、仕事を続けながら地元で演劇活動を行う。だがそれだけでは納得がいかなかったと言う。

石原が映画界に入ったのは、二五歳の時の一九八九年に、今村昌平監督の映画『黒い雨』の岡山県ロケのボランティアスタッフを経験したことをきっかけにしてである。今村に直談判し、この世界は「貧乏に耐えられなきゃ、ムリ」と言われながらも、東京の芸能事務所を紹介され、上京してアシスタント・マネージャーの仕事をするようになる。三三歳で、その後『フラガール』を制作することになる独立系映画会社シネカノンに転職し、プロデューサーとして、映画『のど自慢』（1998）、『ゲロッパ！』（2003）、『パッチギ！』（2005）などの話題作を手掛けるようになった。

石原は、映画作りの自身のポリシーを、「人生を後押し」することであり、誰よりも自分自身がそういう「物語」を必要としているとし、『フラガール』については、「女性版『プロジェクトX』」であり、「女性のために創った」、「同世代の女性たちを応援するような映画が作れた」と述べている。

石原は、「女性のために創った」ことを強調するが、とりわけ、独身女性、ワーキング・ウーマンを意識している。雑誌『AERA』で石原を取り上げた、「『フラガール』を生み育てた映画の母」と題された特集記事で、石原は、自身が独身で、数年前に子宮筋腫で子宮を摘出したことなど、プライベートな半生を打ち明けている。その中で、『フラガール』公開後、知人の独身女性らが涙ながらにこの映画の感想を語ったエピソードを紹介しながら、この映画は、「独身女性のツボを押すんです」と語っている（北原 2007）。

また、別のインタビューで石原は、「三〇代の働く女性の企画ばかり」をこれまで考えてきたと述べ、『フラガール』について、「人間、崖っぷちに立つと何でもできるんだ。格差社会の今こそ、庶民を励まさないといけないんじゃないかと思ったんですよ。自分も元気がなかったから。ずっと、逆境のなかでもろともせず笑って生きている人の映画を作りたいとも思っていたんです」（吉田 2007 : 70）と述べている。『フラガール』の企画は、石原が所属する映画会社が当初、難色を示したが、これを「一〇年に一度の鉱脈」と考えた石原は、三年がかりで説得した（北原 2007）。企画段階から主人公の平山まどか役を「男にこびない」松雪泰子、洋二朗役に「もも引き姿」の豊川悦司などの配役を考えたのも石原であった（『朝日新聞』二〇〇六年一〇月二八日）。

## 「時代を変革する力強い女性像」――作り手の間で共有された哲学――

この映画の監督を、当時まだ三〇代前半だった在日コリアン三世の映画監督・李相日（リ・サンイル）に依頼したのも、「勢いのある映画にしたい」とのプロデューサー石原の考えからだった（『朝日新聞』二〇〇六年一〇月二八日）。そして、「力強い女性像」を構築するという石原の映画コンセプトは、監督の李にも共有された。

李は、この映画企画の話を聞かされた時、「絶対にダンスの話を中心に持っていかないと意味がないと思った」（加藤 2006 : 19）と語っている。李は、フラダンサーたちに深い共感を寄せる一方で、経営幹部・吉本＝中村豊常磐炭鉱副社長（後の社長）ら経営陣の先見の明や功績に関心が無いことを率直に述べている。

僕自身、一番気持ちが入ったのは踊り子たちだったんです。事業を成し得た偉い人たちよりもその状況に巻き込まれた人たち。しかも彼女たちは目の前にある生活や自分の未来に向けて、行動を起こしていく。そちらのほうに惹かれました。逆に炭鉱がハワイになるという発想の面白さや、それを誰が考えたのかは作品の前提として外したんです。ここでは、炭鉱がハワイになることには理由がない（金澤 2007 : 170）。

そして李は、「これは恋に悩んで悶々としている女性を描くわけではなく、時代を変える力強い女たちを描く。とすれば多少女らしさが欠けていても、力強さが表現できれば新しいことができる」（金沢 2006 : 70）と述べている。このように、映画の中で「時代を変革する力強い女性像」を構築することを目指すことでプロデューサーと監督の間で了解があったことは明白である。つまり作り手たちの間で、明確なフェミニズム的視点に立った映画コンセプトで一貫することが確認されていたのである。

作り手たちによって目指された「時代を変革する力強い女性像」の構築は、インストラクターのまどかやフラガールたちに「進歩性」「大胆さ」「バイタリティ」が付与されると共に、それを強調するために、一方では男性は経営者も炭鉱労働者も共に「保守性」「無能さ」の記号と結び付けられる。ジェンダー的コンテクストから換言するならば、イメージとしての男性のマスキュリニティが剝奪されながら女性に転移され、言うなればフェミニンなマスキュリニティが全開するナラティブが意識的に造型されているのである。

そもそも炭鉱労働が過酷な肉体労働という強い身体運動であることを考え合わせるならば、身体を激しく動かすことで成り立つフラダンスとの間には並行性が見られる。そのため、この映画ではマスキュリニティと身体性の二重の意味での転移が行われていると見ることもできよう。

イギリス映画『リトル・ダンサー』が炭鉱地域での少年のバレエ、『フル・モンティ』が男性ストリッパーであることを考えるならば、炭鉱労働から別の身体運動への転移という限りにおいては、日英の炭鉱映画の間でユニークな並行性を確認することができる。それらが視覚的な運動性である点で、「映画的」と言えなくもないだろう。しかしながら、『リトル・ダンサー』や『フル・モンティ』では、身体運動の転移は、炭鉱労働者から少年バレエ、男性ストリッパーへと、共に男性間で行われていた。ところが、『フラガール』の場合、『リトル・ダンサー』や『フル・モンティ』と異なり、フェミニズム的視点から、その身体運動は男性から女性に転移され、それによって「力強い女性像」が身体の強度によって示すことが目指されるため、それは時に「過剰」とも言える身体運動が表象化されることになる。

象徴的な例は、娘がフラダンスを習っていることを知って激怒して娘を殴った炭鉱労働者の父親へのいわば「復讐」のために、まどかが父親のいる共同浴場の男風呂に突入するシーンである。まどかはこの父親に飛びかかり、頭を湯の中に突っ込むなどの「暴力」を行い、浴場が大混乱になる中、周囲がまどかを必死で取り押さえることで事態の収拾が図られる。

このようなまどかの過剰な行動は、観客にとってオフェンシブな印象を与えるリスクを孕んでいる。なぜならば、まどかは「東京＝都会」から「福島＝地方」に来た都会人であり、相手がたとえ男性ではあったとしても、都会人が「田舎者」を「啓蒙」する胡散臭さを醸し出す可能性があるからである。

しかしながら、この映画はそうならないように、まどかの人物造型の上で巧妙なサブ・プロットを導入することで工夫を施している。映画の中でまどかは、東京の借金取り立て屋に追われ、どこにも行き場がないとされているのである。まどかがいかなる事情で多額の借金を抱えているかは観客には知らされないものの、実際に取り立て屋（寺島進）が、まどかが福島に移ってからも執拗に追ってくる姿が繰り返し描かれている。

このサブ・プロットは、この映画が全能なスーパー・ヒロインが「田舎者」を「啓蒙」して問題を解決するというオフェンシブな物語にならずにいることに貢献している。借金に追われて行き場を失っていることや、借金の理由が示されないこと、さらには自分が苦境にあるにも拘わらず、「よそ者」として、問題を抱えた見ず知らずの「他者」たちを救済する役割をまどかに与えることで、この映画はまどかを謎めいた異人的ヒロイン＝「流れ者」として造型することに成功しているのである。

## 実在のモデルとの差異―想像上のスーパーヒロイン―

この映画のフラダンス・インストラクター平山まどかには、実在のモデルが存在する。資料によると早川和子（ハワイ名：カレイナニ早川）は、一九三二年（昭和七年）一月、台湾生まれ。幼少からバレエ団でクラシックバレエを習い、その興行で二四歳の時に訪れたハワイでフラダンスに出会う。二八歳で再びハワイに留学し、フラダンスを身につける。[41] その頃、早川はテレビに出演する機会があり、それを見ていた常磐炭鉱副社長（後の社長）の中村豊の目にとまった。

常磐炭鉱は、常磐ハワイアンセンター開業の一年前の一九六五年（昭和四〇年）四月に、フラダンサー養成のための常磐音楽舞踊学院を設立するが、中村はテレビで見た早川をインストラクターとして招くのである。早川の指導は相当厳しかったようだが、素人のダンサーが彼女のもとで数多く育ったのは映画で描かれた通りのようである。早川はその後も福島に在住し、現在も独身で常磐音楽舞踊学院の指導者をつとめ、一九九七年に最高顧問に退いた後も月に一度は指導にあたっているとされている。

ともあれ、テレビで早川和子を見た中村が早川の力量を認めて福島に招いたのであり、借金に追われて金銭目当てで東京から来たとされる映画のナラティブはむろんのことフィクションである。映画は、もちろんその「事実」通りに描くこともできたはずである。しかしながら、あえてこのような幻想としてのサブ・プロットを導入することで、この映画は、日本映画、とりわけ時代劇やヤクザ映画の歴史的系譜にある「流れ者」「さすらい人」「異人」のアンチ・ヒーロー（ヒロイン）の人物位置をまどかに与えるのである。

映画『フラガール』は、フェミニズム的視点が織り込まれることで、まどか・フラガールと経営者の間のみならず、彼女たちと炭鉱労働者の間にも敵対性が構成されていることは前に述べた。この点においても、前章で議論した『プロジェクトX―挑戦者たち―』のナラティブ構造といささか異なっていることも前述した通りである。しかしながら、まどかに「流れ者」「さすらい人」のイメージが付与されることで、奇妙なことに『プロジェクトX―挑戦者たち―』における「窓際族」、「異端社員」とまどかの間に、並行性を見出すことができるのである。

『プロジェクトX―挑戦者たち―』の『窓際族が世界規格を作った　VHS・執念の逆転劇』の放送での日本ビクターのビデオ事業部長・高野鎮雄の表象が想像上の「つくられた」ものだったように、映画『フラガール』でのフラガール・インストラクター平山まどか＝早川和子の人物造型も作り手たちの思惑によって独自に「創作」されたのである。

一見すると、戦後の「光」としての技術革新を扱う公共放送のテレビ番組（『プロジェクトX―挑戦者たち―』）と、戦後の「影」を象徴する炭鉱地域を扱う映画（『フラガール』）とは関連が薄く思われるが、この点において親和性を見出すことができる。そしてそのいずれもが「個人」としての当事者を「異端者」の（アンチ）ヒーロー（もしくはヒロイン）として造型し、その一方で組織や経営陣が敵対性に位置づけられ、クリティカルな対象となるのである。

## 女性たちの苛酷な現実

フラガール・インストラクターとフラダンサーの娘たちの懸命な努力が、不況にあえぐ炭鉱の町の再生に貢献したことは決して嘘では無かろう。ところが、実際の常磐炭鉱の女性たちの状況はそれほど「綺麗な」ものでなかったことは記しておく必要がある。実のところ、常磐炭田の合理化で、最も過酷な失業を迫られたのは女性なのである。

経済学者の矢田俊文によれば、常磐炭田の合理化は多くの炭鉱労働者に失業をもたらしたが、「とくに女性と中高年男子労働者に対して、失業の深刻さにおいても、再就職先の条件においても最大の犠牲をもたらした」（矢田 1975：285）。

フラダンサーなどとして活路を見出せたのは一部の若い女性失職者であり、その他の多くの女性たちは失業後、再就職先探しもままならない状況に追い込まれたのである。仮に再就職先が見つかっても、男性のおよそ三分の一程度の月給八七〇〇円から九八〇〇円が相場という「驚くべき低賃金」（矢田 1975：279）であったことも見逃せない。

その点で問題となるのは、この映画が女性の登場人物たちの間に世代間の階層差異を設定しているように見受けられることである。この映画はフェミニズム的価値から女性一般を称揚するのではなく、中高年の女性を男性と同様にその「保守性」ゆえに劣位に位置づけ、クリティカルな眼差しを向けるのである。

フラダンサー紀美子（蒼井優）の母親である千代（富司純子）の表象がそれに該当する。千代は、自分の娘がフラダンスを習うことを最初のうち、一切認めない。

紀美子：「今日集会でハワイアンの説明あったんだべ？」
千代　：「何がハワイだ。おれら死ぬ思いで稼いだ金、そっだもんに使われてたまっか！」
紀美子：「別にそっだムキになんえくたって、ちっと聞いてみただけだべさ」
千代　：「百年も続いた炭鉱、そう簡単に潰れっか。」

このように千代は、炭鉱の存続を堅く信じ、フラダンスを拒絶する。そのために母と娘は対立し、千代はまどかとも対立することになる。

千代　：「ヤマの女は子ども生んで育てて、ヤマで働く亭主を支えるんだ。へらへら笑いながら男衆に媚びてケツ振ったり足おっぴろげるもんでねえ」
まどか：「あんたみたいなオバさんばっかりだから、いつまでたっても女は男より下に見られんのよ！」

このようにこの映画は、フェミニズム的視点からの女性像を構築する際に、若い女性＝まどか・フラダンサーがヘゲモニー化されるものの、中高年女性には、男性と同様に冷ややかな視線が送られることで、世代間差異が設定されるように見受けられるのである。千代とまどかの会話での、まどかの「あんたみたいなオバさんばっかりだから、いつまでたっても女は男より下に見られんのよ！」のセリフは、ワーキング・ウーマン（プロデューサー石原仁美もそうである）の立ち位置からの旧世代の女性への告発に他ならないだろう。

この映画の手が込んでいるのは、千代の役を富司純子（旧：藤純子）に演じさせていることである。富司は言うまでもなく、『緋牡丹博徒』シリーズをはじめとする映画で一九六〇年代の東映の女性看板スターとして、高倉健や鶴田浩二と共に絶大な人気を誇った。当時の富司の役どころは男性に従属するだけの女性ではなく、「女を捨てて」任侠の徒になる点で、言うなればフェミニンなマスキュリニティを全面に出す、異色かつ「進歩的」な側面を備えたものであった。

■6－5　映画『緋牡丹博徒』のポスター（『昭和２万日の記録14』より）

しかしながら、映画研究者の斉藤綾子が言うように、それはモノトーンなマスキュリニティではなく、「ひとりの女の身体に隠されていたある種のエネルギーが、様々な型や規則を超えながら、そこにただいる、動くというもっとも単純な身体の在りようそのものに表現しがたいエロス」（斉藤 2009：145）を、映画を見ている者に感じさせる点で、矛盾を孕んだアンビヴァレントなものでもあった。つまり一本調子なマスキュリニティではなく、エロスを孕んでいたからこそ男性観客の支持を得たのである。

一方でそれがアンビヴァレントなものでもあったために、『緋牡丹博徒』シリーズから四〇年近くを経ての二一世紀の映画の作り手たちによって、『緋牡丹博徒』と同じ時代＝昭和四〇年代を題材にした映画がフェミニズム的視点から構想される際に、旧世代の女性の「偽り」の進歩性として「断罪」されるのである。富司純子が近年、母（『解夏』（2004）、『愛の流刑地』（2007）、『山桜』（2008））、妻（『明日への遺言』（2008））などのいささか保守的な役柄を演じることもあるいは「変節」として「問題化」された可能性も無いとは言えない。

とはいえ、先に述べたように、常磐炭鉱における失業と再就職探しにおける「最大の犠牲者」は中高年女性であり、彼女たちにクリティカルな視線が注がれるのは、いささか酷であろう。

## 3. サバルタン表象としての『フラガール』
—節合されるポジショナリティ：フェミニズムと在日コリアン—

### 在日コリアンと映画界

この映画のナラティブをフェミニズムの視点からだけで理解するならば、いささか不十分である。実はこの映画には、作り手のポジショナリティに関するもう一つの視点を認めることができる。それは在日コリアンの視点である。

監督の李相日は、在日コリアン三世として一九七四年（昭和四九年）に新潟県で生まれた。プロデューサーの石原と異なり、李は、映画の舞台設定となった一九六〇年代中頃にはまだ生まれていなかったことになる。李は四歳の時に家族で横浜に移り、高校まで横浜の朝鮮学校に通い、神奈川大学を卒業後に映画の道を目指して日本映画学校に入り直している。李は二〇〇一年に、在日コリアンの高校生を主人公にした『青― chong ―』でデビューし、村上龍原作の『69 sixty nine』(2004)、『スクラップヘブン』(2005)、吉田修一原作の『悪人』(2010)など、周縁的な若者の抵抗を基調とした作品群で評価されてきた。

在日コリアンの監督の存在は、現代の日本映画界の中で決して小さくはない位置を占めている。おそらく最も知られているのは、一九四九年(昭和二四年)生まれの崔洋一監督だろう。崔は東京朝鮮中高級学校を卒業、東京綜合写真専門学校中退後、照明助手として映画界に入り、大島渚の助監督などを経た後、一九八三年(昭和五八年)に内田裕也主演の『十階のモスキート』でデビューし、同じく在日コリアンの作家・梁石日原作の『月はどっちに出ている』(1993)、『血と骨』(2004)ほか数多くの作品で知られる。

この他、主な監督として、映画『かぞくのくに』(2012)の梁英姫(ヤン・ヨンヒ)監督(一九六四年生まれ)、映画『千年の孤独』の金守珍(キム・スジン)監督(一九五四年生まれ)、映画『戦後在日五〇年史 在日』(1998)の呉徳洙(オ・ドクス)監督(一九四一年生まれ)、映画『潤の街』(1989)の金佑宣(キム・ウソン)監督(一九五一年生まれ)、映画『千の風になって』(2004)の金秀吉(キム・スギル)監督(一九六一年生まれ)などがいる。

また、映画『フラガール』を制作・配給した独立系映画会社シネカノンも、在日二世の社長・李鳳宇(リ・ボンウ)によって一九八九年(平成元年)に創業された。李は、韓国映画『シュリ』(2001)、『JSA』(2002)、『スキャンダル』(2003)などを日本で配給すると共に、『月はどっちに出ている』(1993)、『のど自慢』(1999)、さらには、井筒和幸監督の『ゲロッパ!』(2003)、『パッチギ!』(2005)、西川美和監督の『ゆれる』(2006)などの話題作を次々に制作、配給してきた[42]。

在日コリアンの映画人が少なくないことと、在日コリアンが日本社会で置かれてきた立場とは決して無関係ではない。在日コリアンの映画人たちの間には、ライフコース上の一定の共通項を見出すことができるからである。

戦後の在日コリアンは、「帰化志向」（日本人になる）、「共生志向」（共に生きる）、「個人志向」（自己実現）、「祖国志向」（在外公民）の四つのタイプに大別できるが（福岡 1993）、在日コリアンの映画人は、このうち「祖国志向」の家庭環境に育った者が多い。シネカノン元社長の李鳳宇の父親は朝鮮総連（在日本朝鮮人総聯合会）の幹部であり、映画『かぞくのくに』（2012）が各賞を総なめにして最近話題になった監督の梁英姫も両親が朝鮮総連の幹部であった。映画『フラガール』を監督した李相日の父親は、朝鮮学校の教師であった。崔洋一の父親は、朝鮮人労働組合の運動にのめり込み、逮捕された経験もある。

近年、在日コリアンの間では、「帰化志向」「共生志向」「個人志向」が目立ち、朝鮮学校ではなく日本の学校に通い、民族名ではなく、（あるいは民族名に加えて）日本人の通名を使う者が増加している（福岡 1993）。だが、こうした「祖国志向」の在日コリアンの家庭では「帰化志向」に距離を置き、子供を朝鮮学校に通わせる傾向が強いため、李鳳宇、李相日、梁英姫、崔洋一も皆、朝鮮学校で学んでいる。朝鮮学校ではむろんのこと、日本語ではなく朝鮮語で授業を受け、民族教育を受けることから、幼少時からエスニックなアイデンティティを内面化しやすい環境で育つことになる。（むろん、逆にそうした環境との葛藤から、アイデンティティの問題により深く直面させられる者も少なくなく、梁英姫のように、それを映画の題材にする者もいる。）

一方で、日本社会からの差別や偏見が最も深刻なのは、こうした人々でもある。同時に彼らは、在日コミュニティの中では文化資本の比較的高い家庭環境で育つ者も多く、幼い頃から映画や文学に親しみ、差別に苦しまされた子供の頃、それらが自身の拠り所だったと語る者も少なくない。シネカノン元社長の李鳳宇は、子供の頃、在日コリアンであることによる差別を受けた現実生活から、唯一解放される場所が映画館であり、何百本もの映画の感想を手帳に書きつけたと述懐している（朝山 2005）。そして外交官になる夢を国籍の理由で諦めた時、自分には映画の仕事しかないと自覚したと言う。

これらの事情に加えて、映画の仕事に就こうとする時、在日コリアンの映画人同士の密接な社会関係資本が機能しやすいことも在日コリアンの映画人の数が少なくない背景にある。李相日も、大学在学中に李鳳宇の紹介で、二本の映画の現場についた経験があると述べている（加藤 2006 : 27）。

在日本大韓民国民団・中央民族教育委員会が企画した在日コリアンのための歴史教科書『在日コリアンの歴史』には、「映画界に新風を吹き込む在日コリアンの映画監督」と題して一ページが割かれているほどであるが、それも在日コリアン社会固有の事情が映画人を多数輩出してきた事情を考えれば不思議ではなかろう。

シネカノンで李鳳宇が手掛けた映画には、先述した作品のように在日社会が関係しているものが多く、映画の中に在日として生きてきたライフヒストリー上の実体験を反映させることもある。李が製作した映画『パッチギ！』は、「いつか在日問題を正面から扱った映画」をやってみたいと考えていたことから、「半ばバイオグラフィ」として構想したものである。この映画には、在日コリアンの少年が亡くなるシーンがある。このとき狭い玄関から棺が入らず、父親がハンマーで入口を壊して棺を中に入れるシーンがあるが、これは、李の子供の頃、実の兄が亡くなった時の実体験に基づいている（李 2007）。

本章で議論している『フラガール』における、まどかが共同浴場の男風呂に突入するシーンについても、李鳳宇は「僕が育った京都の在日の集落でも同じような出来事があったからで、厳しい生活の中で生きる人たちの行動には共通する部分が多い」（李 2007 : 126）ため、映画の中に盛り込むことを思いついたと言う。

## 映画監督・李相日―サバルタンたちの「限界状況」―

映画『フラガール』を監督した在日コリアン三世の李相日は、これらの主に在日二世たちの映画人の次の世代を担う若手映画人の代表的な存在である。

李は、そうした在日である出自やライフ・ヒストリーを映画の中で隠さず前景化してきた。李相日の日本映画学校での卒業制作作品で、「ぴあフィルムフェスティバル」のグランプリを獲得した映画『青―chong―』(1999)は、朝鮮学校の青春を描いている。李は、「在日って濃い人が多いから、面白い小ネタがたくさんある」とし、それゆえに在日というテーマは、「手持ちのジョーカー」であると率直に語っている(『朝日新聞』二〇〇一年三月二一日)。

その後の李相日の映画は、映画『青―chong―』を発表後、本人が「在日問題は当分やりません。別の普遍的な問題で、きわどいものをおかしく、を狙います」と語っているように、在日の問題から直接は離れたものの、「きわどいもの」を扱ってきたのは間違いない。

映画『BORDER LINE』(2002)は、二〇〇〇年に起きた岡山金属バット母親殺害事件をもとに作られた作品で、母親殺しの高校生、不幸な生い立ちの援助交際女子高生、生きる目的を見出せないヤクザ、精神的に追い詰められた主婦など、映画のタイトル通り、border(境界線上)の「ギリギリ」まで追い詰められた登場人物の苦悩がロード・ムービーの形で描かれていた。

村上龍原作の『69 sixty nine』(2004)では、学生運動が最高潮に達した一九六九年(昭和四四年)の長崎県佐世保を舞台に、高校生らが高校をバリケード封鎖して教師らと対立する騒動が描かれていた。

吉田修一原作の『悪人』(2010)は、長崎、佐賀、福岡を舞台に、屈辱から衝動的に女性を殺害した孤独な男と、彼に寄り添う、やはり孤独な女とのあてのない逃避行がリアルに映し出されていた。これらの李の映画に共通するのは、社会からはじき飛ばされたサバルタン的な登場人物たちの限界状況が逃げ場のない宿命的なものとされ、時に彼らの「外部」への激しい攻撃や破壊が提示される「きわどさ」である。

映画評論家の佐藤忠男は、「生きることは厳しいというのは在日の李相日にとっては自明の認識で」あり、李の映画の主人公は、危機的事態への対応を誤り続けた後に「迷って迷って破滅に向う」のが常であると述べているが（佐藤 2010 : 28）、それは在日コリアンとして日本社会で生きてきた李のポジショナリティが安易な解決を拒絶するからでもあろう。

一見するとハッピー・エンドへとリニアに突き進む古典的なナラティブであるかのように見える『フラガール』も、そのような李相日が狙った「きわどいもの」と無関係だとは言えない。戦後の「負」の遺産である炭鉱産業の衰退と在日の問題は無縁ではないからである。李は、インタビューの中で、『フラガール』を映画化する以前から、「炭鉱を描いてみたい」気持ちがあり、『フラガール』の二年前の作品『69 sixty nine』でも、主人公が炭鉱の町出身のため、「ギリギリまで」炭鉱を描こうと試みたが、既に町には炭鉱が無くなっていたため、やむなく断念したと述べている（加藤 2006 : 20）。

また、炭鉱を描いたイギリス映画『ブラス！』を一九九七年に日本で配給したのは、後に『フラガール』を制作・配給することになる映画会社シネカノンであるが、社長・李鳳宇（当時）は、いずれ『ブラス！』のような炭鉱を舞台にした映画が日本で作れないかと長年考え続け、一〇年後の結実が『フラガール』だったと述べている（李 2007 : 87）。

## 炭鉱と在日

なぜ、共に在日コリアンである李相日や李鳳宇がかくも炭鉱にこだわったか。それは、炭鉱こそが日本社会の在日コリアンへの差別を象徴する磁場とも言える場所だからである。第二次世界大戦中、日本国内の炭鉱や鉱山の日本人労働者が戦線に動員されたため、その穴を埋めて戦時産業を支えるために、多くの朝鮮人が日本の炭鉱に動員、あるいは強制連行された。

日本では一九二〇年代半ばから工業化が進み、当初は増税などで疲弊した朝鮮の農民などが働きに来ていたが、日中戦争の長期化や太平洋戦争の突入でさらなる労働力が求められたため、「募集」「官斡旋」「徴用」と次第に厳しい方法で朝鮮半島から人員を調達する強制連行が行われ、炭鉱は軍需工場、土木工事現場と共に、連行されたコリアンが働かされる重要な場所であった。

しかしながら、当時の労働市場としての炭鉱は、部落差別と在日コリアンを含めた「重層的差別構造」が存在した。新藤東洋男は、三井三池炭鉱を例に挙げ、「囚人労働者――与論島労働者――一般労働者という重層構造を備えつつ差別と選別による搾取形態がとられ低賃金労働が維持されていた。この差別構造の上に、強制連行による朝鮮人労働者を受け入れることになった」（新藤 1975 : 55）と述べている。要するに、強制連行された朝鮮人労働者は、炭鉱労働の重層的差別構造の最末端として、「囚人」より下位に位置づけられ、最低賃金で雇われたのであった。最末端の扱いであったため、坑内の深部で危険な仕事を担わされることも多く、炭鉱内のガス爆発や火災で命を落とした者も少なくなかった。[43] 常磐炭鉱においても、戦時下の虐待に抗議し、待遇改善を求めた朝鮮人労働者による争議が起こったとの記録がある（庄司 1981 : 183–184）。

だが前述したように、戦後になると、炭鉱は復員兵らが職場復帰する際の重要な受け皿とされたため、今度は逆に在日コリアンの多くが炭鉱から締め出されたのである。戦後まもない頃はむろん日本人もそうだが、それ以上に在日コリアンが定職を見つけるのは難しく、炭鉱を解雇された在日コリアンの多くは貧困と放浪を強いられることとなった。

一九五二年（昭和二七年）の在日コリアンの人口は五三万人だったが、その六一％が無業者であった。有業者であっても、最も多いのが日雇い労働者（六・六％）で、そのほとんどが廃品回収業、バラック建ての商店、闇市でマッコリ（濁り酒）やホルモン焼きを売る食堂であった。[44] 戦中は日本人の都合で最低賃金で炭鉱に連れて行かれ、戦後は同じく日本人の都合で炭鉱から締め出されて、在日コリアンは苛烈な貧困と苦労を強いられたのである。

本章の冒頭で、エネルギー革命の犠牲者である炭鉱地域は、日本の戦後の「負」の遺産、高度経済成長の「影」であると述べたが、炭鉱と在日コリアンをめぐる問題は、そうした「負」の遺産の深部、「影」の奥底にあるもので、いわば「二重の意味での戦後の裏面史」とでも言うべきものなのである。

### 「シークレット・メッセージ」の存在—炭鉱映画と在日—

日本の炭鉱映画の系譜においても、実は在日コリアンの存在が示されることは少なくなかった。内田吐夢監督による一九五七年（昭和三二年）の映画『どたんば』では、炭鉱で落盤事故が生じた際、在日コリアンの炭鉱労働者が危険を顧みることなく日本人を救出しようとする姿が映し出されていた。

本章の前半で触れた、今村昌平監督の出世作『にあんちゃん』（1959）は、炭鉱で働く父親の死後、残された四人の兄妹が懸命に生きる姿を描いた映画であったが、この四人兄妹は実は在日コリアンであった。この映画は、当時の小学生の少女の日記を原作にしたものだが、少女は在日コリアンだったのである。にあんちゃん（次兄）が炭鉱を解雇された後に再就職で苦労するなど、兄妹が過酷な貧困や放浪を重ねなければならなかったのは、在日であることも背景にあった。

熊井啓監督による一九七〇年（昭和四五年）の映画『地の群れ』は、長崎の炭鉱町を舞台にした異色作で、「朝鮮人たちと被差別部落民たちとの壮絶な対立と喧嘩を描いている点で、このフィルムはこれまでけっして日本映画が恐れて近付かなかった主題を取り上げて」（四方田 2001 : 61）いた。

二一世紀に入ってからの炭鉱映画でも在日コリアンは描かれている。二〇一〇年の平山秀幸監督の映画『信さん・炭坑町のセレナーデ』は、福岡の炭鉱地域を舞台にしているが、東京から引っ越してきて、学校に馴染めない主人公の少年に親しくしてくれる数少ない友人として在日コリアンの同級生が現れる。

山奥で隠れるように暮らすこの在日コリアンの少年の父親・李重明（岸部一徳）は、はっきりとは観客には知らされないものの、炭鉱から締め出された過去があることを映画は暗示している。

実は、この映画の脚本を書いたのは、在日コリアンを描いた映画『月はどっちに出ている』『血と骨』や、在日や被差別部落の問題を扱った映画『レディ・ジョーカー』の脚本を書いた在日コリアンの脚本家・劇作家の鄭義信（チョン・ウィシン）であった。

この映画の原作小説『信さん』は、辻内智貴によって書かれたものだが、原作では、実はこの在日コリアンの同級生家族は登場しない。在日の家族が登場するのは、原作小説と一緒に収められた別の短編小説『遙（とお）い町』なのである。

しかしながら、脚本を担った鄭の手で、元々は別の小説の中のこの在日の家族が『信さん』に節合された。しかもこの短編小説では在日の同級生は母子家庭であるが、鄭は映画化にあたって父親の存在を加えることで、炭鉱から弾き飛ばされた在日一家のイメージを前景化した物語を造型したのである。

これら日本映画の中の在日コリアンの存在は、言うなれば「シークレット・メッセージ」（四方田 2001）として描かれる。つまり、在日の問題を正面から取り上げるのではなく、しかも必ずしも本筋と関係なく、その登場人物が在日であろうとなかろうとストーリーが成立する形で現れる。分かる人には分かるし、意味化しようと思えば意味化できるが、そうでなくとも映画の鑑賞には支障が無いようなコノテーションの形で示されるのである。

こうした表象の「さりげなさ」は、在日コリアンの問題をタブーにする社会的風潮と、一方で在日コリアンが無視しえないほど日本社会の至る所で根を張っている現実、および社会派の映画監督や在日コリアン自らが映画の作り手として何らかのメッセージを織り込む傾向性などの、複数の力学が拮抗しながら混在していることから、もたらされるのである。

在日コリアンが登場する映画は炭鉱映画に限らず無数にあるが、とりわけ炭鉱映画が重要なのは、前述したように、在日コリアンにとっての炭鉱が、戦争による国の都合と戦後のエネルギー革命の二つに翻弄された場所であり、戦後の「負」の遺産の深部、戦後の「闇」とも言える、特別な場所だからである。

## 「きわどさ」の仮託――李相日のポリティクス――

こうして考えるならば、映画『フラガール』の監督・李相日が、なぜ以前から自作映画の中で炭鉱を表象することにこだわり続けたか理解できよう。同時に、李によって監督された映画『フラガール』の別の姿も浮かび上がってこよう。この映画にも、李が目指した「きわどさ」の手ごたえを私たちは感じることができるのである。李は、在日コリアンが現れる炭鉱映画の系譜的表象の中で、『フラガール』のナラティブを構築することを試みたと思われるのである。

『フラガール』には在日コリアンは、（おそらく）登場してはいない。しかしながら李は、炭鉱地域の「異物」であったフラダンス、「異人」であったフラガールを通して、ポリティクスを実践することができた。この映画が、フラガール・インストラクターのまどかに、わざわざ「流れ者」「さすらい人」のアンチ・ヒロインの人物造型を行っているのも李の他の監督作品との親和性を思わせると共に、李の「シークレット・メッセージ」として読み取ることもできよう。

李がこの映画について「絶対にダンスの話を中心に持っていかないと意味がないと思った」（加藤 2006：19）と語っているのも、そうした事情ゆえである。「僕自身、一番気持ちが入ったのは踊り子たちだったんです。事業を成し得た偉い人たちよりもその状況に巻き込まれた人たち。しかも彼女たちは目の前にある生活や自分の未来に向けて、行動を起こしていく。そちらのほうに惹かれました」（金澤 2007：170）と語っているのもそのためであろう。

在日三世の映画監督・李相日は、映画プロデューサー・石原仁美のフェミニズムに、自身が目指す「きわどさ」を仮託したのである。そして、「時代を変革する女性像」の構築による対抗ヘゲモニーのナラティブが目指されたのである。それはフェミニズムと在日の視点が節合した瞬間でもあった。そしてそれは、偶発的な節合によるサバルタン表象としての異色の炭鉱映画が二一世紀初頭に誕生した瞬間でもあった。

映画『フラガール』が、経営者のみならず、炭鉱労働者に対しても冷ややかな視線を投げかけ、彼ら男たちとまどかやフラガールら女性たちとの間で敵対性の物語が構成されるのは、このようないささか異色の節合が背景にあると考えるならば、合点がいくだろう。それは、おそらくは李のポジショナリティとその厳しさがそうさせるのである。

フラダンスを意味するフラ（hula）はハワイ伝統の歌舞音曲であるが、一九世紀にはアメリカの宣教師らの手で異教の踊りとして禁止、弾圧された歴史を持っている。そういう意味では、フラを異国の伝統産業（炭鉱）地域に導入することで偏見の目に晒された福島の若い踊り手たちの表象は、異端視されたフラの歴史性そのものと並行性があると共に、フェミニズムや在日コリアンの視点にも節合されることで重層的なサバルタン表象としての記号的可能性をさりげなくその身振りで示していると言えなくもない。

映画『フラガール』の題材となった常磐ハワイアンセンターは、一九六〇年代半ばに炭鉱地域における温泉とハワイを節合して、「東北のハワイ」と呼ばれる人気施設となった。この施設開業の四〇年後の映画の作り手たちは、温泉とハワイを節合した施設を構想した才ある経営者・中村豊には関心を示さなかったが、代わりに当時の日本人のハワイへの憧憬への郷愁、フラの歴史性、フェミニズム、在日コリアンの視点、それとおそらくは炭鉱映画表象の系譜的記憶の五つを節合するという、一種の離れ業を行ったのである。

この映画は、「正統派の娯楽映画」として批評言説で絶賛されたが、以上のような理由から、むしろ相当な「異色作」と言うべきであろう。映画『フラガール』には、さりげない「毒」を随所に盛った「シークレット・メッセージ」が存在する。それは、李が言う「きわどさ」でもある。

しかしながら、『フラガール』が、そのような「毒」と「きわどさ」に気づかれることなく「正統派の娯楽映画」としてこの年のベストワンの高い評価を得たならば、仮に、その受容のありようが「正しく」はなくとも、李相日や石原仁美ら作り手たちの勝利と言うべきかもしれない。

## 石原と李のポジショナリティの相違

以上見てきたように、映画『フラガール』のナラティブ構成を考察する上では、この映画の作り手たちのポジショナリティの問題を抜きに考えることはできないと思われる。そのため、興味深いのは、「時代を変革する力強い女性像」を映画で構築することを目指すことで一致していたプロデューサー石原仁美と監督の李相日の思惑が、必ずしも「一枚岩」というわけではないことである。

李によると、石原はインストラクターのまどかを主人公にしたいとの意向があったものの、一方で李は若いフラダンサー紀美子（蒼井優）がメインの群像劇を希望したという（加藤 2006：20）。李は、石原の意向を変えるのは、「けっこうハードルが高くて……」（加藤 2006）と率直に語っていることからも、この点において、両者の溝は大きかったと推測される。

二人の思惑の差異は、石原（一九六三年生まれ）と李（一九七四年生まれ）の一一歳の年齢差、エスニシティ、ジェンダー的なポジショナリティ、家族・学校環境、文化資本、およびそれらと関係するハビトゥスなどの相違が無縁とは思えない。石原がインストラクターまどかを主人公にしたいと考えたのは、一〇代のフラダンサーたちよりも世代が上のまどかと自身の世代的な近似性、および「三〇代の働く女性の企画ばかり」を考えてきた自身のプロデューサーとしての哲学が背景にあることが推察されよう。

また石原は、『フラガール』を「誰かの母」、「誰かの娘」としてしか描かれない日本映画の女性像とは一線を画す女性像の構築を目指したという（北原 2007：68）が、まどかに、そのモデルとなった早川和子とはいささか異なる「流れ者」「さすらい人」のイメージを付与したのは、そうした意図からであったと推察される。自身も独身であると語る石原がこの映画の強みは、「独身女性のツボを押す」（北原 2007：68）ことだと語っていることからも、炭鉱地域の「よそ者」としてのヒロインまどかの孤軍奮闘ぶりに、シングル・ウーマン、ワーキング・ウーマンの苦労を重ね合せていることも窺えよう。

前述したように、この映画が富司純子演じる母親にいささか冷たい視線を投げかけていたのも、そうした石原のポジショナリティと少なからぬ関係があると思われる。実際、富司を起用するという「意外性のある配役」も石原の「計算の上」であり（『朝日新聞』二〇〇六年一〇月二八日）、石原自身も、「あの富司純子さんがシワや白髪を見せて演じる」のは、「ミスマッチ」であることを認めている（吉田 2007 : 71）。

一方で、一一歳年下の監督・李は、映画制作時に三〇歳前後であったことを考えると、一〇代のフラダンサーたちとより世代的に近く、蒼井優演じる紀美子ら若いフラダンサーの群像劇に仕立てたかった事情も分からなくはない。加えて李が男性であることから、若いフラダンサーらの露出する身体性と運動性が男性オーディエンスの欲望の対象として不可欠の重要性として認識されていたことも想像される。実際、李は、「向こう〔プロデューサーの石原〕の意向は、外からやってくる人〔まどか〕を主軸にしたいという中で、最終的には、先生なので踊っているのを見てるだけじゃないですか。でもそういう人がどうやったら主軸になるかっていう考えが〔自分には〕あるんですよ」（加藤 2006 : 20）とインタビューで述べているように、李があくまでも踊るフラダンサーらの身体運動にプライオリティを置いているのは疑いない。

李が、若いフラダンサーらの話を「中心に持っていかないと意味がない」（加藤 2006 : 19）と述べているのは、李にとっての「力強い女性像」とは、炭鉱という地域の「正統的」な産業の場で、偏見の目に晒されながらも屈せず「異端的」なフラダンスを試みる若い女性と彼女たちの身体運動の強度なのである。まどかが男風呂に突入するシーンは、「踊っているのを見てるだけ」のインストラクターにあえて過剰な身体運動の機会を設けるためとも考えられる。

この点においては、李と石原のライフコースの相違も背景にあることが窺える。前述したように、李は在日コリアン三世として一九七四年（昭和四九年）に、朝鮮学校の教師を父親にして新潟県で生まれた後、四歳で家族と共に横浜に移住し、高校まで朝鮮学校に通っている。李は、在日コリアンの中でも特に「祖国志向」が強く、エスニックなアイデンティティを内面化しやすい家庭環境、学校環境で育った。そして朝鮮学校教師の家庭という固有ではあるが、同時に比較的高い文化資本が得られるであろう環境で育ったためか、幼い頃から数多くの映画に接触してきた。

そんな李にとって、時には暴力も含めた力強い身体運動が、やり場のない怒りを内面化してきた在日コリアンの若者たちのハビトゥスの象徴表象として、映画史の中で数限りなく反復されてきた系譜的記憶を知らぬはずがなかろう。

映画『フラガール』の中で、身体運動の強度による自己表現と存在証明が求められるのは、映画『男の顔は履歴書』（1966、加藤泰監督）、『日本暴力列島 京阪神殺しの軍団』（1975、山下耕作監督）、『ガキ帝国』（1981、井筒和幸監督）、『血と骨』（2004、崔洋一監督）、『パッチギ！』（2005、井筒和幸監督）などに連なる戦後映画における「サバルタン」としての在日コリアン表象の系譜上にあるものとしてこの映画が李によって捉えられていることが推察されるのである。これらの映画では、過剰な身体運動、時に過激な暴力が限界状況の在日コリアンの登場人物のやり場のないエネルギーの発露として表象されてきた。そのため、炭鉱地域におけるフラダンサーらのポジショナリティとその身体的運動性の強度は、そうした映画史の系譜的記憶を自覚している李の「シークレット・メッセージ」と表裏一体のものと考えることができるのである。

このあたりの李の在日コリアン三世の映画人としての固有の事情は、石原のライフコースとは、いささか親和性が乏しいところであろう。プロデューサーと監督の二人の間で、力強い女性像を通して時代の「変革」が目指される点では一致していても、それはそれぞれのポジショナリティからの何らかの対抗的な意味合いとしてのフェミニズム的な理念や価値への共感とそれらの物語上での織り込みの実践であったため、一方では微妙な差異も伴っていたと考えられる。だがその上で、それらがあえて節合されることで、いくぶん「無節操」ながらも鋭角的なポリティクスが実行され、結果として作品に漲る稀なる生命力を生み出してもいるのも否めない。

## まとめ—偶発的な節合による化学反応—

炭鉱問題という近代化の「負の遺産」、エネルギー革命などの戦後の「影」の部分が対象化された映画『フラガール』は、映画の設定当時はまだ希薄であったオルタナティブなものとしてのフェミニズム的価値が前景化することで、「架空の」修正的ナラティブとなり、結果として「昭和ノスタルジア」映画を代表する人気映画となった。この映画ではフラガール・インストラクターやフラダンサーらの「異端」的立場の個人の功績が称揚されながら、一方で『プロジェクトX—挑戦者たち—』と同様、日本型組織、経営戦略や経営陣などの高度経済成長期の「正史的」な担い手との間で敵対性の関係が構成され、それらは「構成的外部」として批判的に位置づけられる。

戦後の「光」=技術革新を取り上げた『プロジェクトX—挑戦者たち—』も、戦後の「影」=炭鉱問題を取り上げた『フラガール』も共に、明確な敵対性のナラティブが構成され、「異端」「周縁」がヘゲモニー化することで前景化させられ、その一方で「正史的」なものにクリティカルな視線が注がれ、後景化させられていることは注目に値する。

しかしながら、そのような映画『フラガール』のナラティブは、炭鉱映画の系譜の一部に見られるような「シークレット・メッセージ」を奥に秘めてはいたものの、二一世紀初頭の時点からの、エネルギー革命の犠牲者、戦後の「負」の遺産としての炭鉱問題の総括を行うには至ってはいないことも同時に指摘しておかねばならない。この点は、炭鉱映画史の系譜の中で『フラガール』を位置づけることでより鮮明なイメージが得られよう。

一九五九年（昭和三四年）の今村昌平監督の『にあんちゃん』は、失職と閉山におびえる佐賀県の弱小炭鉱に生きる人々の苦悩を、現地でのオールロケを行い、とりわけ子供たちの状況の悲惨さに焦点をあてることで、同時代の「影」を映し出す鮮烈なナラティブを造型した。『にあんちゃん』の三年後の一九六二年（昭和三七年）に、安部公房原作・脚本で勅使河原宏によって映画化された映画『おとし穴』は、炭鉱労働者の謎めいた殺人が、炭鉱労組の内部分裂を誘導することで漁夫の利を得ようとする資本家、経営者の指示で行われたことを示唆することで、当時の三池争議に代表される社会問題としての炭鉱問題の鋭い告発を行っていた。これらの、同時代の「影」としての炭鉱地域を告発したかつての映画に比べるならば、『フラガール』のナラティブのヘゲモニーは、フェミニズムと在日の作り手の視点に回収されてしまった点は否めない。

それはイギリスの炭鉱映画の系譜との比較からも言える。前述したように、イギリス映画は、一九九〇年代前後にサッチャー政権の「負の遺産」としての炭鉱の閉山問題を描いた作品群を生み出した。例えばヨークシャーの閉山問題を扱った一九九六年の『ブラス！』では、同じヨークシャー出身で当時四二歳のマーク・ハーマン監督の手により、サッチャー政権の合理化政策の一環としての炭鉱閉山による地域コミュニティの荒廃が、静かながらも真正面から捉えられることでサッチャー政権への厳しい批判が織り込まれていた。

ピーター・カッタネオ監督の一九九七年の映画『フル・モンティ』では、失職した六人の労働者が男性ストリッパーとして新たな人生の活路を見出すという奇抜な内容であるが、これが単なるコメディと異なるのは、男性ストリップ＝ゲイをポジティブなものとして全面に打ち出すことで、伝統とコミュニティを破壊するとの理由から同性愛を敵視したサッチャー政権に対する痛烈なアンチテーゼとなっていた点である。『フル・モンティ』がジェンダー的価値観で敵対性のナラティブを構築した点で、『フラガール』と並行性があると言えなくもないが、『フラガール』におけるフェミニズム的視点には、表象される炭鉱地域との社会的関係や当時の政治との関係などがいささか希薄である。

『フラガール』の舞台となった一九六六年（昭和四一年）前後は、数年後の全共闘運動をきっかけに高まりを見せるウーマンリブ運動が始まる前であり、一九八五年（昭和六〇年）の男女雇用機会均等法はむろんのこと、一九七二年（昭和四七年）の勤労婦人福祉法の制定よりも以前で女性の社会進出はまだ大きな制約があり、男女間の社会的格差は構造化されていた。二一世紀初頭に四〇年前の炭鉱地域が表象対象となる映画化がなされ、そこでフェミニズム的理念が持ち出されるとすれば、それがいかなる種類のものであるかは注目に値しよう。

しかしながら、李による「シークレット・メッセージ」が内包する在日コリアンと炭鉱という、戦後の「負」の遺産の深部へのコノテーションを除けば、構造的な問題を抱えてきた炭鉱地域への具体的な検証を経ずに、むしろそうした「負」「暗部」としての構造的な問題がジェンダー的な問題に節合されて別の問題へと化学変化を起こしていることを見逃してはならないだろう。

ジェンダー・ポリティクスの構築のために、この映画が、共に男性である経営者と炭鉱労働者を節合してそれらに等価性を付与して敵対性として位置付けるナラティブ構築は、いささか無秩序というか「無節操」なものと言えなくもない。このナラティブの敵対性の構造に関する限りでは、前に見たとおり『プロジェクトX―挑戦者たち―』とは相容れないものである。

だが、そうした「無節操さ」は、この映画のヘゲモニー構造がいかに作り手たち個人の理念や価値観を表現するために、近過去である「昭和」が「欲望される」舞台設定として必要とされているかをむしろ分からせてもくれるだろう。なぜなら、近過去は作り手のライフ・ヒストリー上のしがらみの堆積の場所であるが、同時にそれは未来と同様に「異国」(Lowenthal 1985)であるために、創作上の自由度が比較的高い時空間であり、創作はしがらみに執着しながら、それからの解放と救済を可能にしてくれもするからである。

この点では、内容は異なるが『プロジェクトX―挑戦者たち―』が一貫して統括プロデューサー今井彰のエスノセントリックな日本人観と今井自身のライフ・ヒストリーに基づいたナラティブで構成されていた事情とむしろ相同性があると言える。

高度経済成長期の「光」と「影」、「正」と「負」を題材にした「昭和ノスタルジア」を代表する大衆メディア作品はそれぞれ扱う対象に著しい位相差がありながらも、それぞれの対象は作り手たち各々のライフ・ヒストリー、ポジショナリティの事情から意味交渉と介入が欲望されることで、それぞれの位相差をも変形せしめながら、「道徳的解決」が試みられるのである。

そして、扱う対象と作り手の思想やイデオロギーが節合されて、その化学反応から生まれるのは、そもそもが当時の「現実」とは位相を異にするナラティブであり、ポリティクスなのである。それはむろんのこと、言説空間で支配的なヘゲモニーである「古き良き時代」へのストレートな懐古や憧憬とは、いささか異なるものであろう。

# 第7章 「自己像」と「自画像」の拮抗と恢復──大阪万博と「モラトリアム世代」──『20世紀少年』と『クレヨンしんちゃん 嵐を呼ぶ モーレツ！ オトナ帝国の逆襲』──

## 『クレヨンしんちゃん 嵐を呼ぶ モーレツ！ オトナ帝国の逆襲』と『20世紀少年』

本章では、高度経済成長期の到達点、終着駅とされる一九七〇年（昭和四五年）頃のイメージを主な表象対象にしている二つの人気作品、『20世紀少年』と『クレヨンしんちゃん 嵐を呼ぶ モーレツ！ オトナ帝国の逆襲』を取り上げる。二つの作品には、いくつかの重要な共通点がある。

一つには、一九七〇年（昭和四五年）に開催された大阪万博とそのイメージがそれぞれの作品の中で重要な役割を占めていることである。高度経済成長期の到達点の時期のシンボルとされる大阪万博がこれらの作品のナラティブでどのように位置づけられ、敵対性の力学の中ではいかなる役割や舞台装置を担わせられるのか、注意深く検証したい。

この点において、高度経済成長期初期、高度経済成長期の「光」と「影」を扱った作品を分析・考察してきたこれまでの章と比較参照することは、高度経済成長の「終着駅」としての一九七〇年とそこでの大阪万博をナラティブに織り込んだ『20世紀少年』と『クレヨンしんちゃん 嵐を呼ぶ モーレツ！

オトナ帝国の逆襲』へのより立体的な理解につながりうるだろう。

両作品の二つ目の共通点は、「昭和ノスタルジア」の映画作品の中でも、いわゆる「作家性」が最も強い作品であることである。後で詳述するが、映画『20世紀少年』は、原作漫画家の浦沢直樹と編集者の長崎尚志が映画化にあたって脚本にも参加している点でオリジナル性の高い作品である。『クレヨンしんちゃん 嵐を呼ぶ モーレツ！ オトナ帝国の逆襲』の場合は、監督の原恵一がストーリーの考案を行い、監督と脚本を兼ねている。

このように「作家性」が強い映画作品の場合は、作り手のライフ・ヒストリーとの参照によって作品のナラティブやそこでのヘゲモニーの構築を考察することが、より有効である。なぜならば、そこでは作り手のライフ・ヒストリーが、ナラティブのヘゲモニーの重層決定の中で、より重要な因子となりうるからである。

もう一つ重要なのは、これらの二つの作品の作り手たちがほぼ同世代であることである。後で詳述するが、『クレヨンしんちゃん 嵐を呼ぶ モーレツ！ オトナ帝国の逆襲』の監督・原恵一は一九五九年（昭和三四年）生まれ。『20世紀少年』の原作漫画家・浦沢直樹は一九六〇年（昭和三五年）生まれ、編集者で映画の企画者・長崎尚志は一九五六年（昭和三一年）生まれ。そして『20世紀少年』の監督を務めた堤幸彦は一九五五年（昭和三〇年）生まれであり、彼らは「シラケ世代」「モラトリアム世代」と呼ばれるような世代に属している。

後述するようにいわゆる「世代論」には罠があるため、注意深くなければならないが、過去の同じ時代が、同時代を生きた同世代のクリエーターによってフォーカスされるのは無視できない点であるため、本章では考察の際に作り手らの世代的な視点のありようも検証の対象とする。

最後に挙げる共通点は、この二つの作品が多くの受け手の「語り」を誘発してきた点で「昭和ノスタルジア」のポピュラーカルチャーの作品の中で際立っていることである。二つ共に漫画が原作であり、とりわけ『嵐を呼ぶ モーレツ！ オトナ帝国の逆襲』の場合、映画化作品は、「幼児・子ども」が主要ターゲットであるものの、後述するが、多くの「大人たち」はこの作品に触れて「涙する」ことで「語り」を誘発されてきたのである。やや驚かされることではあるが、これらの作品をめぐって映画評論家のみならず、普段は映画を論じることも少ない社会学者などのアカデミックな立場の研究者らも「擁護」の論陣を張ったり、時には研究論文、研究書さえ著してきたのである。

本書では、ラクラウとムフの言説理論を応用し、多彩なメディアや言説空間による公共圏的領域の競合的複数性という視点に基づき、多様な大衆メディア作品や言説空間のヘゲモニー構築のありようを見てきた。しかしながら一方で、「昭和ノスタルジア」の映画、テレビ番組が実際にどのように一般オーディエンスに受容されてきたかについては、前章までにまとまった形で考察の機会を持たなかった。それは、第2章でも述べたが、例えば『ＡＬＷＡＹＳ 三丁目の夕日』シリーズのように数百万人の観客を動員し、ＤＶＤやテレビ放送での視聴も合わせれば数千万人単位に上るであろう膨大の数の、しかも多様な世代や階層のオーディエンスからなる受容言説空間を扱うのは慎重でなければならないからでもあった。

だが、「昭和ノスタルジア」が主に大衆メディアや文化産業の作品群と、それに関連するジャーナリズム言説や知識人の言説に加えて、ブログや電子掲示板、ＳＮＳなどを通しての一般人の言説によっても支えられる競合的かつ複数的な言説空間の社会現象化と考えるならば、その理解のためには一般オーディエンスの言説のありようも何らかの検証がなされてしかるべきであろう。

そのため本章では、「昭和ノスタルジア」映画の中でも特異な位置を占める二つの人気作品が多くの受け手の「語り」を誘発してきた点に注目し、それらの作品の表象上のヘゲモニーのありようだけでなく、一般オーディエンスの受容のありようにも目を向け、受け手がそれらの作品に何を読み込んだのか、なぜ「大人たち」が「涙する」までに「語り」を誘発されるのかを電子掲示板、ブログでの書き込みから解き明かす。

## 1．大人の「聖典」の「自己像」と「自画像」
### ―『クレヨンしんちゃん 嵐を呼ぶ モーレツ！ オトナ帝国の逆襲』―

#### アニメ史に残る高評価

映画『クレヨンしんちゃん 嵐を呼ぶ モーレツ！ オトナ帝国の逆襲』（2001）の原作漫画『クレヨンしんちゃん』は、漫画家・臼井儀人によって、週刊漫画雑誌『漫画アクション』で一九九〇年八月から連載が開始された。内容は、埼玉県春日部市に住む、活発で大人びた五歳の幼稚園児・野原しんのすけが主人公で、両親をはじめ周囲の人間を巻き込んだ奇想天外な日常が描かれている。[45]

この漫画はすぐに人気を得たことから、一九九二年四月からは、テレビ朝日でアニメ番組が放送された。[46] 漫画は、二〇〇〇年に月刊漫画誌『まんがタウン』に連載が変更されたが、臼井の不慮の事故死によって二〇一〇年三月に連載が終了した。[47] 二〇〇九年九月時点で漫画の単行本は五〇〇〇万部を発行、関連書籍を含めれば六五〇〇万部にも及んでいる。

一九九三年に劇場用アニメ映画『クレヨンしんちゃん アクション仮面VSハイグレ魔王』が作られ

■7－1 『クレヨンしんちゃん 嵐を呼ぶ モーレツ！ オトナ帝国の逆襲』の DVD パッケージ（発売元：シンエイ動画㈱ 販売元：バンダイビジュアル㈱）

東宝の配給で公開された。映画はこの後も毎年一作のペースで作られ続け、幼児・子供たちの間で人気を博しながら二〇一三年には二一作目を数えている。本章で考察する二〇〇一年公開の『クレヨンしんちゃん 嵐を呼ぶ モーレツ！ オトナ帝国の逆襲』は第九作目にあたる。

『クレヨンしんちゃん 嵐を呼ぶ モーレツ！ オトナ帝国の逆襲』は、そもそも幼児・子供向けの作品でありながら、現在ではアニメ映画史上屈指の傑作として、極めて高い批評的評価を獲得している。二〇一〇年、雑誌『キネマ旬報』は、「オールタイム・ベストアニメーション映画」、すなわち映画史上のアニメーション映画のベストテンを発表した。『クレヨンしんちゃん 嵐を呼ぶ モーレツ！ オトナ帝国の逆襲』は、評論家選出の部門で、堂々の四位に輝いており、一位『ルパン三世 カリオストロの城』、二位『風の谷のナウシカ』、三位『となりのトトロ』に続いている。（読者選出でも一〇位にランクインした。）

他の作品がティーン・エージャーなどの少し年長の世代以上が主対象であることを考えれば、幼児など一〇代以下が主対象の『クレヨンしんちゃん 嵐を呼ぶ モーレツ！ オトナ帝国の逆襲』の高評価はひときわ目を引く。ちなみに『クレヨンしんちゃん』の他の映画で五〇位以内に入っているのは、第一〇作目の『嵐を呼ぶ アッパレ！ 戦国大合戦』（評論家投票で三五位、読者投票で一九位）だけであることからも、『嵐を呼ぶ モーレツ！ オトナ帝国の逆襲』への評価の高さが突出していることが分かるだろう。

重要なことは、『嵐を呼ぶ モーレツ！ オトナ帝国の逆襲』の抜きん出た高評価は、幼児・子供たちによるものでなく、大人たちによることである。過去二一作の映画の中で、最も高い興行収入を得たのは、第一作目『アクション仮面ＶＳハイグレ魔王』（1993）の二二億円、次いで第二作目『ブリブリ王国の秘宝』（1994）の二一億円であり、『嵐を呼ぶ モーレツ！オトナ帝国の逆襲』は一五億円に過ぎず、この数字はこれまでの全作品の中では平均的なものである。そのため、この映画についての幼児・子供たちの「受け」の良さが際立っていたとは到底言えず、盛り上がったのはむしろ大人たち（だけ）と推測されよう。

## 『千と千尋の神隠し』との評価の逆転

だが重要なのは、そもそも『嵐を呼ぶ モーレツ！オトナ帝国の逆襲』は、二〇〇一年四月の公開当時に関係者や批評筋からそれほど大きな注目を集めたわけではなかったことである。完成当初、試写を見た関係者からは「失敗作」、「こんな不愉快な映画は見たことがない」などの声が挙がったという（『朝日新聞』二〇一三年四月二〇日）。また公開された時、この映画はこのシリーズのそれまでの作品や他の幼児向けアニメ作品と同様、新聞や映画雑誌で論じられることは少なかった。

この年の雑誌『キネマ旬報』ベストテンでも、読者選出部門では三〇位までのランキングの圏外であり、評論家選出部門では二四位であるものの、六〇名近い評論家のうちの数人が推したに過ぎない。その他『朝日ベストテン映画祭』、『ぴあベストテン』、『映画芸術』などの主要な年間映画ベストテンのいずれにも入っていない。ヨコハマ映画祭の日本映画ベストテン第八位にランクインしているのが目立つ程度である。[48] こうしたことから、『嵐を呼ぶ モーレツ！オトナ帝国の逆襲』の公開当時の評価と現在の高評価の間には、相当な落差があると言えよう。

二〇〇一年に公開されたアニメ映画の中で、公開当時に絶賛されたのは、むしろ宮崎駿監督の『千と千尋の神隠し』であった。『千と千尋の神隠し』は『キネマ旬報』ベストテンの読者選出部門で一位、評論家選出部門で三位、『ぴあベストテン』で一位に輝くと共に、日本アカデミー賞最優秀作品賞、毎日映画コンクール日本映画大賞、ブルーリボン賞作品賞など、この年の各賞を総なめにした。

しかしながら、『千と千尋の神隠し』は、前述の、二〇一〇年に雑誌『キネマ旬報』が発表した「オールタイム・ベスト・アニメーション映画」では、一四位。一方、『嵐を呼ぶ モーレツ！ オトナ帝国の逆襲』が四位であることから、両者の評価は大きく逆転している。

公開当時、絶賛されて各賞を総なめにした『千と千尋の神隠し』と、さしたる批評的評価を勝ち得なかった『嵐を呼ぶ モーレツ！ オトナ帝国の逆襲』。しかしその後一〇年もしないうちに、評価は逆転し、『嵐を呼ぶ モーレツ！ オトナ帝国の逆襲』は、アニメ史上屈指の傑作との評価を得るようになった。このことをどう考えれば良いのだろうか。

一方で、二〇〇九年にイギリスの雑誌 *Time Out* で、世界のアニメ映画史上のベスト五〇が発表されたが、『千と千尋の神隠し』は、ディズニーの『白雪姫』(1937)、『ファンタジア』(1940)などの古典に続いて六位にランクインしているが、『クレヨンしんちゃん 嵐を呼ぶ モーレツ！ オトナ帝国の逆襲』は五〇位以内のランキングにも入っていない。そのため、両者の批評的変化は、日本国内に限られた現象と推察される。では果たして、なぜ『嵐を呼ぶ モーレツ！ オトナ帝国の逆襲』は日本国内で短期間に古典的地位を獲得するに至ったのだろうか。

## 「聖典化」への軌跡—大人の観客のクチコミで広まった評判—

実は、『クレヨンしんちゃん 嵐を呼ぶ モーレツ！ オトナ帝国の逆襲』の「価値」を最初に見出したのは、批評家筋ではなく、大人の一般観客たちであった。映画公開時、子どもに付き添って「たまたま」見に行った大人の観客のクチコミで評判が広がったのである。朝日新聞の映画担当記者の石飛徳樹によれば、「ぼうだの涙を流す大人が続出している。（中略）懐かしさに捕らわれたしんちゃんの父親が、自らの人生をフラッシュバックさせながら現実に帰還してくるシーンは涙なくしては見られない。ギャグアニメの領域を逸脱した作品になっていた。たまたま見に行った大人たちが感動し、クチコミで評判が広がっていった」（石飛 2003：33）。

「ぼうだの涙を流す大人」の観客の群れはクチコミで広がっていった。この映画が公開された翌年の二〇〇二年四月六日には、東京都内の名画座・池袋「新文芸坐」で一八歳未満お断りの、言うなれば「大人限定」での「クレヨンしんちゃんケツ作フェスティバル」と題したオールナイト上映が行われたところ、通路までも客があふれ出すほどの大入り満員となった（快楽亭 2002：316）。

落語家の快楽亭ブラックは、「映画を見終わって表へ出ても、しばらくは涙があふれてとまらなかった。この映画、子どもに見せるにはもったいない。正直そう思ったものだ。これに比べたら『千と千尋の神隠し』はまるで、子供向きで、物足らなかった」（快楽亭 2002：318）と述べ、『千と千尋と神隠し』は子供向きとして一刀両断しながら、『嵐を呼ぶ モーレツ！ オトナ帝国の逆襲』に涙して激賞している。

映画を論じる評論家や批評家が本格的にこの作品の「価値」を見出したのは、大人たちの観客の口コミでブーム化の兆しを見せた後のことであった。雑誌『キネマ旬報』は、この映画が公開された翌年の二〇〇二年四月に、「正しい〝オトナ〟のための映画『クレヨンしんちゃん』一〇周年記念大特集」と

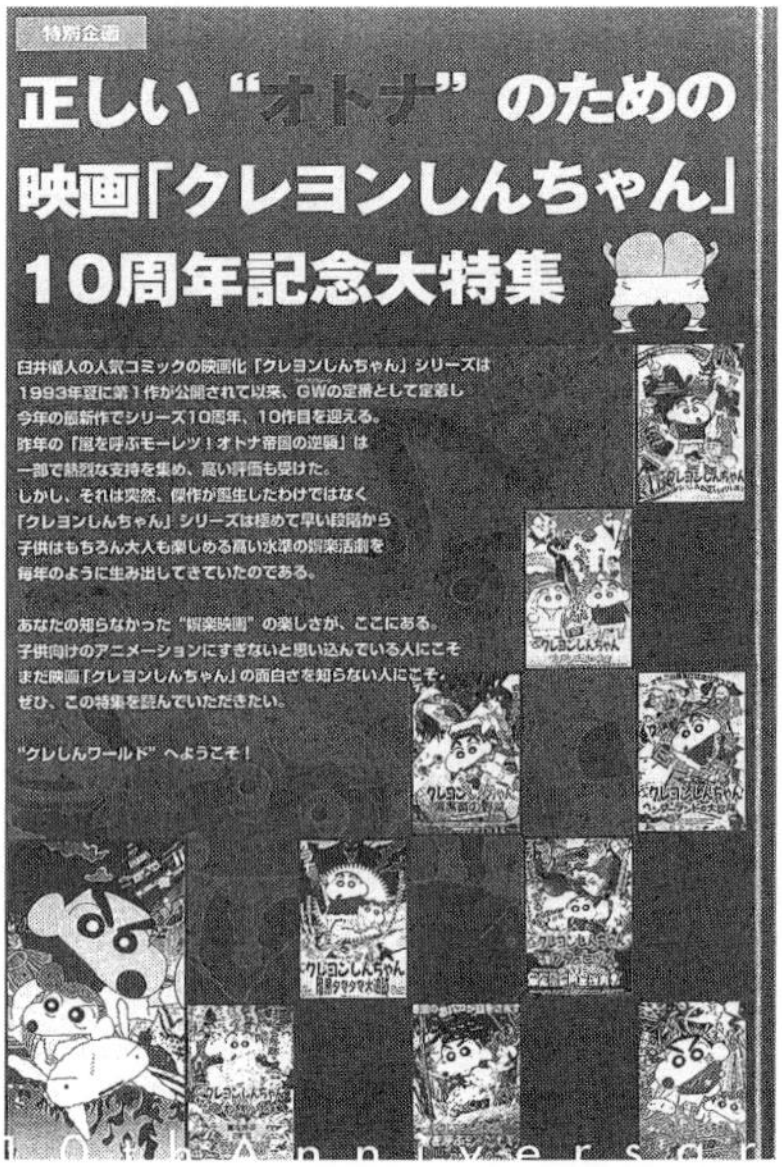

特別企画

正しい“オトナ”のための映画「クレヨンしんちゃん」10周年記念大特集

臼井儀人の人気コミックの映画化「クレヨンしんちゃん」シリーズは
1993年夏に第1作が公開されて以来、GWの定番として定着し
今年の最新作でシリーズ10周年、10作目を迎える。
昨年の「嵐を呼ぶモーレツ！オトナ帝国の逆襲」は
一部で熱烈な支持を集め、高い評価も受けた。
しかし、それは突然、傑作が誕生したわけではなく
「クレヨンしんちゃん」シリーズは極めて早い段階から
子供はもちろん大人も楽しめる高い水準の娯楽活劇を
毎年のように生み出してきていたのである。

あなたの知らなかった“娯楽映画”の楽しさが、ここにある。
子供向けのアニメーションにすぎないと思い込んでいる人にこそ
まだ映画「クレヨンしんちゃん」の面白さを知らない人にこそ、
ぜひ、この特集を読んでいただきたい。

“クレしんワールド”へようこそ！

■7－2　『キネマ旬報』（2002年４月下旬号）の特集記事（『正しいオトナのための映画クレヨンしんちゃん10周年記念大特集』）

いう大特集を一四ページにわたって組んでいる。最初に記されている以下の特集の主旨からも、日本を代表する映画雑誌がこの映画の「価値」を認め、広く社会に知らしめようと考えるに至ったことが分かろう。

あなたの知らなかった〝娯楽映画〟の楽しみが、ここにある。
子供向けのアニメーションにすぎないと思い込んでいる人にこそ、
まだ映画『クレヨンしんちゃん』の面白さを知らない人にこそ、
ぜひ、この特集を読んでいただきたい。
〝クレしんワールド〟へようこそ！

雑誌『キネマ旬報』は、この大特集の翌年の二〇〇三年五月にも「今年もやります！　祝一一周年!?」と記して「『クレヨンしんちゃん』大特集」を一三ページにわたって取り上げている。この特集ページでは、『クレヨンしんちゃん』の全作品から「私の選んだベスト・スリー作品」を二二人の選考委員がその選考理由と共に挙げている。第一位はやはり『嵐を呼ぶ モーレツ！オトナ帝国の逆襲』で、

過半数の選考委員が投票したためにダントツの首位で、二位以下を倍以上の得票数で大きく引き離している。

選考委員の評からは、郷愁についての大人や人間一般の問題の解決と教訓としてこの作品が捉えられていることが分かる。評論家の切通理作は、この映画は、「郷愁や情緒といったものを人間的な感情の枠組みの中からだけでなく取り出そうとする可能性が見て取れた」、映画批評家の樋口尚文は「郷愁ゆえの不能をしんちゃんの自然児の活気で吹き飛ばす」、朝日新聞記者の石飛徳樹は、「僕たちは『現在』の素晴らしさをしんちゃんから教わることになった」と述べている。

『嵐を呼ぶ モーレツ！ オトナ帝国の逆襲』は、『キネマ旬報』で二度にわたって大特集記事で取り上げられたことや、二〇〇二年一一月にDVD化されたことから、多様なオーディエンスを獲得するようになる。それと並行して、後で議論するように、インターネットの電子掲示板では夥しい数の書き込みが見られるようになった。二〇〇五年には、メディア学者で東京大学教授の浜野保樹による編著で、この映画を監督した原恵一に関する研究書『アニメーション監督 原恵一』までもが上梓された。

注目すべきなのは、『嵐を呼ぶ モーレツ！ オトナ帝国の逆襲』は、東日本大震災後に見るべき映画としても、批評空間で推されていることである。雑誌『キネマ旬報』は、震災から一年を経た二〇一二年四月上旬号で、「三・一一、あの日を経て／旧作を見る、旧作に見出す」というタイトルの特集記事を掲載した。この中で、映画評論家の佐野亨は、「三・一一以後の世界を生きるわれわれにとって、非常に示唆的なメッセージを含んでいることにあらためて気づかされた」（佐野 2012：79）としてこの作品を推している。

また仙台出身の映画監督の岩井俊二は、震災四か月後に、自身のTwitterで、「こんな映画があったのを知らなかった。二〇〇一年の作品だが、二十一世紀はこんなはずじゃなかった、というテーマはむしろ今のほうがより深く響く」と絶賛した。それに対し、共感を寄せるフォロワーのツイートが多数寄せられもした。

以上見てきたように、『クレヨンしんちゃん 嵐を呼ぶ モーレツ！ オトナ帝国の逆襲』は、二〇〇一年の公開時には、さほど批評的注目を集めることがなかったものの、その後、アニメ史上屈指の傑作として、同年に公開されて絶賛された『千と千尋の神隠し』との批評的評価が逆転し、震災後には聖典化されるまでに至った。だが高評価のそもそものきっかけは、子供に付き添って「たまたま」見に行き、「ぼうだの涙を流した」大人たちの観客の反響とクチコミだったのである。

## 『クレヨンしんちゃん 嵐を呼ぶ モーレツ！ オトナ帝国の逆襲』のストーリー

ではなぜ、この映画は、「大人たち」の間でかくも反響を呼んだのだろうか。彼らはこの映画に何を読み込み、何に涙したのだろうか。それは後に考察するとして、まずこの映画の内容を詳細に分析しよう。以下、簡単にこの映画のストーリーを整理しておく。

主人公の幼稚園児・野原しんのすけが暮らしている埼玉県春日部市に巨大なテーマパーク『20世紀博』が作られた。『20世紀博』は、大阪万博や昭和三〇年代、四〇年代の街並み、文化、風俗が再現されると共に、それら当時のもの以外を全て排除することが目指された空間であった。しんのすけを含め子供たちは関心を示さないが、地域の大人たちは懐かしさから夢中になっていく。

そしてある日、大人たちが忽然と姿を消してしまい、子供だけが町に残されてしまう。これは『20世紀博』を運営する「イエスタディ・ワンス・モア」という秘密結社による仕業であった。「イエスタディ・ワンス・モア」は、現代の二一世紀を否定し、大人たちを大阪万博前後の子供の頃の時代に戻して、「古き良き二〇世紀的な価値観」だけに依拠する「オトナ帝国」的な社会の建設を目論んだのである。

彼らは、大人たちの当時への懐かしさを利用して、『20世紀博』に大人たちを誘い込み、外に出られなくしたのである。子どもたちは、「イエスタディ・ワンス・モア」から投降することを求められるが、しんのすけらはこの組織の目論見に気づき、両親を取り戻すために、『20世紀博』に侵入する。『20世紀博』の中は、「イエスタディ・ワンス・モア」によって開発された当時の「懐かしい匂い」が充満しており、そこで大人たちは、我を失い当時の懐かしさにひたる一種の陶酔状態に陥っていた。しんのすけらは、「なつかしい匂い」から大人たちを覚醒させるために、大人の靴下の悪臭を両親に嗅がせることを試みる。その結果、彼らは正気に戻っていく。

なおも「イエスタディ・ワンス・モア」はしんのすけら家族を誘惑しようとするが、しんのすけらはそれを必死の抵抗で払いのける。しんのすけらの「家族の絆」の強さを認識させられた「イエスタディ・ワンス・モア」のリーダーのケンとチャコは、自分たちの計画実施が無理なことを悟って映画は終わる。

## 「日本映画の正統的継承者」原恵一

この映画の成功は、ひとえに監督を手掛けた原恵一の力によるところが大きい。原は一九五九年（昭和三四年）に群馬県館林市で、駄菓子屋を営む家庭に生まれた。家にテレビが来たのは東京オリンピックの年（一九六四年（昭和三九年））というから、決して経済的に恵まれた家庭とは言えないだろう。原は、中学時代は絵描きやフォークギターに熱中したため、公立高校の受験に失敗するという挫折を味わう。原が進学したのは、「誰でも行ける市内の共学の私立高校」で、「とにかく矢沢永吉、『永ちゃんサイコー』みたいな、リーゼントにしているような奴ばかり」（浜野編 2005：15）だったという。

子どもの頃から、「早く、東京で一人暮らししたい」といつも思っていた原は、東京の美術系の大学を受験するが、「学力的に及ばない」ため悉く失敗し、東京デザイナー学院のアニメーション科に進む（浜野編 2005：17–18）。卒業後、テレビや劇場版の『ドラえもん』の演出助手を務め、その独特な絵コンテで評価されるようになり、『ドラえもん』の監督を務めた後、『クレヨンしんちゃん』劇場映画第一作から絵コンテや脚本等に関わり、第五作目から第一〇作まで監督を務めた。

劇場映画『クレヨンしんちゃん』シリーズは、むろん臼井儀人の原作漫画に基づいたものであるが、ストーリーは原作の登場人物をもとに劇場用に独自に創作されることが多く、『嵐を呼ぶ モーレツ！オトナ帝国の逆襲』の内容も原の考案によるもので、原が脚本も執筆している。

原は、絵コンテの斬新さに加えて、ホームドラマを基調にした情緒的な作風で、その「作家性」が高く評価されてきた。メディア学者の浜野保樹は、原を日本映画の正統的継承者、とりわけ原自身も影響を受けたと語る小津安二郎と木下恵介のホームドラマの継承者であるとして極めて高く評価している（浜野編 2005：271–273）。アニメ監督の湯浅政明も原の演出を、「エモーショナルで邦画的」（湯浅 2005：174）なことから、日本映画の正統的継承者として評価し、劇作家の中島かずきは、原が自分の演出を頑固に貫いていけば、「ひょっとしたら国民的な作家になれる」（中島 2005：211）と絶賛している。

本書は、作家論が目的ではないのはむろんのこと、『嵐を呼ぶ モーレツ！オトナ帝国の逆襲』が「傑作」であるか否かについて踏み込むことも主目的ではない。しかしながら、後で詳述するように、オーディエンスはこの映画に様々な意味を読み解いたことなどから、原自身の「作家性」による固有の思想なりメッセージが作品に奥深く埋め込まれていると推察することができる。

## 複数の対立図式

『クレヨンしんちゃん 嵐を呼ぶ モーレツ！ オトナ帝国の逆襲』のナラティブ構造を、敵対性の観点から考えるならば、この映画が容易に見て取れるような明確な敵対図式を複数備えていることが分かる。まず「過去」対「現在」の敵対関係は明白であろう。秘密結社「イエスタディ・ワンス・モア」が作った『20世紀博』をはじめ大阪万博、東京タワー、さらには当時の数多くのポピュラー・ソングと「現在」が対比されている。[49] そのため、この映画が昭和三〇年代から昭和四〇年代前後の「過去」と映画が作られた二一世紀初頭の「現在」の間の敵対性が構成されていることが分かる。

加えて、それと重なるような形でそうした「過去」を懐かしがる「大人」対「現在」を生きる「子供」の対立図式が見られる。これには補助的な舞台装置として、「大人」たちが虜になる「懐かしい過去の匂い」としんのすけら「子供」たちが「大人」たちを覚醒させるために持ち出す「大人の足の悪臭」の対立図式がある。この補助的な対立図式は、「幻想」＝「懐かしい過去の匂い」と「現実」＝「大人の足の悪臭」の敵対性でもある。

## 「モノ」VS.「心」の敵対性の矛盾と転倒

これらの容易に解読可能な対立図式に加えて、この映画ではややメタレベルの対立図式もいくつか用意されている。まずそれは「心」＝「過去」VS.「モノ」＝「現在」とも言うべきもので、それは、秘密結社「イエスタディ・ワンス・モア」のリーダー・ケンとチャコが夕日町銀座商店街を歩きながら交わす以下のような会話からも明らかである。

チャコ：ここに来るとホッとする。
ケン　：昔、外がこの町と同じ姿だった頃、人々は夢や希望に溢れていた。二一世紀はあんなに輝いていたのに、今の日本に溢れているのは汚い金と燃えないゴミぐらいだ。これが本当にあの二一世紀なのか。
チャコ：外の人たちは心が空っぽだから、モノで埋め合わせしているのよ。だから、いらないものばっかり作って、世界はどんどん醜くなっていく。
ケン　：もう一度、やり直さなければいけない。日本人がこの街の住人たちのように、まだ心をもって生きていたあの頃まで戻って。
チャコ：未来が信じられたあの頃まで。外もこんなだったらいいのに。
ケン　：いずれ、なる。

チャコが語る「外の人たちは心が空っぽだから、モノで埋め合わせしている」や、ケンの「もう一度、やり直さなければいけない。日本人がこの街の住人たちのように、まだ心をもって生きていたあの頃まで戻って」などのセリフは、あまりに単純かつ直截的なため、白々しく聞こえなくもない。さらに言えば、これは、「昭和ノスタルジア」を語るジャーナリズムや知的言説に見られる「昭和」＝ポジティブ、「現在」＝ネガティブと同様の図式と言えなくもない。

だが重要なことは、ここでの「心」＝「過去」VS.「モノ」＝「現在」の敵対性と対立図式にはいささか矛盾や転倒が見られることである。映画では、「心」があった頃の「昭和」「過去」に対し、「心」を失い、「モノ」だけの「現在」が対置され、「心」を失って「モノで埋め合わせている」二一世紀を「やり直す」ために過去に戻る必要があると秘密結社「イエスタディ・ワンス・モア」のリーダー、ケンやチャコの口から語られる。

しかしながら、実際は、彼らの行動は矛盾しているのである。ケンの「モノ」への執着は異常なほどで、大阪万博を模した『20世紀博』の中を、当時の文化、風俗、商品などの「モノ」で充満させている。ケンは愛車のトヨタ２０００ＧＴを傷つけられると、「トサカに来るぜ」と怒る。「大人」たちも『20世紀博』や夕日町銀座商店街にあるような当時の「匂い」に満ちた「モノ」に、我を忘れて虜になっているのである。

一方で、「モノ」への執着に染まっていないのは、むしろ、しんのすけら「現在」の「子供たち」の方であり、昭和の「モノ」で忘我状態の「大人たち」に対して、しんのすけら「子供たち」は、「モノ」への執着から大人たちを覚醒しようとする。

要するに「モノ」より「心」を実践しているのは、ケンやチャコのような「イエスタディ・ワンス・モア」や「大人たち」ではなく、「現代」の「子供たち」なのである。これは、物語上の矛盾と見ることもできなくはないし、あるいはケンやチャコの自己矛盾、自己欺瞞かもしれないが、いずれにせよ、ある種の矛盾、転倒と見ることができよう。

こうした矛盾と転倒の二つ目は、「イエスタディ・ワンス・モア」のリーダー、ケンの言葉にも繰り返し表現されているように、「大人たち」によって「個の自由」、「個の解放」が唱えられていることである。これに対して、「子供たち」の方が親など「大人たち」に対して、「個」より「家族」、「自由」より「絆」が大事だと諭すのである。一般的には、子供たちや若者が「個の自由」を強調するのに対し、親など「大人たち」が「家族的価値」を掲げて子供を諭すため、ここでも一種の矛盾と転倒が見られる。第三に——これが最も大きな転倒であるが——普通は、親が子供を教育し、守るのが常であるが、この映画では、子供、しかも幼児が親を啓蒙し、救済している点である。

この映画の対立図式の構築とそれらに関連するディテイルの描写は興味深いものではあるものの、このようにある種の矛盾もしくは転倒が重層的に行われている。とりわけ、ケンとチャコが「心」の復権を叫び、「イエスタディ・ワンス・モア」という革命組織を率いることで一九七〇年前後の「政治の季節」のリーダーのイメージが付与されているにも拘わらず、ファッションや愛車にこだわり、『20世紀博』を昭和の文化、商品で充満させるなど「モノ」に異常な執着を見せている点で、支離滅裂なキャラクターと言えなくもない。

こうした事情を考慮するならば、いくらこの映画の中に重層的な対立図式が見られるとしても、イデオロギー的な敵対性をナラティブの中で析出することに幾ばかりか困難を覚えざるを得ないのである。

## 「クビになるかも」—原恵一の「覚悟」とアンビヴァレンス—

ストーリーの考案から脚本、監督までを行った原恵一自身は、『嵐を呼ぶ モーレツ！ オトナ帝国の逆襲』についてどう考えているのだろうか。この映画が評判になったため、原は様々な機会にインタビューを受けているが、そこで原の口からたびたび発せられる言葉から伝わってくるのは、「クビ」を覚悟するまでに作品に打ち込んだという真剣さである。

原は、「思ってもいなかったところまで行けて満足したが、『しんちゃん』の枠からは完全にはみ出していた。クビになるかもと思ったけれど、でも、こっちの方が絶対いいと」（『朝日新聞』二〇〇七年八月一日）と述べている。またこの作品について原は、「ギリギリまで追い詰められて、悩みに悩んで出した結果があれだったんですよ。（中略）やっぱり映画ってのは、何かリスクを背負わないと面白くない」（山下 2002 : 139）とも述べている。

果たして原は、何に「ギリギリまで追い詰められ」、「クビになるかも」と思うほどの「リスクを背負った」のだろうか。

ここで重要なことは、一九五九年（昭和三四年）生まれの原が、自身が少年時代を送った一九七〇年（昭和四五年）前後への強い執着を繰り返し述べていることである。メディア学者の浜野保樹との対談で原は、自分に一番近い登場人物は、秘密結社「イエスタディ・ワンスモア」のリーダー・ケンであるとして、当時に回帰する革命を起こそうとするケンへの共感を以下のように述べている。

浜野：便利になった現在とか嫌な未来より、懐かしい過去にもどそうとするケンをしんちゃんが止める。その結果について監督自身はどう思うのですか。

原　：僕は止めなくていいのではないかと思います。このままあの装置が働いても、僕はＯＫです。でもさっきのコミューンではないけれど、どこかいびつな世界になっていくであろうから、気持ちでは共感するけれど、実際そうなるのがいいことかっていうと、そうは思わない（原・浜野 2005 : 84）。

自分としては当時の懐かしさにのめり込み、ケンの革命を支持するが、しかしそれを中断し、否定する作業も必要であることを原は別の場所でも繰り返し述べている（『映画秘宝』二〇〇二年一月号、p60–61; 浜野編 2005 : 52 他）。

抗しきれないほどの強い「昭和」への憧憬と、その「価値」を認めながらもそれを断念せざるを得ない現実主義のアンビヴァレンスをどう考えればよいのだろうか。なぜかくもアンビヴァレントな内容の映画を原は構想し、この映画で「クビ」を覚悟するほどのリスクを背負わねばならなかったのだろうか。この映画のナラティブの重層的な敵対性の矛盾と転倒をどう考えればよいのだろうか。

## 引き裂かれた自己―「自己像」と「自画像」の拮抗―

この作品のアンビヴァレンスは、しかしながら、この映画が憧憬の対象としている一九七〇年（昭和四五年）前後の時代状況やその時代を生きたケンらの登場人物とその後の人生の固有の事情を考えるならば、リアリティを見出すことが可能になる。

この映画の舞台装置として中心的な位置を占める大阪万博が開催された一九七〇年（昭和四五年）前後の時代は、戦後の高度経済成長の到達点を迎えていた。その二年前の一九六八年（昭和四三年）には、日本のGNPは一四二八億ドルとなって西ドイツを抜き、数字の上ではアメリカに次ぐ世界第二位の経済大国の地位を獲得していた。

また一九六五年（昭和四〇年）一一月から万博開催期間中の一九七〇年（昭和四五年）七月まで五七か月もの長期間にわたる「いざなぎ景気」を経験するなど、大阪万博のテーマ「人類の進歩と調和」に示されているように、当時の日本は戦後の「進歩」を謳歌し、その後の「進歩」を信じてもいた。

しかしながら、そうした体制的なポジティブな戦後史の一方で、当時は反体制的な「政治の季節」も同時に経験していた。一九六八年（昭和四三年）一月には東大医学部学生自治会が、インターン制に代わる登録医制度導入に反対して無期限ストに突入した。同年二月には、三里塚・芝山連合空港反対同盟と反日共系全学連が成田空港阻止集会を行い、一六〇〇〇人が参加している。さらに五月には日大で全学共闘会議が結成され、学生運動は高まりを見せる。

翌一九六九年（昭和四四年）一月には、警視庁機動隊八五〇〇人が東大安田講堂の封鎖解除に出動し、催眠ガス弾四〇〇〇発を発射して封鎖を解除し、三七四人を逮捕する事件が起きた。大阪万博が開幕直後の一九七〇年（昭和四五年）三月三一日には、日航機よど号が赤軍派学生九人に乗っ取られ、韓国の金浦空港に着陸する日本初のハイジャック事件が起きている。万博が閉幕した二か月後の一九七〇年（昭和四五年）一一月には三島由紀夫の割腹事件も起きた。

万博開催前後の日本は、言うなれば体制と反体制の拮抗とでも言うべき一筋縄でいかない状況が露出していたのである。全共闘に代表される学生運動家らも、反体制的な理想を掲げながらも高度経済成長の恩恵も受けており、消費の欲望にも抗し切れない生活を生きてもいた。社会学者の小熊英二は、当時の学生運動は、「高度成長と大衆消費社会への反発と不適応の表現という側面をもっていた。しかし当時の若者は、一方で大衆消費社会に反発しながら、同時にそれにつよく魅力も感じてもいた」（小熊 2009：836）として、彼らがもたらした最大のものは、高度経済成長およびその結果として現れた大衆消費社会への適応であったと述べている。

そうした観点から見るならば、『クレヨンしんちゃん 嵐を呼ぶ モーレツ！ オトナ帝国の逆襲』において、作者の原が自分に最も近い登場人物と語るケンの自己矛盾も単なる物語上の矛盾やいい加減さではなく、それが作り手によってどの程度自覚的に人物造型されたかどうかは定かではないものの、実のところ当時の政治運動家のありようを一面においてリアルに映し出していると言えなくもない。クーデター的行為によって「心」を取り戻す社会建設を目指す反体制の革命家ケンにとって、その理想だけに生きることは、ありうべく自己イメージの「自己像」であろう。

一方で、ケンには、トヨタ2000GTやファッションなど「モノ」の虜になってしまう自分、すなわち「大衆消費社会に抗しながら、同時にそれにつよく魅力を感じてもいた」別の自分もあった。それは反体制的な理想を掲げる一方で欲望に囚われてしまう矛盾を抱えたケンの赤裸々な「自画像」であろう。それはおそらくは、ケンが自分に一番近いと語る監督・原恵一自身の赤裸々な「自画像」でもあるかもしれない。

この映画は、そうした「自己像」と「自画像」に引き裂かれた当時の若者の姿の、二一世紀初頭の時点からの回顧と懐古が入り混じった自己総括のドラマと解釈することができる。映画のナラティブ構成における敵対性の析出を困難にしていたアンビヴァレンスは、当時の若者の「理想」と「現実」のギャップ、およびそれを内省的に回顧する現代のポピュラーカルチャーの作り手の立ち位置ゆえにそうならざるを得なかったのである。

そう考えるならば、前述したように、原が当時の懐かしさにのめり込み、ケンの革命を支持するが、しかしそれを中断し、否定する作業も行うアンビヴァレントな内容の映画を構想し、この映画で「クビ」を覚悟するほどのリスクを背負わねばならなかったことも理解できよう。

この映画は、「幼児・子供向き」アニメにも拘わらず、二一世紀初頭から、大阪万博の一九七〇年前後のアンビヴァレントな時代を生きたかつての自分や若者たちへの回顧（および懐古）と総括、そしてその上での「リアリズム」の立場から二一世紀を生きる現実肯定の峻厳なドラマを造型するという「コード違反」＝「反則」を犯しているからである。

## 象徴消費社会の衰えとその先の生き方への視線

こうした「自己像」と「自画像」に引き裂かれた当時の若者の姿の、回顧と懐古が入り混じった自己総括のドラマには、もう一つ伏線を認めることができる。それは象徴消費である。前述したように、ケンが「心」を取り戻すために政治運動を組織しながら、一方で「モノ」の虜になる姿は、彼らが戻ろうと試みた一九七〇年前後が「政治の季節」であると共に、高度経済成長の延長線上としての高度消費社会に入りつつある状況を示してもいる。

当時は、ダイエーなどのスーパーマーケットなどによる「流通革命」が進行すると共に、少し後には西武百貨店やパルコに代表される商業施設が消費空間の洗練した演出を見せ始め、いわば「都市のメディア化」（吉見 2009：55）が現れようとしていた。

高度消費社会の到来は、それまでの使用価値から記号へ、つまりモノの消費から記号消費、象徴消費へと消費を変容させていく。『クレヨンしんちゃん 嵐を呼ぶ モーレツ！オトナ帝国の逆襲』の中でケンが構想した「昭和」だけの文化と匂いだけの空間も、期せずしてモノ消費＝「夕日町銀座商店街」（八百屋、肉屋、魚屋など）と象徴消費＝『20世紀博』（町並み、ファッション、音楽、テレビ、映画など）が混在していて、一九七〇年前後がモノ消費から象徴消費への過渡期にあった状況を示しているように思われるが、ケン個人のファッションのこだわりやトヨタ２０００ＧＴへの偏愛ぶりは、やや象徴消費寄りにも思われる。

この映画のケンの自己矛盾は、「心」の復権を唱えながら、彼が取り戻そうと試みているのは実のところ、モノ消費であれ、象徴消費であれ、所詮は「モノ」に過ぎない点にあると見ることもできる。一方でしんのすけらは、『20世紀博』の中にある「モノ」には全く無関心であることは重要である。このことは、「モノ」を強請《ねだ》る「子供」とそれを禁欲させる「大人」（親）という一般的な関係性の転倒が見られる。最終的にしんのすけらの懸命な努力が「モノ」の欲望の虜になった両親や「大人たち」を救うことは、実はしんのすけらこそが家族的価値や絆を取り戻す点で真の「心」の復権者であり、ケンら「大人たち」の自己欺瞞を暴き出していると言えなくもない。

そのため、しんのすけらの勝利を提示するこの映画は、脱消費的な哲学を示していると見ることもできる。社会学者の矢部謙太郎は、この映画では、『20世紀博』があらゆるものが寸分の隙もなく「懐かしさ」と言う記号にルシクラージュ（recyclage）されるボードリヤール的な消費空間であるがために、「過去」対「現在」という対立図式よりも、むしろ「全面的な記号消費の領域」対「人との具体的な関係と言う没消費領域」の対立図式が前景化していると述べている（矢部 2004 : 47）。

重要なのは、この映画に窺える脱消費的な哲学は決して偶然示されたものではなく、むしろ二一世紀初頭の日本人の消費との関係性を映し出すと共に、そのありようへの肯定をも示唆しているように思われることである。

日本ではとりわけ一九八〇年代からボードリヤール的な象徴消費が席巻した。柄谷行人と浅田彰は、一九八四年（昭和五九年）に来日したジャック・デリダを囲んで雑誌『朝日ジャーナル』誌上で座談会の場を持ったが、その際、柄谷はデリダに対し、「現在の日本は資本主義といってもきわめて異常な段階に入っていると思うんです。ボードリヤールの書いている消費社会などというものではない、本当にすごい段階に入っている」（デリダ・柄谷・浅田 1984 : 10–11）と述べている。

しかしながら一九九〇年代前半のバブル経済の崩壊以来、日本人の消費は一気に冷え込んでしまった。バブル期の日本社会を論じた原宏之は、一九八〇年代は戦後の中でも消費が突出した特殊な時代であり、八〇年代は、「消費・所有によって変身（周囲の人物との差異＝卓越化、階層の脱出……）できると信じられた時代であり、一九八六年ごろから加速し、九三年頃に終息する」（原 2006：81）と述べている。

消費社会学者の間々田孝夫も、記号型消費が日本で大きく扱われたのは、「記号的意味にこだわった消費財が盛んに生産され消費された時期に、たまたまポストモダニズムや消費の記号論的な見方など、新しい魅力的な理論装置が紹介されたためだったのだろう」（間々田 2005：20–21）とした上で、二一世紀に入った現在では、「こういった消費の記号論的解釈は、もはや一時代前のもののように感じられる」（間々田 2005：11）と述べている。

二一世紀初頭の日本は、記号消費、象徴消費の衰えだけではなく、消費そのものに距離を置く生き方も目立ち始めている。マーケティングを研究してきた松田久一によれば、これまでは消費を牽引してきたはずの若者たちの間で、消費に意味を認めない「嫌消費」世代が台頭しているという。松田によれば、「嫌消費」世代とは、たとえお金があっても海外旅行や車の購入、高価なファッションに関心を向けない若い世代で、バブル崩壊後の一九九〇年代に価値観が急変する中でティーンエージャーとしての生活を送った世代を指す。

「嫌消費」世代は、収入に見合った消費をせず、「従来の消費者ならば、景気が回復して収入が増えれば支出を増やすが、嫌消費層は景気が回復しても支出を増やさない。ある意味で、ものづくり企業や流通・サービス業などの売り手にとって、もっとも難しい消費者が増加しているのである」（松田 2009：1）。

このように見てくれば、『クレヨンしんちゃん 嵐を呼ぶ モーレツ！ オトナ帝国の逆襲』で示された

「象徴消費空間」対「脱消費」の敵対図式と、「脱消費」の勝利というサブ・ナラティブは、明らかに二一世紀初頭の日本社会のありようを反映すると共に、バブルの狂乱を導いたかつての「超」消費社会への批判と戒めを含んでいると言えよう。

「自己像」と「自画像」に引き裂かれた自分史の総括と今後の生き方を探る映画の中のドラマにおいて、ケン＝「大人」は敗北を喫しながらも、しんのすけらが家族や人との絆を優先する「脱消費」的な生き方を身をもって示すことによって、皮肉なことにしんのすけらはケンの理想＝「自己像」を代わりに実現してくれるのである。

「子供」がかつての「大人たち」の「自己像」を達成してくれることで、意外なことに一旦は挫折した過去の夢が現代で実現する。監督の原も、「昔の遺伝子」のようなものを「しんのすけなら受け継いでくれる」（『映画秘宝』二〇〇二年一月号、p60‒61）と述べているように、『ＡＬＷＡＹＳ　三丁目の夕日』シリーズと同様、一種の世代間継承というナラティブ造型によって問題の解決＝想像上の理想の実現が図られるのである。

この映画は、一見すると、「現代」VS.「昭和」＝「古き良き時代」という「昭和ノスタルジア」をめぐる支配的言説にありがちな単純な敵対図式を備えているように見えながら、実は作り手のライフ・ヒストリーの立ち位置＝「自画像」から、「自己像」の救済を目指すための幾重もの敵対性の構築を通して郷愁へのクリティカルな交渉が試みられる点で、郷愁との惜別もしくは決別＝ストレートな郷愁へのアンチテーゼとも言えるものなのである。

## なぜ「大人たち」は泣くのか

これまで『クレヨンしんちゃん 嵐を呼ぶ モーレツ！ オトナ帝国の逆襲』の内容について考察してきたが、オーディエンスが実際にどのようにこの映画を受容しているかは、また別の問題であろう。本章の最初に述べたように、この映画の「価値」を最初に見出したのは、子供を連れて「たまたま」映画館に足を運んだ「大人たち」であった。なぜ「大人たち」はこの映画を異例とも言えるほどに高く評価するのだろうか。彼らははたして何を読み込んでいるのだろうか。ここでは、この映画の受容のありようについて、観客らが述べる言説から考察する。

この映画は、「大人たち」から絶大な支持を得ただけあって、インターネットの電子掲示板（ＢＢＳ）には大量の感想が書き込まれている。その中から、日本最大級の電子掲示板「2ちゃんねる」と映画レビューの掲示板サイト「ＪＴＮＥＷＳ」、「ニコニコ大百科」の中で、この映画を直接取り上げるために設置された電子掲示板の書き込みだけを抽出して資料とした。

むろんこのような電子掲示板をオーディエンスの資料として用いる場合、電子掲示板に書き込むという行為を実践する人々に固有の特性があることから、それによってオーディエンスの一般像を捉えるのは無理があることや、書き込みは参加する人々の間で触発されてなされる相互作用の側面もあることなどに注意しなければならない（藤田 2006：209）。

まず重要なことは、この手の電子掲示板にありがちな賛否両論の応酬のようなやりとりがほとんど皆無に近く、電子掲示板は、ほぼ一様にこの映画に対して極めてポジティブな反応を示していることである。目につくのが、彼らの多くがこの映画を観て「泣いた」「泣けた」という言葉を使って、この映画への感動の言葉を記していることである。以下は、「2ちゃんねる」の掲示板である。ハンドルネームは全て「名無しシネマさん」になっているが、それぞれＩＤは異なるので別人の投稿と思われる。（傍線は筆者による。以降、特に指定の無い限り、すべて傍線は筆者による。）

・名無しシネマさん（二〇〇一年四月二一日）

おれ、本気で泣いちゃった。涙ぬぐう動作が恥ずかしくて、そのままにしておいたらアゴから下へぼたぼたと流れちゃったよ。

・名無しシネマさん（二〇〇一年四月二七日）

先週末、小2の息子と一緒に観に行った。泣いた。まさかクレヨンしんちゃんで泣くとは思わなかったが、泣けてしょうがなかった。子供は真剣に見ていたし、とても面白かったが、なんで親が泣いているか解らないだろうな。

・名無しシネマさん（二〇〇一年四月二八日）

見てきた。後半が良すぎ。マジで泣けた。周りにいた親たちも結構泣いていた。

・名無しシネマさん（二〇〇一年四月三〇日）

今日見てきた。何度も泣いた…途中で、泣きすぎてスクリーンから目離したぐらい。死とか、別れとかの「泣きテーマ」じゃなくて、「懐かしさ」と「家族愛」などの「感動テーマ」でこれだけ泣ける映画って、すごいわ。

このように観客は、「本気で泣いた」「泣けてしょうがなかった」「何度も泣いた」という言葉を使っている。これらの言葉は、単に「良かった」「感動した」という客体化された表現と異なり、情動に揺さぶられるような強い身体性の反応を示している。

ではなぜ彼らは一般的には「幼児・子供向き」とされるこの映画にエモーショナルなものを掻き立てられたのだろうか。それを考えるには、彼らがこの映画の何に「泣いた」のかを見ていくのが良いだろう。その際、観客の多くが述べているのは、「懐かしい昭和の匂い」で我を失って子供時代に戻っていた野原ひろしに対し、息子のしんのすけが父ひろしの靴下の悪臭という「現実の匂い」を嗅がせることで、ひろしが正気に戻っていくシーンについてである。

このシーンが興味深いのは、ひろしが一気に正気に戻るのではなく、正気に戻るまでに自分の少年時代から現在に至るまでゆっくり回想することである。

田舎での少年時代（原作ではひろしは秋田県大曲市出身とされている）、河原で自転車を走らせる姿、女子学生と自転車に乗る中学生の頃、雪の中、学校に通う高校時代、東京に上京するため上野駅に降り立つ姿、サラリーマン勤めで上司に叱られる姿、妻みさえとの桜吹雪の中でのデート、しんのすけの誕生、一戸建てのマイホームの建設、暑い中での営業回り、パソコンで遅くまで仕事した後に電車に揺られて夜遅くに帰宅する姿、子どもと風呂に入る姿、しんのすけら家族らと自転車で出かける姿……、これらの回想の後、正気に返ったひろしは、「臭い靴下」を抱えて泣いてうずくまるのだ。

このシーンは確かに印象的であるが、三分を超える長い時間の間、セリフもなく、スローテンポのギター音楽が流れる中で映像だけが映し出される点で、いささか異様とも言えるものである。しかしながら、観客はこのシーンに「泣いた」のである。

・名無しシネマさん（2ちゃんねる）（二〇〇一年四月二一日）

ひろしが現実の世界に帰ってきて、しんのすけを泣きながら抱きしめるシーンで絶対泣く。ラスト全般も泣く。

・ＹＵＲＹ（JTNEWS）（二〇〇六年六月二四日）

回想シーンで泣く泣く。こういうのは、映画版だからこそ出来るのかな、と思います。

・千葉イッキ（JTNEWS）（二〇〇六年五月七日）

泣きました。回想シーンがたまらなく好きです。何度も何度も目に焼き付けるかのごとくそこだけ見てました。確かにあの頃は希望にあふれていて、そこには素晴らしい未来がひろがっていたのかもしれません。でも平凡ではあるけれど、希望を持って一生懸命作り上げてきた未来がそんなにダメなのでしょうか。そう問われているようでした。

重要なことは、観客はひろしの回想および覚醒のシーンを通して過去を回顧することへの懐かしさゆえに「泣く」のではないことである。むしろ彼らは、その懐かしさに囚われながらもそれから決別し「現実」の世界に生きることへの決断に涙しているのである。つまり、単純な郷愁や懐古ゆえに揺さぶられるのでなく、それを止揚しながら乗り越える峻厳なメッセージとしてこのシーンを受け止めているのである。

・名無しシネマさん（2ちゃんねる）（二〇〇一年四月二二日）

ツボ、涙腺ゆるみっぱなし。反則だよ。

ひろしのあんな回想シーンをみせられたら…。しんちゃんにあんなセリフをはかれたら…。ノスタルジックな雰囲気だけに逃げないで…という強力なメッセージがある。それを押し付けがましくなく描いた脚本はもう素晴らしいというしかない。懐かしさで狂いそうだった涙が感動の涙に変わるとは、まさか思わなかった。

ばかにされようがもう他人に奨めまくるよ。

・名前：シェリー、ジェリーさん（JTNEWS）（二〇〇五年二月二八日）

正直言って、まさかクレしんで泣かされるとは思わなかったぜ…。幼稚園のころからずっと好きだったけど、中学に入ってからはさすがにあまり見なくなっていたけど、ある日、たまたまチャンネルを合わせたらこれが放送されていて、「久しぶりだし観るか」と、軽ーい気持ちで観てみたら…クレしんもちょっと見ない間にここまで進化していたのか！と感嘆。「ノスタルジーもいいけど、前向きに生きよう」というメッセージが胸にひびく。

・あさ（JTNEWS）（二〇〇七年五月二七日）

本当に本当に泣いた映画。昔は楽しかった、昔は良かったと捕らわれがちになってしまうけれど本当はそういう昔を積み重ねて、大切な今があってこれからもそんな未来を生きたい、そんなメッセージが心に染みました。やっぱりヒロシの回想シーンが一番泣けました。

## 郷愁との決別を読み解く「大人」オーディエンス

注目されるのは、電子掲示板での言説が示すのは、このシーンに限らず、観客の大半がこの映画全体のメッセージを「古き良き」昭和への懐古ではなく、むしろその否定とそれによる跳躍にあると読み込んでおり、それがゆえにこの作品を評価していることである。以下のような書き込みは、それを示している。

・ななしのよっしん（ニコニコ大百科）（二〇一一年八月二五日）
オトナ帝国のテーマはまさに未来を生きろってことで作中でも懐古を否定している。しかしラストシーンではあの曲が流れる。辺りも懐古を意味する夕焼け。
俺はこれを「まあ懐古もいいもんだけどね」というフォローのようなものだと思ってる。

・名無しシネマさん（2ちゃんねる）（二〇〇一年五月一日）
ノスタルジーとかマニアックな懐古趣味とか、そういう素材を突き放さずに作り手が自分自身にも引きつけて描いている。その上で「それを超えて行こう」と提言してるから、これだけ共感を呼ぶんだろうな。これが懐古趣味を外から見て「後ろ向きだよ」とかしたり顔でぬかしたり、逆にひたすらノスタルジックなぬるま湯に耽溺するだけの作品だったら誰もここまで絶賛しないと思う。

・yuua（JTNEWS）（二〇〇四年三月一九日）
本気で泣きたいですか？それならばこの一本をグビッといって下さい。アニメなんか　観ないと侮るなかれ。（中略）「明日を生きる」ために「懐かしさ」を犠牲にしなければいけないんだとしたら、歳をとるということは本当に難しいことなんだと思い知らされる。時に立ち止まり来た道を振り返ることもあるだろう。だが、その心地よさに浸ってはならない。明日がある以上、人は走り続けなければならないからだ。

これらの観客らの言説は、一般には「古き良き時代」への憧憬を描いたとされる「昭和ノスタルジア」を代表する映画の一つで、「幼児」向け作品にも拘わらず「大人たち」の熱狂的な支持を集めた映画が、その懐古趣味ゆえに支持を得たのではなく、過去に囚われながらもそれを否定的に乗り越えて現在を生きる、言うなれば過去への止揚の弁証法が提示された物語として観客が受け止めていることを物語っている。

彼らがそれに「泣く」という情動的反応を引き起こすのは、それが「他者」の物語ではなく、「自己」の物語として受け止めているからなのだろう。一九五九年（昭和三四年）生まれの映画監督・原恵一の「自己像」と「自画像」の拮抗とそれを引きずりながらその後の人生を生きてきた果ての過去の止揚による現実肯定の峻厳なドラマは、それが多くの「大人たち」にとっての「自己」の物語でもあるために熱狂的な支持を集めたと考えられる。

## 「盛り上がらない」若者や高齢者オーディエンス

電子掲示板サイトでは、投稿者の年齢が多くの場合不明なため、先に紹介したものも含めて、掲示板の言説が具体的にいかなる年齢層の人たちによって書かれたものなのかは残念ながら不明であることが多い。しかしながら投稿者の言葉の中には、自分や家族の年齢や世代を示しながら感想を記している場合も少なくない。

それらから読み取れるのは、この映画が主な舞台としている大阪万博が開催された一九七〇年代前後の時代を、幼少時か若者として生きた世代から熱い支持を集めているものの、子供、あるいは高齢の観客からは必ずしもそうでないことである。少し長いが典型的な書き込みを紹介しておく。

・名無し募集中（2ちゃんねる）（二〇一〇年八月二二日 12：36）

あの映画見て感動するのは三〇代後半以上の世代だよ。

毛が生えてないガキが見てもつまらんだろ。

・名無し募集中（2ちゃんねる）（二〇一〇年八月二二日 12：38）

ああそう言われると納得。

俺は二五歳だから全然面白いと思わなかったのかな。

普段のテレビでやってるクレヨンしんちゃんは好きなんだけど。

・名無しさん@恐縮です（2ちゃんねる）（二〇一一年四月五日12：54）（ID: TP6ZglgD0）

オトナ帝国の良さが分からない。

三七の俺にさえ売りのノスタルジックが伝わってないのに。

・名無しさん@恐縮です（2ちゃんねる）（二〇一一年四月五日 13：21）（ID: Nz014qH30）

万博世代向けだもん、その年じゃあれにノスタルジーを感じるには若すぎだよ。

俺も世代的にはあんたと近くて懐かしさは感じなかったけど、面白かったよ。

「夢がかなわなくたって人生そう捨てたもんじゃないんだぞ！」というテーマが良かったんだと思う。

・名無しさん@恐縮です（2ちゃんねる）（二〇一一年四月五日 13：30）（ID: Igywu0LEr0）

大人帝国をみて懐かしさや共感を覚えるのって、今四〇代後半〜くらい。

それこそ公開当時、ヒロシと同世代の人たちだよね。

・名前は不明（2ちゃんねる）（二〇〇一年五月一一日 23：48）

「しんちゃん凄いよ！泣けた」とさんざんばら言いまわってたら、還暦を過ぎた両親がアベックで見に行ってしまった（汗）。

おまけに映画館二人だけの貸切状態だったらしい…。

で、感想は

「泣けるようなところはなかった」

…対象年齢から高すぎたようだ。

・風の谷の名無しさん（2ちゃんねる）（二〇〇一年五月一一日23：55）

→そりゃさすがに…

・風の谷の名無しさん（2ちゃんねる）（二〇〇一年五月一二日00：11）

ごめん、激しくワラタよ（注・「笑ったよ」か？）

あの映画って二〇代ギリギリ前半四〇代直前までが面白いと思えるように作っているからね、ほら、子供連れの親御さんの年齢にぴったり。

・HYDEさん（JTNEWS）

これって子供が見ても楽しめないですね…大人向けでも「クレヨンしんちゃん 嵐を呼ぶアッパレ！戦国大合戦」のような感じなら子供も楽しめると思いますが。自分も子供なんで感情移入が出来なかった。「夕日町商店街」の背景は学校の教科書で見た程度です。別に昔に戻りたいなんて全然、思わないし現在の方が普通に楽しいと思う。

『クレヨンしんちゃん 嵐を呼ぶ モーレツ！ オトナ帝国の逆襲』の興行成績は、過去二一作のシリーズ作品の中でも平均的なものであることは前に述べた。この映画についての「主観客」の幼児・子供たち、さらには若者らの「受け」の良さが格別良いわけではなく、盛り上がったのは何らかの形で当時を知る「大人たち」であることは、こうした電子掲示板の書き込みからも裏付けられよう。映画公開時に高齢者であるような世代が「泣けない」のは、単純にアニメ映画というメディア・ジャンルとの世代的な相性もあると思われる。

加えて本章での議論のコンテクストから推察されるのは、オーディエンスが、映画が表象する過去の時代を懐古の対象としうるか、もしくはその時代に「自画像」と「自己像」の葛藤の経験があるか、などが受容の相違の尺度になるであろうが、電子掲示板でのオーディエンスの書き込みからは確定的なことは析出できなかった。

## 作り手・一般オーディエンスの心情と知的言説との差異

「大人」のオーディエンスたちは、必ずしもこの映画の中に、一九七〇年前後のアンビヴァレントな社会状況のありようや象徴消費VS.脱消費の敵対性のドラマなどを具体的に読み込んだわけではないが、彼らが「泣いた」のは、登場人物ひろしが郷愁の虜になりながらもそれを否定して現在を肯定する姿に自分を重ねたからであった。

むろん膨大な数のオーディエンスの受容のありようは千差万別であるのは言うまでもないため、受容を類型的に捉えるのは正しくない。とはいえ、この映画の内容分析に加えてオーディエンスの受容言説の理解からも浮かび上がるのは、この映画の作り手と受け手の双方が、過去への郷愁と現在などの間の敵対性をナラティブに織り込む／認めると共に、それらが「古き良き時代」への単純な郷愁や憧憬ではなく、むしろそれへのアンチテーゼと親和的であることである。

これが重要なのは、「昭和ノスタルジア」映画の作り手と受け手の心情のありようが、「昭和ノスタルジア」を語るジャーナリズムや知識人の言説のへゲモニーといささか異なっているからである。

この映画は一見すると、「現代」VS.「昭和」＝「古き良き時代」という「昭和ノスタルジア」をめぐる支配的言説にありがちな単純な図式を備えているように見えながら、実は作り手のライフ・ヒストリーの立ち位置＝「自画像」から「自己像」の救済を目指すための幾重もの敵対性の構築を通して郷愁へのクリティカルな交渉が試みられている。

作り手は、一九七〇年前後の「自己像」と「自画像」の拮抗する世相と、その時代への郷愁と執着を抱えながら生きてきた「大人たち」が二一世紀初頭に「自己像」の実現を「子供」の中に見出すドラマを構築した。それに対し、「大人」のオーディエンスたちは、この映画の主要な観客として想定されていないにも拘わらず、物語に「自己像」が恢復されるありようを読み込んで「泣き」、郷愁から惜別し未来を生きることを確認しているように思われるのである。

## 2．壮大なる反省会—モラトリアムの帰趨—『20世紀少年』—

漫画を原作にした実写映画化作品は、古くは戦前の、横山隆一原作で榎本健一主演の『江戸っ子健ちゃん』(1937)、戦後は倉金章介原作で雪村いづみ主演による『あんみつ姫』シリーズ(1954)などから存在する。とりわけ一九七〇年代以降は、少年向け漫画雑誌、少女向け漫画雑誌の台頭で漫画が隆盛を見せたこともあり、漫画原作の実写映画化作品は量産され、アニメ映画とは異なる流れを作り出してきた。量産化の背景には、オリジナル・ストーリーを考えるより既に知名度や評価を獲得している作品に基づいた方が採算面でのリスク・ヘッジになることや、映画の制作、配給、ビデオ化のフローの中での広報面などのメディア・ミックスで好都合なことが挙げられる。

二一世紀のいわゆる「昭和ノスタルジア」映画に分類されるものの中でも、これまで論じてきた『ALWAYS 三丁目の夕日』シリーズ、永島慎二原作でアイドル・グループ「嵐」が主演した『黄色い涙』（2007）など漫画原作のものは少なくない。『クレヨンしんちゃん 嵐を呼ぶ モーレツ！ オトナ帝国の逆襲』もアニメ映画であるが漫画が原作であることは繰り返すまでもない。

漫画家の筆によって時空を超えた物語造型と描写が可能な漫画というメディアは、同時代ではない過去や近未来との親和性が高いメディア特性を備えている。SFXやVFXなどのテクノロジーやデジタル化による技術発展は、そうした多様な時間軸を描く漫画を実写映画に持ち込むことを可能にもしてきた。実際、『ALWAYS 三丁目の夕日』も、佐藤忠男が「CGの活用の仕方の、ひとつの里程標となる作品」（佐藤 2005：58）と評するように、映画の中での昭和三〇年代の街並みの緻密な再現がなければ、あれほどの興行的成功を獲得できなかったであろう。

## 発行部数二八〇〇万部のメガヒット漫画の映画化

浦沢直樹原作の映画『20世紀少年』三部作（2008–09）も、そのようなCGなどのデジタル技術を駆使して当時の「リアル」な再現に成功した作品である。本書で二一世紀初頭の「昭和ノスタルジア」を社会文化的コンテクストから考察するにあたって、『20世紀少年』を外すことはできないのには、幾つかの理由がある。
まずこの映画が映画化される前からその原作が広く知られたメガヒット漫画であるからである。二〇一〇年末の時点で原作漫画の累計発行部数は二八〇〇万部にも及んでおり、これは『ＡＬＷＡＹＳ 三丁目の夕日』シリーズの西岸良平の原作漫画『三丁目の夕日』の一八〇〇万部をも凌いでいる。しかも『三丁目の夕日』が一九七四年（昭和四九年）からの長期連載で、単行本は二〇一二年現在六〇巻に達しているのに対し、『20世紀少年』が一九九九年から二〇〇七年までの短期間の連載で単行本が二四巻に過ぎないことを考え合わせるとその人気の凄まじさが窺い知れるだろう。[50]
また原作漫画は、第二五回講談社漫画賞一般部門、第四八回小学館漫画賞青年一般部門、第三七回日本漫画家協会賞大賞、第三九回星雲賞コミック部門、さらには第六回文化庁メディア芸術祭優秀賞をはじめ数々の賞を受賞するなど、評論家・批評家からも高い評価を獲得してきた。この漫画は、国内での受賞の他、二〇〇四年に「漫画界のカンヌ映画祭」と言われるフランスのアングレーム国際漫画祭最優秀長編賞、二〇一一年に「漫画界のアカデミー賞」と言われるアメリカのアイズナー賞国際賞海外アジア部門最優秀賞を受賞するなど、日本のみならず世界的評価も高い。
また、この原作に基づいた映画は製作費六〇億円、総勢三〇〇名のキャストで、二〇〇八年から二〇〇九年にかけて三部作として公開されるなど、日本映

■7－3　映画『20世紀少年 第１章』のDVDパッケージ（発売元：株式会社バップ）

画としては破格のスケールの制作体制で作られ、興行収入も計一一〇億円以上の大ヒットを記録した。したがって、社会現象としての「昭和ノスタルジア」を考察するのであれば、これほどの高い人気と評価を得ている『20世紀少年』を外すわけにはいかないであろう。

## 「同世代」のクリエーターたちによる『20世紀少年』

他にも『20世紀少年』を考察の対象にする理由はいくつかあるが、それは本章で『20世紀少年』を分析するにあたってのポイントとも重なる。一つには、前にも述べたように、漫画『20世紀少年』の原作者で漫画家の浦沢直樹は一九六〇年（昭和三五年）生まれ、原作漫画の編集者で映画の企画・脚本を担った長崎尚志は一九五六年（昭和三一年）生まれ、映画を監督した堤幸彦は一九五五年（昭和三〇年）生まれであるなど、ほぼ同世代である点である。

後述するが、彼らは皆「シラケ世代」もしくは「モラトリアム世代」と呼ばれる世代で、映画制作において「同時代感」を共有していることを認めている。浦沢と長崎は、繰り返しこの物語の主題は「二〇世紀の検証」であると語っている。したがって、この映画の考察は彼らの「世代」のクリエーターによる二一世紀初頭からの二〇世紀論のありようの一端を浮き彫りにできるだろう。

また、『クレヨンしんちゃん 嵐を呼ぶ モーレッ！ オトナ帝国の逆襲』の監督・原恵一も一九五九年（昭和三四年）生まれであることから、やはり同世代である。そのため、同世代のクリエーター浦沢直樹、長崎尚志、堤幸彦らによる『20世紀少年』三部作が、果たしてこの物語の中に彼らが言う「同時代感」をいかなる形で持ち込み、どのような「二〇世紀の検証」を実践するのかは、それ自体本書の考察の対象になると共に、「同世代」の原恵一の手になる『嵐を呼ぶ モーレッ！ オトナ帝国の逆襲』と比較参照を行うことで浮き彫りになる点も少なからずあると思われる。

さらに興味深いのは、『嵐を呼ぶ モーレッ！ オトナ帝国の逆襲』と同様、というよりそれ以上に『20世紀少年』三部作が一九七〇年（昭和四五年）の大阪万博のイメージを借用し、重要な役割を与えていることである。そのため、ここでも作り手らが小中学生であった頃に開催された大阪万博の表象のありようが重要な分析の対象になろう。

『20世紀少年』の分析にあたっては、原作漫画ではなく映画を取り上げることに異論もあるかもしれない。しかしながら、本書が「昭和ノスタルジア」映画を主な考察の対象としていることから、他の作品との比較参照などにおいてもジャンルとして共通の位相と歴史的コンテクストがある点などから映画を扱うことが望ましいと思われる。

また映画化にあたっては、原作を書いた漫画家の浦沢と編集者の長崎が共に映画の脚本を担当していることや、監督の堤が「とにかく素晴らしい原作ですから、徹底的に［原作に］忠実に撮ってみよう」（進藤 2008：19）、「今回は何度も言っていますが原作原理主義です」（映画パンフレット）と繰り返し語り、原作漫画と同じようなカット割りを行っている箇所も少なくないことから、映画三部作と原作に少なくともコンセプト上の差異はほとんど無いと考えられる。[51] むしろ映画化作品は巨額の製作費による映画制作にあたって同世代のクリエーターたちが長大な原作漫画のエッセンスを凝縮したとも考えられよう。

**映画版『20世紀少年』の概要**

映画『20世紀少年』は、日本テレビなど一六社が参加し、日本テレビ開局五五周年記念作品として製作され、東宝から配給された。第一作（第1章）『終わりの始まり』は二〇〇八年八月三〇日、第二作（第

2章）『最後の希望』は二〇〇九年一月三一日、第三作（最終章）『ぼくらの旗』は二〇〇九年八月二九日に公開された。[52]

映画『20世紀少年』三部作は、原作漫画の単行本二四巻を圧縮したとはいえ、三部作計七時間に及ぶ長大な作品であると共に、数多くの登場人物が現れる群像劇とも言える複雑な内容である。時間軸も大阪万博の前年の一九六九年（昭和四四年）から近未来の二〇一七年までの長い時間の間に過去と現在が何度も錯綜するため、ストーリーも一筋縄でいかないが、概要を簡潔にまとめると以下の通りである。

一九九七年、三七歳の主人公のケンヂ（唐沢寿明）はロックスターになる夢を諦め、コンビニの店長をしながら、失踪した姉キリコの赤ん坊カンナの面倒を見る生活を送っていた。ケンヂは、小学校時代の同窓会で久しぶりにかつての旧友たちと再会する。その頃、世間では「ともだち」と呼ばれる教祖が率いる謎の教団が出現し、奇妙な事件が続発していた。ケンヂらは、それらの事件が小学校時代の一九六九年（昭和四四年）に皆と一緒に作った「よげんの書」で書かれた内容と瓜二つであるために驚愕する。ケンヂとその旧友らは「ともだち」の計画を阻止しようと立ち上がるが、逆に「ともだち」によってテロリストの汚名を着せられてしまう。そして二〇〇〇年一二月三一日、「ともだち」は「よげんの書」に書かれた通り、人類を滅亡させようとし、二〇〇一年一月一日午前〇時、時限爆弾が大爆発し、ケンヂらもおそらく亡くなったことが暗示され、第一作は終わる。

第二作は二〇一五年が舞台である。この時代、一四年前の「血の大晦日」と名づけられた大爆発はテロリスト・ケンヂとその仲間が行ったとされ、それを阻止したとされる「ともだち」が救世主として崇められていた。しかし高校生になっていたカンナは「ともだち」が支配する国家への抵抗運動を起こし、ケンヂの無実を晴らすため「ともだち」が建設した「ともだちランド」に潜入する。一方、ケンヂのかつてのクラスメートらは「血の大晦日」以来、散り散りになっていたが、それぞれ地下活動を行うなど反「ともだち」の活動を秘かに行っていた。「万博二〇一五」が開催される数日前に、ケンヂのクラスメートの一人が「ともだち」の射殺に成功するが、国連の事務総長らが参列する大掛かりな葬儀が行われる中、「ともだち」は奇跡的な復活を遂げて第二作は終わる。

第三作は、「ともだち歴三年」と呼ばれる二〇一七年が舞台で、「ともだち」は「世界大統領」になって世界を支配していた。「ともだち」が散布する殺人ウィルスによって日本の人口は激減し、東京は高い壁で他地域と分断され、都民の生活は制限されていた。そして「ともだち」は、「八月二〇日正午、人類は宇宙人に滅ぼされる。私を信じる者だけが救われる」と説いた。カンナやケンヂのクラスメートらは「ともだち」の計画阻止を模索する。その頃、ケンヂのクラスメートのオッチョ（豊川悦司）からケンヂが生きている可能性があることがカンナらに知らされた。カンナは万博会場が殺人ウィルスが唯一散布されない場所であると知ったため、二〇一七年八月二〇日、万博会場で大コンサートを催すことを企画して市民の結集を呼びかける。一方、生存していたケンヂは、「ともだち」との対面に成功するが、その最中に、「ともだち」は別の人物に射殺される。ケンヂは大観衆が集まる万博会場に、いわば凱旋する形で乗り込み、拍手喝さいを受ける中で歌を歌う。

## 一筋縄でいかない『20世紀少年』の批評的受容

映画『20世紀少年』は、前述したように、二〇〇八年から翌年にかけて三部作として公開され、大ヒットした。第一作は興行収入約四〇億円で年間第七位、第二作は約三〇億円で年間第一一位、第三作は最も観客を集め、約四四億円で年間第三位で、三作で計一一四億円ものメガヒット作品となった。しかしながら、その一方で、映画批評空間では、黙殺された感が無きにしも非ずである。

第一作は、雑誌『キネマ旬報』の評論家選出の年間ベストテンで僅か一票しか投じられず(一〇七位)、第二作、第三作は、五四人の映画評論家のうち誰一人として票を投じないため、選外であった。このことは、一般オーディエンスと映画批評空間の乖離を物語っている。

ではなぜ映画批評空間では、『20世紀少年』は黙殺されたのだろうか。それはあまりに有名な原作漫画がそもそも改変困難な一つの作品であり、それをあえて映画化したのは、前述したように、監督の堤幸彦がこの映画を「原作原理主義」で作らざるを得ず、それゆえに原作の単なる焼き直しと見られてしまったことが考えられる。

映画批評家の前田有一は、自身が運営する批評サイト『超映画批評』で、「世の中には、映画に向く原作とそうでないものがある。煮ても焼いても食えないというやつだ。はっきりいって、この作品を実写にして、いいものができる可能性はゼロだ。それはスケールの問題ではない。たとえハリウッドが一〇〇億円かけても無理だろう」と酷評している(http://movie.maeda-y.com/movie/01165.htm、アクセス日:二〇一三年一月一〇日)。

では、原作漫画の批評的ありようはどうかと言うと、前述したように、この漫画は各賞を総なめにしたものの、批評の中身については、実は一筋縄ではいかないのである。漫画評論家の伊藤剛が述べるように、浦沢の漫画は「作品中にあからさまな批評性を盛り込んだりはしないので、従来からの人文知の枠組みでは語りにくい」(『朝日新聞』二〇〇八年一〇月六日)ためか、むろん『20世紀少年』についての批評言説は少なからず存在するものの、それらの中身について一定の批評的傾向性を析出するのはいささか困難なのである。

ただ興味深いのは、『20世紀少年』が、アカデミックな立場の研究者の語りを誘発し、漫画研究を専門としないような領域の研究者の手で論文が著され、分析が試みられている点である。[53]とはいえ、これらの分析の中身も何らかの議論の傾向性を見出すのに困難を覚えざるを得ず、そのため、『20世紀少年』の批評空間の知的言説のありようやヘゲモニーについて、簡単に総括することはできないように思われるのである。

原作は三〇〇〇万部近く売れた「お化け商品」とも言える漫画であり、各賞を総なめにし、批評的語りをも誘発してきた。しかしながらその一方で、分かりやすい批評性を拒絶してもいる。映画化された作品もメガヒット作となったものの、映画批評空間では、ほぼ黙殺されてしまった。このようないくつかの複合的な奇妙な「ねじれ」は、そもそも漫画家・浦沢直樹とは何者か、という問いを導く。『20世紀少年』の考察に入る前に浦沢というクリエーターについて少し考えてみたい。

## 「巨大なるマイナー」浦沢直樹という漫画家

原作者の漫画家・浦沢直樹は、一九六〇年（昭和三五年）一月に東京都府中市で生まれた。生まれると同時に両親は別居し、幼稚園には通わず日中は祖父母とだけ暮らす「ほとんど幽閉に近い」生活を送るが、買い与えられた手塚治虫の漫画を読んで感動し、自分でも漫画を描くようになった（川又 2008：132；浦沢 2005：169他）。五歳の時に両親が寄りを戻し、府中市の家に戻ることになる。中学、高校、そして明星大学人文学部時代はロックにのめり込むが、同時に漫画の執筆も続けた。

大友克洋に感化されて大学在学中に漫画家を目指し、一九八三年（昭和五八年）にデビュー。その後、長い付き合いになる長崎尚志の編集担当で、漫画雑誌『ビッグコミックオリジナル』誌上で『パイナップルＡＲＭＹ』（1985-88）、『ＭＡＳＴＥＲキートン』（1988-94）を連載し、『ビッグコミックスピリッツ』での『ＹＡＷＡＲＡ！』（1986-93）、『Ｈａｐｐｙ！』（1993-99）などの女子スポーツを取り上げた作品で一躍人気を得た。

さらに病院を舞台にしたサスペンス『ＭＯＮＳＴＥＲ』（1994-2001）や手塚治虫の『鉄腕アトム』をリメイクした『ＰＬＵＴＯ』（2003-09）によって二度、手塚治虫文化賞マンガ大賞を受賞している。この賞を二度受賞しているのは、これまでのところ浦沢だけである。また前述したように、二〇〇四年にフランスのアングレーム国際漫画祭で最優秀長編賞を受賞するなど世界的にも評価が高い。漫画の売り上げは累計で一億部を超えるなど、文字通り日本を代表する漫画家の一人である。

しかし、一方で浦沢には誤解される一面もあった。それは、浦沢が漫画を量産し続けることと累計で一億部を超えるほどのメガヒット作家であることから、商業主義と距離を置きマイナーであることが「美徳」とされる漫画界のもう一つの「伝統」からは、浦沢のメジャー性が評価の上で仇になることも無きにしもあらずだからである。

漫画批評家の夏目房之介は、浦沢をブレイクさせた『ＹＡＷＡＲＡ！』について、梶原一騎の対決パターン、江口寿史風の美少女、パンチラ的サービスなど、多くの売れ筋要素の引用と模倣に溢れていると述べ、『ＭＯＮＳＴＥＲ』以前の浦沢がマニアや批評家にそれほど注目されなかったのは、「あまりにあからさまな『ＹＡＷＡＲＡ！』の売れ筋狙いのあざとさ、うまさが常に本気で実力一〇〇％を出す作家に愛情を感じるマンガ・マニアの心情を逆なでしたからだ」（夏目 2005：90）と述べている。

確かに『20世紀少年』や『ＭＯＮＳＴＥＲ』のような後年の作品でさえも、現代史や同時代の世相や社会問題が無数に散りばめられており、中には矛盾し合うようなものも混然一体となっているため、その光景はさながらフレデリック・ジェイムソンが言うパスティーシュに思えてしまうこともなくはない。そして、それがゆえにマーケティング的に見られてしまうこともあるのだが、夏目が言うように、一九八〇年代以降の漫画における「コラージュ的な愛情」は、単なるパロディや模倣ではなく、作者と読者の間で長年にわたって作られ共有されてきたリテラシーゆえに成り立っている側面もあろう（夏目 2005：93）。

作家の重松清は浦沢へのロング・インタビューを行う中でその点を問いただしている。重松は、浦沢が自身の漫画制作について語る話が「語彙だけを取ってみると、マーケティングの話にも似てしまいますね」と「あえて不躾に訊いて」いるのだ（重松 2012：13）。

しかしながら、浦沢は「それはマーケティングじゃない」と明確に否定していている。その上で浦沢は、「まず自分が読みたい、こんな作品が世の中にあってほしいという気持ちがある。（中略）『これは売れる』『見ーつけた』といういやらしいノリではなくて、自分の人生の七年間を捧げるに値するピースなのかどうかを見きわめないと」（重松 2012：20–21）と述べている。そんな浦沢を重松は、「巨大なるマイナー」と評している。

## 「二〇世紀」の検証

『20世紀少年』の原作漫画と映画の両方について、浦沢はたびたびインタビューを受けているが、その際、作品を通して二〇世紀の「正」と「負」の側面を検証すると繰り返し語っている。

Q：二〇世紀を検証したいと思って描かれたと連載開始のインタビューで語っていらっしゃいます

よね。

A：それを分かりやすく説明すると、歴史は綿々とつながっていて、今起こっていることは過去に原因があることを認識しようと言うことなんです。その繋がりを無視して断片的に捉えると大事なことを見失ってしまう。戦後新たな文化がはじまって、何がどのように腐り、どのように熟成していったのかを感じることが大事だと思って描きました（映画『20世紀少年』第一作目のパンフレット）。

これらのことから、『20世紀少年』にちりばめられた数々の仕掛けやガジェットは、単なるパスティーシュではなく、作り手によって有意味なものとして織り込まれていると考えて差し支えないだろう。また映画『20世紀少年』で監督をつとめた堤幸彦が、浦沢と、浦沢の漫画の編集者で映画『20世紀少年』の企画と脚本を担った長崎尚志の関係を、「音楽界でいえばレノン＝マッカートニーみたいなもの」と形容したように、この作品は二人のコラボレーションの性格を備えているため、長崎の役割も大きい。その長崎も、「『20世紀少年』で浦沢さんと僕は、〝ともだちが誰なのか？〟ではなく、〝ともだちは何だったのか？〟ひいては〝二〇世紀とは何だったのか？〟を問いかけてきました」と語っている（第三作目の映画パンフレット）。したがって浦沢や長崎が試みた『20世紀少年』における「二〇世紀の検証」とは何であるのか、戦後「何がどのように腐り、どのように熟成していった」のかを分析することは決して無意味ではないと思われる。

## 「自己像」としてのロックと革命――『20世紀少年』のナラティブ構造――

映画『20世紀少年』三部作のナラティブ構造を敵対性の観点から見るならば、明確な配置が、しかもそれが重層的に行われていることが分かる。最もマクロなフレームの敵対関係は、善と悪、正義と悪であることは言うまでもない。浦沢は、自分の作品では「社会全体の『世界のモラル』の範囲の中で、『みんなが最終的に受け入れてくれる闇』」（山下 2006 : 21）を描くのが重要だとし、「モラル」と「心の闇」のコントラストが基底にある。長崎尚志も、自分と浦沢は「最後に正義が悪に勝つ」（第一作の映画パンフレット）という倫理観を共有しており、この作品は、「いいもんか悪もんか」の自問自答が重要なテーマだと語っている（第二作目の映画パンフレット）。

悪としての「ともだち」は、この原作漫画が一九九九年に連載を開始されたことを考え合わせると、明らかに一九九五年のサリン事件など一連の事件に関与したオウム真理教およびその教祖の存在が念頭にあるのは間違いない。「ともだち」による政党結成はむろんのこと、「絶交」という名の下での処刑は、オウムが殺人のために利用した「ポア」からの借用であろうが、もっともこれらのイメージは映画公開時の二〇〇八年、二〇〇九年頃にはいささかリアリティが希薄で古めかしく感じられもする。加えて「ともだち」には、独裁者およびファシズムのイメージが随所に見られるが、「二〇世紀の検証」という作品コンセプトからすればむろんヒトラーやナチスなども視野に入れられていると考えられる。この種の善悪の二元論的な敵対性の図式は珍しいものではなく、ハリウッド映画を中心に幾度となく繰り返されてきたステレオタイプなもので、むしろ既視感さえ覚えるものである。

しかしながら、『20世紀少年』では、図式的な敵対性に関連するいくつかの付随する敵対性が用意されている。正義対悪の敵対性の構成において、悪の権威に対置される正義にロック音楽のイメージが節合されているのである。これによって、正義が反体制的なものと等価性を持ったものになるのである。

ロック音楽が重要な舞台装置の役割を果たすためにあえて持ち出されているのは、浦沢や監督の堤など作り手たちが語っていることからも明らかである。以下の浦沢と堤の対談を見てみよう。

浦沢：「ロック」って、ともすれば何か勘違いされやすい言葉なんですね。「イエーイ、ロックだぜ！」という感じとは、実はちょっと違うんです。ロックがこの五〇年以上の間に何か違う意味になってきちゃったかもしれないので、『20世紀少年』では、ロックは最初の段階ではどういうものとして始まったんだろうみたいな感じを出したいなと思っていた。それを、監督［堤幸彦］も、唐沢さん［主演の唐沢寿明］も、ちゃんと察して頂けていると思います。

堤：簡単に言うと、ロックというのは、音楽そのものなんだけれども、どちらかというと心の状態なんです。浦沢さんをはじめ、僕らの世代はそういうロックを体験してきたんですね。それを体現しているのがケンヂなんですよね。…

浦沢：別にロックは子供のものじゃないんですよね。むしろロックというのは大人のものであるというか、「どういう大人になろうか」という指針なんです。僕らが子どものときに「あんな大人になりたい」と思って憧れていたのがロックだから（浦沢・唐沢・堤 2008：70）。（傍線は筆者による。以下も同様。）

ロックが「どういう大人になろうか」という指針であり、そのような「心の状態」が大事だと語られることで、ロックがあるべき自分の姿、つまり「自己像」のバロメーターであり、それが重要なメタファーとして使われていることが分かる。実際に監督の堤はこの映画を「音楽映画」として作ったと語り、映画の中で終始ロックを多用したのは、「抜き差しならないロック・スピリット」を全編に盛り込むためだと繰り返し述べている（第一作&第三作の映画パンフレット）。

さらに重要なことは、浦沢や堤が考える「あるべき大人の心の状態」、すなわち「自己像」として流用したロックは、作品の中で反体制的な意味合いと共に、革命などの強い政治性を付与されていることである。それは映画第一作の中でケンヂの旧友ユキジ（常盤貴子）がケンヂに語るセリフからもうかがえる。

ユキジ：ケンちゃん、あんた昔言ってたわよね。
　ロックで世界を変えるって。待ってるから。

また、「ともだち」の手先に刺されて血まみれになった男（遠藤憲一）は、息を引き取る間際に、ケンヂに対して「お前しかいない、地球を救え」と語ることからも、ロックが「革命」、「世界の救済」と等価性を持った記号として使われていることが分かる。

しかしながら、これらのシーンの一九九七年頃のケンジは既に三七歳。かつてはロックスターを夢見てバンド活動を行っていたものの、現在はその夢が破れて、姉から預けられた赤ん坊を背中に抱えながらコンビニ「キング・マート」の店長をしているに過ぎない。「ロックで世界を変える」ことから程遠い生活を送っており、そんなケンヂに「お前しかいない、地球を救え」というのは、荒唐無稽な話である。

この後、ケンヂは「ともだち」からマークされ、指名手配の状態になる。しかしながら、ケンヂは逡巡した後に、かつてのクラスメートのマルオ（石塚英彦）の家の二階でエレキギターを狂ったように弾きまくった後、「お前しかいない、地球を救え」と自分に向けて叫ぶのである。監督の堤は、漫画の中のこの逸話を読んで自分はこの映画の監督をやりたいと思ったと語っているため、このシーンがいかに重要であるかが分かろう。

ケンヂが事件に巻き込まれ、混乱した揚げ句にギターをかき鳴らすところに、この漫画の真髄を見ました。その後も、指名手配になっているのに商店街で歌を歌い続けるんですよ。普通、やらないですよね。そこを見て、この作品をやりたいと思ったし、逃げちゃいけないと思いました。描かれている世代とロックが、原作にボクが入り込めた二大要素でした（第一作の映画パンフレット）。

堤が語る「逃げちゃいけないと思いました」というのは、堤がケンヂの行動を自分の問題として受け止めていると共に、これが、「自画像」から「自己像」に跳躍するドラマであることを物語ってもいる。ロックを諦めたケンヂがコンビニ店長でいるということは、「心の状態」の次元からすれば、「自己像」＝理想を追い求めることを断念した「自画像」＝現状を意味している。そこから再度、ロックを試みることは、「自己像」から「逃げない」決断をすることになる。それによって、「世界を変える」「地球を救う」壮大な使命へと一気に跳躍するのである。

ここで興味深いのは、浦沢と堤の間にライフコース上の共通性があることである。浦沢と堤は、同世代（浦沢が一九六〇年（昭和三五年）生まれで、堤は一九五五年（昭和三〇年）生まれ）であるが、二人とも典型的なエリート、優等生とは程遠い少年時代を送っている。前述したように、浦沢は生後間もなく両親が別居し、幼少時に「幽閉状態」のような経験をする中で漫画に目覚め、後にロックにも没頭するようになる。堤も子供の頃に勉強ができない「挫折感とコンプレックスがずっと」あり、高校受験にも失敗し、「行きたくもない高校」に入学したため、「当時はロックをやっていて、ぼくらのあいだでは髪を伸ばすのがいちばん格好よかった」という。そして「はっぴいえんど」などのロックに影響されて、（高校時代の名古屋を）一刻も早く脱出して東京に行きたいと考えるようになる（堤 2010: 150-151）。（このような堤の事情は、浦沢以上に、『嵐を呼ぶ　モーレツ！　オトナ帝国の逆襲』の監督・原恵一と相同性があるかもしれない。）

浦沢と堤は、ロックが強い政治性を持った時期に青春時代を送り、非優等生的な立ち位置からロックの洗礼を受けることで共通の美的性向を持つと共に、当時のロックが内包した対抗的な価値規範の強い磁力ゆえに、ロック的なものに根差した倫理的性向をも共有しているため、互いに共通する固有のハビトゥスを内面化してきたであろうことが推察される。浦沢と堤が共有する「世界を変える」という政治性と革命性を伴った「自己像」は、そうした彼らに固有のハビトゥスと無縁でないはずがなかろう。

さらに、堤が「描かれている世代とロックが、原作にボクが入り込めた二大要素」と語っているように、この強い政治性、革命性が抽象的なものではなく、具体的なある時代や世代と結び付けられていることは注目に値する。浦沢や堤が若い頃に愛したと語るロックは彼らの若かりし頃の一九六〇年代から七〇年代のものであるが、映画の中ではロックのイメージが、一九六九年（昭和四四年）八月のウッドストック・フェスティバルに節合されているのである。そのことは、第一作でケンヂがカンナに語るセリフ、すなわち「ウッドストックって知ってるよな？　たかがロックのコンサートに四〇万人が集まって、押し寄せた大群衆にゲートもフェンスもなぎ倒されたんだ。歌だって何だって本気で勝負すると、何かが変わるんだ」からも読み取れる。

三〇組以上の大物ロック・グループやフォーク歌手が出演した会場に四〇万人もの人々が集ったアメリカ・ニューヨーク州でのウッドストック・フェスティバルは、言うまでもなく当時のカウンターカルチャーの「頂点をなす象徴的代表例」（ウォーラースティン 1991 : 123）であり、ヒューマンビーイン（Human Be-In）と呼ばれる人間性回復を求める人々の集会の到達点であり、ヒッピー時代の伝説的な大イベントでもある。

監督の堤自身が「音楽映画」と語る『20世紀少年』は、ロック音楽を「政治の季節」の世界的イベントと節合させることで、目指すべき「心の状態」とは、「人間性の回復」による「世界変革」であることが示唆されるのである。

このことはケンヂが、「ともだち」が画策する人類滅亡の計画を阻止する決意をオッチョ（豊川悦司）やカンナに語る次のシーンのセリフからも明らかである。

ケンヂ　：昔だれかからこんな話を聞いたことがある。ロックやってると二七歳で死ぬとな。ブライアン・ジョーンズ、ジャニス・ジョプリン、ジム・モリソン、ジミ・ヘンドリックス。なんとなく俺も死ぬんだろうと思ってた。ところが二八歳の誕生日を迎えちまった。ガックリきたよ。なんだ俺はロッカーじゃないのかって。だけどジジイになってもロックやってるすごい奴は山ほどいる。死んだらすごいって考え方はやめた。

オッチョ：その話誰がお前にしたか覚えているか？　おれだよ。あの頃二七なんて遙か未来だった。

ケンヂ　：カンナ、おじちゃん［自分］は行かなきゃいけない。人生はどうしてもやらなきゃいけないことがあるんだ。おじちゃんは絶対戻ってくる。（中略）子供の頃夢見たように俺達が地球の平和を守るんだ。

「人生はどうしてもやらなきゃいけないことがある」の類似のセリフは、三作の映画を通して繰り返し現れるため、いわば作品のモチーフのようなものであるが、それは個人的な自己実現のようなミニマムなものではないのはむろん、抽象的な世界平和の実現とも異なり、一九六〇年代の「政治の季節」の革命性と直接、結び付けられたものなのである。

## 「ともだち」にとっての万博——大阪万博をめぐる等価性の連鎖——

この作品では、「ともだち」の手で二〇一五年に「万博二〇一五」が開催される。「万博二〇一五」は、会場はおそらくは湾岸エリアであろう東京に移されてはいるものの、太陽の塔はむろんのこと当時の大阪万博のパビリオンらしきものの数々がCGで精巧に再現されていることからも、それが紛れもなく大阪万博のメタファーであることは明らかであろう。

CGによる精巧な大阪万博再現のイメージや、大阪万博テーマソング『世界の国からこんにちは』を歌った歌手・三波春夫のパロディである春波夫（古田新太）による『ハロハロ音頭』の披露などから、作り手の手で、大阪万博へのストレートな郷愁の舞台装置が発動されたかのように受け取られる可能性があるが、実際はそうではない。

なぜならば、万博は「ともだち」に偏愛されているからである。「ともだち」は人類の滅亡を企てるが「万博二〇一五」の会場だけは破壊を免れるようにしたいと考えている。第三作の映画で、カンナが初めて「ともだち」と対面するシーンがあるが、そこで交わされる以下の会話を見てみよう。

ともだち：カンナ、万博に行ったかい？
カンナ　：何？
ともだち：楽しいところなんだ。あそこだけは守ろうと思う。人類が滅亡しても、ずっと、ずっと、ずっと、ずっと。
カンナ　：あなたは何も感じないの？人類を殺戮しても何も？

（中略）

ともだち：人類は増えすぎたんだよ。
カンナ　：異常よあなたは。
ともだち：ぼくがやらなくてもきっと誰かがやった。僕は彼らの代表選手なんだ。
カンナ　：何の代表選手だっていうの？
ともだち：二〇世紀の。あの最高で最低の時代の。カンナ分かるかい？　僕こそ20世紀少年なんだ。

このように、「ともだち」は「ずっと」を四回も重ねるほど万博を大切にしているのだが、「人類の進歩」の象徴であるはずの万博が、世界を滅亡に導こうとする独裁者「ともだち」に偏愛されることで、万博のテーマであった進歩が悪と節合されて等価性を獲得し、進歩＝悪とされるのである。

## 大阪万博とウッドストック・フェスティバルの対立図式

一方で重要なのは、ケンヂおよびケンヂのかつてのクラスメートや彼らと共に「ともだち」への抵抗運動を行う登場人物が皆、偏愛どころか万博に何の執着や関心も示さないことである。さらに彼らは地理的にも万博からほど遠いところにいる。ケンヂは二〇〇〇年一二月の「血の大晦日」事件以来、北海道をさまよう。相棒のオッチョは刑務所に幽閉されている。カンナとヨシツネ（香川照之）は地下活動のため地下に潜伏している。要するに彼らは万博と無縁の存在として表象されているのである。

しかしながら、彼らは、人類の滅亡を計画する「ともだち」が唯一殺人ウィルスを散布しない場所が「万博 二〇一五」の会場であることを知り、二〇一七年八月二〇日、万博会場にて大コンサートを催して市民の結集を呼びかける。映画では数万人もしくは数十万人規模の人々が「万博 二〇一五」の会場に押し寄せ、そこに「血の大晦日」事件以来、生死が不明だったケンヂがギターを背中にしてオートバイで入ってくる。大群衆の歓声の中、ケンヂはロックを歌って喝采を浴びる（図7-4のシーン）。

■7－4　映画『20世紀少年 第3章』のシーン（パンフレット『本格科学冒険映画 20世紀少年―最終章―ぼくらの旗』より）

これは紛れもなく前述した、ケンヂらが「世界変革の場」として崇めるウッドストック・フェスティバルのメタファーである。要するに、『20世紀少年』では、一九七〇年（昭和四五年）の「人類の進歩」を示す象徴の場所である大阪万博の会場に、その前年一九六九年（昭和四四年）の当時の対抗文化の象徴であるウッドストック・フェスティバルが交錯させられるのである。

『20世紀少年』における大阪万博をめぐる節合と等価性の連鎖、およびその結果、構成される敵対関係は、ロック＝ウッドストック＝対抗文化＝正義VS.万博＝進歩＝悪と考えられよう。より正確に言うならば、最終的にはケンヂらが勝利を収めることで、ロック＝ウッドストック＝対抗文化＝正義がその敵対性とされる万博＝進歩＝悪を凌駕してヘゲモニーを獲得する劇的な瞬間が仕組まれているのである。

なぜ『20世紀少年』では、大阪万博が単純な憧憬の対象とされず、いささか陰影に富んだ舞台装置として持ち出されるのだろうか。これを考えるには、作り手たちの少年時代に開催された大阪万博の開催当時のアンビヴァレントな位置づけを理解する必要がある。

## 開催当時の大阪万博――高度経済成長の「光」と「影」――

前述したように一九七〇年（昭和四五年）の大阪万博は、その二年前に日本のGNPが西ドイツを抜き、アメリカに次ぐ世界第二位の経済大国になると共に、一九六五年（昭和四五年）からの五七か月にわたる「いざなぎ景気」を経験するなど、戦後の高度経済成長の到達点を迎えた時期に開催された。

一九七〇年（昭和四五年）に大阪で万国博覧会を開催しようという動きが本格化するのは、東京オリンピックの前年一九六三年（昭和三八年）頃からである。一九六三年（昭和三八年）一〇月にパリの国際博覧会事務局（BIE）から国際博覧会条約への批准を要請されたことを契機に、日本政府は東京オリンピックに続く国家プロジェクトとしての万博開催を構想するようになる。

そして一九六五年（昭和四〇年）五月、日本政府は国際博覧会事務局に万博の日本開催を提案した。同年九月に対抗馬と見られていたオーストラリア・メルボルン市が開催を断念したため、一九七〇年（昭和四五年）の大阪万博開催が正式に決定した。そして周知のように、大阪万博は大阪千里丘陵三三〇ヘクタールの広大な敷地に、一九七〇年（昭和四五年）三月一四日から九月一三日までの一八三日間の期間中、七七か国が参加し、計六四二一万八七七〇人が入場するという万博史上空前の規模のものとして開催された。

大阪万博はまさにそのテーマ「人類の進歩と調和」にあるように、当時の「進歩」のシンボルであった。吉見俊哉が言うように、当時の大阪万博には、「高度成長を達成した自分たちの社会の自画像としての、戦後日本の経済的復活と高度成長の成果を一億人が自己確認する壮大なモニュメントとしての『万博』という集合的なイメージ」（吉見 2005 : 36）が見られた。

しかしながら一方では、当時は「政治の季節」でもあった。一九六八年（昭和四三年）五月には全学共闘会議が結成され、学生運動は翌年にかけて最高潮を迎える。大阪万博が開催期間中の一九七〇年（昭和四五年）三月には、日本初のハイジャック事件・日航機よど号事件が起き、万博が閉幕した二か月後の一一月には三島由紀夫の割腹事件が起きている。万博開催前後の日本は、「進歩」と「調和」を謳歌する体制的な風潮の中、一方でそれとの何らかの不調和もさらけ出していたのである。

現在でこそ大阪万博は、ポジティブなイメージに満ち溢れており、「昭和ノスタルジア」のメディア文化表象においても大阪万博は「定番」と言っても良い位置を獲得しているが、このような当時の社会的背景から、実のところ万博の開催について当時は必ずしも歓迎一色というわけではなく、様々な問題が指摘されもした。

万博が開催されるちょうど三年前の一九六七年（昭和四二年）三月一六日の『朝日新聞』は、「『万国博』これでいいのか」と題した特集記事をもうけて、「寄合世帯で非能率」「派手な協会の金づかい」「跡地の利用があいまい」などと批判している。同じ日の『読売新聞』は、「万国博の起工と問題点」と題した社説を掲載し、「『人類の進歩と調和』というテーマの持つ意義や内容が、どれだけ国民の各界各層にアピールしているか、はなはだ心もとない」としている。『読売新聞』は、万博があと二年に迫った一九六八年（昭和四三年）三月一五日の社説の中でも、「盛り上がらない国民的関心」を問題化しており、その時点で必ずしも万博は国民的関心を集めることに成功していなかったことを示している。

肝心の万博のコンセプトをめぐっても一筋縄ではいかない議論があった。「人類の進歩と調和」のテーマについて、調和は現状を認め、馴れ合いにつながり、進歩ではなく停滞を招く恐れがあるため、「調和の思想は危険だ」という声が起きたのである。この論争も一部の人の間で行われたものではあったが、とはいえ、結局、各パビリオンは調和でなく、企業館を中心に進歩が強調されたものになった。

■7－5　大阪万国博覧会 大勢の人でにぎわう大阪万国博覧会。正面は岡本太郎氏が制作した太陽の塔（1970年３月）（写真提供：共同通信社）

万博開催の半年前の一九六九年（昭和四四年）九月一五日の『朝日新聞』の記事は、「やむなくまとめた企業グループの展示内容は、そろいもそろって『未来バンザイ』。そこではもっぱら進歩が強調され、肝心の調和の精神はほとんど取り上げられていない」と問題化している。

また、一九六八年（昭和四三年）の学生運動の高まり以降、万博の開催は、政府が安保問題を国民の目からそらすための政治的手段だとして批判されることも少なからずあった。万博開催があと一年に迫っ

■7-6　「ハンパク」　大阪で万博反対デモ（万博開催に反対し御堂筋をデモ行進する人々）（写真提供：共同通信社）

た一九六九年（昭和四四年）三月一六日の『朝日新聞』は「あと一年となった万国博に望む」と題した社説でそうした国民の声があることを紹介し、「万国博に向けられている批判は厳しい。政府はそうした批判を無視せず、真に国民のものとなる万国博の道を真剣に求めていくべきであろう」と締めくくっている。

また、「べ平連」（ベトナムに平和を！市民連合）の南大阪べ平連が提唱して、「人類の平和と解放のために」をテーマに掲げて、万博をパロディ化したカウンター・イベント「ハンパク」（反戦のための万国博）が一九六九年（昭和四四年）八月七日から一一日まで大阪城公園や御堂筋で開催された。「ハンパク」は五日間の期間中に、全国の「べ平連」関係者を中心に、全共闘の学生、高校生、青年労働者など計六万人の参加者を集めた。

このような万博への懐疑は「ハンパク」に集う「運動家」だけのものではなかった。映画評論家の荻昌弘は、一九七〇年（昭和四五年）に『キネマ旬報』誌上で「万博映像総批判論」という特集記事を六回にわたって連載した。その中で荻は、自分は決して「ハンパク」派ではないと記しながらも、「博覧会の市民主義も、結局は一九世紀独自の科学主義・産業主義にとってだけ、極めて重要な意味を持ちうるものにすぎなかった、としか私には考えられない」（荻 1970 : 30）として、万博の意義や機能を既に失っているとする二〇世紀後半という時代に開催されたこの万博を批判している。

ところが、これらの諸々の批判や問題がありながらも、いざ開催されると、新聞などメディアにおいてもネガティブな論調は影をひそめるようになる。入場者も最初のうちはそれほど集まらなかったが、日を追うごとに入場者は増え続け一日平均三五万人の入場者を集め、九月五日には一日で八三万人の動員を記録することになる。一つのパビリオンに入るために、二時間、三時間と待たされるのは当たり前で、「会場は身動きのつかないありさまだ。それでも人は行く。延々と列をつくり、人波にもまれながら、ひたすらに待っている」状態であった（『朝日新聞』九月八日社説）。

開催前にメディアなどで批判がありながら、いざ開催されると大勢の人が訪れるのは、第4章で述べた東京タワーの建設中と完成後の事情にやや似ていなくもない。建設中は、「テレビ電波のための電波塔」で「障害物」扱いされながらも、完成後の東京タワーは、「首都の新しいシンボルとしての訪問対象」に一気に変化し、完成翌年の一九五九年（昭和三四年）には四九三万人もの入場者を集めた。

しかしながら、東京タワーと異なり、大阪万博を描いた映画やドラマは数が少ない。それは完成以来そびえ立ち続ける東京タワーと異なり、万博会場は六か月間の会期を終えると撤収されてしまうからでもある。短い開催期間中の万博が登場する数少ない映画の一つに、山田洋次監督の『家族』（1970）がある。この映画は、長崎の沖合の炭鉱の島から北海道の開拓村へ移住するために南から北へと向かう家族の姿を描いた、いわゆるロード・ムービーの秀作である。この映画では、開拓村での生活の活路を見出そうとする家族が、船や列車を乗り継いで北上する様子を各地の現地ロケによってセミ・ドキュメンタリータッチで描く過程で、高度経済成長の矛盾が鮮烈に炙り出されていた。

家族は大阪で山陽本線を降りて、東京に向かう新幹線を待つ時間に開催中の万博を見に行くことを思いつく。家族は会場まで来るのだが、大勢の客で溢れ返って足の踏み場もない状況で中に入れず、結局入口近くから会場を眺めるだけで新大阪駅に行くのである。ところが家族が新幹線に乗った後、赤ん坊が高熱を出してひきつけを起こし、東京駅に着いた後、家族は必死で病院を探すが受け入れ先もなく亡くなってしまうのである。

残酷なエピソードではあるが、巨大な人の群れで狂騒に満ちた大阪万博が、当時を代表する映画監督の手で、社会矛盾の象徴として表象されたことを見逃してはならないだろう。

以上、大阪万博をめぐる当時の事情を述べたが、こうしたことから窺い知れるのは、万博が戦後の高度経済成長のポジティブな面だけではなくネガティブな一面も備えたアンビヴァレントな性格を持っていたことである。

## 選び取られた万博の「負」のイメージ

ここで少し長く当時の万博について述べたのは、現在とはいささか異なる万博についての当時のアンビヴァレントな位置づけが本書にとって重要だからである。なぜならば、当時を生きた『20世紀少年』の作り手たちは、二一世紀初頭という時代に大阪万博を表象する際に、そのアンビヴァレントな性格の中から「負」のイメージを選び取って重要な舞台装置の役割を与えているからである。

前述したように、この作品における大阪万博をめぐる節合と等価性の連鎖、およびその結果、構成される敵対関係は、ロック＝ウッドストック＝対抗文化＝正義VS.万博＝進歩＝悪と考えることができる。最終的にはケンヂらが勝利を収めることで、ロック＝ウッドストック＝対抗文化＝正義がその敵対性とされる万博＝進歩＝悪を凌駕してヘゲモニーを獲得することになる。

このように、浦沢ら作り手によって大阪万博が持ち出され、そこにあえて陰影に富んだ位置づけがなされたのは、万博に高度経済成長の「光」ではなく、「影」が読み取られようとしたからである。高度経済成長の到達点の時期に開催された万博によって強烈に放たれた「光」があるならば、同時にその「光」は「影」も伴っているのだが、「光」の強さゆえに「影」は見えなくさせられもしてきたのである。ウッドストックが持ち出されるのは、そのイメージを流用して前景化させることが、そのコントラストによって、万博をめぐる「影」の側面を象徴的に炙り出すことを可能にするからであろう。

万博VS.ウッドストックというヴィジュアルな敵対性のドラマは、浦沢直樹が文字を生業とする文学者ではなく、漫画家であることからおそらく着想されたユニークなものであり、それは映画化にあたって、『ケイゾク』『TRICK』などの斬新なテレビドラマや映画で名を揚げた同世代の映画監督・堤幸彦の手でリアルに造型されることで、互いに共通する固有のハビトゥスを内面化してきたであろう作り手らの万博へのクリティカルな眼差しの可視化に成功している。

## 『クレヨンしんちゃん　嵐を呼ぶ　モーレツ！ オトナ帝国の逆襲』との差異と並行性

大阪万博への批評的距離感において、『20世紀少年』と『クレヨンしんちゃん 嵐を呼ぶ モーレツ！オトナ帝国の逆襲』には、いささか位相の差異が見られる。『20世紀少年』では、万博は、悪の独裁者

「ともだち」が偏愛する「万博 二〇一五」として、ナラティブ構造上の敵対性において正義に対置されるネガティブなものとして表象されており、そこに郷愁の眼差しはほとんど見受けられない。この点は重要で、『20世紀少年』においても、主人公らが少年時代だった頃、同時に浦沢ら作り手らが少年時代だった頃の万博前後の時代への文化や風俗への郷愁的な視線は注がれているが（例：駄菓子屋、ポスター、流行語他）、肝心の万博はその対象からは除外されているのである。

一方で、『クレヨンしんちゃん 嵐を呼ぶ モーレツ！ オトナ帝国の逆襲』の場合、万博は、「20世紀博」として大阪万博が再現されることでそのイメージが使われているが、ここでの万博は、「イエスタディ・ワンス・モア」を率いるリーダーのケンにとって取り戻すべき当時の「心」の世界の中核を占めている。

むろん、ケンそのものが「モノ」より「心」の復権を唱える政治運動家でありながら「モノ」への欲望の虜になる自己矛盾を孕んだ人物であることは前に述べた。とはいえ、ケンが「自己像」と「自画像」に引き裂かれた当時の若者として表象され、それは監督の原恵一が「自分に一番近い」、すなわち自分の分身として登場させられていたことを忘れてはならないだろう。そういう意味では、同じく組織のリーダーではあっても、悪の独裁的指導者として表象されている『20世紀少年』の「ともだち」と『嵐を呼ぶ モーレツ！ オトナ帝国の逆襲』のケンは、そもそもの位置づけが異なっており、似て非なるものである。

むしろケンは、あるべき「自己像」を求めてロック＝目指すべき「心の状態」を通して、「俺達が地球の平和を守るんだ」と己を奮い立たせて「世界の救済」を自分に課すケンヂとの間で親和性が見られよう。ケンとケンヂは同類とまではいかなくとも、少なからず並行性を認めることができるのである。

そしてケンが監督・原恵一の分身であるように、ケンヂは若かりし頃よりロックを追い求めてきた原作者・浦沢直樹の分身であり、その盟友・長崎尚志の分身でもあり、「描かれている世代とロックが、原作にボクが入り込めた二大要素」と繰り返し語る監督・堤幸彦の分身でもあると考えられる。

## 「シラケ世代」「モラトリアム世代」の自己総括と面目

堤が「世代」を重視しているのは、注目に値する。前述したように、彼ら『20世紀少年』と『クレヨンしんちゃん 嵐を呼ぶ モーレツ！オトナ帝国の逆襲』の作り手たちは、ほぼ同世代である。浦沢は、一九六〇年（昭和三五年）生まれ、長崎尚志は一九五六年（昭和三一年）生まれ、堤幸彦は一九五五年（昭和三〇年）生まれである。そして原恵一は一九五九年（昭和三四年）生まれである。（参考までに漫画『クレヨンしんちゃん』の原作者・臼井儀人は一九五八年（昭和三三年）生まれで、やはり同世代である。）

この世代は、「シラケ世代」もしくは「モラトリアム世代」「ポスト全共闘世代」と呼ばれたことのある世代で、高度経済成長の最中に小学校に入り、大阪万博、さらには一九七二年（昭和四七年）の連合赤軍によるあさま山荘事件、沖縄返還などを小学校か中学校の時に経験した世代である。

そのため、高度経済成長期の到達点とされる万博も知っているがその数年後のオイルショックの頃の高度経済成長の終焉も経験している。またその上の世代による全共闘運動も肌で感じてはいたと共に、あさま山荘事件による学生運動の終焉も知っている。戦後の両極のクライマックスとその劇的な終焉の双方を青春時代に目撃しているのである。

一つの時代の終わりの経験から、この世代は政治には無関心で個人主義の傾向を示したため、「無気力・無関心・無責任」の三無主義と言われ、何事にも「しらける」と口にするとされることから、「シラケ世代」と呼ばれるようになった。

考察の方法概念として「世代」を持ち出すことには十分慎重でなくてはならない。そもそも「世代」とは何であるのか、また何をもって「世代」とするかには異論があり、その理解のありようは歴史的に見ても一様ではない（大串 2008 : 44）。また、「世代差」以外にも「時代差」「年齢差」「混合」などの他のモデルで説明が可能な場合もあり（宮野 2004 : 33-34）、メディア研究者の石田佐恵子が言うように、世代間の差異を強調することが、多様な社会的カテゴリー（エスニシティ、地域、階層、ジェンダー、セクシュアリティ、マイノリティ他）の差異を見えなくさせ、「世代文化論は文化ナショナリズム的な日本文化論に接合する」危険性があることにも留意しておく必要があろう（石田 2007 : 40）。

しかしながら、一方で文化社会学者の中西新太郎のように、一九七〇年代の社会・文化的変動のために、世界的に見ても現代の日本社会の「世代間」の断絶は大きいとの指摘もあり（中西 2004）、社会学者の見田宗介のように、「歴史のなかの人間」を考える上で、「世代」概念は重要であるとの見方もある（見田 1965）。ここでは「世代」について、見田による「世代」の定義、すなわち「世代」とは、無数の小さな体験を「体験」たらしめる「原体験」とそれが生成するエネルギーとしての「時代体験を共有する集団」であると捉えることとする。

「シラケ世代」「モラトリアム世代」を考えるうえで注意しなければならないのは、この世代はただ単にパッシブであるわけではなく、それを当時の時代の生き方として自ら選択した側面もあったことである。社会学者の北田暁大は、連合赤軍によるあさま山荘事件は一九六〇年代の学生運動の特徴であった「自己否定」による反省、総括の論理を極限まで推し進める過激なものであったため、学生運動の終焉以降の多くの若者たちは、そのような「自己否定」的な反省形式から離脱する生き方をあえて選んだと述べている。
反省対象の喪失によって消費社会的な相対主義に導かれるようになるが、それは世界と自己との関係への反省を迫る「六〇年代的なるもの」に抵抗し、世界を記号の集積体として相対化する消費社会の論理を戦略的に採用することであったため、それは「抵抗としての無反省」＝「アイロニズム」であると北田は述べている（北田 2005：76–77）。

したがって、「シラケ」は、抵抗として自発的に選び取られたとも言えるだろう。とはいえ、ライフコースの観点から省みるならば、戦後の二つの極が終焉する特異な時代の要請から選択された若かりし頃の「シラケ」＝「アイロニズム」が永続性を獲得することが困難なことも同時に推察されよう。

そのことは「シラケ世代」が、時に「モラトリアム世代」と呼ばれることがあった事情にも関係する。すなわち、「シラケ」＝「アイロニズム」は、本来あるべき「自己像」の達成のための「モラトリアム」なのだとも考えられなくもない。その「モラトリアム」の時間は、「自己像」実現までの間の彼らの「自画像」なのである。

このような視点から、『20世紀少年』のナラティブ構造を考えるならば、前に考察したヘゲモニー構築のありようも、より具体的に理解できる。この作品で、高度経済成長を象徴する一九七〇年（昭和四五年）の大阪万博の会場にその前年一九六九年（昭和四四年）の当時の対抗文化の象徴であるウッドストック・フェスティバルが交錯させられるのは、当時が高度経済成長と学生運動が終わりを告げる直前の、いわば分水嶺とも言うべき時間だからである。その場でケンヂたち＝作り手たちの分身が勝利を収めることで、ロック＝ウッドストック＝対抗文化がその敵対性とされる万博＝進歩＝悪を駆逐する。

「シラケ」＝「アイロニズム」の決断を強いられ、「モラトリアム」の長い時間を過ごしてきた「自画像」を自覚している彼らが二一世紀初頭に「自己像」を実現する物語を構築するためには、時計の振り子を分水嶺の時点にさかのぼって「アイロニズム」を反転させ、決然たる行動を起こす必要があったのである。

このあたりの事情は、浦沢、堤、長崎、原の四人の中で最も年長の堤にとって、より切実なものであったことが窺われる。堤は、一九五五年（昭和三〇年）生まれのため、他の三人と異なり、学生運動の最後の時期に「ぎりぎり」間に合った。名古屋から上京し、法政大学に入学した堤は、「かなり過激なこと」をやろうとしたが、その学生運動が「バッタリ終わってしまった」ため、大きな挫折感を味わい、大学を中退している（堤 2010：151）。堤は当時を、以下のように述懐している。

［学生運動の］組織もなくなり、自分の拠り所とする思想みたいなものがガラガラと崩壊して、それで大学もやめた。ある主義・主張にもとづいてやってたけど、貫くことができなかったんだ。その挫折感たるや、二十一歳で、ほんと、人生なんかどうでもよくなったの。死んじゃえばよかったんだけど、死ぬ勇気すらなくて、失うものも何もないし、ゼロになっちゃったんですね（堤 2010：151）。

大学を辞めた堤は、放送専門学校に入り直し、それが転機となり映像業界に入ることになる。後年、浦沢の原作『20世紀少年』の映画化にあたって、「逃げちゃいけない」と自分を追い込みながら、「原作原理主義」のストイックな信条に徹し、三作の監督を務めあげた堤にとって、この仕事は、かつて「死んじゃえばよかったんだけど、死ぬ勇気」がなく「ゼロ」になってしまった若かりし頃の自身の「自己像」の「亡霊」の、言うなれば「弔い合戦」＝慰霊の意味合いもあるに違いなかろう。

## 封印された「反省」の復活と「自己像」の恢復

本章の分析が浮き彫りにしている『20世紀少年』のナラティブとそのヘゲモニーのありようは、作品の作り手たち自身が語っていることと符合している。浦沢は『20世紀少年』が、歴史上の問題を断片としてではなく、歴史の流れの中で捉え、二〇世紀のポジティブな面とネガティブな面を検証することが作品の目的であると述べている。

さらに重要なことは、浦沢は、『20世紀少年』を二〇世紀の「反省会」であるとし、この物語を「昭和懐古ブーム」へのアンチテーゼとして構想したという事実である。浦沢は、「昭和懐古ブーム」の懐古的な風潮を批判し、懐古の対象となっている時代が実は問題ばかりで、その時代がその後の日本の分水嶺となったという認識をはっきりと示している。その上で、それについての「大きい反省会」「壮大な反省会」を構想したことを明らかにしているのである。

（『20世紀少年』は）まあ言ってみれば、〝大きい反省会〟みたいなもんですね（笑）。この漫画を描き始めたのって、九八年末くらいだったんですよ。その頃、僕は三八歳。（中略）それと当時――今も続いていますけど、昭和懐古ブームが始まったんですよね。「あのころ、良かったね」っていう、みんなが振り返りモードの。あれがすごくイヤだったんです。「あの頃」なんて、ちっとも良くねえじゃないか。公害で空気悪いし、臭いし汚いし（笑）。どっちが良いかって言ったら、今の時代の方が絶対良いもん。そういう風に考えていくうち、待てよ、今の時代の悪いところって、元をたどると、もしかしてあそこ？　ていう思いが湧いてきて。そういう日本の全体的な風潮を見つめ直す意味を込めて、壮大な反省会をやろうと思ったんですね（浦沢 2008：24）。

「昭和懐古ブーム」における「みんなが振り返りモード」が「すごくイヤ」であることが『20世紀少年』の創作の原点、動機である点は重要である。ジャーナリズムや知的言説における支配的ヘゲモニー、すなわち昭和三〇年代前後＝「古き良き時代」に対するアンチテーゼとして、この作品が稀代の人気漫画家によって構想されたことを物語るからである。

このことは一九八〇年代のイギリスにおける「ヘリテージ産業」をめぐる知的言説、およびポピュラーカルチャーで存在したような社会的敵対性が「昭和ノスタルジア」においても厳然と存在すると共に、ポピュラーカルチャーの作り手によって、近過去の記憶の意味交渉の帰結としてのナラティブの中で自覚的に敵対性の構築が目指されていることを示す証左であろう。

また、「今の時代の悪いところって、元をたどると、もしかしてあそこ？」というのは、他ならぬ『20世紀少年』が問題化している一九七〇年前後を指してのことであろう。高度経済成長期の到達点の時期に開催され、「進歩」のシンボルであった大阪万博に「光」ではなく、「影」を読み取り、ウッドストックとの間で激しい敵対性のドラマを構想したのは、浦沢が、二〇世紀の分水嶺的な時期と考える時点への反省的総括を行う際に両極を炙り出すことを求めたからである。

また原作の編集者で映画の企画・脚本を担った長崎尚志も、この作品があくまでも二〇世紀の検証であり、それは「昭和懐古」とは一線を画すものであることを強調している。

映画を見て考えてほしいんですね。僕も浦沢さんもそうですが、御覧になる方のほとんどが、二〇世紀と二一世紀を跨いで生きています。だからこそ、僕らが生まれた二〇世紀に何が起こったのか？　世紀末とは何だったのか？　二〇世紀に僕らが夢見た二一世紀とはどういうものであったのか？　なぜ、二一世紀に大きな夢を馳せたのか？　漫画の中には、浦沢さんとボクが考えた、ただのノスタルジーではない二〇世紀の出来事が全部入っているんです。特に映画では〝ともだち〟がなぜ生まれたのかを強調しました。それがとても大事なんです（第三作の映画パンフレット）。

浦沢や長崎の言葉からは、彼らの創作の目的が「懐古」とは対極にあることが分かろう。二人の言葉からもこの作品が、「シラケ」＝「アイロニズム」を強いられた「モラトリアム世代」が、分水嶺の時期から数十年後に、その時代への「懐古」を拒否し、「反省会」を通しての贖罪と世界の救済による「自己像」の恢復の物語であると見ることができるのである。

この点において、『クレヨンしんちゃん 嵐を呼ぶ モーレツ！ オトナ帝国の逆襲』のナラティブとの間にもいくぶんの並行関係が見られよう。確かに、『嵐を呼ぶ モーレツ！ オトナ帝国の逆襲』の場合は、当時の「匂い」など大阪万博の一九七〇年前後の時代への強い欲望と憧憬に囚われていた。したがってケンとケンヂを通した二つの作品は、それぞれ同じように「自己像」と「自画像」が交錯するドラマを描きながらも、ケンとケンヂの当時への心情にはいささか相違があるのは間違いない。

だが、『嵐を呼ぶ モーレツ！ オトナ帝国の逆襲』は「消費空間」対「脱消費」の対立図式と、「脱消費」の最終的な勝利というサブ・ナラティブを用意することで、明らかに消費社会への批判と戒めを示している。「懐古」に身体的に揺さぶられながらも、そこからの決別が描かれる点で、むしろ「懐古」

を回避する物語のヘゲモニーが構築されていた。

『20世紀少年』も『嵐を呼ぶ モーレツ！ オトナ帝国の逆襲』も、共に「モラトリアム世代」の作り手によって、「モラトリアム」の長い逡巡を経験してきた「自画像」から跳躍し、何がしかの「自己像」が恢復される点では、相同性が見られるのである。

本章で議論してきたように、『20世紀少年』と『嵐を呼ぶ モーレツ！ オトナ帝国の逆襲』の作り手たちは、「モラトリアム世代」の世代的特徴を有しながら、固有のナラティブを紡ぎ出してきた。だが一般的に、同じ世代ではあっても、経済資本、文化資本なども含めたライフコースの相違によって人々のポジショナリティは少なからぬ差異が見られるであろうことは留意しておく必要がある。世代的な傾向にしても、それをどの程度、内面化するのかは各人個々の事情によっても相違があると共に、逆にそうした傾向やレッテルに反発する者もいるだろうからである。

本章で重要なのは、これらの作り手たちが単に同世代であるのみならず、それぞれの家庭環境、学歴、文化資本やハビトゥスなどの相同性が見られることである。まず、彼らに共通するのは、必ずしも経済的に恵まれた家庭環境で育ってはいない点である。『嵐を呼ぶ モーレツ！ オトナ帝国の逆襲』の監督・原恵一が駄菓子屋を営む家庭で生まれたことは前述したが、浦沢直樹も、生まれると同時に両親は別居するが、五歳の時に両親は寄りを戻し、家庭は駄菓子屋で生計を立てている。

また、彼らはいわゆる優等生、エリート学生とは、ほど遠い学校生活を送っている。前述したように、原は公立高校受験に失敗し、「誰でも行ける市内の共学の私立高校」に進学するが、大学受験も悉く失敗し、専門学校のアニメーション科に進む。映画『20世紀少年』の監督・堤幸彦も、子供の頃に勉強ができない「挫折感とコンプレックスがずっと」あり、高校受験にも失敗し、「行きたくもない高校」に入学している。

そしてそれぞれが、対抗文化的なロックや映画などのポピュラーカルチャーに特化した文化資本を若かりし頃に身体化していったことが窺える。原は、矢沢永吉に憧れて、「リーゼントにしているような奴ばかり」（浜野編 2005：15）の高校で、映画、深夜放送、フォークギターに没頭している。堤も高校時代、「ロックをやっていて、ぼくらのあいだでは髪を伸ばすのがいちばん格好よかった」ため、「はっぴいえんど」などのロックに影響される（堤 2010：150–151）。浦沢も高校時代、漫画と共にロックに没頭し、ボブ・ディランや吉田拓郎にのめり込む。

前述したように、浦沢や堤にとってロックは、「どういう大人になろうか」という指針であり、ロックがあるべき「自己像」のための「心の状態」のバロメーターであるのだが、そのことは、彼らの少年時代、青年時代のライフコースにおける家庭環境、学校時代における文化資本を通しての固有の倫理的性向を示している。すなわち、非優等生的な立ち位置からロックの洗礼を受けることで、当時のロックが内包する対抗的な価値規範に根差した倫理的性向を内面化しながら、互いに共通するハビトゥスを身体化してきたであろうことが推察されるのである。（そして前述したように、堤の場合、大学時代に大きな挫折を味わい中退している。）

大人になった彼らはロック・ミュージシャンにはならなかったが、若かりし頃に同時に夢中になった漫画や映画への道を進むことになる。「モラトリアム」の長い時間を過ごしてきた彼らが後年、「自己像」を恢復する物語を構築し、そしてそれが「二〇世紀の検証」という言葉に象徴される自己反省的な形でナラティブ化を行うことで「矜持」を保とうとするのは、やはり各々のライフコースにおいて繰り返し内面化を行い、「身体化された歴史性」を蓄えてきたであろう固有の、そして相同性の見られるハビトゥスが少なからぬ役割を果たしているためと考えられるのである。

## 電子掲示板でのオーディエンスの読み込み

以上、『20世紀少年』について、作り手らの声も織り込みながら内容分析を行ってきたが、果たしてオーディエンスはこの作品に何を読み込んでいるのだろうか。

まず驚かされるのが『20世紀少年』についての電子掲示板（BBS）での書き込みの多さである。日本最大級の電子掲示板「2ちゃんねる」だけでも、『20世紀少年』にヒットするこれまでのスレッドの数は六四一もあり、書き込みの数は少なくとも数万以上に及んでいる。[54] むろん『20世紀少年』については、映画のみならず原作漫画についての書き込みも多いため、ここでは映画版『20世紀少年』のスレッドでの書き込みだけを抽出して資料とした。

ただし『嵐を呼ぶ モーレツ！ オトナ帝国の逆襲』で見られたようなテーマについての書き込みは意外に少なく、あくまでも原作との相違点の比較、膨大な登場人物の群像劇としてのナラティブの進行の整合性や物語の解読が中心であることが目を引く。これには、戦後の漫画やアニメをめぐって作り手と読者・視聴者との間で膨大な量の情報の共有とリテラシーが作り上げられてきた歴史的経緯（夏目 2005）も背景にあろう。

また、インターネットの電子掲示板は書き手同士が影響を与え合う相互作用の結実という性格を持っていることから、漫画やアニメを論ずる電子掲示板は、そのような情報リテラシーの共有と競合がより強まる場となっている可能性がある。ましてや一筋縄でいかないコラージュ的な浦沢作品の場合、それが倍加することも考えられる。その点が、おそらくは、普段から『クレヨンしんちゃん』に親しんでいるわけではなく、映画の鑑賞で一時的に盛り上がったであろう多くの大人たちの手になる『嵐を呼ぶモーレツ！ オトナ帝国の逆襲』の電子掲示板との相違であろう。

### “ともだち”の「心の闇」と自分史への自問―ブログの考察から―

そこで『20世紀少年』について、インターネットの電子掲示板ではなく、ブログを調べてみたところ、オーディエンスが作品としての『20世紀少年』と対峙し、それについての感想を率直に吐露しているブログが多数存在していることが分かった。むろん、電子掲示板同様、ブログの書き手もオーディエンスの一般像としてみなすことは無理であることは承知しているが、『20世紀少年』の感想について、現実にオーディエンスの手で数多く発信されていることから、参考資料として考察の対象とするのは差し支えないと思われる。

まず目につくのが、『20世紀少年』の登場人物や作り手と同世代のオーディエンスのブログが多いことである。そうした同世代の書き手は自分たちの世代を語ると共に、この作品の登場人物が直面する問題を自分と重ねて捉えていることが多い。

例えば、ブログ『とらちゃんのゴロゴロ日記』を運営する「とらちゃん」氏は、「ともだち歴三年」と呼ばれる二〇一七年に、人類の滅亡を試みる「ともだち」に対抗しようとするケンヂらについて、「二〇一七年に五八歳になっているということは、一九五九年生まれで自分と全く同じ世代である。子供のころに秘密基地ごっこをやった記憶があるわてには、彼らの子供時代を共有できる。でも、果たして今から八年後も子供時代の思いを忘れずに実行できるのか、全く自信がない」（http://torachangorogoro.hamazo.tv/c560400_4.html アクセス日：二〇一二年九月二〇日）と記している。

ブログで書かれている映画の感想で最も多いのは、「ともだち」についてである。原作では、「ともだち」の正体は必ずしも明示されないが、映画三部作の最後のエンドロールの後では、「ともだち」の正体がはっきりと示される。三部作全てを鑑賞した後にブログを記すのは、この作品のかなり熱心なオーディエンスと言えよう。

しかしながら、彼らにとっての関心は、三作の鑑賞を経て明かされる「ともだち」の正体が誰であるかではなく、「ともだち」の苦悩、「ともだち」を作り出してしまった側の問題である。それはしばしば「こちら側」=自分の言動の問題として内面化され、それについての心情の吐露という体裁になっている。

兵庫県在住の四六歳の男性で、ペンネーム sakanoueno-kumo 氏は、自身のブログ『坂の上のサインボード』のプロフィール欄で、「歴史小説と大河ドラマとプロ野球と珈琲をこよなく愛し、息子に厳しく娘に甘く女房に頭が上がらない、昭和によくいたタイプの平成のオヤジです」と自己紹介している。sakanoueno-kumo 氏は、高校生の息子に勧められて、「息子と二人で三夜に渡って」DVDで映画『20世紀少年』三作全てを鑑賞したと述べている。

Sakanoueno-kumo 氏は、この作品を、「地下鉄サリン事件と同時多発テロを彷彿させる謀略ストーリーに、SFと推理小説と冒険ストーリーの要素を加えた物語」だとして、「それほど期待していなかったわりには面白かった」と述べている。そして、「ともだち」の正体について以下のように述べている。（以下の太字は原文のまま。）

この物語においてはこの結末でよかったんじゃないかと思います。むしろ、**影の薄い人物**だったからこそ、よりリアリティーがあったんじゃないかと。自分の少年時代を思い出してみても、**影の薄いクラスメイト**というのは必ずいて、卒業アルバムを見ても、名前を思い出せない〝ともだち〟が何人かいます。中には、顔と名前を照合しても、**「こんなヤツいたっけ？」**といった地味なクラスメイトいたりして…。で、私のような、決して**友達に優しくなかった**（笑）悪ガキは、そんな地味なクラスメイトから**知らないうちに恨みを買っている**ということは、あってもおかしくない話で…（汗）。子ども社会というのは、相手を傷つけるようなことを平気で言ってしまう**残酷な社会**ですからね。こちらが何気なく言って忘れていることを、相手はその後ずっと根に持っている。（中略）〝ともだち〟は、私たち悪ガキの記憶を辿れば、どこにでもいそうな気がします（http://signboard.exblog.jp/17691288/アクセス日：二〇一三年一月一一日。）。

埼玉県在住の男性で、ペンネーム・レイランダー氏が運営するブログ『弱い文明』では、最も共感したのは、「ロックとは何か」を正面から描いている点だとした上で、原作では示されていない「ともだち」の「素顔」が映画では明かされるが、そこでの「心の闇」の深さについて思いを馳せている。

「ともだち」が誰なのかという、犯人当ての謎解きに興味があった、ということではない。僕が興味があったのは、「ともだち」が誰であれ、その彼はなぜここまでのこと（人類滅亡の瀬戸際まで追い込む）をしでかす人間になりえたのかという、その部分の描き方だ。

その点では原作のマンガでも物足りなさを感じていた。「ともだち」の正体、その心の闇というものをめぐって、浦沢直樹は読者をうまく説得できていない。（中略）

エピローグが秀逸だった。僕はこれを見て、初めてこの作品を映画にした意味を納得できたような気すらした。まさに、漫画ではあえてぼかしていた「ともだち」の素顔が、文字通りの「顔」ということだけではなく、「ともだち」が抱えていた傷、心の闇がどれほどのものであったかということが、浮き彫りになる（http://blog.goo.ne.jp/civil_faible/e/a3ff68e8dcd2959a674437f1e8f6e133、アクセス日：二〇一三年一月二七日）。

「『ともだち』が抱えていた傷、心の闇がどれほどのものであったか」という言葉からは、書き手が「ともだち」の存在を問題化すると共に、それを通して「他者」の痛みを内面化している様子が窺われる。

ブログ『気ままな映画生活』を運営するのは、自己紹介で、「名古屋の独身男です。趣味は映画。休日はひたすら映画にどっぷりはまってます!! 他にはサッカーなどのスポーツ全般、SKE48を応援しています」と記すペンネーム・シムウナ氏である。

シムウナ氏は、第三作の映画について、「もう既に公開初日の今日、二回観ました（笑）。そして、オールナイトで本日三回目の観賞に行ってきます」と記していることから、この作品の熱心なファンであることが窺われる。シムウナ氏は、「ラストは原作のラストを少し手を加えた感じだったけど、感動しました」とした上で、次のように述べている。

涙が止まらなかったなぁ～
あくまで仮想世界なのだけど、人生やり直しはできない。過去の過ちをやり直すこともできない。
あの時、こうしていれば〝ともだち〟という怪物を
生むことはなかった。
〝ともだち〟という定義ってなんだろうね～
〝ともだち〟が自らを**20世紀少年**という事も
自分を助けてほしいという意思表示に思えた。
自分という存在を抹消された…
20世紀の少年時代しか僕は存在しなかったんだ…
そんな風に受け取った。
決して「20世紀少年は」謎解き映画ではない。
哀しい話だし、この話は誰もがもしかしたら
自分に当てはまったり、誰かをそんな存在に
してしまったりしていないだろうか。

この結末には様々な意味があり、深く考えさせられた。
(http://blog.livedoor.jp/z844tsco/archives/5162082.html　アクセス日：二〇一二年八月七日)(太字部分は原文では赤字で強調されている。)

「この話は誰もがもしかしたら自分に当てはまったり、誰かをそんな存在にしてしまったりしていな

いだろうか。この結末には様々な意味があり、深く考えさせられた」というシムウナ氏の最後の言葉からは、先ほどのレイランダー氏の言葉と同様に「ともだち」の存在を問題化すると共に、加えて問題を生み出した責任の所在が「自己」の側にあるや否やを真摯に問うている様子が窺われよう。

他にも、「一番うれしかったのは、原作にはなかった〝ともだち〟の気持ちを感じることができたことです。（中略）苛められ、無視され、いつしか存在しないものとなり、自分の消滅を願うようになってしまったともだち…。そんなともだちが二度と生まれないことを祈りたい」（埼玉県在住 kuroneko 氏（女性））、「誰にだってあるんだよね。（中略）子供は残酷ってよく言うけど、無意識なうちに何も残酷なワケじゃない。子供は子供なりにその残酷さを理解し、胸を痛めているんだと思う。この映画を観て、悲しい〝ともだち〟をもう生み出さないようにして欲しい」（miyu 氏）など、類似の書き込みが多く見られる。

これらのブログでのオーディエンスの受容の語りから推察されるのは、映画が、自分史における学校時代の記憶に誘い、語っていくうちに、映画の中の出来事を客体としてではなく、知らず知らずに「他者」との関係性をめぐる内省化の材料としていることである。これらの語りの内容は、「モラトリアム世代」の作り手たちによる「自己像」と「自画像」の拮抗と恢復のドラマが『20世紀少年』のナラティブに刻まれているとした本章での考察内容とは、いささか位相が異なっている。

しかしながら、作品の鑑賞が、鑑賞者の現在の立ち位置から経験的過去への内省へと誘っている点で、いくぶんの親和性が見られるものである。映画『20世紀少年』三部作は、批評空間ではほぼ黙殺されたが、一方で三作で興行収入一〇〇億円を超えるメガヒットとなって一般オーディエンスを惹きつけた。膨大な数のオーディエンスの受容のありようは、むろん千差万別であり、到底一括りにできるものではないのは言うまでもない。

だが、オーディエンスのブログでは、自分史の記憶を辿りながら、「ともだち」の底知れない心の闇に関心を示し、それを生み出したかもしれない「自己」の罪責への自問が繰り返されている。そのため、浦沢ら作り手らが目指した「何がどのように腐り、どのように熟成していった」かについての「二〇世紀の検証」の問いかけは、ブログなどのオーディエンスの言説を見る限り、それが観客の内省の音叉を引き出した点では一定の成功をおさめたと言えるだろう。

換言するならば、(原作はともかく)少なくとも映画版に関して言えば、オーディエンスの言説空間は、批評言説空間よりも『20世紀少年』のナラティブに、より親和的と言いうるのである。競合する複数的な言説空間という観点で見るならば、「モラトリアム世代」の作り手たちによる「自己像」と「自画像」の拮抗と恢復のナラティブのヘゲモニーは、内省に導かれて語りを発するオーディエンス言説のヘゲモニーといくぶんの相同性が見られるが、一方でそれらと、映画を「黙殺」した批評言説空間の間には有意な差異があることが考えられる。

そして、浦沢や長崎が『20世紀少年』を「昭和懐古」の風潮へのアンチテーゼとして構想し、この作品が対抗ヘゲモニーの性格を備えていることから、この作品、およびオーディエンスの言説空間のヘゲモニーは、「昭和懐古」の風潮を牽引してきたジャーナリズムや知的言説空間の支配的ヘゲモニーとの間にも少なからぬ差異があることを示唆しているのである。

# 第8章　「近過去へのクリティカルな執着」と言説空間の複数性
## ――「昭和ノスタルジア」が意味するもの――

本書では、二一世紀に入ってからの、「昭和ノスタルジア」をめぐる言説、幅広い人気と評価を獲得した代表的な映画やテレビ番組の考察を行ってきた。その結果、明らかになったのは、ジャーナリズムや知的言説、批評言説で語られる「昭和ノスタルジア」のありようとはいささか異なる「昭和ノスタルジア」のより複雑な姿である。これらの言説は、この現象をしばしば「昭和三〇年代ブーム」と総称し、昭和三〇年代が近代日本史上において「小春日和」「ベルエポック」（川本 2008：4）と川本三郎が象徴的に述べたように、この時代が「古き良き時代」であることをあらかじめ自明のものとして論じてきた。そうした自明視は、「昭和ノスタルジア」のポピュラーカルチャーの内容も同様に当時を「古き良き時代」として表象することを自明のものとさせてきた。

これらの二重の自明性は、多くの論者に、希望が失われたとする二一世紀の現在と比して、当時は希望に溢れていたがゆえに憧憬の対象となるとする言説を量産させてきた。その際、言説では、しばしば当時と現在との間で鋭角的な敵対性が構成され、現在がネガティブなものとされる一方で、当時がポジティブなものとしてヘゲモニー化されていた。例えば「昭和ノスタルジア」の社会現象化のきっかけになった映画『ALWAYS 三丁目の夕日』は、批評空間では、「古き良き時代」における「人情」「夢」が巧みに描かれているとして評価され、時に現代を批判するためにこの映画が持ち出され、当時と現代の間で敵対性が構成されることがしばしばあった。『プロジェクトX―挑戦者たち―』の場合は、同時代の小泉構造改革批判のために、この番組が持ち出されることさえあった。

そのため言説空間では、それら「昭和ノスタルジア」のポピュラーカルチャーの表象が、「古き良き時代」へのストレートな憧憬を描いていることを前提としたうえで、それを是とするか、もしくは感傷は良くないなどと批判するかのいずれかが一般的なのである。その結果、「昭和ノスタルジア」の大衆メディア・文化作品の主な表象対象である昭和三〇年代、四〇年代内部の社会的矛盾や対立点が縫合(suture)され、ありうるであろうポピュラーカルチャーのナラティブに潜む敵対性、ポリティクスが発現する機会が奪われてもいた。

その背後には、「戦後パラダイム」の強固な存在が基底にあることが窺われた。「戦後パラダイム」は、戦後の社会的矛盾、対立点を縫合する支配的イデオロギーとして、たとえ無意識ではあるにせよ「昭和ノスタルジア」が内包する政治性に目を向けなくさせてもいた。さらには、時として「昭和ノスタルジア」を論じる論者に、戦後の昭和への懐古的な大衆メディアの氾濫が戦争の歴史と記憶の忘却を引き起こすとの推論を導き出させることさえあったのである。

### 「魔除けのお札」としての「戦後」

これらの事情の背後には、戦前と戦後についての根強い断絶史観の存在がある。ほとんどの国々では、自国の歴史を語る際に「戦後」という言葉が使われるのは一九五〇年代後半までのことで、それ以降は「現代」という扱いになるが、日本では戦前と戦後を分断し、終戦を起点とした「長い戦後」が言説空間で続いてきた（グラック 2001：195）。

戦前＝「悪い過去」を消去し、民主主義も平和も繁栄もすべて「戦後」に起源を持つと考え、「戦後にしがみつくことは、すなわち現状への満足の表現であった」（グラック 2001：195）ため、「戦後」はシステム全体を崩壊から救うための「魔除けのお札」であり続けたとして、アメリカの歴史学者キャロル・グラックは次のように述べている。

日本では、戦後のはじまった瞬間は歴史にたいして強いネジレを与えることになった。戦後は、戦争と近代というもっと大きな文脈のなかでその不連続性を強調されることになった。しかしながら、他国におけると同様、戦後におけるナショナル・ヒストリーをめぐる不安の念は、二〇世紀全体にわたる、もっと息の長い言説の一部でしかなく、１９４５年における断絶のきつさによってそのことがあいまいにされていたにすぎない。それ自体いたって没歴史的な、新たなはじまりの神話は、二〇世紀を全体としてみることを妨げたのみならず、戦前・戦中という時代を削除して、「長い戦後」という理解を永続化させることとなった（グラック 2001：197–198）。

「戦前・戦中という時代を削除して」、終戦をゼロ地点として、そこから現在につながるポジティブな遺産、記憶を再生産した「戦後」という「魔除けのお札」はまさしく絶大な力をもったイデオロギーであり続けた。

おそらくそれが、繁栄を築いた高度経済成長期前後の時代、およびその時代を取り上げたポピュラーカルチャーが「古き良き時代」への素朴な郷愁と懐古であると、言説空間が自明視した、あるいは自明視することを促された最大の理由であろう。そしてそれは、「昭和レトロ」「昭和三〇年代ブーム」という当時を無批判に肯定する括られ方がなされ、その結果、バルトが言う「深みがない故に矛盾のない世界、自明性の中に広げられた世界を組織する」神話的イデオロギーとして広められたのである。すなわち、「昭和ノスタルジア」をめぐる言説空間の支配的へゲモニーは、「魔除けのお札」としての「長い戦後」＝「戦後パラダイム」との相同性があり、そうであるがゆえにそれへの何がしかの異議、不調和は、(雑誌空間で見られたように)忌避されることもあったのである。

むろん、こうした言説に警鐘を鳴らし、当時は決して「古き良き時代」ではなく、公害や大気汚染、貧困などの社会的矛盾に溢れていたことを指摘する言説も少なからずあった。しかしながら、それらの言説も「昭和ノスタルジア」の大衆メディア・文化作品の表象が当時を美化したもの＝ポジティブなものとして受け止めがちなため、事情は複雑である。そうした言説のありようは支配的へゲモニーに異議を唱えながらも、皮肉なことに支配的へゲモニーに回収され、それを補強する事態を招きもするからである。

「魔除けのお札」の支配的イデオロギーと通底した「昭和ノスタルジア」をめぐる言説へゲモニーは、新聞などのジャーナリズム、論壇などの知的言説に加え、政治家によっても発信せられてきた。本書の冒頭で述べたように、安倍晋三、野田佳彦という互いに政敵である歴代の国家元首が、共に映画『ALWAYS 三丁目の夕日』を持ち出し、昭和三〇年代を自らの政治の理想とする時代として国会答弁、演説、自著で繰り返し語ってきたのである。

「深みがない故に矛盾のない世界、自明性の中に広げられた世界」観としての「魔除けのお札」としての戦後パラダイムは、実のところ「原発安全神話」との間にも相同性が見られよう。広島、長崎への原爆投下によって当初は「恐怖」であった原子力は、しかしながら戦後、エネルギー資源が限られた島国での経済発展が目指される際の成長言説と結びつけられ、「戦後の豊かさ」は「夢の原子力」によって達成されるとの神話が多元的に構築されるようになった。その結果、「多くの戦後日本人は、原水爆の経験からの『救済』や日本社会の持続的な『成長』という以上に、原子力がより直接的に未来の便利な生活をもたらしてくれるというバラ色のイメージを欲望した」（吉見 2012 : 290）のである。そして「原発安全神話」は、成長を望む地方の欲望とも節合されることで、各地で原子力ムラが生み出されていった（開沼 2011）。

いささか意外な組み合わせに思われるかもしれないが、「昭和ノスタルジア」をめぐるジャーナリズムや知的言説が、昭和三〇年代前後を「古き良き時代」であることを前提とし、当時の時代内部の問題点を縫合する駆動力となってしまう点で、政官界、産業界、メディアなどが複雑に絡み合った戦後の支配的へゲモニー言説としての「原発安全神話」（それは福島原発事故後、その虚構性が露わになりもしたが）との間にも奇妙な並行関係を確認することができるのである。この二つは、ジャーナリズム言説、知的言説、政治言説などの「魔除けのお札」としての戦後言説へゲモニーと同極の磁場の中に隣り合わせていると考えられるのである。

**「魔除けのお札」との不和**

しかしながら、本書が映画やテレビ番組などの「昭和ノスタルジア」に関する代表的なポピュラーカルチャーの作品群への詳細な内容分析から明らかにしたのは、ジャーナリズムや知的言説空間の支配的ヘゲモニーとはいささか異なる「昭和ノスタルジア」のありようである。個々の作品はそれぞれ位相差がありながらも、総じてそこでのナラティブのありようからは、それらが対抗的ヘゲモニーとしての性格を何がしか備えていると共に、「魔除けのお札」との何がしかの不調和をさらけ出していたのである。

映画『ALWAYS 三丁目の夕日』シリーズや『東京タワー――オカンとボクと、時々、オトン――』では、建設中の東京タワーは単なるテレビ電波塔として注目されず、「邪魔物」扱いされることもあったにも拘わらず、あえてそれに焦点をあてて「創作上の」独自の意味化が目指されていた。これらの映画では、高度経済成長期の「完成形」が意図的に排除され、未完や喪を通して生のありようを確認する物語が構築されるが、東京タワーの「想像上の」未完イメージはこれらの物語を正当化し、説得力を持たせるための重要な舞台装置（mise-en-scène）として登場させられるのである。

『ALWAYS 三丁目の夕日』の場合、東京タワー建設中の時代が舞台の正編（第一作）で構築された「遅延戦略」が続編でも継承され、既に東京タワーは完成しているものの未完イメージが付与されると共に、同時代の時間の進行が忌避され、ナラティブは登場人物たちを戦前、戦中の時間に押し戻していた。そして正編、続編共に、時が前に進まない登場人物たちの夢や現状維持の自己確認の場として、東京タワーに「想像上の」位置づけが与えられていた。

『東京タワー――オカンとボクと、時々、オトン――』の場合、父、母そして息子までが、戦後発展のシンボルである東京タワーが至近距離にありながら「不可触」であることの悲劇性が、オーディエンスに、「光」と「影」が混然一体となったナショナルな次元で経験的に堆積されてきた近過去の記憶を呼び起こし、悲嘆の作業へと誘うが、東京タワーは、「未完性」と「完成形」の間の、静謐だが劇的な敵対性のドラマを、集合的心性の神話的記憶ナラティブに結晶化するためのシンボリックな舞台装置として流用されているのである。

これらの映画が、未曾有とされた日本の高度経済成長期を描く時、未完性を強調する一方で「現実」の高度経済成長＝「完成形」を「構成的外部」として排除することから、これら二一世紀初頭の「昭和ノスタルジア」を代表する映画のナラティブは、表象対象とするその時代と必ずしも調和的ではない可能性が窺われた。

第5章以降で考察した『プロジェクトX―挑戦者たち―』、『フラガール』、『20世紀少年』、『クレヨンしんちゃん 嵐を呼ぶ モーレツ！ オトナ帝国の逆襲』では、各々の作品には少なからぬ位相差がありながらも鋭角的な敵対性が見られるナラティブが造型され、それには作り手のライフ・ヒストリーも関係していることが窺われた。

ＮＨＫの人気番組『プロジェクトX―挑戦者たち―』は、『ＡＬＷＡＹＳ 三丁目の夕日』シリーズなどが「未完性」のナラティブを構築する中で、「構成的外部」として排除されていた高度経済成長期の「完成形」を象徴する技術開発、技術革新を主題材としている。この番組では、表層的には高度経済成長期前後の技術開発のサクセスストーリーが懐古的に描かれているものの、むしろそうした技術開発を支えた組織や経営陣、さらには高度経済成長を支えた日本型経営システムへの根深い不信が窺われた。番組は、輝かしい技術革新の数々が、官僚や戦後日本を牽引した民間企業のリーダーたちではなく、無名の技術者、時には「窓際族」の成果であるという「神話」を、シンプルかつ図式的ながらも巧妙に計算された構成によって生み出していた。その際、戦後日本の世界的経営者・本田宗一郎のような人物さえクリティカルな対象になり、その敵対性として無名の「窓際族」の技術者に光をあて、技術革新の主役の座を与えるヘゲモニーの物語が構築されたのである。

これらの『プロジェクトX―挑戦者たち―』のナラティブには、番組の統括プロデューサー・今井彰のライフ・ヒストリーが深く関わっていることが窺われた。今井は講演会やインタビューで必ずと言って良いほど、VHSビデオ＝世界規格を開発した日本ビクターの高野鎮雄に触れて、「今は苦しくとも頑張ろう」（今井 2010：84）と読者や聞き手に呼びかけるのが常であった。高野自身が「窓際族」であったかどうかは、本書で議論したように実は疑わしいのだが、自身が告白していることから明らかなように今井本人は元々「窓際族」であったのだろう。そして若かりし頃に組織のありようへの不満を募らせていたのだろう。

本当は、「窓際族が世界規格を作った」のではなく、「窓際族が世界規格を作った」とする想像上のナラティブを構築し、世に発信することで、元「窓際族」＝今井が世間の寵児となったのである。その番組ナラティブは「幻想」かもしれないが、それは作り手・今井の願望であり、「失われた二〇年」の時代に生きる多くの「普通」の国民の願望でもあった。そうであるからこそ、『プロジェクトX―挑戦者たち―』は、国民の神話となったのである。

『ALWAYS 三丁目の夕日』シリーズなどでの「未完性」のヘゲモニーの一方で「現実」の高度経済成長期の「完成形」が忌避され、『プロジェクトX―挑戦者たち―』での社内の「窓際族」、「お荷物」のヘゲモニーの一方で、企業やそのリーダーが排除され、時に敵対性として構成されて批判の対象にさえなるのは、「ノスタルジア」の対象とされている高度経済成長期前後が、実のところ、必ずしも「古き良き時代」ではなく、作り手らによってむしろ何らかの修正が欲望される対象であることを示唆していた。

『プロジェクトX―挑戦者たち―』は戦後の「正」の遺産、高度経済成長の「光」を特徴づける技術革新の表象を取り上げたが、映画『フラガール』は、戦後の「負」の遺産、高度経済成長のエネルギー革命の犠牲者である炭鉱地域の再生の実話を取り上げていた。

フェミニズム的視点が持ち込まれたこの映画では、フラダンスのインストラクターやフラダンサーらに「進歩性」「バイタリティ」が付与され、その役割が前景化させられるが、一方で男性は敵対関係に位置付けられ、経営者も炭鉱労働者も共に男性は「保守性」「無能さ」の記号と結び付けられていた。ジェンダー的コンテクストから換言するならば、男性の登場人物のイメージとしてのマスキュリニティが剝奪されながら女性に転移され、同時に過酷な炭鉱労働の身体性と運動性がフラダンスの踊りのそれらへと転移され、言うなればフェミニンなマスキュリニティがヘゲモニー化するナラティブが意識的に造型されているのである。

作り手らによる「時代を変革する女性像」の理念に基づくジェンダー・ポリティクスが優先されるため、互いに対立関係にあったであろう経営者と炭鉱労働者が共に等価なもの＝男性として節合され、彼らが女性との間で敵対性が構成されて批判の対象になる点で、『フラガール』のナラティブの構造は、『プロジェクトX―挑戦者たち―』とは相容れないものである。

だが一方で、『フラガール』と『プロジェクトX―挑戦者たち―』という、それぞれ「昭和ノスタルジア」を代表する作品でありながら、同時に論じられる機会の乏しい作品の間には、奇妙な相同性を確認することもできる。『フラガール』のヘゲモニー構造には、フェミニズムを標榜する女性プロデューサーの「時代を切り拓く新しい女性像」の理念が基底にあり、それに加えて在日三世の監督による在日コリアンの視点も窺えた。

炭鉱は、在日コリアンへの差別を象徴する磁場と言うべき特異な歴史性を持った場所であり、少なからぬ炭鉱映画の系譜の中でも在日コリアンの存在は、複数の力学が拮抗しながら「シークレット・メッセージ」として可視化と不可視化の力学的境界線上に表象のポリティクスの痕跡を示してきた。『フラガール』では、「作家性」を備えた在日コリアン三世の監督が、女性プロデューサーのフェミニズム的理念に仮託する形で「シークレット・メッセージ」が織り込まれていることが窺えた。「正統的娯楽映画」として高い人気と評価を獲得したこの映画には、フェミニズムと在日コリアンのポリティクスの偶発的な節合がなされることで、サバルタン表象としての隠れた側面を確認することができるのである。

サバルタン的なポジショナリティを自認しながら創作活動を繰り広げてきた作り手たち個人のライフヒストリーに連なる理念や価値観を表現する場として、近過去である戦後の昭和が舞台設定として欲望されながら持ち出され、「鋭角的な」意味交渉と介入が行われている点で、『プロジェクトX―挑戦者たち―』が統括プロデューサー今井彰本人の、元「窓際族」のライフヒストリーと何がしか関連した対抗的な理念＝叛逆によってナラティブのヘゲモニーが構成されていた事情と相同性を認めうるのである。

これらの「昭和ノスタルジア」の大衆メディア作品は、それぞれ戦後の「正」と「負」の遺産という位相が著しく異なる記憶を扱いながらも、作り手たちのライフヒストリーに関連した対抗的な価値観や理念が優先され、それに基づく「想像上」「幻想的」ヘゲモニーの物語が目指されているため、そもそもの題材の位相差をも変形せしめていたのである。

そのため戦後の「正」と「負」という位相差のある題材ではあっても、必ずしもそれに沿った対応関係が明確にあるわけではなく、作り手各々のポジショナリティとポリティクスからの慎重なクリティカル・シンキングを経て造型されるのは、偶発的な節合を繰り返した帰趨としてのそれ自体固有のナラティブと言えよう。それらの「想像上の」ナラティブは、当然のことながら、表象対象とされている時代への単純な憧憬や肯定とはいささか異なるものであり、また、当時の単純な美化にも回収しえないものである。

『クレヨンしんちゃん 嵐を呼ぶ モーレツ! オトナ帝国の逆襲』と『20世紀少年』三部作は作り手らの世代的なライフコース、ポジショナリティにも密接に関係していることから、作品のナラティブは、より深い内省の痕跡が認められると共に、その内省に衝き動かされた創作意欲は、ジャーナリズムや知的言論空間に顕著ないささか無批判な「昭和懐古」への何がしかのアンチテーゼとして提示されてもいた。

『嵐を呼ぶ モーレツ! オトナ帝国の逆襲』の監督・原恵一、『20世紀少年』の原作者・浦沢直樹、原作漫画の編集者で映画の脚本家・長崎尚志、および監督・堤幸彦は、皆、奇しくも「シラケ世代」「モラトリアム世代」と呼ばれた世代に属する。このことがこれらの作品を「モラトリアム」の長い時間を経ての「自己像」と「自画像」の総括と恢復についてのユニークなドラマにさせていた背景にあることが窺われた。

『クレヨンしんちゃん 嵐を呼ぶ モーレツ! オトナ帝国の逆襲』では、クーデター的行為によって「心」を取り戻す社会建設を目指すおのれの理想＝「自己像」を持った反体制の革命家ケンには、一方では「モノ」の欲望に囚われてしまう矛盾を抱えた赤裸々な自分＝「自画像」があった。ケンが自分に一番近い登場人物だと語る監督・原恵一によるこの映画は、「政治の季節」と並行しながら大衆消費社会が到来したことで、そうした「自己像」と「自画像」に引き裂かれた一九七〇年前後の若者の姿の、二一世紀初頭の時点からの回顧と懐古が入り混じった自己総括のドラマであった。ここでは、長い年月の反芻を経ての郷愁との惜別と決別が主題であった。

『20世紀少年』では、高度経済成長を象徴する一九七〇年（昭和四五年）の大阪万博の会場に、その前年一九六九年（昭和四四年）に開催され、当時の対抗文化の象徴となったウッドストック・フェスティバルが交錯させられていた。それは、当時が高度経済成長と学生運動が終わりを告げる直前の、いわば分水嶺とも言うべき時間だからであった。ケンヂたち＝作り手たちの分身が勝利を収めることで、ロック＝ウッドストック＝対抗文化＝正義がその敵対性とされる万博＝進歩＝悪を駆逐したのである。「シラケ」＝「アイロニズム」の決断を強いられ、「モラトリアム」の長い時間を過ごしてきた「自画像」を自覚している「モラトリアム世代」の作り手らは、「自己像」を実現する物語の構築のために、時計の振り子を数十年前の分水嶺の時点にさかのぼって「アイロニズム」を反転させ、封印されていた反省と自己総括を、仮想的にではあるものの、二一世紀初頭に行ったのである。

「自己像」と「自画像」の拮抗と恢復というこれら二つの作品のナラティブは、やはり同時に論じられる機会の乏しい『プロジェクトX―挑戦者たち―』との間にも、並行性を見出すことができる。『プロジェクトX―挑戦者たち―』の統括プロデューサー・今井彰もまた、一九五六年（昭和三一年）生まれの「モラトリアム世代」であった。今井の場合は、「窓際族」「普通の社員」が戦後の技術革新の牽引力だったとするナラティブを繰り返し構築したが、それは、他ならぬ元「窓際族」＝今井の鬱憤に満ちた「自画像」からの跳躍によって、対抗的な理念＝叛逆を通しての「自己像」の恢復が二一世紀初頭になって目指された点で、それぞれの作品の間に少なからぬ位相の差異はあるものの、やはり世代的なものとは決して無縁ではないであろう相同性をいくぶん確認することができるのである。

**言説空間、ポピュラーカルチャー、オーディエンス言説のヘゲモニーの差異――「昭和ノスタルジア」をめぐるポジショナリティの複数性――**

本書で分析および考察してきたことから浮かび上がってきた「昭和ノスタルジア」をめぐるジャーナリズムや知的言説空間と大衆メディア・文化作品の間のヘゲモニーの差異の背景には、ジャーナリズムや知的言説空間を支える人々と大衆メディア作品の作り手らの間のポジショナリティそのものの相違があるものと思われる。

第3章で議論したように、雑誌や論壇などの「昭和ノスタルジア」の言説空間では、とりわけ東京出身者・在住者が昭和三〇年代前後の時代の文化や生活を肯定的に懐古するのが主流である。それは、出版メディアという場を通して自らの言説を発信できる立場からの視線、加えて「東京目線」とでも言うべきものであるため、そこから語られる「戦後」は、正統的な「戦後パラダイム」＝支配的イデオロギーと親和性が高いものである。

語りの内容が、主に「昭和三〇年代」「当時の東京」であるため、それらの言説空間の中心的な担い手は、当時の記憶を明確に持っている世代、すなわち昭和三〇年代（一九五五－六四）より前に生まれた世代で、とりわけ東京で生まれた世代である。代表的な論客である川本三郎が一九四四年（昭和一九年）に東京都渋谷区で生まれ、町田忍が一九五〇年（昭和二五年）に東京都目黒区で生まれ、布施克彦が一九四七年（昭和二二年）に東京都で生まれたのも偶然ではなかろう。

一方で「昭和ノスタルジア」のポピュラーカルチャーの作り手の事情は、いささか異なっている。本書で扱った作品の作り手の中に、東京出身者はほとんどおらず、関東以外の地方出身者が大半である。『ALWAYS 三丁目の夕日』の監督・山崎貴は長野県松本市出身、『東京タワー――オカンとボクと、時々、オトン―』の原作者・リリー・フランキーは福岡県北九州市生まれ。『プロジェクトX―挑戦者たち―』の統括プロデューサー今井彰は大分県佐伯市生まれ、『フラガール』のプロデューサー石原仁美は、岡山県倉敷市生まれ、監督・李相日は、新潟県出身、『クレヨンしんちゃん 嵐を呼ぶ モーレツ！ オトナ帝国の逆襲』の監督・原恵一は、群馬県館林市出身、『20世紀少年』の原作編集者・映画脚本家の長崎尚志は宮城県仙台市出身、監督の堤幸彦は愛知県名古屋市出身であり、東京出身者は、『20世紀少年』の原作者・浦沢直樹（東京都府中市出身）だけである。

世代的にも、最も年長が堤（一九五五年生まれ）で、以下、今井と長崎（一九五六年生まれ）、原（一九五九年生まれ）、浦沢（一九六〇年生まれ）、リリーと石原（一九六三年生まれ）、山崎（一九六四年生まれ）、そして最も年少は李（一九七四年生まれ）である。

以上のことを整理すると、言説空間の担い手が東京の都市部の出身者が主流であるのに対し、ポピュラーカルチャーの担い手は関東以外の地方出身者が目立っている。年齢的には、言説空間の担い手が戦前から昭和三〇年代に入る前までに生まれた世代であるのに対し、ポピュラーカルチャーの担い手は、「モラトリアム世代」を中心に、昭和三〇年代以降に生まれた世代が主流と言えよう。

また家庭環境においても差異を認めることができる。例えば川本三郎の父親は内務官僚で、母方の祖父は陸軍少将で貴族院議員、子爵という家柄であるが、一方、原恵一は駄菓子屋を営む家庭で生まれ、浦沢直樹も、生まれると同時に別居した両親が、五歳の時に寄りを戻した後、家庭が生計を立てたのは駄菓子屋であった。リリー・フランキーは、第4章で論じたように、「オトン」と別れ、居酒屋で働く「オカン」に女手一つで育てられている。

学歴においても、言説の生産者が、川本（東京大学法学部）、布施（一橋大学商学部）、町田（和光大学人文学部）など大卒かつ一流大学出身が目立つのに対し、ポピュラーカルチャーの作り手は、リリー、浦沢、李と今井が大卒であるものの、堤が大学中退後に専門学校卒業、原と山崎が専門学校卒、石原が商業高校卒であるように、いくぶんの違いがある。むろんのこと、言説や表象の質的相違を、安易に学歴と結び付けるのを慎むべきなのは言うまでもないが、もしもブルデュー社会学的な視点を援用するならば、これら言説生産者とポピュラーカルチャーの作り手の間に、学歴・教育資本の違いを認めることができよう。

こうした事情は、それぞれのライフコース上における経済資本、文化資本の差異、およびそれに関連するハビトゥスなどの相違にも影響を与えてきたであろうことは容易に想像できよう。例えば第7章で議論したように、『20世紀少年』や『嵐を呼ぶ モーレツ！ オトナ帝国の逆襲』の作り手たちは、「モラトリアム」の長い時間を過ごしてきた後に、「自己像」を恢復する物語を構築しようする際、自身がそのライフコースにおいて繰り返し内面化を行ってきたであろう固有のハビトゥスに基づく倫理的性向が少なからぬ役割を果たしていることが窺える。

これらのことをより図式的に言うことが許されるならば、両者の間で、支配的イデオロギーと対抗的イデオロギーの差異に近似的な差異を認めることができるのである。言説空間のヘゲモニーが「戦後パラダイム」＝支配的イデオロギーと親和性が高いのは、こうして考えるならば合点がいくだろう。本来、ジャーナリズム言説と知識人の言説はそもそもそれ自体位相の差異があるだろう。しかしながら、「昭和ノスタルジア」をめぐっては、それらの言説に「戦後」という強いイデオロギー性が共有されているために、「ジャーナリズムや知識人の言説空間」という言い方で一括りにするのが、ある一面においては許容されるほど、差異より同質性が前景化していたのである。

一方で、本書で論じた映画やテレビの大衆メディア作品は、それぞれ題材の位相差に違いはあれども、また作り手のライフコースも一筋縄でいかない多様なものであるものの、ナラティブのヘゲモニーは、昭和三〇年代前後を「ベルエポック」「小春日和」としがちな言説空間での支配的ヘゲモニーに対する対抗へゲモニーの側面を何がしか持ち合わせていた。

一般オーディエンスの受容については、本書では分析対象となる全ての作品について考察はできなかったものの、とりわけオーディエンスの語りを誘発してきたとされる『クレヨンしんちゃん 嵐を呼ぶモーレツ！オトナ帝国の逆襲』と『20世紀少年』についてインターネットの電子掲示板、ブログの書き込みから、簡潔にではあるが考察を試みた。そこで窺われたのは、オーディエンスの言説が、ジャーナリズムや知識人の言説のありようとはいささか異なっていることと、多くの一般オーディエンスは映画の作り手の問題意識を相当なまでに理解し、共有してもいたことである。

『クレヨンしんちゃん 嵐を呼ぶ モーレツ！オトナ帝国の逆襲』に多くのオーディエンスが読み込んだのは、表象対象としている大阪万博が開催された一九七〇年前後の時代への素朴な懐古ではなく、むしろそれへの惜別および決別による「自己像」の恢復のドラマであった。オーディエンスの多くは、「自己像」と「自画像」の拮抗とそれを引きずりながらその後の人生を生きてきた「大人」たちの過去の止揚と惜別による現実肯定のドラマを「他者」の物語ではなく、「自己」の恢復の物語としても受け止めていた。その厳しさとリアリズムが、幼児・子供向けとされるこの映画に大人のオーディエンスを吸引させ、彼らの涙腺を緩ませたのであった。

『20世紀少年』の感想を記すオーディエンスのブログから窺われたのは、作品が、オーディエンスの自分史における学校時代の記憶に誘い、記憶を語っていくうちに、映画の中の出来事を客体としてではなく、知らず知らずに「他者」との関係性をめぐる内省化の材料とし、真摯な自問をオーディエンスが行っていることである。

原作者の浦沢直樹ら作品の作り手らが目指した「何がどのように腐り、どのように熟成していった」かについての「二〇世紀の検証」の問いかけは、少なくとも映画版については、批評空間ではほぼ黙殺された感がある。しかしながら、それが観客の内省の音叉を引き出したことから、観客との関係性においては成功をおさめたと言えよう。（原作はともかく）少なくとも映画版『20世紀少年』に関して言えば、オーディエンスの言説空間は、批評言説空間よりも、『20世紀少年』のナラティブ、およびその作り手らの問題意識に、より親和的と言いうるのである。

むろんのこと、膨大な数のオーディエンスの受容のありようは千差万別であり、到底一括りにできるものでないのは言うまでもない。しかしながら、競合する複数的な言説空間という観点で見るならば、「モラトリアム世代」の作り手たちによる「自己像」と「自画像」の拮抗と恢復のナラティブのヘゲモニーは、内省に導かれて語りを発するオーディエンス言説のヘゲモニーといくぶんの相同性が見られるが、一方でそれらと批評言説空間の間には有意な差異があることが考えられる。それはまた、オーディエンスの語りの空間が、昭和三〇年代と現代との間で敵対性が構成される傾向が強い「昭和ノスタルジア」全般についてのジャーナリズムや知的言説空間の支配的ヘゲモニーとの間にもいささか差異があることを示唆しているのである。

### 近過去への複合的なクリティカルな執着による敵対的な記憶の磁場

本書の分析、考察から浮かび上がってきた「昭和ノスタルジア」のありようは、言うなれば、戦後の高度経済成長期前後の近過去への、単一ではない多元的、複数的なポジショナリティからの執着による

「見えない意味闘争」のようなものと考えられる。なぜ「見えない」かと言うと、実のところ敵対性は横溢しているのだが、とりわけ言説空間がそれらの敵対性に関係する社会矛盾や対立点を縫合しがちなために不可視化されているからである。

しかしながら、映画やテレビ番組などのポピュラーカルチャーのナラティブでは、作り手のポジショナリティから、各々が生きた時代の支配的な「物語」へのクリティカルな意味交渉が行われ、そこでのヘゲモニーと敵対性のありようは、表象対象とされている当時の時代内部の矛盾や対立点を何がしかの形で映し出していた。それは近過去へのストレートな懐古ではなく、むしろ回顧を志向し、当時への郷愁、愛憎、悔恨、不満、反省、反駁、弁明、正当化などが混在した複雑な心情と考えることができよう。それは言うなれば、多様なポジショナリティからの「近過去へのクリティカルな執着」とでも言うべきものである。一筋縄でいかない多様な心情に基づいた「近過去へのクリティカルな執着」によって、二一世紀初頭の「昭和ノスタルジア」のポピュラー・カルチャーの作り手たちは、「現実」の過去と記憶を修正し、「想像上」の固有のヘゲモニーのナラティブの造型を試みるのである。むろん各作品の位相はそれぞれ異なるし、作り手のポジショナリティも一様ではない。単一の「昭和ノスタルジア」など存在しないことは言うまでもない。

作り手は、それぞれのポジショナリティによる「近過去へのクリティカルな執着」から、「過去と現在の対話」を行うことで、自分史の反省と総括、あるいは正当化をめぐるオルタナティブな物語を紡ぎ出すのである。それは、二一世紀初頭という「歴史的時間（historical juncture）」の地点から、現在をも何がしか規定することもある重要度の高い近過去のある時期についての「意味闘争」「意味介入」であり、それを通しての「道徳的解決」とでも言うべきものなのである。

日本は戦後、著しい復興と発展を遂げ、高度経済成長の最中の一九六八年（昭和四三年）には、国民総生産（GNP）が一四二八億ドルになり、西ドイツを抜いて世界第二位の経済大国になった。しかしながら、一九八〇年代のバブルの時代を経て一九九〇年代前半以降それが瓦解していった。その後の「失われた一〇年」「失われた二〇年」と言われる時代の間に、終身雇用制度の崩壊、フリーターなど非正規労働者の増加、年金システムの崩壊など戦後築き上げた財産とも言えるものが音を立てて崩れていくのを日本に生きる人々は目撃してきた。

「昭和ノスタルジア」が対象としている昭和三〇年代、四〇年代は輝かしい高度経済成長の足跡を残してはきたが、しかしながら同時にその時代は、「政治の季節」とも重なっていた。その後の日本社会の分水嶺とされる一九七〇年前後を境に、高度経済成長も「政治の季節」も終焉を迎え、それ以降、大衆消費社会の進展や新自由主義の台頭を迎える。

「昭和ノスタルジア」のポピュラーカルチャー作品、例えば『20世紀少年』や『嵐を呼ぶ モーレツ！オトナ帝国の逆襲』などのナラティブは、分水嶺、ターニングポイントの時点に遡って、その後の「現実」の時代の進行とは異なるオルタナティブなありようを内省的に模索する想像上の実践とでも言うべきものである。それは言説空間などで語られる「昭和懐古」への違和、そしてたとえ無意識であるにせよ「魔除けのお札」への違和をその身振りで示すのである。それはまさしくホワイトが言うところの「際立ってイデオロギー的で政治的な含意を伴った存在論的で認識論的な選択」としての歴史ナラティブの特徴を兼ね備えていると言えよう。そのためそこでは、言説空間で縫合されていた社会的矛盾や対立点がたとえ「さりげなく」ではあるにせよ、縫合の裂け目として可視化しようとすればできなくはない形でその姿を露わにするのである。

本書の序章で述べたように、時代劇の世界では、ヒーローものの「定型型時代劇」が衰退し、等身大の人間表象にこだわる「非定型型時代劇」の台頭が近年著しいが、「昭和ノスタルジア」のポピュラーカルチャー作品が戦後のありようやその分水嶺的時期に執着することで、もしモダニティのようなより長い時間軸での問題系との接点を求めているとするならば、やや意外なことではあるが、「定型型時代劇」＝「バラ色の江戸」が縫合していたものへの不調和を示す「非定型型時代劇」の台頭と「昭和ノスタルジア」の間に、いくぶんの親和性を認めうるだろう。それらは共に「前近代」からモダニティにつらなる支配的イデオロギー的なものへの違和をそれぞれ位相は異なるものの身振りで示していると言えるかもしれないからである。

一方で「昭和ノスタルジア」をめぐる言説空間が「魔除けのお札」＝「長い戦後」との親和性が高い支配的ヘゲモニーを形成していることは繰り返し述べた通りである。しかしながら、言説空間にクリティカルなものが全く欠落していたかと言えばそうではない。第3章で議論したように、町田忍の、「使い捨て文化への反省」から「昭和三〇年代のライフスタイル」を学び直すべきとする考えや、浅羽通明の「昭和三十年代主義」のような、当時を理想化しながら「協働体主義」を「復活」させようと唱えるのは、仮に彼らの当時への時代認識に異論があろうとも、何がしかのクリティカルな問題意識に支えられているのは疑いないからである。

また布施克彦をはじめ、昭和三〇年代前後をネガティブに捉え、言説空間の支配的ヘゲモニーに異議を唱える言説も少なからず存在する。したがって、言説空間＝支配的ヘゲモニー、ポピュラーカルチャー＝対抗ヘゲモニーとして図式的に還元してしまうならば、それは正確ではない。そして再生産され続ける「古き良き昭和懐古」の支配的言説も、保守的でありながらもそれ自体「近過去への執着」の一種であるには違いない。

そのため、現象としての「昭和ノスタルジア」は、内省と批判の対象と強度において少なからぬ差異を複数的、多元的に含みながらも、総じて言うならば、主に昭和三〇年代、四〇年代を中心にした「近過去への複合的なクリティカルな執着による敵対的な記憶の磁場」とでも言うべきものと考えることができよう。それは裏を返せば、執着のありようの位相差はあれども、二一世紀初頭という歴史的時間(historical juncture)に、昭和三〇年代、四〇年代が敵対的な磁場となるような磁力を発していることを意味する。この点についてはエピローグで改めて議論する。

## 「昭和ノスタルジア」の課題

「昭和ノスタルジア」を、一九八〇年代前後のイギリスのヘリテージ産業をめぐる当時の激しい対立と比すならば、いくぶん相同性を認めることができよう。それは、イギリスでそうであったように、「昭和ノスタルジア」をめぐる言説空間、ポピュラーカルチャーそれぞれにおいて敵対性が横溢しているからである。主に言説空間で支配的へゲモニーが顕著に見られると共に、一方で、例えば浦沢直樹が『20世紀少年』の創作動機を、「昭和懐古ブーム」へのアンチテーゼとしての「二〇世紀の検証」と述べているように、ポピュラーカルチャーを中心に対抗へゲモニーと親和性が高い敵対性が横溢していた。

大英帝国時代の栄華から凋落した戦後の一九八〇年代イギリスの場合、一九世紀末から二〇世紀初頭にかけての、ヴィクトリア朝に代表される帝国の絶頂期が記憶の意味闘争をめぐる敵対的な磁場となったように、バブル崩壊後の二一世紀初頭の日本では、未曾有とされる高度経済成長期が磁場となったと言えなくもない。日英のこれらの集合的ノスタルジアから学び取ることができるのは、栄華を誇った国が黄昏時を迎えた時には近過去の絶頂期を焦点化するのだが、その際、保守的な懐古による自閉的、ナショナリスティックな現状追認のために当時を流用する心情と、一方で凋落の原因をその栄華自体の中に反省的に見出そうとする心情が互いに拮抗しながら現れるとの、より普遍的な教訓であろう。

しかしながら、「昭和ノスタルジア」をめぐる敵対性の交錯はいささか単調かつ表層的であった点も否めない。言説空間内でも確かに、支配的ヘゲモニーに異を唱える議論も少なからず存在はしたが、それらの多くは歴史観や政治観との接続が希薄であると共に、ポピュラーカルチャーの考察への関心もいささか乏しかった。一方で、映画やテレビ番組のポピュラーカルチャーは、確かに高度経済成長期の初期や最盛期の「光」と「影」、およびその「終着駅」を描き、当時への「ストレート」な憧憬や再現ではなく、また当時の「美化」ともいささか異なる固有の敵対性を構築していたのは間違いない。

とりわけ高度経済成長の「到達点」「終着駅」であると共に、「理想の時代」から「虚構の時代」へのターニングポイント（大澤 2008）で、その後の日本社会の分水嶺とされる一九七〇年前後に焦点をあてた作品においては、当時を生きた作り手たちの、より強い「クリティカルな執着」によって陰影に富んだ「道徳的解決」が刻まれたのは確かであろう。

しかしながら、そうしたポピュラーカルチャー作品の「道徳的解決」では内省に加えて自己正当化や単純化の作業も見逃せないため、時として「御都合主義」の側面もあった。

それは、『プロジェクトX―挑戦者たち―』の『首都高速 東京五輪への空中作戦』に見られるように、ジャーナリズムや言説空間でスポットライトを浴びる機会の乏しかった「普通」の日本人＝「影」を救済することで、戦後の「光」＝技術革新についての修正的なナラティブを造型しつつも、同時に、東京湾内湾漁業の衰退という戦後の別の「影」の痕跡を消去し、問題を縫合することがあった。また、『フラガール』のナラティブは、炭鉱映画の系譜の一部に見られるような「シークレット・メッセージ」を奥に秘めてはいたものの、フェミニズムと在日の作り手の視点に回収されてしまった感も無きにしも非ずで、二〇世紀のエネルギー革命の犠牲者、戦後の「負」の遺産としての炭鉱の構造的問題の総括を行うには至ってはいなかった。その点がサッチャー政権に対する痛烈なアンチテーゼとなっていた『ブラス！』や『フル・モンティ』をはじめとするイギリスの反ヘリテージ映画との相違でもあった。

そういう意味では、「昭和ノスタルジア」のポピュラーカルチャーが内包する「自己反省の罠」についても自覚的でなければならないだろう。例えば評論家の宇野常寛は、「昭和ノスタルジア」の大衆メディア・文化作品が備えている「自己反省性」を認めながらも、それは、『新世紀エヴァンゲリオン』に代表される「セカイ系」作品と同様、「安全に痛い自己反省」であり、それが「空転するアイロニー」である以上、「自己反省ゲームの失効」であると批判している（宇野 2008）。宇野は、「決断主義的に選択された共同体内部での自己反省」がパフォーマンスに過ぎない点で「安全」だと述べているが、確かにそうした危険性とはスレスレの所にあると言えなくもない。

加えて言うならば、「昭和ノスタルジア」が主な表象対象としている一九六〇年代に、大島渚や今村昌平、吉田喜重、若松孝二らが映画の中で行った「戦後」や同時代への告発の批判意識の過激なありようと比すならば、「昭和ノスタルジア」の映画がその身振りでさりげなく示す「戦後」への違和と問題意識は、いささか「微温的」と言わざるを得ないかもしれない。

これらの問題は、ローランド・ロバートソンが言う、ノスタルジアがイメージとして大衆消費財の中に（のみ）埋め込まれる時代相が孕む問題や、ヘイドン・ホワイトやフレデリック・ジェイムソンが言うポストモダニズムのナラティブの問題とおそらく通底するだろう。そしてそれは、消費化された「記憶の場」そのものの可能性と限界を示唆するより大きな問題系と関係すると思われるが、それについては別の機会に考察の機会があればと思う。

## 言説空間の複数性と「ラディカル・デモクラシーのメディア学」

本書の「昭和ノスタルジア」をめぐる分析、考察から言えるのは、知識人やジャーナリスト、ポピュラーカルチャーの作り手、一般オーディエンスそれぞれが生み出す言説やナラティブのヘゲモニーの少なからぬ差異が存在しうることと、その重要性である。

一般にオーディエンス分析は、スチュアート・ホールの「エンコーディング／デコーディング」モデル（Hall 1980）が広く知られており、実際に影響力を持ってきた。「エンコーディング／デコーディング」は、一九七〇年代のイギリスのニューレフト運動の中で、「対抗的」な力をどのように見出すかがホールにとって大きな関心事である状況下で生まれた。

しかしながら、当時、労働者階級や若者などの「対抗的読み」の担い手は、ホールによって固定的で普遍的な主体として理解されていた。加えて、一九七九年に発足したサッチャー政権は、数々の新自由主義的な政策を断行し、批判はありながらもイギリス社会の再生そのものは評価された。そして、それら新自由主義的な国家への「対抗的」な力であることが期待された若者や労働者階級でさえも、その多くがサッチャー政権に「合意」したのである。すなわち、彼らは「対抗的な読み」に基づく統一的な主体としての力にはなりえなかったのである。ホールらのいわば見込み違いは、ひとえにメディアを文化権力と見なし、その受容との関係性から、「対抗力」の担い手を構想したことにあった。こうした反省点からホール自身も後年、ラクラウとムフらによる言説理論の影響を受けながら、一筋縄ではいかない節合が繰り返される言説の政治に注目することになる。

本書のアプローチは、そうしたホールのアプローチとはいささか異なり、むしろラクラウとムフにとっての中心概念である敵対性に注目することで、ラディカル・デモクラシーを唱えるラクラウとムフの言説理論を、社会現象化している大衆メディア・文化作品とそれをめぐる複数的な言説空間に応用する、言うなれば「ラディカル・デモクラシーのメディア学」とでも言うべきアプローチを試みることを目指した。そのため映画やテレビの映像メディアにおける言説性、およびそこでの節合、等価性の連鎖などの持つ意味形成に強い関心を寄せながら、それらによって構成される敵対性とヘゲモニーのありよう、および異なる言説空間の間の敵対性とヘゲモニーのありようの差異に注目した。

本書のように、「昭和ノスタルジア」＝戦後の記憶の闘争という「政治的なるもの」を扱う際には、敵対性への注目は重要であり、位相の異なる言説空間における敵対性の比較参照によって、言説空間の間のヘゲモニーの差異を析出することが可能になる。複数的な言説空間の考察で得られる知見は、単にメディア作品の内容分析を行うことだけや、メディア作品の一般オーディエンスの分析からだけでは得られないものであろう。

ラディカル・デモクラシーの視点から、複数の位相の異なる言説空間に注目するアプローチの長所を整理すると、以下のようになる。

第一に、単一の言説空間ではなく、複数の言説空間——映画やテレビ番組などのポピュラーカルチャーのナラティブ、批評・ジャーナリズム空間、知的言説、オーディエンスの受容言説など——のヘゲモニーの相違を浮き彫りにすることを可能にする。それは、同時代の共時的な言説空間間の比較はむろんのこと、通時的な比較にも有効なため、メディア史や、言説を扱う記憶研究などにも適用可能である。

過去や歴史と密接な関係がある場合には、時に「正史」「外史」的な位相差を伴った複数的な言説空間のヘゲモニー間の差異の析出をより具体的に可能にするだろう。また、それは、ソーシャルメディアなど影響力を増す新しいメディアを既成メディアや言説空間と比較参照する際にも一つのアプローチたりうるだろう。

第二に、そうしたヘゲモニーの差異を明らかにすることで、時に不可視化されもする支配的ヘゲモニーやそれへの対抗ヘゲモニーのありようを析出、浮き彫りにすることができる。それによって、隠ぺい、もしくは見えなくされていたイデオロギー闘争、縫合(suture)されていた社会的矛盾や対立点の発見を、「言語」のレベルで可能にしうることである。

この点は重要である。本書のように、ジャーナリズム・知識人の言説と、映像のポピュラーカルチャーのナラティブのような位相の異なる言説空間の場合、分析なり解読が求められる後者よりは、「言語」によって再生産される前者のような言説空間の方がおそらく(少なくとも「言語」の言説空間では)「常識」＝支配的ヘゲモニーとしてすり込まれていきやすく、言語化されない後者の含意は、その限りにおいては不利な立場だとも言える一面があるからである。本書でのアプローチはその言語化を行うことで、あくまでも擬似的にではあるかもしれないが、共通の土俵に乗せようとする一つの試みでもある。

第三に、内容分析の観点からするならば、敵対性などの物差しを導入することで、しかもそれを複数の言説空間に導入することで、「解釈的」側面を備えざるをえない内容分析が孕んでいるであろう分析者の手による分析の恣意性などをいくぶん和らげることが期待できることである。ナラティブにおける敵対性やそれを構成する要素や節合、差異と等価性などの発見と考察は、例えば単にストーリーから考察を行ったり、表象における包摂と排除などに問題を集中化するよりも、よりナラティブの構造的理解とそこでありうるであろう政治的含意を具体的に把握しうると考えられる。

むろん、いかなる場合でも敵対性の概念を分析に適用できるわけではないし、節合の発見が有効なわけではないことも留意しておく必要がある。なぜならば、「すべての節合がヘゲモニックなわけではない」(Torfing 1999 : 120) からである。

また、むろんのこと、映画やテレビ番組などのナラティブは、必ずしも作り手の「意図」に還元できず、ナラティブそれ自体が自律的かつ多義的であるため、作品の中の敵対性や節合のありようも決して作り手の「意図」との関係性からのみ捉えるべきではない。この点は重要である。そのため本書では、作り手らが語っている言葉も参考材料にしたが、あくまでもナラティブの内容そのものを分析の主対象とした。とはいえ、「作家性」の強い作品では、作り手のライフ・ヒストリーもナラティブの造型プロセスの重層的決定の要因であるため、無視しえない重要性を持つと考えることから、本書ではとりわけ第6章、第7章で扱った映画については、作り手のライフ・ヒストリーやポジショナリティを考慮に入れて分析を行った。

だが、ナラティブ、および作品それ自体と作り手のライフ・ヒストリーの関係性への理解は、当然のことながら分析者の解釈を伴う。ナラティブそのものの多義性や力動性の複雑さを考慮に入れるならば、この関係性への理解は実のところ容易ではない。本書で試みたアプローチを考える上で、この点のより精緻な方法論的可能性は今後の課題としたい。

なお、例えば映画では、映画学などの美学的分析の伝統の長い領域においては、映画という固有のメディアの表象史から重層的に決定されながら堆積されていったであろう「映画性」、および映画の視覚体験などの固有の意味合いとそれへの歴史的理解も重要であり、そもそも「美学」的側面と政治との関係性は、より複雑でありうるだろう。そのため、本書が試みたような「政治的なるものの」の発掘を視野に入れた敵対性などの析出がどの程度有効であるかは映画作品によっていくぶん差異があることも認めなければならない。

しかしながら、本書が扱った「昭和ノスタルジア」などのように、「戦後」「昭和三〇年代」などの、ある時代についての「政治的なるもの」に関連し、言説空間、メディア表象空間上におけるイデオロギー闘争の痕跡とそれらの比較検討が見込みうる場合には、こうした視点からアプローチするのは、有益だと考える。

# エピローグ　世界と政治との節合

## 1.「昭和」を抱きしめて―日航機墜落事故と戦後―

**松本清張と山崎豊子―「クリティカルな執着」を強める近年の「昭和ノスタルジア」―**

最後にエピローグを加えるのは、近年の「昭和ノスタルジア」のポピュラーカルチャーに興味深い変容がいくぶん見られるからであり、加えてその動向は本書が着目してきた「政治的なるもの」と関わりが深いためである。ここでは、その変容のありようを考察すると共に、本書の考察から浮かび上がってきた「政治的なるもの」の発掘の意味と可能性を考える。

まず重要なのは、「近過去へのクリティカルな執着」がとりわけ二〇〇七年のアメリカのサブプライム・ローン問題の発生、およびその翌年のリーマン・ショック以降の世界同時不況の時代に、ますます顕著になってきていることである。

二〇〇五年の映画『ＡＬＷＡＹＳ 三丁目の夕日』シリーズに代表される「昭和ノスタルジア」ブームは、この映画やＮＨＫ番組『プロジェクトＸ―挑戦者たち―』のように、当初はそれでも多くの映画やテレビ番組が当時への懐古と憧憬の装いを少なくとも「表面上」は、まとっていたかに思われた。ところが世界同時不況の発生の頃を境に、そうしたうわべの装いさえ希薄になり、戦後の昭和を対象にしたポピュラーカルチャーの「近過去へのクリティカルな執着」は、より辛口になり、時にはあからさまな近過去への批判を強め始めている。表象内容がクリティカルなものへ、より内省的なものへシフトする動きが顕著なのである。

松本清張（一九〇九-九二）、山崎豊子（一九二四-二〇一三）といった昭和の人気作家の小説の映画化、テレビドラマ化が近年、これまで以上に量産されてブーム化している状況もこうした動きと無縁ではないと思われる。松本清張は言うまでもなく昭和の日本を代表する推理小説家であり、これまで膨大な数（数百）の映画化、テレビドラマ化がなされてきた。しかしながら特に近年数多くの映像化作品が作られ、とりわけ二〇〇九年は清張の生誕一〇〇年ということもあって、大量にドラマ化、映画化がなされた。[55]

松本清張は、犯罪の背景に自分が生きた同時代昭和の「暗部」や社会的矛盾を描いたことから、いわゆる社会派推理小説の大家として知られてきた。だが興味深いのは、清張が生きていた当時の映画化・テレビドラマ化の際は、時代の矛盾を描いた「社会派」色が払しょくされて、娯楽エンターチンメントとしてナラティブ化されることが多かったことである（樋口 2009：62）。

映画批評家の樋口尚文は、一九五八年（昭和三三年）に作られた清張原作の四本の映画、すなわち大庭秀雄監督の『眼の壁』、田中重雄監督の『共犯者』、鈴木清順監督の『影なき声』、小林恒夫監督の『点と線』を論じ、「清張の身上たる『社会派』の部分がけっこう希薄」（樋口 2009：62）であったと論じている。

ところが近年の清張ブームにおいては、清張作品本来の「昭和の暗部」が全面に出ていると樋口は指摘する。樋口は、清張の代表作『ゼロの焦点』の一九六一年（昭和三六年）の映画化と二〇〇九年の映画化作品二つを比べて、新作は、「犯人と被害者それぞれの暗澹たる戦後を抜け出そうとする思いが犯罪を生んだという、原作に沈殿する陰のドラマがぎゅっと抽出され、旧作よりも格段に『社会派』の構えになっている」（樋口 2009：63）と評価している。

実のところ、二〇〇九年の新作は旧作どころか、清張の原作以上に戦後社会へのクリティカルな眼差しが濃厚な映画作品になっていると私には思われる。二〇〇九年の映画では、戦後の連合国軍による占領統治下、在日米軍将兵相手に売春せざるをえなかった犯人の女性がその後、女性参政権運動の熱心な支持者になるという原作では可視化されていなかったサブ・ナラティブが付け加えられた。これによって、犯人は戦後の矛盾、とりわけ女性差別の象徴的な犠牲者であるとされ、その差別を撤廃するために奔走した女性運動家という新たな位置づけが付与されたのである。

松本清張と共に戦後日本の「闇」を描いて人気を博した作家、山崎豊子原作のテレビドラマ化、映画化も近年相次いでいる。小説『華麗なる一族』が二〇〇七年にＴＢＳで、小説『不毛地帯』が二〇〇九年にフジテレビ開局五〇周年記念ドラマとして、二〇一二年には小説『運命の人』がＴＢＳでテレビドラマ化された。

同じく山崎の小説『沈まぬ太陽』も二〇〇九年に映画化された。この映画は、一九七〇年代から八〇年代にかけての日本航空の組合幹部と首脳陣の「実際」の対立を描いた社会派ものの硬派の内容であった。しかも途中で休憩をはさむ二〇二分（三時間二二分）という異例の長尺の映画であったにも拘わらず、実写映画としては年間ベストテンに入る大ヒットとなり、日本アカデミー賞最優秀作品賞も受賞した。

「昭和三〇年代ブーム」という呼称は、ジャーナリズムを中心にして、しばしば使われてきたが、私は序章で、映画やテレビ番組の対象は必ずしも昭和三〇年代に限られるものではないと述べ、本書では「昭和ノスタルジア」の言い方を用いてきた。実際、近年はむしろ、昭和四〇年代を対象にしたものも目立ち、時には昭和五〇年代以降やバブル期など昭和末期が対象の作品さえある。そこでは、懐古や郷愁の表面的な装いが後景化し、逆に当時へのクリティカルな眼差しが前景化した多様な作品が増えている。

## バブル期への焦点移動

バブル時代の昭和末期を描いた作品の中では、当時のありようへの批判や反省が主題となったものが特に高い人気と評価を獲得している。代表的なものの一つに、二〇〇五年にＮＨＫでテレビドラマ化された後、二〇〇八年に公開された横山秀夫原作、原田眞人監督の映画『クライマーズ・ハイ』が挙げられる。この作品は、一九八五年（昭和六〇年）八月一二日に群馬県多野郡上野村に墜落して五二〇人の人命を奪った日本航空一二三便墜落事故を取材する地方新聞の記者たちと新聞社幹部の対立を描いた「硬派」な内容である。

映画版での記者と経営陣の間で延々と交わされる激しい議論の応酬は、監督の原田眞人自身が「言葉のボクシング。言葉で殴り合うことを意識しました」（原田・石上 2008 : 30）と語るほど、近年の日本映画の中でも最も凄絶なものの一つであるほど「暗く」「深刻な」内容であった。しかしながら、この映画は興行収入一二億円のヒットを記録した。また、日本アカデミー賞優秀作品賞、優秀監督賞、優秀主演男優賞を受賞すると共に、二〇〇八年の『キネマ旬報』誌の映画ベストテンで評論家選出第八位にランクインするなど批評的にも高い評価を得た。

先に触れた山崎豊子原作、若松節朗監督の映画『沈まぬ太陽』は『クライマーズ・ハイ』の翌年の二〇〇九年に公開されたが、奇しくも『クライマーズ・ハイ』と同じく日本航空一二三便墜落事故、および日本航空の一九七〇年代から八〇年代にかけての労働組合員と会社首脳陣の実際にあったとされる対立を描いている。『沈まぬ太陽』は二八億円の興行収入と共に日本アカデミー賞最優秀作品賞など多くの賞を受賞し、『クライマーズ・ハイ』以上の高い人気と評価を獲得した。

これらバブル期の日本企業のあり方を批判した映画が公開されたのは二〇〇八年、二〇〇九年という時期であるが、二〇〇七年のサブプライム・ローン問題、二〇〇八年のリーマン・ショックによる世界同時不況後の、日本国内での八〇年代以降のネオリベラリズム的な政治と経済の軌跡への反省的な気運なしには、これらの映画の高い評価と人気は考えにくいだろう。

一方で、二〇〇七年には、同じく一九八〇年代のバブル景気の最盛期を舞台にした映画『バブルへGO!! タイムマシンはドラム式』が、若者がレジャーに興ずる姿を描いた映画『私をスキーに連れてって』(1987)、『彼女が水着にきがえたら』(1989)などをバブル時代にヒットさせた馬場康夫監督によって

■ 9－1　映画『クライマーズ・ハイ』(原田眞人監督・東映・2008年)(『キネマ旬報』2008年7月下旬号の表紙)

■ 9－2　映画『沈まぬ太陽』(若松節朗監督・東宝・2009年)(『キネマ旬報』2009年10月下旬号の表紙)

作られた。

この映画は、いわば「バブル賛歌」とも呼ぶべきもので、阿部寛、広末涼子など「客が呼べる」スターを数多く揃え、六本木やディスコ、ウォーターフロント、レインボーブリッジなどバブル時代を象徴する記号的なモノを満載して、あろうことかそれらへの「ストレート」な懐古を描いた大作映画であったが、これが興行的に失敗したのは皮肉なことである。

一方で、映画『沈まぬ太陽』、『クライマーズ・ハイ』が日本航空という大企業の労組対立や、新聞社の記者と経営陣の対立を主題としている点で、NHK番組『プロジェクトX—挑戦者たち—』のナラティブと並行性があると言えなくもない。とはいえ、これらの間には差異があることも見逃してはならない。『プロジェクトX—挑戦者たち—』では、確かに社員や技術者、時には「窓際族」の成果が強調されることで組織や経営陣が敵対性に位置づけられ、それらの間での緊張状態が描かれることがしばしばあったが、少なくとも彼らが関わった技術革新そのものは「偉業」として称えられ、彼らの間で衝突があったにせよ、放送の最後では何らかの形で相互の関係の修復が示唆されていた。

しかしながら、『沈まぬ太陽』と『クライマーズ・ハイ』の場合、映画の終わりでは、主人公がそのような修復とは程遠い人間関係の決裂や内省への旅路に直面することになるのである。とりわけ『沈まぬ太陽』では、多くの死者を出した一九八五年（昭和六〇年）の日本航空一二三便墜落事故の対応をめぐる内部対立の影響から、主人公と組織との関係の亀裂は決定的なものになる。

『沈まぬ太陽』の主人公は、実在のモデルがいるとされる日本航空社員・恩地元（渡辺謙）である。恩地は、国航労組の委員長職を務めて職場環境の改善に力を入れたことで経営陣から目の敵にされ、報復人事として中近東やアフリカなどの途上国への勤務を繰り返させられる。その後、日航機事故の際は遺族への対応係の任務に尽力し日本航空再建のために奔走するが、その労むなしく再び中近東への左遷人事を命じられて映画は終わるのである。

『クライマーズ・ハイ』の主人公は、群馬県の地元新聞・北関東新聞社の遊軍・日航機事故全権デスクの悠木和雅（堤真一）である。悠木は、デスクという中間管理職的な職務のため、日航機墜落事故という地元では未曾有の大事故の直後、現場の記者と上層部との間の凄惨な意見対立の板挟みに苦しまされる。

この映画で興味深いのは、日航機墜落事故に加えていくつかの戦後の問題系が伏線とも言える形でさりげなくナラティブに織り込まれていることである。一つには、新聞社幹部と若手記者の間の葛藤が、一九七二年（昭和四七年）の連合赤軍によるあさま山荘事件取材歴を誇る幹部（当時の記者）と日航機事故取材を行う若手記者の間のポジショナリティのギャップと結び付けられている点である。二つ目は、主人公の悠木の出生にまつわる秘密が描かれるのだが、その際、母親が戦後の連合国軍による占領統治下で在日米軍相手の私娼だったことが暗示され、悠木自身が今も苦悩させられる様が描かれることである。これには、悠木の親との関係のみならず自身の息子との葛藤も加わり、家族の問題が悠木に重くのしかかる。加えて悠木は、かつて部下だった記者が過熱報道の報道モラルに苦しんだ末、自殺とも取れる死に方をしたことの責任を感じ続けている。

これらの苦悩がその後もずっとトラウマとなった悠木は、日航機事故から二三年も経た後、新たな自己を発見するための決断をしようとするのである。

## バブル期の「負」の象徴としての日航機墜落事故

重要なことは、『沈まぬ太陽』と『クライマーズ・ハイ』のどちらも、二〇年以上も前の一九八五年（昭和六〇年）の日航機墜落事故を題材として選び、（実際のバブル期はもう少し後だが）この事故をバブル時代の「影」、「暗部」として表象していることである。航空事故史上最悪のこの事故の処理や取材を題材として取り上げ、関係者の間で明確な敵対性を位置づけ、片方を批判するヘゲモニーのナラティブを構築することで、バブル期を迎えようとしていた当時の日本社会のありようへの自己反省をシンボリックに描くことを可能にするのである。

「昭和ノスタルジア」が主対象とする昭和三〇年代・四〇年代と、昭和末期に該当するバブル期とは、時代と位相が異なるため、そもそも同列に論じることは無理があるとの見方もあるだろう。しかしながら、節合実践には偶発的な性格があり、節合の結果、時代や焦点がいくぶん移動させられることは、十分ありうるのである。

本書で議論してきたように、「昭和ノスタルジア」の大衆メディア・文化作品は、主に高度経済成長期の初期から最盛期、終焉までの時代に執着し、それらの時代の記憶とその意味についてクリティカルな交渉を繰り返しながら、「想像上の昭和」を創造してきた。大衆メディアの作り手が二一世紀初頭という時点から近過去への内省と想像、創造を行う中で、高度経済成長期へのアンビヴァレントな感情を改めて見出し、高度成長の「負」の帰結とも言えるバブル期に視点をずらし、そこで激しい敵対性のドラマを構築するのは、むしろ自然な流れとも考えられる。事故の後、二〇余年を経て日航機墜落事故がメディア生産者の手で発掘されるのは、この事故がバブル期の「陰画」として呼び起こされるからであろう。

## 「日航機事故」をめぐる創作ラッシュ

近年のメディア産業の日航機墜落事故への注目は、『沈まぬ太陽』と『クライマーズ・ハイ』に留まらない。二〇一二年一〇月に、有料テレビ局ＷＯＷＯＷは日航機墜落事故についての二回連続の特別ドラマ『尾根のかなたに―父と息子の日航機墜落事故―』を放送した。事故で親を失った息子たちを軸に、絶望から這い上がった三家族の事故後二七年間を描いたこのドラマは、二〇一二年の文化庁芸術祭のテレビ・ドラマ部門「優秀賞」や、ギャラクシー賞二〇一二年度一〇月月間賞を獲得するなど、高く評価された。

■9－3　日本航空機123便墜落現場（『昭和２万日の記録 18』より）

このドラマは、映画『沈まぬ太陽』の監督・若松節朗によって作られた。若松は、『沈まぬ太陽』の映画化が決まった二〇〇七年から毎年、事故が起きた八月一二日に慰霊のために御巣鷹山を訪れている。若松は事故の遺族のことが気になっていたものの、必ずしも『沈まぬ太陽』では十分に遺族側の話を扱えなかったため、遺族のその後の人生が題材であるこのドラマを監督することは、自分の「使命だった」と語っている。

一九八五年（昭和六〇年）夏の日本航空一二三便墜落事故は、むろん五二〇人もの尊い人命を奪った大事故であり、死者の中に歌手の坂本九、阪神タイガース球団社長の中埜肇など著名人が含まれていたことや四人の生存者がいたことなどから、報道議題としては一九八〇年代のトップ級の扱いのものであった。

しかしながら、当時の報道やメディアの関心は、何よりも航空機事故史上最悪とも言える事故の原因究明であった。そして時が経つと共に、毎年八月一二日の事故の日に、いわばアニバーサリー的に特集される以外は報道議題に上ることもなくなっていった。

そういう意味では、NHKによる二〇〇五年のドラマとその三年後の二〇〇八年に映画化された『クライマーズ・ハイ』、二〇〇九年の映画『沈まぬ太陽』、さらには二〇一二年のWOWOWのドラマ『尾根のかなたに―父と息子の日航機墜落事故―』をはじめとする近年の映画・テレビ業界による日航機事故への注目ぶりは目をひくだろう[56]。

他にも自主制作ではあるものの、二〇〇六年に映画『御巣鷹山』が制作され、各地で自主上映がなされた。『御巣鷹山』は、墜落事故が自衛隊機に撃墜されたという内容で、遺族に扮した主人公が事故原因を隠ぺいした人物に復讐テロを行うという異色の内容であった。

また演劇の世界でも劇団「裏長屋マンションズ」の座長である赤塚真人が、二〇〇四年に劇作『8・12（はってんいちに）』を書き下ろして初演し、二〇〇八年には『8・12―絆―』として再演している。このように近年は、いわば「日航機事故ナラティブの創作ラッシュ」とでも言うべく事態が進行しているのである。

## 日本航空という企業と「戦後」

事故後二〇余年を経て、近年、日航機墜落事故が大衆メディア・文化作品のナラティブの題材として脚光を浴びるのは、この事故がバブル景気の時代の入り口に起きたことに加えて、日本航空という企業の歴史と戦後日本の経済史の間にシンボリックな親和性があるからだと思われる。換言するならば、ナラティブの作り手の手で、日本航空という企業は、高度経済成長以降の日本の発展の「正」と「負」のシンボルとして登場させられ、墜落事故はその「負」の象徴として「流用」されるのである。

日航機事故が起きた一九八五年（昭和六〇年）八月当時は中曽根政権の時代であり、米英など欧米主要国と共に新自由主義的な政策が採られ、「小さな政府」が構想されながら、自由市場、自由貿易の推進が目指されていた。

当時はまた日米貿易摩擦が高まりを見せていた時期でもあった。事故が起きた一九八五年（昭和六〇年）は、アメリカの対日赤字が五〇〇億ドルに達したことをきっかけに日本の輸出超過が問題とされ、ジャパン・バッシングも高まった。協調的なドル安を図り、円高ドル安に誘導することでアメリカの対日貿易赤字の解消が目論まれた「プラザ合意」がニューヨークで発表されたのは、日航機墜落事故の一か月後の一九八五年（昭和六〇年）九月のことであった。日本のバブル景気をもたらしたのは、「プラザ合意」後のインフレ率の低迷と金利の低下が不動産や株式に対する投機を促したことが主因である。バブルの遠因には、皮肉なことに戦後の高度経済成長そのものが含まれていたのである。

日本航空という企業は、そうした高度経済成長、および日本の世界進出の国家的なシンボルの一つであった。一九五一年（昭和二六年）に戦後初の民間航空会社として設立され、戦後復興の時代にナショナル・フラッグ・キャリアとして飛躍し、高度成長期直前の一九五三年（昭和二八年）一一月に国際線を開設。日本の戦後復興を世界に知らしめた東京オリンピックの翌年の一九六五年（昭和四〇年）には、初の海外パックツアー「ＪＡＬパック」をスタートさせて多くの日本人を海外旅行に導く扉を開いた。

一九六七年（昭和四二年）にはアジアの航空会社として初の世界一周路線を実現するなど数々の国際路線を開拓して、日本の企業戦士の海外出張＝輸出の「足」となるなど、日本航空の軌跡は、戦後日本の発展の歩みとパラレルであると共に象徴でもあった。

一方で、日本航空機が、一九七〇年（昭和四五年）三月のよど号ハイジャック事件、一九七三年（昭和四八年）七月のドバイ日航機ハイジャック事件、一九七七年（昭和五二年）九月のダッカ日航ハイジャック事件等、日本赤軍などの左翼過激派の標的になったことは、日本航空が時には日本国家あるいは戦後資本主義と等号で結ばれもしたことを物語っている。

一九八五年の御巣鷹山への墜落事故は、日本航空にとってのおそらく最初の、しかし大きな「つまずき」であった。[57] それは先に述べたように、バブルの入り口の時代と重なって起きた。この墜落事故は、事故調査委員会が設けられ、事故の二年後には調査報告書も公表され、推定原因も挙げられたものの、十分な解明がなされたとは言いがたい。

日本航空は、その後も、日航機同士がニアミスする二〇〇一年一月の駿河湾上空でのニアミス事故をはじめ、エンジン爆発事故や乱高下事故など大小様々な事故を繰り返してきた。これらの事故は、バブル崩壊後の日本経済の低迷の時期と重なっている。

経営面では、「プラザ合意」後の円高とバブル景気で海外渡航者が増加し、日本航空は、一九八〇年代後半は世界各地に系列ホテルを建設するなど拡大路線を取るが、バブル崩壊後急速に業績を悪化させ、一九九二年度決算では五三八億円の巨額経常損失を計上し、経営不振に陥った。その後業績を持ち直すものの、不採算路線の不整理、高給与体質などの「親方日の丸」の放漫経営の慢性化が続いた後、二〇一〇年一月に会社更生法の適用を申請し、負債総額は関連二社と合わせて二兆三〇〇〇億円にのぼる、金融を除く企業としては戦後最大の経営破綻となったのは記憶に新しいところだろう。

二一世紀の映画やテレビなどの作り手が、二〇余年も前の日航機墜落事故にスポットライトをあてるのは、日本航空という企業が戦後の発展の「光」と「影」の両面を象徴的に併せ持っており、日航機墜落事故がその「影」の記憶を体現し、「負」のエネルギーを強烈に発散するからである。

敵対性の次元で考えるならば、この墜落事故と何か別のもの（例えば、会社組織（『沈まぬ太陽』『クライマーズ・ハイ』）、労働組合（『沈まぬ太陽』）、家族・父子（『尾根のかなたに—父と息子の日航機墜落事故—』））との節合を試みることで、「近過去へのクリティカルな執着」による記憶の再交渉を通して鋭角的な敵対性の図式を構成し、戦後の時空間についての格好の内省的ナラティブの創造を行うことを可能にするのである。

長年、日航機墜落事故の研究を行ってきたイギリスの文化人類学者クリストファー・フッドは、御巣鷹山への現地調査を重ねた後に、事故現場の慰霊塔が遺族のみならず一般の訪問者を集めてきたことなどから、この事故が「日本のタイタニック」として、末永く日本人の間で社会的記憶として受け継がれるであろうと述べている（Hood 2011）。

大英帝国の絶頂期に製造され、二二〇〇人を乗せて一九一二年四月一〇日にイギリスのサウサンプトン港を出港し、米ニューヨークへと向かう処女航海の途中で沈んでいったタイタニック号の事故は、大英帝国絶頂期の「光」と「影」を象徴的に炙り出す記憶装置として、その後の一〇〇年の間、報道のみならず、繰り返し映画やドキュメンタリー、音楽の対象となってきたことから、タイタニック号の事故は、英米人のモダニティへの内省の特別な場所として機能してきた。

こうした事情を考え合わせるならば、「製作費を回収できる日本映画が十本に一本しかない」（堀越 2011：37）極めて厳しいリスクを背負った現在の日本映画産業が、休憩付きで二〇二分という異例なほど長く、劇場の客の回転も悪い『沈まぬ太陽』のような超大作映画（中近東やアフリカでロケも行った）の制作を手掛けたことは理解できないものではない。

そしてこの映画が長く「暗い」映画でありながらも興行収入二八億円の大ヒットを記録したのは、むろん原作が人気作家のベストセラーであることや主演の渡辺謙というスターの吸引力があるにせよ、多くの観客は、「過去と現在の対話」によって当時への「クリティカルな執着」による内省と戒めの集合的儀式に立ち会うことを求めたからであろうし、作り手もそれを意識したからに違いない。

実際、監督の若松節朗は、この映画は、「巨像〔日本航空〕に対して小さな蟻〔一社員〕が一生懸命文句を言うというか、自分に嘘をつけない一人の男の生き方」を描くのが狙いで、「男の矜持という大テーマがある」と語っている（山下 2009：23）。

『沈まぬ太陽』に主人公・恩地元の役で主演した渡辺謙は、この役を「自分が絶対にやりたかった」ため、映画化の話が出始めた頃、原作者の山崎豊子に直接手紙を書いている。渡辺は、この映画について、組合闘争後の報復人事の繰り返しの果てに、主人公がアフリカの地で「何かに耐えてゆく、静かに耐えてゆくエネルギー」を見出すことで、人間が「再生する」のがテーマだと語っている（大津 2009：21）。

## 西暦二〇〇〇年とリーマン以降の時代の間の「時間差」と「温度差」

『プロジェクトX―挑戦者たち―』と『沈まぬ太陽』、『クライマーズ・ハイ』のナラティブの「温度差」は、前者が二〇〇〇年四月から二〇〇五年一二月に放送されたのに対し、後者の二つの作品は二〇〇八年、二〇〇九年という世界同時不況の後に作られたという「時間差」であると考えれば納得がいくだろう。

実は、『沈まぬ太陽』は二〇〇〇年に一度映画化の話があったのだが、それが流れたのは、その九年後の映画化の際に主演することになる渡辺謙自身がいみじくも語っているように、二〇〇〇年は、「プチバブル、金儲けの何が悪いといった言葉が堂々と言われていた時代。そんな時にこの映画をやっても共感されなかった」ためだが、その後、国が「倒れて崩れていった」（大津 2009：20）ことがこの超大作映画の制作を可能にした背景にあるのは間違いない。

また、二一世紀初頭の「昭和ノスタルジア」映画やテレビ番組のナラティブの短期間の間の微妙な変容は、経済の動向に加えて、国内の政治の動向、およびその「時間差」と無縁ではないと思われる。

NHK番組『プロジェクトX─挑戦者たち─』が放送された二〇〇〇年三月から二〇〇五年一二月は、最初の一年は森政権であったが残りの四年半は小泉政権の時代と重なる。第5章でも述べたが、この番組が支持を得た背景には、小泉政権の構造改革やそれに関連する企業のリストラや非正規雇用が拡大していくことへの反発もあった。

「昭和ノスタルジア」が社会現象化する導火線となった映画『ALWAYS 三丁目の夕日』の第一作目が公開された二〇〇五年一一月は、第三次小泉政権の時であった。その後、「昭和ノスタルジア」の映画やテレビ番組が量産されていく時期は、安倍、福田、麻生政権など、毎年ちょうど一年刻みに首相の顔が据え変わる時期と重なっている。

『フラガール』が公開された二〇〇六年九月末はちょうど小泉政権から最初の安倍政権に交代する頃で、『東京タワー─オカンとボクと、時々、オトン─』の公開された二〇〇七年四月は安倍政権時、『ALWAYS 三丁目の夕日』の続編が公開された二〇〇七年一一月は福田政権時であった。『クライマーズ・ハイ』（二〇〇八年七月）、『20世紀少年』の第一章（二〇〇八年八月）公開は福田政権時、第二章（二〇〇九年一月）公開は麻生政権時であった。

二〇〇九年八月の第四五回衆議院議員選挙では民主党が圧勝を収め、翌九月には、民主党・鳩山政権への「歴史的な」政権交代がなされ、およそ半世紀にわたる自民党一党時代はピリオドを打った。その政権交代が行われた二〇〇九年九月は、ちょうど『20世紀少年』の最終作の第三章が公開中の時期であった。バブル前後の時代の「暗部」を抉り出した映画『沈まぬ太陽』は政権交代の一か月後の二〇〇九年一〇月に公開され、松本清張原作でありながらも、原作以上に「社会派」作品としての脚色が行われた映画『ゼロの焦点』は、政権交代の二か月後の一一月に公開された。

この政権交代は、「単なる政権の交代ではなく、政治システムの転換」として、「既成のシステムに対する全面的な挑戦」（篠原 2009：9）が期待された。しかしながら、政権交代後の民主党政権は、毎年のように首相のクビが据え変わるなど自民党時代と何の代わり映えもしない政治を反復し、むしろ混迷の度合いは以前より増したかもしれない。

「昭和ノスタルジア」の作品の作り手がわざわざ数十年前の近過去、とりわけ戦後のターニング・ポイントとされる時期への「クリティカルな執着」をせざるを得ないのは、バブル崩壊後からリーマン・ショックに至るまでの長引く先の見えない不況に加えて、やはり同じように先が見えない政治の混迷も背景にあると考えられなくもない。

二〇〇五年の『ＡＬＷＡＹＳ 三丁目の夕日』が導火線となった「昭和ノスタルジア」映画のナラティブにおいて短期間のうちに敵対性の構図がより鮮明になってきたのは、そのためでもあろう。二〇一二年一月に公開されたシリーズ第三作目『ＡＬＷＡＹＳ 三丁目の夕日'64』が前二作と比して格段に「シビア」な内容になっているのもそう考えるならば理解できよう。

## 2．磁場としての１９６８年

## 三億円事件と1968年

少し、先を急ぎすぎたかもしれない。「昭和ノスタルジア」の大衆メディア・文化作品の近年、最も注目すべき動向は、昭和三〇年代より四〇年代をターゲットにした映画やテレビ番組が増えてきていることである。とりわけ、いわゆる「政治の季節」の中心的な年である一九六八年（昭和四三年）前後への注目が顕著になってきている。

最も良い例は一九六八年（昭和四三年）一二月に起きた三億円事件を扱った映画やテレビ番組が相次いでいることであろう。代表的なものに、映画『初恋』(2006)、映画『ロストクライム―閃光―』(2010)、フジテレビのテレビ番組『完全犯罪ミステリー・スペシャル 新証言！三億円事件 40年目の謎を追え！』(2008)、TBSのテレビドラマ『クロコーチ』(2013)、テレビ朝日開局五五周年記念ドラマ（松本清張原作）『三億円事件』(2014)などが挙げられる。

■9－4　三億円強奪事件，東京の府中刑務所近くで，東芝府中工場従業員4600人分のボーナスを積んだ現金輸送車が，白バイの警察官を装った男に奪われた。写真は現場検証中の府中刑務所横の第一現場，1968年12月10日（写真提供：共同通信社）

一九六八年（昭和四三年）一二月一〇日に東京の府中市で発生したこの事件は、三億円という前代未聞の金額や、白バイ警官を偽るなどの巧妙な手口、モンタージュ写真の存在、そして容疑者リストに載ったのは一一万人、捜査した警官も延べ一七万人という空前の捜査だったものの結局、犯人を逮捕できずに時効を迎えたことなどから伝説化されている。被害者が個人ではなく銀行であったことと銀行が保険をかけていたこと、人身への被害が無かったことから巨額の盗難額に比して被害は大きくはなく、事件当時、新聞などのメディアは必ずしもこの事件を凶悪事件として断罪しなかった。むしろその巧妙な手口は称賛の対象にさえなった。

事件の翌日の『読売新聞』の社説は、「テレビの犯罪ドラマを地でいったような感じさえ与える。犯罪の大型化、知能化、スピード化、広域化が現代の特徴だとすれば、この事件は現代犯罪の一つの典型」と記した（『読売新聞』一九六八年一二月一一日）。同じく事件翌日の『朝日新聞』の記事は、「被害を受けたのは銀行であったことも、この事件を市民の一部が『かっこいい』と思った理由のようだ。大衆にとって、銀行は大きな金庫を見ただけでも近寄りがたいものとして目にうつる。その『完ぺき』ともみえる銀行がいとも簡単にやられたのである」（『朝日新聞』一九六八年一二月一一日）と述べている。詩人のサトウ・サンペイは、「おかしないい方だが、本当に泥棒らしい泥棒、つまり名人の芸当をみるような気分がある」（『朝日新聞』一九六八年一二月一一日）と述べた。

このような好意的な反応の背景には、この事件が当時最高潮を迎えていた学生運動の時期と重なっていた事情もあった。一九六八年（昭和四三年）の五月二七日、日大で全学共闘会議が結成された。九月三〇日には、日大全共闘系学生一万人が古田重二良会頭と徹夜で大衆団交を行った。一〇月二一日には全学連の学生らが新宿駅を占拠して、群衆一万人以上が新宿東口駅前に集まるなど、街頭闘争も活発に行われ、学生らと機動隊の攻防が続いていた。

一方で、警察による学生らへの姿勢は高圧的に映ることもあり、若者だけでなく一般市民の間でも警察や政治などの権力への反感は高まっていた。そうした最中に起きた三億円事件は、警察、銀行などの社会的権威を出し抜いたことから、世間で「爽快感」と共に一種のアンチ・ヒーローとして受け入れられたのであった。[58]

三億円事件については、事件発生後、数多くの映画やテレビドラマが一九七〇年代前半に作られた。しかしそれらはどれも政治との関係が希薄で、この事件の「完ぺきな」「芸当」の「かっこよさ」に焦点をあてた低予算の娯楽アクション作品で占められていた。そのことは、以下のタイトルを見ればわかるだろう。（主なものとして、映画『クレージーの大爆発』(1969)、映画『喜劇 三億円大作戦』(1971)、映画『まむしの兄弟 恐喝三億円』(1973)、映画『実録 三億円事件 時効成立』(1975)、映画『三億円をつかまえろ』(1975)、テレビドラマ『悪魔のようなあいつ』(1975) など。）

## 二一世紀に入り「政治の季節」と結びつけられる三億円事件

しかしながら重要なのは、二一世紀になって作られた三億円事件を扱った二つの映画の内容は、事件直後のこれらの娯楽映画とは大きく異なっていることである。二つの映画はどちらもこの事件と「政治の季節」とのつながりを前景化させ、当時の政治や権力、および学生運動家のその後の人生に対する厳しい批判を行っているのである。

■9－5　映画『初恋』（塙幸成監督・ギャガ・2006年）のDVDパッケージ（発売元：ギャガ・コミュニケーションズ　販売元：株式会社ハピネット）

塙幸成監督、宮﨑あおい主演で二〇〇六年六月に公開された『初恋』では、事件が男子大学生（小出恵介）と女子高校生（宮﨑あおい）の共犯によるもので、実行犯の女子高生が変装して白バイ警官

■9-6　映画『ロストクライム 閃光』（伊藤俊也監督・角川映画・2010年）のDVDパッケージ（発売・販売元：角川映画）

になるという奇抜なものであった。男子大学生は大物政治家の息子であり、父と政治権力への反抗、すなわち「政治的テロ」が犯行動機であった。だが、彼は学生運動に不信を抱いており、共犯者として学生運動に縁のない女子高生を選んだ。

一方、虐げられた家庭環境で育った女子高生は、生まれて初めて他人から頼られたことと、この大学生に心を寄せていたことから犯行を引き受ける。「政治犯」である彼らは手にした金を一銭たりとも使うことはなかった。一方でこの大学生の友人の学生運動家らは恋愛、セックスと遊びに興じるだけの日常を送る姿を、この映画は描いていた。

ここでは、「政治犯」＝正義の犯人の大学生・女子高生と政治権力との間で敵対性が構成されると共に、学生運動の無力さと「欺瞞」に対してのクリティカルな視線も注がれることで、四〇年近く前の「政治の季節」への総括が独自のやり方で行われている。

二〇一〇年七月に公開された伊藤俊也監督の『ロストクライム―閃光―』は、「ただでは、すまない」のキャッチコピーで、『初恋』よりさらにストレートに政治や警察権力への批判を行うと共に、学生運動家のその後の人生への「断罪」を行っている。

この映画では、主人公の刑事滝口（奥田瑛二）が、ある殺人事件を捜査するうちに数十年前の三億円事件とつながりがあることを知る。滝口は、三億円事件の犯人グループの中に警察官の息子がいたがそのことを当時の警察が隠蔽したことを知ることになる。しかしそれを暴こうとした滝口を、警察は抹殺するのである。

映画『ロストクライム―閃光―』では、三億円事件の犯人グループの中心者たちは学生運動家であったとされ、彼らは現在、裕福な病院経営者や実業家になっているのだが、ある時に見知らぬ人間から復讐目的で殺される。この映画は、たとえ学生運動家による三億円事件の犯行が当時は反体制的な「英雄的行為」ではあったとしても、その後、手のひらを返したかのように体制や大衆消費社会への「迎合的」な生き方をしてきたかつての犯人＝学生運動家の「欺瞞」への厳しい指弾を比喩的に行うのである。

この映画を監督した伊藤俊也は、一九七〇年代前半に梶芽衣子主演の東映映画『女囚さそり』シリーズでも異色かつ大胆な体制批判を行ったことや、当時、映画会社・東映の労組の戦闘的な委員長として活躍したことで知られている。

伊藤は、三億円事件から四〇年を経て映画『ロストクライム―閃光―』を作ったのは、「1968年」についての自分のこだわりからであるとして、以下のようにインタビューで答えている。

今でも一九六八年に関してはいろんな本が出版されて、そのとき青春を送った団塊の世代の人たちには、特別な時代としてノスタルジックに語られている。でも私はそういうものに触れるにつけ、あの時代を賛美するだけの見方にはきわめて批判的なところがあるんです。例えばあの学生運動を経て社会に出た運動家は、最初は差別的な扱いを受けた。でもそこから医学部の学生だったら、中央の病院が受け入れてくれなくて地方の病院へ行って、やがて地域医療に尽力した人もいる。あの時代に何をやったかではなく、その後自分の理想とする医療のあり方を探って、そこで闘い続けてきた素晴らしい人もいるんです。だが、その後、君たちは何をしてきたかと問い返したい人の方が多い。ですから、この映画の犯人グループでも、六八年当時の行動とともに、青春の成れの果てといった感じの現在の姿も描いています。かたせ梨乃さんや宅間伸さん［二人は三億円事件を実行した学生運動家の現在を演じた］は、その雰囲気をよく出してくれたと思いますよ（金澤 2010：76）。

■ 9－7　『宿命 1969-2010 ―ワンス・アポン・ア・タイム・イン・東京―』（朝日放送・2010年）の DVD パッケージ（発売元：朝日放送・テレビ朝日　販売元：TC エンタテインメント）

興味深いことに、映画『ロストクライム―閃光―』が公開されたのと同じ二〇一〇年に、この映画と酷似したコンセプトの連続テレビドラマ『宿命 1969-2010 ―ワンス・アポン・ア・タイム・イン・東京―』がテレビ朝日系列で放送された。楡周平原作のこのサスペンスドラマは、三億円事件そのものを扱ってはいないが、当時の学生運動家の現在の姿を問題化している。

共に学生運動の闘士であった元同級生の白井眞一郎（奥田瑛二）と有川三奈（真野響子）は四〇年ぶりに偶然再会する。現在、眞一郎は大物政治家（与党の政調会長）、三奈は大病院の経営者になっているが、二人が思いもよらない悍ましい出来事に遭遇させられることによって、彼らが学生運動後の打算的で強欲な生き方の痛烈なしっぺ返しを受け、「反省」を迫られる姿をこのドラマは描いている。

このドラマは、毎週金曜日の夜九時から二か月間にわたって放送されたが、このようなシリアスな題材のものがゴールデンタイムの連続ドラマの題材になるのは、「近過去へのクリティカルな執着」がいわばブーム化していなければ考えにくいだろう。

映画『ロストクライム―閃光―』やこのドラマ『宿命 1969-2010 ―ワンス・アポン・ア・タイム・イン・東京―』が二〇一〇年という年に世に現れたのは、「過去と現在の対話」を反復して行ってきた「昭和ノスタルジア」が「政治の季節」と節合され、それによる強い「批判的執着」でなければ、もはや持ち堪えられなくなるほどの内省的な時代を迎えていることを示唆していると言えよう。

これらの作品群は「昭和ノスタルジア」と位相の異なるものであり、切り分けて考えるべきとする人もいようがそうではない。先に紹介した伊藤俊也は、一九六八年（昭和四三年）前後の時代がノスタルジックに語られるが「あの時代を賛美するだけの見方にはきわめて批判的なところがある」と述べ、それへのアンチテーゼが映画『ロストクライム―閃光―』の創作目的だと述べている。この点は、「昭和懐古ブーム」における「みんなが振り返りモード」が「すごくイヤ」であることが『20世紀少年』の創作の動機だと語った浦沢直樹の創作事情が思い起こされよう。両者には明白な並行性が見られる。

これらのことは、ポピュラーカルチャーの作り手が「昭和ノスタルジア」に関連した近過去の意味交渉を行うナラティブの中で、敵対的な言説、ナラティブが紡ぎ出される磁場が存在していることを物語るのである。その磁場では近年、より当時へのクリティカルな意味介入が深化していると考えられるのである。

## 「昭和ノスタルジア」と「政治の季節」の節合

実際、少なくとも表面だけでも当時への郷愁や懐古の装いを凝らした映画やテレビ番組は、本章を執筆している今（二〇一三年一一月）では見つけることが困難になってきている。

■9－8　映画『マイ・バック・ページ』（山下敦弘監督・アスミックエース・2011年）（『キネマ旬報』2011年6月上旬号の表紙）

二〇一一年五月には、自衛官が新左翼に殺害された一九七一年（昭和四六年）の朝霞自衛官殺害事件を扱った映画『マイ・バック・ページ』が公開された。この映画は、事件当時、朝日新聞記者で雑誌『朝日ジャーナル』を担当していた評論家の川本三郎の実際の体験に基づく自伝小説を映画化したものである。映画では記者の沢田（川本がモデル）（妻夫木聡）が政治活動家を名乗る梅山（松山ケンイチ）という男と出会い親近感を覚える。沢田は少し若い彼らの学生運動に共感しながらもジャーナリストの中立性を保たなければならない立場に葛藤を抱えていた。ある日、沢田は梅山に頼まれて独占取材を行うのだが、それが結果的には朝霞自衛官殺害事件の幇助《ほうじょ》をしたとして逮捕され、朝日新聞社からも懲戒解雇されてしまう。この映画は政治運動に思いを寄せる沢田のジレンマと心情を共感的に描いていた。

現代の観客は知らないか忘れつつあるような四〇年前の一人の自衛官殺害のテロ事件の題材を、妻夫木聡、松山ケンイチという当代きっての人気俳優の主演で映画化し、随分以前に絶版となっていた原作小説も映画化と併せて復刊されたのは、ベトナム出身の映画監督の手で、二〇年以上前の村上春樹の小説『ノルウェイの森』がその前年に映画化された事情と無関係ではなかろう。共に「昭和ノスタルジア」の昭和四〇年代シフトを物語ると共に、「政治の季節へのクリティカルな執着」とでも呼ぶべき動きが高まっているためとしか考えにくい[59]。（奇しくも映画『ノルウェイの森』も松山ケンイチが主演している。）

本書の最初に挙げた問題意識の一つは、「昭和ノスタルジア」が社会現象化する一方で、なぜ「政治の季節」を象徴する「1968年」への関心の高まりが同時に存在するのかというものであったが、本書で述べてきたように、「昭和ノスタルジア」が「近過去へのクリティカルな執着」であるならばこうした事情は理解できよう。

それらは、いわばコインの表と裏のようなもので、実のところ、少しばかり焦点のあて方や位相をずらすならば、それらは双子の兄弟のように似かよったものになるのだ。それもそのはずで、それらのどちらもが何がしか当時へのクリティカルな執着に基づいている点では違わないからである。

そのため、偶発的な節合によって、「昭和ノスタルジア」と「1968年」は結びつけられることもありうるし、それによって敵対性が強化されたり、少し位相をずらした敵対性へと変容しながら構築されることもありうるのである。

第7章の『20世紀少年』や『クレヨンしんちゃん 嵐を呼ぶ モーレツ！オトナ帝国の逆襲』で議論したように、戦後の分水嶺とも言うべく一九七〇年（昭和四五年）前後への「クリティカルな執着」は、当然のことながら、その帰結として、一九六八年（昭和四三年）を磁場とした「政治の季節」へのクリティカルな執着に容易に変容しうるのだ。

「昭和ノスタルジア」も「1968年」への関心も、共に当時の時代内部における敵対性が問題となる。にもかかわらず、ジャーナリズムや論壇などの言説空間では、これら二つが全く別物として扱われるのが常であろう。しかしながら、そうすることで、それらが共に含んでいるであろう当時の社会矛盾や対立点に関連した敵対性が見えなくさせられ、縫合されかねないのである。

## 「連合赤軍あさま山荘事件」についての三本の映画化

「昭和ノスタルジア」の「政治の季節」への節合は、「1968年」を中心的な磁場としながらも、「政治の季節」の終着駅である一九七二年（昭和四七年）二月の連合赤軍によるあさま山荘事件への関心にも向けられている。二一世紀に入って、あさま山荘事件を扱った映画が三本も制作され、この事件の位置づけをめぐって現代の映画監督たちによる、言うなれば競作が行われているのである。

まず最初に、二〇〇一年に立松和平原作の映画『光の雨』が高橋伴明監督の手で作られた。この映画がユニークなのは「劇中劇」の手法を採用し、あさま山荘事件を再現する立松の小説『光の雨』の映画を制作する模様そのものを映画化していることである。

この映画は、事件の凄惨さを現代の観客に提示すると共に、永田洋子、森恒夫、坂口弘など事件を起こした当事者をモデルとした人物を演じる若い俳優たちにこの事件の感想をインタビューする形式の独自手法を採用することで、数十年前の事件に役を通して直面させられた俳優＝現代の若者の心情を浮き彫りにすることを試みるユニークなものであった。

この映画は事件を美化することはしていないが、「自己否定の極限」（北田 2005：48）のイデオロギーで突き動かされて事件を起こした当時の若者と現代の若者との間に何らかの心情的な架橋はありうるのだろうかという問題意識がある。

映画『光の雨』の翌年二〇〇二年には、事件の時、警察庁広報担当幕僚長をつとめた佐々淳行原作で原田眞人監督の映画『突入せよ！ あさま山荘事件』が公開された。この映画は、原作者の佐々淳行（役所広司）本人が主役であるため、彼の指揮によって警察がいかに膠着状態を打破して突入による事件の解決を導いたかに焦点があてられている。

注目されるのは、映画では、指揮官の佐々が、犯人グループではなく、彼が所属する警察組織の硬直した官僚的体質に苦しめられる姿を描いている点である。皮肉なことに、現場の警察官と犯人グループの間ではなく、現場の警察官と官僚的な警察組織との間で敵対性が構成されるナラティブが造型されるのである。

しかしながら、映画監督の若松孝二は、映画『突入せよ！　あさま山荘事件』が警察側の視点で作られたとして批判し、二〇〇七年に、連合赤軍側の視点で描いた映画『実録・連合赤軍　あさま山荘への道程』を作った。

二一世紀初頭のクリエーターらによるあさま山荘事件への多様な注目のありようは、「政治の季節」の終着駅とされるこの事件の解釈とそれをめぐる物語の構築を通して、いかに真摯にこの時代を反省的に回顧し、位置づけるかについての記憶の抗争、意味の介入が活性化しているからに他ならないだろう。

一九六八年（昭和四三年）を中心とする学生運動とその帰結は、その後の日本社会を決定づける大きな影響を与えたのは疑いない。社会学者の小熊英二は、学生運動家たちは高度経済成長を根源から否定することを目指したが、結局は、皮肉なことに、「『あの時代』の若者たちの叛乱が残した最大のものは、高度成長への、そしてその結果として出現した大衆消費社会への適応であった」（小熊 2009 : 835）と述べている。彼らが高度経済成長を否定しながらも、経済発展が生み出す消費社会の力への誘惑を断ち切れなくなり、それを正当化するために、連合赤軍が消費・物欲を否定するために同志への凄惨なリンチ殺人を行ったという解釈を望み、連合赤軍を批判することで、学生運動から離れて、「『私』の欲望に忠実になることを自分に許した」（小熊 2009 : 838）と小熊は述べている。

高度成長がもたらした歪みは、公害といった物質的な側面では語られてきた。しかし精神面のストレスと、変貌した新しい社会への適応がどのようになされたのかについては、ほとんど語られてこなかった。全共闘運動と連合赤軍事件がベビーブーム世代に大きなトラウマとなって残っていることは、ある社会が発展途上国から先進国になる過程において、どれほどの精神的葛藤と代価を支払わねばならなかったかを示している（小熊 2009：838）。

「全共闘運動と連合赤軍事件がベビーブーム世代に大きなトラウマ」となって残ったことから、文芸評論家の絓秀実は、「われわれはいまだに『68年』という枠組みのなかで生きざるを得ない」（絓 2006：8）と述べている。

二一世紀の数多くの映画やテレビ番組の作り手は、「政治の季節」への「クリティカルな執着」に基づき、懐古と回顧、自問、反省、総括、弁明、修正、想像および創造の行為を反復したり、時には競合させてきた。それによって、言うなれば未だ癒されずさまよう「『霊魂』＝全共闘運動後のトラウマ的なものの残滓」の鎮魂と救済の集合的儀式を仮想的に行うことを可能にするのである。

## 3．「世界」を抱きしめて——節合・敵対性と「意味のネットワーク」の活性化——

### 「世界革命」としての1968年

ここで重要なことは、「1968年」は、むろん日本にとってだけではなく、アメリカ、フランス、イタリア、西ドイツをはじめ少なからぬ国々で学生運動が同時に起きたという点で、世界的にも重要な歴史的分岐点であるという認識がなされうることである。

アメリカの社会学者イマニュエル・ウォーラースタインは、一九六八年は、ヨーロッパ各地で革命が起きた一八四八年と共に、歴史上二度しかない「世界革命」に相当する重要な年であると述べている（ウォーラースタイン 1991＝1991）。「一九六八年の革命」は、アメリカの覇権に対する一〇〇年以上にわたる世界規模の組織化された、激しい反システムの抵抗運動であり、資本主義のシステムに揺さぶりをかけたとして、ウォーラースタインは次のように述べている。

一つの事象としては、「1968年」ははるか以前に終わっている。にもかかわらず、これは近代世界システムの歴史形成に関わる重大な事象の一つであり、分水界的事象と呼ぶべき性格のものである。すなわち、世界システムの文化・イデオロギー的実体が、この事象によって明確に変化したことを意味する。その事象自体は、システムが長期間機能する間に形成された一定の構造的趨勢が具体化したものである（ウォーラースタイン 1991＝1991：114）。

アメリカの地理学者デヴィッド・ハーヴェイもウォーラースタイン同様に一九六〇年代を重要な歴史的転換点であるとしているが、ハーヴェイの場合、とりわけ一九七三年（昭和四八年）の第一次オイル・ショック発生の頃がターニング・ポイントであるとして次のように述べている。

時間と空間の経験が変容し、科学的判断と道徳的判断との結びつきへの確信が崩壊することで、社会的関心、知的関心の最も重要な焦点が倫理から美学へと変わり、イメージが物語を支配し、はかなさと断片化が永遠の真理と統合された政治よりも上位に立ち、説明は、物質的、政治経済的な基盤の領域においてではなく、自律的な文化的、政治的な諸実践を考察することによってなされるようになったのである（ハーヴェイ 1990＝1999：424）。

美学の倫理への優位性、イメージの物語への優位性、はかなさと断片化の政治への優位性は、「政治の季節」の終焉と大衆消費社会への移行と符合しているのは言うまでもなかろう。

## 「近過去へのクリティカルな執着」の救済の可能性

二一世紀初頭の日本での高まりゆく「近過去へのクリティカルな執着」がもし解決や救済を求めてなされているとするならば、その解決や救済の方途を考えることは少なからず意味があろう。社会学者の赤川学が言うように、現代の言説分析は、もはや「自明性崩し」だけでは通用しない（赤川 2006：14）。赤川が指摘するように、「それらが社会的に構築されたものであろうとそうでなかろうと、〇×に関して、どのようなあり方（それは制度といってもいいし、社会といってもよい）が望ましいのかを理念的に検討するという作業は残り続けるから」（赤川 2006：14）である。

そのため、これは本書の内容をやや超えているかもしれないが、「近過去へのクリティカルな執着」の奥にある解決や救済の可能性について、最後に少し考察しておきたい。

まず重要なことは、ウォーラーステインが「1968年の革命」を「全地球的現象」であり、「局部的表現にあたる特定の状況に関心を集中するだけでは不十分」（ウォーラーステイン 1991＝1991：114）と述べているように、「1968年」が、「昭和ノスタルジア」的な空間で露呈している日本での「近過去へのクリティカルな執着」の未来のあり方をグローバルな視座から検討することを促すことである。

## モダニティの「共起性」

繰り返しになるが、第3章でも議論したように、日本の戦後の言説空間は、戦前と戦後についての根強い断絶史観が主流で、終戦をゼロ地点とする「戦後」を再生産してきた。そして「戦後」の復興、進歩の達成が語られる時には「日本人論」に代表されるように、さしたる合理的根拠もなくその民族的特殊性、優越性と結び付けられてきた（Mouer and Sugimoto 1986）。

しかし終戦をゼロ地点とする「戦後」が強調されることによって、「１９６８年」のようなモダニティに共通する問題でさえも「戦後」の「国内問題」として議論され、モダニティのようなより長い時間フレームや諸外国との「共通の」土俵で考えることが遠ざけられてきた面がまったくないとは言えないだろう。

米コロンビア大学の文化人類学者マリリン・アイヴィーは、日本と諸外国の間のモダニティの異質性よりも共通性に着目することが重要であるとして、次のように述べている。

私が強調したいのは、日本のモダニティの諸問題と他の全ての地域のモダニティの問題の共起性（co-occurence）、同時代性（coeveleness）とそれらが含む共通の傾向である。この同時代性は、差異の無いグローバルなモダニティの中に差異をなくすことを意味しているわけでない。しかし私が主張したいのは、私たち［人間］の危機において、私たちが高度な資本主義の同質的な軌跡を無視してしまっているということである。（中略）私が強調したいのはモダニティの破裂（ruptures）を伴う矛盾である。その矛盾とは、差異の負荷が耐えられるという「文化」概念の形成が二〇世紀の変容以外の場所では考えられないということである。もし日本が〔他の国々と〕同じ尺度で比較できないと言うならば、それは近代のもつれの歴史的特殊性という点で他の国の文化と比較できないというだけのことである（Ivy 1995 : 5–6）。

アイヴィーとは別の角度から、歴史学者の酒井直樹は、ナショナル・ヒストリーの脱構築の必要性を説き、「日本社会の特殊性や日本歴史の固有性をいうためには、国民史が前提とする図式に依存せざるをえず、日本の同一性は国民史の併存として設定された世界の地平でしか確保できない。ということは、日本史の特殊性は国民史の一般性のなかで限定されるから、日本史を『比較』を離れて考えることは出来ない」（酒井 2006: xvi）と指摘する。

モダニティの「時差」ゆえに「１９６８年」の問題とは、比較的関係が薄いとされてきたアジアの国々の間でも、グローバル化の進展のために、近年、モダニティの「同時代性」が意識されるようになってきている。アジア諸国は明治以来の「脱亜入欧」や戦後の科学技術立国のスローガンとも相まって、しばしば日本では軽視、あるいは蔑視さえされてきた。

しかしながら、とりわけ韓国、中国、台湾、香港、シンガポールなどの発展によって日本とこれらの東アジアの国々・地域の間では、「文化的近似性」が強まっている。メディア学者の岩渕功一が指摘するように、これらの国々は日本とは異なるやり方でモダニティを活性化させており、日本人がこれらの国々の文化に共感を持つ地平が生まれている（岩渕 2001）。「日本のモダニティのあり方に強い違和感を抱いた」（岩渕 2001 : 291）日本人がオルタナティブな希望をアジアのモダニティに見出し、かつては蔑視の対象であったはずのアジアへの憧れ、アジアの国々の音楽や映画などのポピュラーカルチャーへの人気が近年高まっている背景には、こうした「文化的近似性」のためであると岩渕は述べている。日本で定着した「韓流」などはその最たる例であることは言うまでもなかろう。

ここでさらに重要なことは、日本の消費者がアジアの文化を単に消費するのではなく、これらの国々がモダニティを獲得していく過程そのものに「ノスタルジア」を感じ、その文化表象にオルタナティブあるいは理想のモダニティの可能性を探し求めていることである。

［日本人のアジア諸国のポピュラー文化消費において］ノスタルジアが投射される対象はごく身近な「過去」であり、それは西洋以前ではなく西洋以降、より正確には、すでに西洋に取り込まれ、あるいは、西洋を呑み込んだ「今ここ」である。問題となるのは、むしろ西洋主導の資本主義的モダニティをどう生き抜くのか、現在の日本社会の中で、自らの生をいかに希望の持てる人間らしいものに変えていくのかという切実な要望である。この切実感が、ノスタルジアがなぜ現在の他のアジア社会・文化に向けられるようになったかを、たとえ部分的にせよ、説明している。経済不況・社会不安のなかで、未来への展望を失いつつある日本において新たに想像された「アジア」は、窒息感に満ち、閉鎖的で、硬直化された日本社会とは対照的な理想像として立ち現われる。そして、このアジアは、単に日本のかつての姿という意味でロマン化されるのではなく、自己変革にむけてより精神を昂揚させるような、ありうべき代替像として評価されているのである（岩渕 2001：295–296）。

「昭和ノスタルジア」が自国の近過去への「クリティカルな執着」であるとするならば、「アジア」志向は、オルタナティブなモダニティの可能性への執着であるとも言えるかもしれない。それらは、モダニティへのクリティカルな欲望である点で実は共通している。

重要なのは、現代の日本に生きる人々が、グローバル時代の同時代の他地域での経験を参照しながら自己変革を行うことを求めていることである。

## 「1968年」と二一世紀の世界金融危機

ここで注目したいのは、一九六八年の「世界システム革命」(ウォーラーステイン)と、その四〇年後のアメリカのサブプライム・ローン問題に端を発する二〇〇七年頃からの世界金融危機の相関性である。もし一九六八年の革命の「真の重要性は、過去への批判としてはさほどではなく、未来に関して問題を提起した」(ウォーラーステイン 1991＝1991 : 143)のならば、その四〇年後の世界金融危機とその世界的連鎖による世界同時不況は、資本主義の根本的な問題を何がしか「放置」したことによる帰結＝罰と言えなくもない。

世界同時不況は、失業、リストラや貧困などによるどん底の苦悩を国籍に関わりなく世界各地で生み出してきた。二〇〇七年のサブプライム・ローン危機からの三年間で、世界中で三〇〇〇万人から四〇〇〇万人以上が職を失ったとされる。

こうした厳しい現実から、他者の問題を自己の問題としても理解しうる心情的な地平が生まれている。むろん国籍や年齢、ジェンダーなど無視しえない差異もあり、綺麗ごとでは済まされない多様な現実もあるに違いない。それでもワークシェアの拡大などに見られるように、もはや他者を押しのけて自己の利害だけでは生きられないことの認識による他者の苦悩への想像力の拡大、他者への共感的な心情の地平を生み出してきたことも確かである。

二〇〇八年の滝田洋二郎監督の映画『おくりびと』は、オーケストラの解散で失職したチェロ奏者（本木雅弘）が故郷に戻り、あるきっかけから納棺師になり悪戦苦闘しながら人生の再出発を描く映画である。この映画は、「外国人受けする」とされる時代劇ではない現代劇で、しかも「地味な」題材であったにも拘わらず、日本映画としては初めてのアカデミー賞外国語映画賞の栄誉を受けるなど世界的に評価された。

日本では、「納棺師」という珍しい仕事を扱った側面ばかりが注目される傾向があったが、実のところ海外で評価されたのは、映画の冒頭で主人公が失職し、全く別の職業、しかも誰もがやりたくない仕事で新たな人生を切り拓こうとする姿が、世界同時不況後の世界で国籍を超えて共感されたことを見逃してはならないだろう。

一方で序章でも述べたが、いわゆる「昭和ノスタルジア」の映画群は、一部の作品を除けば国外で公開されていないし知られてもいない。このことは、ナショナルに閉じた近過去の経験と記憶への「クリティカルな執着」のナラティブは、国内のオーディエンスしか獲得できていないことを示してもいる。

二一世紀初頭の日本での社会現象としての「近過去へのクリティカルな執着」の今後の解決・救済のあり方を、概念としての節合が備える複雑で偶発的な性格と関連付けて考えるならば、「昭和ノスタルジア」のようなドメスティックな空間とコンテクストでの節合による敵対性のヘゲモニー構築で完結するのではなく、グローバルな空間とコンテクストでの節合を繰り返していくことが無意味ではないと思われる。それによってナショナルな次元で閉域として捉えられがちな問題系や対立点を内破する契機を見出すことが期待できるかもしれないからである。

## 隘路の克服を目指して

二一世紀初頭の世界同時不況が、グローバルな次元で「文化的近似性」を高めたことは間違いないだろう。重要なことは、グローバルな「文化的近似性」は一種のコスモポリタニズムを醸成する可能性を秘めていることである。イギリスの社会理論家ジョン・トムリンソンは、コスモポリタニズムで必要なのは、「自分はより広い世界に帰属しており、『遠隔化されたアイデンティティ』を持つことができるという積極的な意識」であり、この『遠隔化されたアイデンティティ』とは、「身近なローカル性によって完全に制限されてしまうことなく——ここが肝心な点だが——我々を人類として統一されるもの、共通の危機や可能性、相互の責任などといったものに対する意識を持ったアイデンティティ」（トムリンソン 1999＝2000：335）だと述べている。

「昭和ノスタルジア」に見られた「近過去へのクリティカルな執着」およびそれに類するものを、グローバルに共有される「危機や可能性、相互の責任」に節合すること、言うなれば、内省的な情動をコスモポリタンなものに転位させていくことに少なからず意味があると思われる。それが「政治なるもの」を生かしつつ、ナショナルなものを内破させることに導きうるだろう。

しかしながら、この実行は用心深く、また注意深くなされねばならないことも同時に考えておく必要がある。なぜならば、コスモポリタニズムには、見逃せない「罠」があるからである。ラクラウとムフ、とりわけムフは、コスモポリタニズムを厳しく批判している。なぜならば、ムフによれば、コスモポリタニズムは、「たとえ見かけは多様であっても、政治的なもの、対立、および否定性を超えた合意型の統治形態を前提している」（ムフ 2005＝2008：156）ため、「政治に備わるヘゲモニーの次元を否定する」と共に、「政治的なものの敵対的な次元が回避されている」からである。結果として、「グローバル市民をコスモポリタンなやりかたで構築しようとすることは、政治に対し道徳を優越させる試みの一つでしかない」（ムフ 2005＝2008：149）とのムフの指摘は辛辣だが正鵠を得ているとの見方もあろう。

こうした隘路から抜け出すのは、むろん容易なことではない。本書が扱うメディア・言説空間の分析や考察から行えることも残念ながら限りがある。また、そもそもメディア・言説空間への関心そのものがこれらの問題系の解決に何がしかつながりうるのかという根本的な疑問もありうるかもしれない。あるいは社会運動の具体的な実践などにより意味を見出すべきとする考えも当然あるだろう。

しかしながら、メディア・言説空間における政治性の発掘と発見が貢献しうることは決して多くはないかもしれないが、とはいえ無視できない点もあると思われる。イタリアの社会学者アルベルト・メルッチは、「意味のネットワーク」という考え方を提唱し、現代世界の社会運動には、可視的局面と潜在的局面の二重のレヴェルがあると主張している（Melucci 1989）。メルッチによれば、デモに代表される社会運動は、動員やその規模に代表される可視的局面のみが注目されがちであるが、動員はあくまでも一時的なものに過ぎず、もう一つ重要なのは潜在性、潜在的局面であると言う。

潜在的局面とは、日常生活の社会的関係のネットワークの中でオルタナティブな生き方を思考したり、実践する試みの中に存在する。潜在的局面は、人々が日々生き方を模索し、議論したりする中で、抵抗や反対へのポテンシャルが露わになりながら組み替えられたり、修正されたりを繰り返していく。それは日常の中で行われるがゆえに、繰り返しの反復の中で洗練されながら変容していく。デモなどの運動が起きるのは、それが時にある極に達した時に可視的局面として顕在化するからである。

ここで重要なことは、大衆メディアやソーシャルメディアは政治性を持つと共に、それらが社会的神話や社会的想像によって支配的イデオロギーを維持することもあるが、一方でそれに抵抗したり、批判を行う政治的な力を備えていることである。情報社会ではメディアやアートが、資本主義、メディア、テクノロジーの新しい節合実践を日々行い、多様な政治性を内包した社会的神話や社会的想像物を生産する（Torfing 1999 : 210–211）。情報社会空間は、社会的敵対性によって維持されたり、分断される領域であり、それ自体再帰的な性格を持つもので、ヘゲモニー闘争によって絶えず再形成され続けている。

そうした大衆メディアやソーシャルメディアの「政治的なるもの」への注目と発掘は、日常の思考や議論の営みに関連しうるがゆえに、「意味のネットワーク」の潜在的局面に連動するポテンシャルがあるのである。

本書で繰り返し述べてきたように、「政治的なるもの」が見えなくさせられ、それによって社会的矛盾や対立点が縫合されることは少なくない。したがって、「昭和ノスタルジア」のような大衆メディア・ナラティブや言説における記憶の意味闘争、意味介入の痕跡の丹念な析出は、それ自体、「記憶の場」の救済による新たな「記憶の場」の創造であると共に、「政治的なるもの」の発掘による「政治的なるもの」の可視化＝政治の活性化への契機となりうるものであろう。

経済学者アマルティア・センは、人間に単一のアイデンティティしか認めないのは人間の矮小化であるとして、一人の人間には民族や宗教だけでなく、自己を規定する要素（性別、言語、職業、政治観、趣味他）が重層的に折り重なっているとして「アイデンティティの複数性」を主張した（セン 2011）。紛争や対立などの「問題の多い世界で調和を望めるとすれば、それは人間のアイデンティティの複数性によるものだろう。多様なアイデンティティはお互いを縦横に結び、硬直した線で分断された逆らえないとされる鋭い対立にも抵抗する」（セン 2011 : 35）とセンは述べている。

位相の異なる言説空間、例えば新聞、テレビ、ラジオ、映画、論壇、文学、美術、インターネット、さらには電子掲示板、ブログ、Twitter や Facebook をはじめとするソーシャル・メディア、デモ、市民集会等の多様な空間における言説のありようについて言及することは、それらによる競合的かつ闘技的な言説活動の活性化を促しながら、「お互いを縦横に結び、硬直した線で分断された逆らえないとされる鋭い対立にも抵抗する」可能性を含んだ節合を行うことでアイデンティティの複数性の発見に導きうる。

多彩なメディア、言説空間による公共圏的領域の競合的複数性への理解とそれらへのアクセス、言及は、それ自体メルッチの言う「意味のネットワーク」の潜在的局面の重要なものであり、個々の言説やナラティブは節合による発掘、救済の可能性を待ちながら潜伏している力（政治性でもある）の尽きせぬ源泉とも言いうるものである。そしてそれは同時に、センの言う「アイデンティティの複数性」の発見のための重要な源泉でもあるのである。

無数にありうる人間の相互関係のネットワーク、そしてメディア、言説空間で他者が発した言説、ナラティブに言及すること自体が他者と自己の節合の契機であり、複数的アイデンティティの発見と創造への重要な回路たりうるのである。他者との節合を繰り返すことによる複数的なアイデンティティの何がしかの発見は、コスモポリタン的な立場と親和性が高いと共に、しかしながら同時に、そのプロセスそのものが忘却、無関心、非想像、非寛容などとの敵対性ともなりうる。節合そのものが新たな関係性を生み出すツールであり、また、時間的猶予のある中で節合およびそれによる敵対性のありようそのものが淘汰され洗練されうることもいくぶん期待されるのである。

これがなぜ無視しえないかと言うと、例えば「原発安全神話」およびそのアンチテーゼとしての「脱原発」「反原発」の議論など現実的な問題にも無関係とは思えないからである。二〇一一年の東日本大震災後の福島第一原子力発電所の事故以来、「脱原発」「反原発」の議論が政治領域、市民運動領域、ジャーナリズム、知的言説領域で活発に行われてきた。「脱原発」「反原発」の気運の高まりは、それ以前の「原発安全神話」のヘゲモニーを反転させて「逆ヘゲモニー化」するほどの勢いが見られもしよう。

しかしながら、見逃せないのは「脱原発」「反原発」の言説が政治や政策に有効に作用しているとは言いがたいことである。二〇一二年一二月の総選挙では、原発をどうするかが争点の一つとなり、世論でも「脱原発」はかつてない高まりを見せた。民主党はマニフェストに「二〇三〇年代に原発稼働ゼロ」を掲げた。一方、脱原発について、もともと自民党は、「実現不可能かつ整合性の取れない夢」(安倍晋三総裁)だとして必ずしも前向きとは言えなかった。にもかかわらず総選挙では自民党が二九五議席を獲得する地滑り的勝利を収め、三年三か月で再び政権交代し、自民党政権が復活した。

その後安倍政権になって、原発稼働ゼロの政策は事実上白紙撤回された形になり、原発の今後についての明確な道筋は示されていない。そして二〇一三年七月の参院選では、原発政策はもはや選挙の主要争点からさえ外れた。参院選の選挙運動の真っただ中の時期に、電力各社が相次いで原発の再稼働を申請したのは実に皮肉なことである。

なぜ、「脱原発」はかつてなく議題化され、世論の支持を集めながらも実現のメドが遠のいたのだろうか。なぜ「脱原発」は、ジャーナリズムや知的言説で「原発安全神話」への鋭い自問がなされる言説が量産されながらも、それが有効な力となりえないのだろうか。ジャーナリストの武田徹は、原発論争が「絶対推進」と「絶対反対」の二項対立に陥ると共に、「脱原発」の言説がありえない選択肢しか提示せず、(また時に)議論そのものがかみ合わないことが背景にあると述べている(武田 2013)。本書の文脈で換言するならば、それは節合が想定されない敵対性の関係とでも言うべきものかもしれない。

そうであるならば、絶え間ない節合および複数的アイデンティティの視点は少なからず有効と考えられる。すなわち何がしかの節合を繰り返す過程で、「脱原発主体＝アイデンティティ」を内破し、脱「脱原発」主体による独自の「脱原発」の言説スタンス、運動スタンスを獲得できなくもないかもしれないからである。その際、節合の対象となるのは、各国のエネルギー政策等はむろんのこと、リスク論議、危機（crisis）論議、核廃絶、さらにはグローバル化、世界同時不況、時には「１９６８年」、そして「昭和ノスタルジア」＝「近過去へのクリティカルな執着」であっても良いだろう。（「昭和ノスタルジア」側からの節合ではなく、原発論争のような他のものからの「昭和ノスタルジア」への節合もむろんありうるのだ。）

ラディカル・デモクラシーの視点に基づいた、こうした多元的な敵対性の発掘と節合は少なからずポジティブな可能性であり、前述した隘路の克服の回路たりうるポテンシャルが無いとは言えないだろう。

1　本書は、「昭和ノスタルジア」をテーマとするため、基本的には昭和の年代（一九二六‐八九）に触れる時は、西暦年号の後に、昭和の年号を入れた。ただし、外国のことについて触れる場合などは、外していることもある。

2　付け加えておくとこれらの現象は、昭和懐古とは縁遠く感じられる新聞やテレビニュースの報道の分野でも見られないわけではない。代表的なものに、北朝鮮拉致被害者報道があげられる。北朝鮮拉致被害者報道は、二〇〇二年一〇月に帰国した拉致被害者五人が日本での新たな生活を取り戻す中での日常の瑣末な出来事の中に、彼らがかつて暮らした一九七〇年代以前の日本への懐古を見出して、凡庸ながらも巧妙に結晶化されたステレオタイプで記事やニュースを再生産した（日高 2006, 2007a）。

3　二〇〇八年のＮＨＫ大河ドラマ『篤姫』は、平均視聴率二四・五パーセントという、大河ドラマとしては十数年来の高視聴率を獲得したが、背景には女性らの支持があった。

4　二一世紀に入ってからの藤沢周平原作の映画は、『たそがれ清兵衛』（2002、（松竹）監督：山田洋次　出演：真田広之、宮沢りえ）、『隠し剣 鬼の爪』（2004、（松竹）監督：山田洋次　出演：永瀬正敏、松たか子）、『蝉しぐれ』（2005、（東宝）監督：黒土三男　出演：市川染五郎、木村佳乃）、『武士の一分』（2006、（松竹）監督：山田洋次　主演：木村拓哉、檀れい）、『山桜』（2008、（東京テアトル）監督：篠原哲雄　主演：田中麗奈、東山紀之）、『花のあと』（2010、（東映）監督：中西健二　主演：北川景子、甲本雅裕）、『必死剣 鳥刺し』（2010、（東映）監督：平山秀幸　主演：豊川悦司、池脇千鶴）、『小川の辺』（2011、（東映）監督：篠原哲雄、主演：東山紀之、菊地凛子）。

5　代表的な例として、山田洋次監督の『たそがれ清兵衛』（2002）の井口清兵衛（真田広之）、是枝裕和監督の『花よりもなほ』（2006）の青木宗左衛門（岡田准一）、曽利文彦監督の『ＩＣＨＩ』（2008）の藤平十馬（大沢たかお）、松本人志監督『さや侍』（2011）の野見勘十郎（野見隆明）など。

6　むろん地方を舞台にしたものも少なからず存在はしている。本書でも論じる映画『フラガール』（2006）はその代表格であろう。映画では、『佐賀のがばいばあちゃん』（2006）、『島田洋七の佐賀のがばいばあちゃん』（2009）、『なごり雪』（2002）、『この胸いっぱいの愛を』（2005）他一定数、存在する。

7　二〇〇九年一〇月二二日に立命館大学衣笠キャンパスで行われた特別講演『アフター・メタヒストリー――ヘイドン・ホワイト教授のポストモダニズム講義――』から。

8　ホワイトが挙げたのは、以下の通りである。「歴史小説」（ドン・デ・リーロの『リブラ 時の秤』や『アンダーワールド』、Ｊ・Ｍ・クッツェーの『敵あるいはフォー』、ジョン・バンヴィルの『アンタッチャブル』、フィリップ・ロスの『アメリカン・パストラル』や『アメリカに抗するプロット』)、叙事詩的映画(ダニエル・ヴィーニュの『マルタン・ゲールの帰還』、リチャード・アッテンボローの『ガンジー』、トニー・リチャードソンの『遙かなる戦場』、あるいはオリヴァー・ストーンの『JFK』)、ドキュメンタリー(クロード・ランズマンの『ショアー』あるいはアラン・レネの『夜と霧』)、場の構築(クリストによる国会議事堂の「梱包」)、コミックス(アート・スピーゲルマンの『マウス―ある生き残りの物語―』や『消えたタワーの影のなかで』)、アンゼルム・キーファーの絵画、クリスチャン・ボルタンスキーのインスタレーション、博物館学的な修正主義(ベルリンにあるリベスキンドの「ユダヤ博物館」)、証言文学(プリーモ・レーヴィの『アウシュヴィッツは終わらない―あるイタリア人生存者の考察―』)

9　このように記憶研究の普及は目覚ましいのは事実だが、アメリカの記憶研究者ジェームス・ウェルチが言うように、個人の記憶に焦点をあてた研究は、集合的記憶を扱ったものより、量的に遙かに多い(Wertsch 2002 : 33-34)。つまり記憶研究の興隆は、実のところ、主に心理学者による個人の記憶に関する研究によって支えられている面があり、それに比べると他のディシプリンの研究者による集合的記憶の研究はやや発展途上である点は否めない。このため、心理学に限らない多様な領域の研究者による集合的記憶の研究の発展の必要性が欧米の研究者の間で叫ばれてきた(Middleton and Edwards 1990)。

また、日本でも記憶研究が盛んになってきているが、心理学が依然主流である点では欧米と事情は似ている。日本では、二〇〇七年三月に慶應義塾大学の三田哲学会の学術誌『哲学』において、一冊全てが記憶研究を取り上げた『記憶の社会学』と題する特集が組まれた。これは、日本の社会学領域において、記憶について大々的な特集が組まれたおそらく初めての例だろう。ここでは社会学のアプローチによる記憶に関する九つの論文が収められている。社会学者の浜日出夫も、この特集の巻頭言で、記憶研究は心理学が主流だが社会学は記憶への別のアプローチが可能であることを強調している(浜 2007)が、おそらくこの特集も同様の問題意識から組まれたと思われる。

10　岩崎稔はノラの『記憶の場』を評価しつつもその点でノラを批判し、「ノラと決別するという意味をこめて」(喜安・成田・岩崎 2012 : 44)、ナショナル・ヒストリーを超えることを目指した書籍『東アジアの記憶の場』(2011)を編纂している。

11　エピローグで触れるように、川本の朝霞自衛官殺害事件については、川本自身の自伝的小説『マイ・バック・ページ―ある60年代の物語―』(1988)に書かれており、この小説は二〇一一年に、妻夫木聡、松山ケンイチ主演で映画化もされた。

12　主な先行研究として、浅岡隆裕(2012)『メディア表象の文化社会学―〈昭和〉イメージの生成と定着の研究―』、市川孝一(2010)「昭和30年代はどう語られたか―〝昭和三〇年代ブーム〟についての覚書―」、片桐新自(2007b)「『昭和ブーム』を解剖する」、寺尾久美子(2004)『空間構成とノスタルジア 博物館の「昭和のくらし」展示から』、同「『昭和30年代』の語られ方の変容」(2007)他。

13　山之内靖、成田龍一、ヴィクター・コシュマン編著『総力戦と現代化』(1995、柏書房)、ジョン・ダワー『敗北を抱きしめて―第二次大戦後の日本人―(上・下)』(三浦陽一・高杉忠明・田代泰子訳)(2001、岩波書店)、同『昭和―戦争と平和の日本―』(明田川融監訳)(2010、みすず書房)に代表されるように、二〇世紀の総力戦の視点などから、戦前と戦後の連続性を主張する議論が少なからず活性化している。
14　東京タワーは、政府によるプロジェクトだと思われがちだが、実際は民間プロジェクトである。総工費の約三〇億円の額は、現在の相場だと約二〇〇億円。
15　もっともこの特集記事の後に、『赤瀬川原平が訪ねる東京タワー』という見開きの別のコーナーがあり、そこでは、最近撮影された東京タワーの全景写真がある。ただしここでは、赤瀬川本人がタワーの上下を手で押さえる仕草を見せ、実物のタワーがミニチュアであるかのような、一種の錯視の効果を狙った特殊な撮影であることを考え合わせると、『週刊昭和』のこのタワー特集号には、いわゆる通常のタワーの全景写真が一枚も無いことになる。
16　当時の幼い子供の間では、本当にタワーが破壊されたと信じてショックを受けた子もいたという（鮫島 2008：276）。
17　映画公開後の二〇〇五年一二月に発行された西岸良平の漫画本『三丁目の夕日 映画化特別編』（小学館）によれば、映画『ＡＬＷＡＹＳ 三丁目の夕日』は、一二編の漫画エピソードが原作から選び取られているとしている。
18　この映画は時代設定が特に明かされないが、原作小説が一九六三年（昭和三八年）生まれのリリー・フランキーの幼少時から成人後までを対象としているため、おそらく同様と考えてよいだろう。そういう意味では、主に東京タワーが映画の舞台と関連するのは昭和の終りから平成にかけてであろうが、後に触れるように東京タワー建設直後のタワーのイメージがシンボリックな形で使用され、主人公が幼少期を過ごした一九六〇年代の九州の炭鉱地域が前半の舞台であることなどから「昭和ノスタルジア映画」に分類することができる。
19　久世は、ドラマのクランクイン直前に急逝している。代わって実際のドラマは、フジテレビの西谷弘が演出を務めた。
20　位牌は、もともと中国の儒教に始まり、その後仏教に導入された説が有力である（長谷川 2008：59）。遠い祖先への供養の伝統は世俗化と共に近年衰えてきているが、近親者の死者への弔い方はむしろ厚くなってきているという（井上 2007）。
21　commemorate は、辞書的には「祝う、記念する、追悼する、賛美する」等の訳語がある言葉だが、実際は過去のある対象への重要な想起についてのもう少し包括的な含意の言葉であり、それに該当する良い日本語を見つけるのが難しく感じることがたびたびある。そのため、英語ではあるものの、文中にてそのままカタカナで記す使い方をした。
22　『週刊ポスト』（2001）「『プロジェクトＸ』はもはやマンネリだ！―テレビ界内幕―」一一月一六日号（三三巻四七号）。
23　『週刊ポスト』（2001）「『プロジェクトＸ』はもはやマンネリだ！―テレビ界内幕―」一一月一六日号（三三巻四七号）。
24　『週刊ポスト』（2001）「『プロジェクトＸ』はもはやマンネリだ！―テレビ界内幕―」一一月一六日号（三三巻四七号）。
25　『週刊ポスト』（2001）「『プロジェクトＸ』はもはやマンネリだ！―テレビ界内幕―」一一月一六日号（三三巻四七号）。
26　『週刊ポスト』（2001）「『プロジェクトＸ』はもはやマンネリだ！―テレビ界内幕―」一一月一六日号（三三巻四七号）。
27　筆者である私自身も元ＮＨＫ報道局ディレクターであり、ＮＨＫの番組制作システムのことは個人的にも良く知っているつもりであるが、そういう意味からも『プロジェクトX—挑戦者たち—』の制作体制は、いささか特異に思われる。また、実際にこの番組を担当したディレクターからも直接話を聞いたことがあるが、同様のことを語っていた。

28 『プロジェクトX—挑戦者たち—』(二〇〇二年八月二七日放送)では、東京オリンピックを取り上げた放送がこれ以外にある。第九四回放送の『料理人たち 炎のオリンピック』(二〇〇二年八月二七日放送)がそうであるが、この放送もアスリートたちを描くのではなく、彼らを裏で支えた選手村食堂の料理人たちの食事作りの奮闘ぶりを描いていることも注目に値する。

29 東京湾内湾漁業の歴史に関する資料は少ないが、京浜漁共による『江戸前発見〔過去と現在そして未来へ〕』の中にある「戦後の東京湾内湾漁業の存亡史」に詳しく、本書もそこでの情報を参考にしている。http://list.boatstaff.co.jp/hope/(アクセス日:二〇一二年一月二〇日)

30 農林水産省の『漁業センサス』などの統計によれば、一九六五年前後を境に、東京湾全体で、魚類、貝類、藻類などにおける漁業就業者数は激減していった。二一世紀に入ってからの東京湾の漁獲量は、一九六〇年頃の一割程度にまで落ち込んでいる。

31 日本ビクターは、戦前から数々の流行歌のレコードでヒット曲を世に送り出してきた。戦前の『波浮の港』、『君恋し』から戦後の『異国の丘』、『銀座カンカン娘』、『黄色いリボン』などの他、『誰よりも君を愛す』、『君恋し』、『いつでも夢を』と一九六〇年(昭和三五年)から三年連続で日本レコード大賞受賞曲を送り出したこともある(佐藤 1999:48-49)。

32 高野は、NHK番組でも紹介されているが、ガンのため一九九二年一月に六八歳の生涯を閉じている。

33 『週刊ポスト』(2001)「『プロジェクトX』はもはやマンネリだ!—テレビ界内幕—」一一月一六日号(三三巻四七号)。

34 番組そのものよりも、番組を元に刊行された書籍版の方が、本田技研のシビックCVCCの開発、水冷・空冷エンジンの比較などが詳しく、本書もそこからの情報を参考にしている。紙の書籍版は既に絶版になっているが、現在、番組タイトル名と同名の電子書籍が発売されている。

35 二〇〇五年五月一〇日放送の「ファイト! 町工場に捧げる日本一の歌」で、取材対象となった大阪府立淀川工業高等学校が事実とは異なる点があるとして、訂正と謝罪を申し入れた。番組では淀川工業高等学校が毎年八〇人退学者を出すほど不良が多く、荒れに荒れていたため合唱コンクール開催の際には警察のパトカーが会場に来るほどだったと語られるが、高校側はそれほど退学者はいなかったと共に、学校も荒れてはおらずパトカーも来ていなかったとして抗議した。その後NHKは、取材の事実確認が不十分な点があり、制作者側の思い込みが強すぎた面もあったとして謝罪した。

36 雑誌『エコノミスト』一九六三年(昭和三八年)一一月二六日号は、事故について、「起こるべくして起こった炭鉱災害」との見出しの特集記事を掲載している。

37 ピーター・カッタネオ監督の『フル・モンティ』(1997)は炭鉱ではなく、鉄鋼業で栄えたイギリス中部の町シェフィールドの鉄工所を不況のため解雇された男たちが主人公の映画だが、映画のテーマは当時の炭鉱映画と並行性があるため、映画ジャンルとしては同じ区分に入れて良いだろう。

38 スパリゾートハワイアンズの中にある『フラ・ミュージアム』の展示資料による。

39 スパリゾートハワイアンズの中にある『フラ・ミュージアム』の展示資料による。

40 石原仁美のプロフィールについては、『AERA』二〇〇七年九月三日号（朝日新聞社）で、石原本人を取り上げた、北原みのりによる特集記事「現代の肖像」に詳しく、本書の情報もそれを参考にしている。

41 早川和子については、幾つかの資料がある（『朝日新聞』の記事（二〇〇七年九月一五日「be 週末 e1」欄）他）。

42 シネカノンは経営が破たんし、二〇一〇年一月、東京地裁へ民事再生法の適用の申請をしている。

43 徴用・雇用され、戦時中に亡くなった朝鮮人の遺骨収集作業、遺骨情報の調査が一九八〇年代以降、全国各地で行われている。例えば、北海道では戦争末期三年間で一四七七人が亡くなったとされ、三菱美唄炭鉱のガス爆発で七〇人、北炭美流炭鉱の坑内火災で二五人が死亡した記録がある（『朝日新聞』二〇〇六年五月二五日朝刊）。

44 在日本大韓民国民団中央民族教育委員会企画、「歴史教科書在日コリアンの歴史」作成委員会編『歴史教科書—在日コリアンの歴史—』（2006、明石書店）による。

45 テレビアニメおよび劇場用映画は、幼児や子供を対象としていることから、子ども向きのイメージがあるが、そもそも漫画の連載は、青年漫画の位置づけでスタートしたため、「生理」「スキン」「ソープ」などの表現が散見されるなど、少しその後のイメージと異なる。

46 この原稿を書いている二〇一三年一一月現在でも放送が続いているため二〇年を超す長寿番組と言える。

47 二〇一〇年九月号の『まんがタウン』誌上から、臼井の元スタッフの手で、『新クレヨンしんちゃん』の連載が始まった。

48 『クレヨンしんちゃん 嵐を呼ぶ モーレツ！ オトナ帝国の逆襲』は、雑誌『映画秘宝』のこの年のベストテンで第一位に選ばれてはいる。しかしながら、『映画秘宝』は映画マニア向けの、時に「カルト志向」とも見られる特異な編集方針のため、そこでのランキングは他のものとかなり異なっている。『映画秘宝』は、邦画・洋画を一緒にしたベストテンを毎年発表しているが、この年のベスト20に選ばれた他の日本映画は、黒沢清監督『回路』（七位）、金子修介監督『ゴジラ・モスラ・キングギドラ 大怪獣総攻撃』（一二位）、三池崇史監督『殺し屋1』（一三位）、深作欣二監督『バトル・ロワイヤル』（一七位）、北野武監督『BROTHER』（一八位）、佐々木浩久監督『実録外伝 ゾンビ極道』（一九位）であり、他の映画誌のベストテンや各賞とはいささか顔ぶれが異なっている。

49 ポピュラー・ソングの例：カーペンターズの一九七三年（昭和四八年）のヒット曲『イエスタディ・ワンス・モア』、アメリカ人女性デュオ・ベッツィ&クリスの一九六九年（昭和四四年）のヒット曲『白い色は恋人の色』、よしだたくろう（吉田拓郎）の一九七一年（昭和四六年）の曲『今日までそして明日から』、ザ・ピーナッツの一九六四年（昭和三九年）の『聖なる泉』（映画『モスラ対ゴジラ』から）など。

50 二〇〇七年一月から七月まで連載されたのは、完結編である『本格科学冒険漫画 20世紀少年』。『本格科学冒険漫画 20世紀少年』の単行本は二二巻、『本格科学冒険漫画 21世紀少年』の単行本は上下の二巻。

51 しかしながら、映画化にあたって原作からの変更点が全くないわけではない。例えば映画では三部作の最後に、原作漫画では必ずしも明らかにされなかった「ともだち」とケンヂの過去の出来事が、映画プロデューサーのアイデアによって付け加えられている。

52 映画では、第一章、第二章、最終章という言い方をしているが、以降は便宜上、第一作、第二作、第三作という言い方を本書では採用する。

53 例えば、小澤知美の論文「浦沢直樹『20世紀少年』論―『ほんもの』と『にせもの』―」(2011)、ジョリオン・バラカ・トーマスの論文「マンガと宗教の現在―『20世紀少年』と二一世紀の宗教意識―」(2008) など。

54 二〇一二年九月一三日現在。

55 主なものに、映画では東宝配給映画『ゼロの焦点』、テレビドラマでは、テレビ朝日の『疑惑』、テレビ東京の『黒の奔流』、フジテレビの『駅路』、テレビ朝日の『夜光の階段』、TBSの『中央流沙』、『火と汐』、NHKの『顔』など。

56 日航機墜落事故から二〇年に当たる二〇〇五年八月には、特に多数のテレビ番組が放送された。代表的なものに、NHKスペシャル『思いをつづった文集―あの日を忘れないで―日航機事故 20年目の遺族』（八月一二日放送）、TBSの『ボイスレコーダー―残された声の記録―ジャンボ機墜落20年目の真実』（八月一二日放送）、フジテレビの金曜エンタティーメント特別企画『8・12日航機墜落事故20年目の誓い―天国にいるわが子へ―』（八月一二日放送）、日本テレビのNNNドキュメント『ドキュメント05「あの夏…御巣鷹山・日航機墜落それぞれの20年」』（八月一四日放送）、テレビ東京の『上を向いて歩こう―坂本九物語―』（八月一一日放送）、NHK特集『墜落―日航機事故調査報告―』（一二月一五日放送）、などがある。

57 むろんその前にも日航機は少なからず事故を起こしてきた。特に一九七二年（昭和四七年）は、五月から暮れにかけて、羽田空港暴走事故、ニューデリー墜落事故、金浦空港暴走事故、ボンベイ空港誤認着陸事故、シェレメーチエヴォ墜落事故などの死亡事故を含む連続事故が発生している。

58 三億円事件は、多くの小説化がなされてきた。代表的なものに、佐野洋 (1970)『小説 三億円事件』講談社、西村京太郎 (1971)『名探偵なんか怖くない』講談社、三好徹 (1976)『ふたりの真犯人―三億円の謎―』光文社、大下英治 (1979)「白バイと紅薔薇」現代の眼編集部編『現代虚人列伝』現代評論社、清水一行 (1979)『時効成立―全完結―』角川書店、小林久三 (1985)『父と子の炎』角川書店、一橋文哉 (1999)『三億円事件』新潮社、風間薫 (1999)『真犯人―「三億円事件」31年目の真実』徳間書店他。

59 一九六〇年代の川本三郎の経験が映画化され、当時へのクリティカルな意味交渉のナラティブが造型される一方で、川本本人が当時を「小春日和」「ベルエポック」との言説を繰り返す「昭和ノスタルジア」の代表的な論客となっているのは、いささか皮肉なことではある。

# あとがき

大阪伊丹空港から大阪東部の門真市の間を走る大阪モノレールは、大阪万博の跡地を整備した万博記念公園を通るため、車内からは真正面に、太陽の塔が見える。私は通勤でこのモノレールを利用するため、毎日のように、太陽の塔と対面することになる。両手を大きく左右に広げた太陽の塔は、金盤でできた黄金の丸い顔を肩の上に載せている。岡本太郎による、縄文土偶を意識した金盤の顔はシンプルこの上ないのっぺりした顔立ちなのだが、移動するモノレールの車中からは、日中は日光を浴びながら、黄金の額がキラキラ輝くさまが見える。夜になると、目の奥に備え付けられた照明がライトアップされるため、帰りのモノレールからは、眼光鋭い塔の顔と再び対面することになる。

こうして日々の生活で出会う太陽の塔の周囲の二六四ヘクタールもの広大な敷地（甲子園球場の六五倍）は、現在、緑で覆われている。本書のカバー写真にあるような人混みと喧噪の中の太陽の塔の光景は、大阪万博が開催された一九七〇年三月から九月までの半年間のことに過ぎない。かつて万博の象徴だった太陽の塔は、緑地化された会場の跡地に残り、昭和から平成へ、バブル崩壊、二一世紀の到来、リーマンショックや東日本大震災を経た今も、あたかも「祭りの後」の象徴のごとく、そびえ立っている。

私自身、万博開催当時は五歳になろうとしていた頃で、大阪の千里丘陵に程近い場所にあった家から家族や親戚と共に何度か訪れた記憶が残っている。だが一〇歳になると、商社マンをしていた父親の転勤で中近東の未知の国（イラン）に移り住み、帰国後の中学時代以降は主に関東で暮らしてきたため、その後は万博跡地に立ち寄ることもなく時は過ぎていった。大阪に再び住むことになったのは、それから二〇余年後のこと、ちょうど二一世紀が始まる頃であった。

だがそれ以来、太陽の塔と対面する日々が始まった。通勤時のみならず、週末には、せがむ幼い子供を連れてモノレールに乗って塔を訪れる。「祭りの後」をまざまざと感じさせる高さ七〇メートルの塔の威容（奇観と言っても良いかもしれない）との日常的接触は、否が応でも人の内省の音叉を引き出させるだろう。上野千鶴子は、「言説分析は、そう語るおまえは何者なのかという問いを発することによって、研究者をも分析の対象から例外に置かない」（上野 2001 : 281）と述べている。本書では、メディア作品の作り手のポジショナリティを随所で問うたが、もしも著者である私自身のポジショナリティを内観するならば、私の世代的なものに加えて、「祭りの後」＝「昭和」の残滓とのルーティンの対峙が喚起するおのれの再帰的な心象風景と全く無縁というわけにはいかず、それは多少なりとも本書の中に反映されているかもしれない。

本書のような、メディア表象や言説における記憶の意味闘争の痕跡の丹念な析出は、「記憶の場」の救済による新たな「記憶の場」の創造とでも言うべきものであるが、むろんそれは書き手であるおのれ自身の立ち位置から紡ぎ出されるという宿命的性格から決して逃れることはできない。執筆の途上で「そう語るおまえは何者なのか」という背後からの囁きに幾度となく向き合わされた。そして他ならぬ書き手であるおのれ自身の「近過去への執着」の呪縛の大きさに恂恂とするのであった。

本書で述べているように、「昭和ノスタルジア」をめぐるメディア・言説空間間の質的差異、およびそれらのポリティクスの発掘と可視化をいかにして行いうるかは問題意識として当初からあった。一般にメディア研究領域では、メディア・ジャンル間や研究対象間の大なり小なりの壁や棲み分けが見られる。例えばジャーナリズム研究者が映画を扱うことは稀である。その逆も然りで、映画研究者がジャーナリズムを扱うことも稀である。これは欧米でも事情は似ており（あるいは欧米ではそれ以上である）、それは当然と言えば当然かもしれないが、しかしながら、そうした「棲み分け」は、それぞれのメディア・ジャンルに関連性が深い固有のポリティクスやそれらの系譜的理解を相対化しながら可視化しようとする際、障害ともなりうるのではないか。メディア学を扱う本書がラディカル・デモクラシーの応用を試みたのは、そうした問題意識からであった。

本書で分析・考察を重ねるごとに、言説空間におけるパターン化された「昭和三〇年代ブーム」「昭和ノスタルジア」の語り口、およびその背後にある「魔除けのお札」の戦後イデオロギーの強度がいかばかりのものか思い知らされた。「魔除けのお札」は言うなれば「賞味期限」のない特殊な常備薬のようなもので、仮に効能がなくとも、何がしかの「プラセボ（偽薬）効果」が期待される必携のものと考えられ、いつしか鞄の中に忍ばせていることさえ意識されなくなった類のものとでも言えるかもしれない。

そして本書の後半部分を書いている時、二〇一一年三月一一日の東日本大震災、および福島原発事故が起きた。3・11後、多くのジャーナリズムや知的言説が、原発事故をめぐり、戦後のイデオロギーとしての「原子力の平和利用」を批判的に検証しているが、本書でも述べているように「夢の原子力」こそは、戦後イデオロギーとしての「魔除けのお札」の中でも重要度の高い「お札」であろう。論者がいかに意識していなくとも「昭和三〇年代ブーム」をめぐる諸言説と「夢の原子力」は親和性が高く、それぞれの「お札」はそれと気づかれることもなく祀られてきたと思われるのである。

原子力については、福島原発事故によっていわばパンドラの箱が開かれ、（必ずしも十分な形ではないが）アジェンダ化され始めている。その際、それが「昭和ノスタルジア」が内包する「近過去へのクリティカルな執着」と何らかの接続がなされることを願うものである。そうした現実的かつ内省的な接続が、累々と「魔除けのお札」を祀り続けている私たちを覚醒させ、何がしかの生産的な内破へと導きうるだろう。

本書はロンドン大学に提出した英文の博士（Ph. D.）学位論文をもとに、それを日本語に訳しながら、論文ではなく一般読者も想定した書籍としての出版を念頭に、構成も含め大幅に修正して書き上げたものである。結果的には博士論文とはほとんど別の書物となった。私は元々は研究者ではなく、NHKの報道番組のディレクターであった。つまり、本書の分析対象となるようなメディア作品の作り手の側だった人間である。そんな私が一五年のNHK在職中にイギリスの大学院で学んだうえ、中途退職して研究者の道に路線変更したり、英文での博士論文執筆や学術書を出版することになろうとは、一九八〇年代後半、バブル景気の浮かれた時代の東京で、怠惰な大学生活を送っていた当時は想像すらできなかった。

本書の執筆にあたって、まずイゾルデ・スタンディッシュに感謝したい。映画学を基調にしながらも学際的かつ斬新なスタンディシュのアプローチは、日本の研究者にはあまり見られないもので、私に影響を与えてくれた。執筆にあたってのスタンディッシュからの度重なる温かい激励にも感謝している。博士論文を通して読んで詳細かつ貴重なコメントをくれたアラステア・フィリップスとグリセルディシュ・カーシュには大変感謝している。理論面で貴重な助言をしてくれたマーク・ホバートにもとても感謝している。

アナベル・スレバーニは、国際メディアコミュニケーション学会会長の要職で多忙にも拘わらず、何度も研究室で親身に相談に乗ってくれた。半世紀近くも前にイギリスで初めてジェンダー研究で博士学位を取得したJ・ジャイルスの研究者・教育者としての姿勢は、私が放送の仕事から研究者の道を目指す道しるべとなった。ドロレス・マルティネスは、貴重な助言を何度もしてくれたのみならず、国際学会パネル Politics of Cultural Production: Memory and Representations にも招いてくれたことに、大変感謝している。このパネルのブライ・グアルネ、アルチュール・ロザーノ・メンデスをはじめとするメンバーの貴重な助言にもとても感謝している。また、国際ワークショップEuropean and Japanese Avant-garde Cinemas: Convergence and Divergenceにおけるローラ・マルヴィー、ジェフリー・ノエル・スミス、四方田犬彦をはじめとするメンバーの貴重な助言にも感謝している。

各学会、勉強会の発表で意見を頂いた方々、また私が勤務する立命館大学の同僚の方々にも感謝したい。とりわけ内容に加え、出版にあたっての貴重な助言をしてくれた福間良明氏には感謝している。

世界思想社には、一九六〇年代前後を扱う本書の内容に興味を持って頂き、刊行の機会を作って頂いた。大部の著作でありながら、注意深く、非常に丁寧な本作りをして頂いた世界思想社の皆様に厚く御礼申し上げたい。また、デザイナーの上野かおるさんには、本書の意を汲んだ素敵な装丁を作って下さったことにとても感謝している。

最後になったが、イギリス留学の後、本務校の業務が忙しい中、完成にこぎつけることができたのは、ひとえに妻の支えがあってこそである。心から感謝したい。そして、東京オリンピックの翌年の昭和四〇年に私を生み、育ててくれた父と母に心から感謝したい。

二〇一四年三月

日高勝之

# 索　　　引

## 人名索引

## 事項索引

●あ行



●か行

# 主要文献一覧

阿部潔（2001）『彷徨えるナショナリズム―オリエンタリズム / ジャパン / グローバリゼーション―』世界思想社
安倍晋三（2006）『美しい国へ』文藝春秋
相田冬二（2007）「撮影現場ルポ（前編）『東京タワー―オカンとボクと，時々，オトン―』」『キネマ旬報』3月上旬号
赤川学（2006）『構築主義を再構築する』勁草書房
Althusser, L.（1971）'Ideology and Ideological State Apparatuses' in *Lenin and Philosophy and other Essays*（1971），（trans.）Ben Brewster, pp. 121-176. New York: Monthly Review Press.
Althusser, L. and Balibar, E.（2009）*Reading Capital,* trans. Ben Brewster London and New York: Verso.
Anderson, B.（1991）*Imagined Communities: Reflections on the Origin and Spread of Nationalism,*（revised. ed.），London: Verso.
Ankersmit, F. R.（1983）*Narrative Logic: A Semantic Analysis of the Historian's Language,* The Hague: Nijhoff.
Ankersmit, F. R.（1989）'Historiography and postmodernism' in *History and Theory* 27, 2.
浅羽通明（2008）『昭和三十年代主義―もう成長しない日本―』幻冬舎
浅岡隆裕（2004）「昭和30年代へのまなざし―ある展覧会の表象と受容の社会学的考察―」『応用社会学研究』46号
浅岡隆裕（2005）「見出された『昭和30年代』―メディア表象の論理と過程から―」『応用社会学研究』47号
浅岡隆裕（2010）「昭和の風景への / からの視線―メディアの語りのなかの昭和30年代―」『マス・コミュニケーション研究』76号
浅岡隆裕（2012）『メディア表象の文化社会学―《昭和》イメージの生成と定着の研究―』ハーベスト社
朝山実（2005）「現代の肖像 映画プロデューサー・李鳳宇 韓流仕掛け人の心象風景」『AERA』2005年9月19日号
ブルデュー，ピエール（1990）『ディスタンクシオン　社会的判断力批判Ⅰ・Ⅱ』石井洋二郎訳，藤原書店
Barthes, R.（2000）*Mythologies,*（trans.）Annette Lavers, London: Vintage.　ロラン・バルト（1967）『神話作用』篠沢秀夫訳，現代思潮新社
Bartlett, F. C.（［1932］1995）*Remembering: A Study in Experimental and Social Psychology,* Cambridge: Cambridge University Press.
Baudrillard, J.（2001a）Consumer Society. In M. Poster（ed.）*Jean Baudrillard: Selected Writings,* Second Edition, Stanford: Stanford University Press.
Baudrillard, J.（2001b）The System of Objects. In M. Poster（ed.）*Jean Baudrillard: Selected Writings,* Second Edition, Stanford: Stanford University Press.
Bauman, Z.（1989）*Modernity and the Holocaust,* Cambridge: Polity Press.
Bauman, Z.（2000）*Liquid Modernity,* Cambridge: Polity Press.

Beck, U. (1994) 'The Reinvention of Politics: Towards a Theory of Reflexive Modernization' In U. Beck, A. Giddens and S. Lash *Reflexive Modernization: Politics, Tradition and Aesthetics in the Modern Social Order,* Cambridge: Polity Press.

Beck, U. and Beck-Gernsheim, E. (2002) *Individualization: Institutionalized Individualism and Its Social and Political Consequences,* London: Sage.

Billig, M. (1990) 'Collective Memory, Ideology and the British Royal Family', In D. Middleton and D. Edwards (eds.) *Collective Remembering,* pp. 60-80, London: Sage.

Billig, M. (1995) *Banal Nationalism,* London: Sage

Bloch, M. (1954) *The Historian's Craft,* (trans.) P. Putnam, Manchester: Manchester University Press.

Bordwell, D and Thompson, K. (1990) *Film Art: An Introduction,* third edition, New York: McGraw-Hill.

Bordwell, D and Thompson, K. (2004) *Film Art: An Introduction,* seventh edition, New York: McGraw-Hill.

Boym, S. (2001) *The Future of Nostalgia,* New York: Basic Books.

Carpentier, N and Cammaerts, B. (2006) 'Hegemony, Democracy, Agonism and Journalism: An Interview with Chantal Mouffe'. *Journalism Studies,* Vol. 7, No. 6, pp. 964-975.

Carpentier, N and De Cleen, B. (2008) 'Bringing discourse theory into Media Studies'. *Journal of Language and Politics,* 6(2), pp. 265-293.

Carpentier, N. and Spinoy, E. (eds.) (2008) *Discourse Theory and Cultural Analysis: Media, Arts, and Literature,* Cresskill: Hampton Press.

Carr, E. H. (1961) *What Is History ?,* London: Palgrave. E. H. カー (1962)『歴史とは何か』清水幾太郎訳，岩波新書

Carrier, P. (2000) 'Places, Politics and the Archiving of Contemporary Memory'. In S. Radstone (ed.) *Memory and Methodology,* Oxford: Berq

Collingwood, R. G. (1946) *The Idea of History,* New York: Oxford University Press.

Collini, S. (1999) *English Past: Essays in Culture and History,* Oxford: Oxford University Press.

Cooke, P. (1989) 'Nation, space, modernity'. In R. Peet and N. Thrift (eds.) *New Models in Geography: The Political-Economy Perspective,* pp. 267-191, London: Unwin-Hyman.

Corner, J. and Harvey, S. (1991) *Enterprise and Heritage: Crosscurrents of National Culture,* London: Routledge.

Creighton, M. (1997) 'Consuming Rural Japan: The Marketing of Tradition and Nostalgia in the Japanese Travel Industry', *Ethnology,* 36(2), pp. 239-254.

Dapia, S. (2000) 'Logic of antagonism, of difference, and of the limit: questions of cultural identity in Latin American cultural studies' in *Diálogos Latinoamericanos,* 1, pp. 9-32, Aarhus: Universidad de Aarhus.

Davis, F. (1979) *Yearning for Yesterday: A Sociology of Nostalgia,* New York: Free Press. F. デーヴィス (1990)『ノスタルジアの社会学』間場寿一・荻野美穂・細辻恵子訳，世界思想社

ダワー，ジョン・W (2001)『敗北を抱きしめて―第二次大戦後の日本人―（上・下)』三浦陽一・高杉忠明・田代泰子訳，岩波書店

ダワー，ジョン・W（2010）『昭和―戦争と平和の日本―』明田川融監訳，みすず書房
電気事業講座編集委員会編纂（2007）『電気事業と燃料』エネルギーフォーラム
Derrida, Jacques.（1981）*Positions,* Chicago: University of Chicago Press.
デリダ，ジャック・柄谷行人・浅田彰（1984）「超消費社会と知識人の役割」『朝日ジャーナル』5月25日号
Du Gay, Paul.（et al.）（1997）*Doing Cultural Studies: The Story of the Sony Walkman,* London: Sage.
Eagleton, T.（2003）*Sweet Violence: The Idea of the Tragic,* Oxford: Blackwell. テリー・イーグルトン（2004）『甘美なる暴力―悲劇の思想―』森田典正訳，大月書店
枝川公一（2001）「名もなき人々が，一生に一度，輝くとき。それが観る者の胸を熱くする NHK『プロジェクトX』と感動に飢えた日本人」『プレジデント』4月号
Foster, H.（1985）'Postmodernism: A Preface', in H. Foster（ed.）*Postmodern Culture,* London: Pluto Press.
藤田真文（1999）「水戸黄門の政治学―物語論の試み―」伊藤守・藤田真文編『テレビジョン・ポリフォニー――番組・視聴者分析の試み―』世界思想社
藤田真文（2006）『ギフト，再配達―テレビ・テクスト分析入門―』せりか書房
福間良明（2006）『「反戦」のメディア史―戦後日本における世論と輿論の拮抗―』世界思想社
福岡安則（1993）『在日韓国・朝鮮人―若い世代のアイデンティティ―』中央公論社
布施克彦（2006）『昭和33年』筑摩書房
布施克彦（2008）「『昭和30年代』という時代の違った顔」『調査時報』1月2日号
Garrett, P. and Bell, A.（1998）'Media and Discourse: A Critical Overview' in A. Bell and P. Garrett（eds.）*Approaches to Media Discourse,* Oxford: Blackwell.
玄田有史（2002）「『リストラ中高年』の行方」Economic and Social Research Institute Discussion Paper Series No. 10
Giddens, A.（1990）*The Consequences of Modernity,* Cambridge: Polity Press. アンソニー・ギデンズ（1993）『近代とはいかなる時代か？―モダニティの帰結―』松尾精文・小幡正敏訳，而立書房
Giddens, A.（1991）*Modernity and Self-Identity: Self and Sosiety in the Late Modern Age,* Stanford: Stanford University Press. アンソニー・ギデンズ（2005年）『モダニティと自己アイデンティティ―後期近代における自己と社会―』秋吉美都・安藤太郎・筒井淳也訳，ハーベスト社
Giddens, A.（1992）*The Transformation of Intimacy: Sexuality, Love, and Eroticism in Modern Societies,* Cambridge: Polity Press.
Giddens, A.（1994）*Beyond Left and Right: The Future of Radical Politics,* Cambridge: Polity Press.
Giles, J.（2004）*The Parlour and the Suburb: Domestic Identities, Class, Femininity, and Modernity,* Oxford: Berg.
Giles, J. and Middleton, T.（1999）*Studying Culture: A Practical Introduction,* Oxford: Blackwell.
グラック，キャロル（2001）「現在のなかの過去」アンドルー・ゴードン編，中村政則監訳『歴史としての戦後日本（上）』みすず書房
グラック，キャロル（2007）『歴史で考える』梅崎透訳，岩波書店
Habermas, J.（1985）'Modernity: An Incomplete Project' In H. Foster（ed.）, *Postmodern*

*Culture,* London: Pluto Press.

Habermas, J. (1996) 'Modernity: An Unfinished Project' in *Habermas and the Unfinished Project of Modernity: Critical Essays on The Philosophical Discourse of Modernity,* Cambridge: Polity Press.

Halberstam, J. (1998) *Female Masculinity,* Durham and London: Duke University Press.

Halbwachs, M. ([1926] 1950) *The Collective Memory,* (trans.) F. J. and V. Y. Ditter, London: Harper Colophon Books.

Hall, S. (1973) *Encoding and Decoding in the Television Discourse.* Birmingham: Centre for Contemporary Cultural Studies.

Hall, S. (1980) 'Encoding/decoding' In S. Baron. M. Denning, S. Hall, D. Hobson, and P. Willis (eds.), *Culture, Media, Language: Working Papers in Cultural Studies, 1972-79* (pp. 128-138). London: Unwin Hyman.

Hall, S. (1982) 'The Rediscovery of "Ideology": Return of the Repressed in Media Studies' In M. Gurevitch, et al. (eds.) *Culture, Society and Media,* London: Routledge.

Hall, S. (1986) 'Postmodernism and articulation, an interview by Lawrence Grossberg', In D. Morley and K. H. Chen (ed.), *Stuart Hall: Critical Dialogue in Cultural Studies,* London: Routledge.

Hall, S. (1988) *Thatcherism and the Crisis of the Left: the Hard Road to Renewal.* London: Verso.

Hall, S. (1994) 'Reflections upon the Encoding/Decoding Model'. In J. Cruz and J. Lewis (eds.), *Viewing, Reading, Listening: Audiences and Cultural Reception,* pp. 253-274, Boulder: Westview Press.

Hall, S. (1996) 'Introduction: Who Needs 'Identity'?' in Hall, Stuart and Du Gay, Paul (eds.), *Questions of Cultural Identity,* London: Sage.

Hall, S. (1997) 'Old and New Identities, Old and New Ethnicities' in A. D. King (ed.) *Culture, Globalisation, and the World-System: Contemporary Conditions for the Representation of Identity,* Minneapolis: University of Minnesota Press.

浜日出夫（2007）「記憶の社会学—序説—」『哲学』117号

浜野保樹編（2005）『アニメーション監督 原恵一』晶文社

Hannertz, U. (1989) 'Notes on the Global Ecumene', *Public Culture* 1 (2), pp. 66-75.

原田眞人・石上三登志（2008）「なぜ『クライマーズ・ハイ』は人間を描くスペクタクルに成功したのか」『キネマ旬報』7月下旬号

原宏之（2006）『バブル文化論—「ポスト戦後」としての一九八〇年代—』慶應義塾大学出版会

原恵一・浜野保樹（2005）「ちっぽけな自分のままで—原恵一・浜野保樹対談—」浜野保樹編『アニメーション監督 原恵一』晶文社

ハルトゥーニアン，ハリー（2010）『歴史と記憶の抗争—「戦後日本」の現在』カツヒコ・マリアノ・エンドウ編・監訳，みすず書房

Harvey, D. (1990) *The Conditions of Postmodernity: An Enquiry into the Origins of Cultural Change,* Oxford: Blackwell. デヴィッド・ハーヴェイ（1999）『ポストモダニティの条件』吉原直樹監訳，青木書店

長谷川曾乃江（2008）「位牌論補遺—位牌と日本仏教—」『人文研紀要』64号

Healy, C. (2006) '"Dead Man": Film, Colonialism and Memory' in K. Hodgkin and S. Radstone, *Memory, History, Nation: Contested Pasts,* New Brunswick: Transaction

Publishers.
Hewison, R.（1987）*The Heritage Industry: Britain in a Climate of Decline,* York: Methuen Publishing Ltd.
日高勝之（2006）「遍在性ナショナリズムと70年代ノスタルジア―北朝鮮拉致被害者報道のディスコース編制―」『神戸親和女子大学研究論叢』39号
日高勝之（2007a）「拉致と核―ニュース報道の議題転換と後期モダニティの『信頼』概念―」『神戸親和女子大学研究論叢』40号
日高勝之（2007b）「カルチュラル・スタディーズと批判的ディスコース分析の架橋― Barker & Galasinski 理論の批判的検討―」『言語文化研究』１号
日高勝之（2013）「ラディカル・デモクラシー理論のメディア学への応用―ラクラウとムフの言説理論とメディア・言説空間の競合的複数性―」『立命館産業社会論集』第49巻３号
Hidaka, K.（2011）'Male Trouble and the Empowered Female: Gender Representations of Shōwa Nostalgic Films, Part I, Transformations of Masculinity', *Ritsumeikan Social Sciences Review,* vol. 47, no. 1, pp. 259-274.
樋口尚文（2009）「北陸の荒涼も昭和の陰影もファンタジーと化して」『キネマ旬報』11月下旬号
Hobart, M.（2000）*After Culture: Anthropology as Radical Metaphysical Critique,* Yogyakarta: Duta Wacana University Press.
Hobart, M.（2006）'The Profanity of the Media'. In E. Rothenbuhler & M. Coman *Media Anthropology,* London & New York: Sage.
Hobsbawm, E.（1983）'Introduction: Inventing Traditions', In E. Hobsbawm and T. Ranger（eds.）*The Invention of Tradition,* pp. 1-14. Cambridge: Cambridge University Press.
Hobsbawm, E.（1996）'Identity Politics and the Left', *New Left Review,* issue 217.
Hodgkin, K. and Radstone, S.（2006）'Introduction: Contested Pasts' In K. Hodgkin and S. Radstone, *Memory, History, Nation: Contested Pasts,* New Brunswick: Transaction Publishers.
Hodgkin, K. and Radstone, S.（eds.）（2006）*Memory, History, Nation*: Contested Past, New Brunswick and London: Tansaction Publishers.
Hofer, J.（[1688] 1934）'Medical Dissertation on Nostalgia', *Bulletin of The Institute of the History of Medicine.*（Trans.）Carolyn Kiser Anspach, 2.6, pp. 376-391.
Hood, C.（2011）*Dealing with Disaster in Japan: Responses to the Flight JL 123 Clash,* London: Routledge.
堀越謙三（2011）「グローバル時代における日本映画のゆくえ」黒沢清・四方田犬彦・吉見俊哉・李鳳宇編『日本映画はどこまでいくか』岩波書店
保坂正康・松本健一（2003）「日本中が『プロジェクト X』していた頃」『文藝春秋』６月号
Howarth, D.（1998）'Discourse Theory and Political Analysis', In E. Scarbrough and E. Tanenbaum（eds.）*Research Strategies in the Social Sciences: A Guide to New Approaches,* Oxford: Oxford University Press, pp. 268-293.
Howarth, D.（2000）*Discourse,* Maidenhead: Open University Press.
Howarth, D and Torfing, J.（eds.）（2005）*Discourse Theory in European Politics: Identitiy, Policy, and Governance,* Houndmills: Palgrave.
Hutton, P. H.（1993）*History as an Art of Memory,* Hanover: University Press of New

England.
Huyssen, A. (1995) *Twilight Memories: Marking Time in a Culture of Amnesia,* New York and London: Routledge.
一橋文哉（1999）『三億円事件』新潮社
市川孝一（2010）「昭和30年代はどう語られたか―“昭和30年代ブーム”についての覚書―」『マス・コミュニケーション研究』76号
池上冬樹（2005）「(書評)『東京タワー――オカンとボクと，時々，オトン―』リリー・フランキー著」『朝日新聞』7月17日
今井彰（2001）「『プロジェクトX』製作秘話―人々の渇きを見つめて―」『編集会議』12月号
今井彰（2002）「日本のプロジェクト論」http://www2.mie-net.ne.jp/isewanko/home/build/140215b.html（アクセス日：2009年2月13日）
今井彰（2007a）「記念講演『プロジェクトX』―ものづくりへの挑戦―」『IMFJC』夏号
今井彰（2007b）「記念講演プロジェクトX―挑戦者たち―日本のものづくりの原点」『Argus-eye』45巻12号
今井彰（2010a）『ゆれるあなたに贈る言葉』小学館
今井彰（2010b）『ガラスの巨塔』幻冬舎
今井彰・柳川高行（2001）「NHK『プロジェクトX』はどう創られているのか―今井彰チーフ・プロデューサーへのインタビュー――」『白鴎大学論集』16巻1号
尹榮玉・安島博幸（2006）「観光対象としての東京タワーのイメージ変遷」日本観光研究学会全国大会学術論文集，21号
井上治代（2007）「『家庭内』死者祭祀の多様化―仏壇（位牌）から遺骨祭祀へ―」『宗教研究』80巻4号
石田佐恵子（2007）「世代文化論の困難―文化研究における『メディアの共通経験』分析の可能性―」『フォーラム現代社会学』6号
石上三登志（2007）「評論家発映画論『ALWAYS 三丁目の夕日』論」『キネマ旬報』11月下旬号
石原慎太郎・江藤淳（1991）『断固「NO」と言える日本―戦後日米関係の総括―』光文社
石原慎太郎（2001）「万邦無比の技術力と感性―ゆめ忘るなかれ 翔べ，日本よ！―自然と文明の融和は日本の独壇場。技術と感性の平衡感覚を活かせば，『陽はまた昇る』」『諸君』9月号
石原慎太郎（2004）『日本よ』扶桑社
石原慎太郎（2006）『日本よ，再び』産経新聞出版
石本馨（2008）『団地巡礼―日本の生んだ奇跡の住宅様式―』二見書房
石飛徳樹（2005）「『時間の経過』というスパイスが引き起こす魔術」『キネマ旬報』11月下旬号
石飛徳樹（2007）「これは私の少年時代を描いてる」『キネマ旬報』4月上旬号
石飛徳樹（2012）「『ALWAYS 三丁目の夕日』シリーズの魅力」『キネマ旬報』2月上旬号
板垣竜太・鄭智泳・岩崎稔編（2011）『東アジアの記憶の場』河出書房新社
伊藤守（2005）『記憶・暴力・システム―メディア文化の政治学―』法政大学出版局
伊藤守編（2006）『テレビニュースの社会学―マルチモダリティ分析の実践―』世界思想社
Ivy, M. (1988) ‘Critical Texts, Mass Artifacts: The Consumption of knowledge in Postmodern Japan’, *The South Atlantic Quarterly,* Summer 1988, Volume 87, Number 3, pp. 419-444.

Ivy, M. (1995) *Discourses of the Vanishing: Modernity, Phantasm, Japan,* Chicago: University of Chicago Press.
岩渕功一（2001）『トランスナショナル・ジャパン―アジアをつなぐポピュラー文化―』岩波書店
岩渕功一（2011）「『日本映画』以降の日本と映画」黒沢清・四方田犬彦・吉見俊哉・李鳳宇編『日本映画はどこまでいくか』岩波書店
Iwabuchi, K. (2002) *Recentering Globalization: Popular Culture and Japanese Transnationalism,* Durham: Duke University Press
岩崎稔（2002）「各論２ 歴史学にとっての記憶と忘却の問題系」歴史学研究会編『歴史学における方法的転回　現代歴史学の成果と課題Ⅰ 1980-2000年』青木書店
Jameson, F. (1988) 'Postmodernism and Consumer Society' In E. A. Kaplan (ed.) *Postmodernism and its Discontents: Theories, Proctices,* pp. 13-29. London and New York: Verso.
Jameson, F. (1989) 'Nostalgia for the Present', *The South Atlantic Quarterly,* 88 : 2, Spring 1989.
Jameson, F. (1991) *Postmodernism, or, the Cultural Logic of Late Capitalism,* Durham: Duke University Press.
常磐炭田史研究会編（2008）『いわきの産業遺産ガイド―ヘリテージ・ツーリズムへの誘い―』いわきヘリテージツーリズム協議会
開沼博（2011）『「フクシマ」論　原子力ムラはなぜ生まれたのか』青土社
快楽亭ブラック（2002）「『クレヨンしんちゃん』に大人が群がる―『オトナ帝国の逆襲』を見よ。涙が止まらないゾ―」『文藝春秋』７月号
金澤誠（2006）「インタビュー―監督李相日―」『キネマ旬報』10月下旬号
金澤誠（2007）「21年ぶりに邦画シェアが外国映画を超えた日本映画」『キネマ旬報ベスト・テン80回全史』キネマ旬報社
金澤誠（2010）「インタビュー―『ロストクライム～閃光』伊藤俊也―」『キネマ旬報』７月上旬号
金澤誠（2012）「インタビュー 山崎貴監督 リアルな時代ではなく，記憶の中の昭和を」『キネマ旬報』２月上旬号
葛西弘隆（2006）「解題 ラディカル・デモクラシー論の現在」シャンタル・ムフ（2006）『民主主義の逆説』葛西弘隆訳，以文社
片桐新自（2007a）「現代日本が追い求める『古きよき昭和』の夢」『エコノミスト』85巻60号
片桐新自（2007b）「『昭和ブーム』を解剖する」『関西大学社会学部紀要』38巻３号
片山修（2001）「NHK 人気番組『プロジェクト X』が映し出した『新しい中間管理職』」『週刊ポスト』33巻25号
加藤正人（2006）「加藤正人の気になる映画人たち 第５回ゲスト『フラガール』の監督 李相日 炭鉱の町にフラダンスを―注目の若手監督が新境地に挑む―」『シナリオ』11月号（通号700号）
加藤典洋（1995）「敗戦後論」『群像』１月号
Katriel, T. (1999) 'The Past in Israeli Pioneering Museums', in D. Ben-Amos and L. Weissberg (eds.) *Cultural Memory and the Construction of Identity,* pp. 99-135. Detroit, MI: Wayne State University Press.
川又啓子（2008）「マンガ・コンテンツの商品開発―漫画家・浦沢直樹―」『京都マネジネント・レビュー』13号

川本三郎（1988）『マイ・バック・ページ―ある60年代の物語―』河出書房新社
川本三郎（2005）「映画を見ればわかること」『キネマ旬報』12月下旬号
川本三郎（2008）「昭和三十年代という故郷」『調査情報』１月号
川本三郎・与那覇恵子・木股知史・藤井淑禎（2008）「座談会 昭和三〇年代をめぐって」『文学』９巻２号
香山リカ（2008）「現代人の情動を揺さぶる『21世紀の郷愁病』」『調査情報』１月号
風間薫（1999）『真犯人―「三億円事件」31年目の真実―』徳間書店
木下誠（2010）「保守党は彼をイギリス人と呼ぶ―『炎のランナー』とカルチュラル・レイシズムの遺産」大谷伴子・松本朗・大田信良・加藤めぐみ・木下誠・前協子共編『ポストヘリテージ映画―サッチャリズムの英国と帝国アメリカ―』上智大学出版
きさらぎ尚（2006）「『初恋』インタビュー塙幸成監督」『キネマ旬報』６月下旬号
北田暁大（2005）『嗤う日本の「ナショナリズム」』日本放送出版協会
北原みのり（2007）「現代の肖像―石原仁美 映画プロデューサー―『フラガール』を育てた「映画の母」」『AERA』20巻39号
北原照久・矢野雅幸・森永卓郎（2006）「座談会 昭和30年代が僕らの原点―東京タワーが建ち，我家に TV が来た頃，プラモデルとミニカーが僕らを魅了した 北原照久×矢野雅幸×森永卓郎―」『本の話』６月号（通号133）
貴多野乃武次（1997）「“昭和30年代”をテーマにした集客施設が流行る理由」『レジャー産業資料』12月号
喜安朗・成田龍一・岩崎稔（2012）『立ちすくむ歴史― E. H. カー『歴史とは何か』から50年―』せりか書房
小林久三（1985）『父と子の炎』角川書店
Kuhn, A.（2000）‘A Journey Through Memory’, In S. Radstone（ed.）*Memory and Methodology,* Oxford: Berg.
Laclau, E.（1977）*Politics and Ideology in Marxist Theory: Capitalism, Fascism, Populism,* London: New Left Books
Laclau, E. & Mouffe, C.（1985）*Hegemony and Socialist Strategy: Towards a Radical Democratic Politics,* London: Verso. エルネスト・ラクラウ，シャンタル・ムフ（1992）『ポスト・マルクス主義と政治―根源的民主主義のために―』山崎カヲル・石澤武訳，大村書店
Laclau, E.（1990）*New Reflections on the Revolution of Our Time,* London: Verso.
Laclau, E.（1995）‘Subject of Politics, politics of the subject’. *Differences,* 7 : 1, pp. 145-164.
リリー・フランキー（2005）『東京タワー―オカンとボクと，時々，オトン―』扶桑社
リリー・フランキー（2007）「これは全ての人に共通する物語」『キネマ旬報』４月上旬号
リリー・フランキー（2008）「東京タワーと生きた時代を語る２」堺屋太一編著，日本電波塔株式会社監修『東京タワーが見た日本―1958-2008―』日本経済新聞出版社
Lowenthal, D.（1985）*The Past is a Foreign Country,* Cambridge: Cambridge University Press.
Lowenthal, D.（1994）‘Identity, Heritage and History’, in J. R. Gillis（ed.）*Commemorations: The Politics of National Identity,* Princeton: Princeton University Press.
Lyon, D.（1994）*Postmodernity,* second edition. Buckingham: Open University Press. デイヴィッド・ライアン（1996）『ポストモダニティ』合庭惇訳，せりか書房
Lyotard, Jean-François.（1984）*The Postmodern Condition: A Report on Knowledge,*

Minneapolis: University of Minnesota Press. ジャン＝フランソワ・リオタール（1986）『ポスト・モダンの条件—知・社会・言語ゲーム—』小林康夫訳，水声社
町田忍（2003）「なぜ昭和30年代が懐かしいのか？郷愁だけではない失ったものへの『反省』」『望星』34巻11号（通号409）
Maffesoli, M.（1996）*The Time of the Tribes: The Decline of Individualism in Mass Society,* London: Sage.
毎日新聞社編（2009）『1968年に日本と世界で起こったこと』毎日新聞社
眞木のぼる・田原茂行（2002）「テレビ時評問答(8)『プロジェクトX』よ，君は，何だ？」『草思』12月号
間々田孝夫（2005）『消費社会のゆくえ—記号消費と脱物質主義—』有斐閣
間々田孝夫（2007）『第三の消費文化論—モダンでもポストモダンでもなく—』ミネルヴァ書房
Martinez, D. P.（1998）'Gender, Shifting Boundaries and Global Cultures' in D. P. Martinez（ed.）*The Worlds of Japanese Popular Culture: Gender, Shifting Boundaries and Global Cultures,* Cambridge: Cambridge University Press.
丸井博（1969）「不況による石炭鉱業の転換方向—常磐炭鉱（株）の場合—」『地理学評論』42巻11号
丸山真男（1951）「戦後日本のナショナリズムの一般的考察」日本太平洋問題調査会編『アジアの民族主義—ラクノウ会議の成果と課題—』岩波書店
丸山真男（1982）「近代日本の知識人」『後衛の位置から—『現代政治の思想と行動』—』未來社
増永理彦編著（2008）『団地再生—公団住宅に住み続ける—』クリエイツかもがわ
松田久一（2009）『「嫌消費」世代の研究—経済を揺るがす「欲しがらない」若者たち—』東洋経済新報社
Melucci, A.（1989）*Nomads of the Present: Social Movements and Individual Needs in Contemporary Society,* Santa Fe: Radius Books.
Middleton, D. and Edwards, D.（1990）*Collective Remembering,* London: Sage.
三橋俊明（2010）『路上の全共闘 1968』河出書房新社
御厨貴・泉麻人（2006）「対談 泉麻人×御厨貴 今，昭和30年代が懐かしい理由」『東京人』21巻9号（通号230）
Misztal, B. A.（2003）*Theories of Social Remembering,* Maidenhead: Open University Press.
見田宗介（1965）『現代日本の精神構造』弘文堂
宮野勝（2004）「世代論をめぐる考察」『中央大学文学部紀要』（203号）
Miyoshi, M. and Harootunian, H. D.（1988）'Introduction', *The South Atlantic Quarterly,* Summer 1988, Volume 87, Number 3.
三好徹（1976）『ふたりの真犯人—三億円の謎—』光文社
Moeran, B.（1989）*Language and Popular Culture in Japan,* Manchester: Manchester University Press.
森直人（2008）「原作者 浦沢直樹 ロングインタビュー」『キネマ旬報』9月上旬号
盛田昭夫・石原慎太郎（1989）『「NO」と言える日本—新日米関係の方策—』光文社
Morley, D. and Robins, K（1995）*Spaces of Identity: Global Media, Electronic Landscapes, and Cultural Boudaries,* London: Routledge.
Morris=Suzuki, T.（1994）*The Technological Transformation of Japan: From the Seven-*

*teenth to the Twenty-first Century*, Cambridge: Cambridge University Press.
Morris=Suzuki, T.（2005）*The Past Within US: Media, Memory, History*, London: Verso.
Morley, D. and Chen, K. H.（1996）*Stuart Hall: Critical Dialogues in Cultural Studies*, London: Routledge.
Mosse, G. L.（1975）*The Nationalization of the Masses: Political Symbolism and Mass Movements in Germany from the Napoleonic Wars through the Third Reich*, New York: Howard Fertig Inc.
Mosse, G. L.（1996）*The Image of Man: The Creation of Modern Masculinity*, New York and Oxford: Oxford University Press.
Mouer, R. and Sugimoto, Y.（1986）*Images of Japanese Society: A Study in the Social Construction of Reality*, London: Kegan Paul Intarnational.
Mouffe, C.（1993）*The Return of the Political*, London & New York: Verso.
Mouffe, C.（2000）*The Democratic Paradox*, London & New York: Verso. シャンタル・ムフ（2006）『民主主義の逆説』葛西弘隆訳，以文社
Mouffe, C. et. al.（2001）'Every Form of Art Has a Political Dimension', *Grey Room*, no. 2, Winter, pp. 98-125.
Mouffe, C.（2005）*On the Political*, Abingdon & New York: Routledge. シャンタル・ムフ（2008）『政治的なものについて―闘技的民主主義と多元主義的グローバル秩序の構築―』酒井隆史監訳，篠原雅武訳，明石書店
Najita, Tetsuo.（1988）'On Culture and Technology in Postmodern Japan', *South Atlantic Quarterly*, Summer 1988, Volume 87, Number 3.
中島かずき（2005）「プログラム・ピクチャーの力」浜野保樹編『アニメーション監督 原恵一』晶文社
中村政則（2005）『戦後史』岩波書店
Nakane, Chie（1970）*Japanese Society*, London: Weidenfeld & Nicolson.
中西新太郎（2004）『若者たちに何が起こっているのか』花伝社
Nairn, T.（1981）*The Break-up of Britain: Crisis and Neo-nationalism*, London: NLB and Verso.
成田龍一（2012）『近現代日本史と歴史学―書き替えられてきた過去―』中央公論新社
夏目房之介（2005）「現代の肖像 浦沢直樹 マンガ家」『AERA』18巻18号
Nichols, B.（1991）*Representing Reality: Issues and Concepts in Documentary*, Bloomington and Indianapolis: Indiana University Press.
日本ビクター株式会社60年史編集委員会編（1987）『日本ビクターの60年』日本ビクター
西村京太郎（1971）『名探偵なんか怖くない』講談社
Noakes, L.（1997）'Making Histories: Experiencing the Blitz in London's Museums in the 1990s', In M. Evans and K. Lunn（eds.）*War and Memory in the Twentieth Century*, pp. 89-103. Oxford: Berg.
Nora, P.（ed.）（1996）*Realms of Memory*, vols 1-3,（trans.）A. Goldhammer. New York: Columbia University Press. ピエール・ノラ編（2002）「記憶の場 フランス国民意識の文化」谷川稔訳，岩波書店
Nora, P.（1998）The Era of Commemoration. In P. Nora（ed.）*Realms of Memory: The Construction of the French Past*. Vol. 3, Symbols,（trans.）A. Goldhammer, pp. 609-637. New York: Columbia University Press.

小田桐誠（2008）「世代を超えた『昭和的』なるものへの“疼き”と恍惚―『ALWAYS 三丁目の夕日』『ALWAYS 続・三丁目の夕日』―山崎貴監督インタビュー―」『調査情報』480号
小田桐誠（2009）「日本人の忘れ物―『水戸黄門40年』―」『調査情報』490号
小川晃一（2005）『サッチャー主義』木鐸社
荻昌弘（1970）「万博映像総批判論・I」『キネマ旬報』6月下旬号
小熊英二（2002）『〈民主〉と〈愛国〉―戦後日本のナショナリズムと公共性―』新曜社
小熊英二（2009）『1968』（上・下）新曜社
小倉真美（1962）「『おとし穴』と監督勅使河原宏」『キネマ旬報』7月下旬号
岡田斗司夫（2008）『オタクはすでに死んでいる』新潮社
大黒東洋士（1959）「新映画評『にあんちゃん』」『キネマ旬報』7月下旬号
大串潤児（2008）「戦後日本における『世代』論の問題領域」『歴史評論』6月号
大澤真幸（2008）『不可能性の時代』岩波書店
大下英治（1979）「白バイと紅薔薇」現代の眼編集部編『現代虚人列伝』現代評論社
大下英治（2003）『人間・本田宗一郎―夢を駆ける―』光文社
大塚英志（2001）『定本物語消費論』角川書店
大塚英志（2008）『物語消滅論―キャラクター化する「私」，イデオロギー化する「物語」―』角川書店
大津司郎（2009）「渡辺謙インタビュー」『キネマ旬報』10月下旬号
小澤知美（2011）「浦沢直樹『20世紀少年』論―『ほんもの』と『にせもの』―」『フェリス女学院大学日文大学院紀要』18号
Phillips, A. (2006) 'Pictures of the past in the present: modernity, femininity and stardom in the postwar films of Ozu Yasujiro', In C. Grant and A. Kuhn (eds.) *Screening World Cinema: A Screen Reader,* London: Routletge.
Phillips, A. and Stringer, J. (2007) 'Introduction' in A. Phillips and J. Stringer, *Japanese Cinema: Texts and Contexts,* Oxford and New York: Routledge.
Popular Memory Group. (1982) 'Popular Memory: Theory, Politics and Method', in R. Johnson, G. Mclennan, B. Schwartz and D. Sutton (eds.) *Making Histories: Studies in History-Writing and Politics,* pp. 205-252. London: Hutchinson.
Radstone, S. (ed.) (2000) *Memory and Methodology,* Oxford: Berg.
李鳳宇（2007）『パッチギ！的―世界は映画で変えられる―』岩波書店
Robertson, J. (1991) *Native and Newcomer: Making and Remaking a Japanese City,* Oakland: University of California Press.
Robertson, R. (1992) *Globalization: Social Theory and Global Culture,* Newbury Park, CA and London: Sage.
労政時報（2008）「社宅管理の最新実態―今後が3割，社有社宅を減少・廃止する意向―」『労政時報』3724号
斉藤綾子（2009）「緋牡丹お竜論」，四方田犬彦・鷲谷花編『戦う女たち―日本映画の女性アクション―』作品社
齋藤環（2007）「『東京タワー―オカンとボクと，時々，オトン―』作品評② 果たせなかった約束のために」『キネマ旬報』4月上旬号
酒井直樹編（2006）『ナショナル・ヒストリーを学び捨てる』東京大学出版会
酒井隆史（2008）「解題にかえて 敵対性，闘技，多元主義」シャンタル・ムフ（2008）『政治的なものについて―闘技的民主主義と多元主義的グローバル秩序の構築―』酒井隆史監

訳，篠原雅武訳，明石書店
鮫島敦（2008）『東京タワー50年―戦後日本人の“熱き思い”を―』日本電波塔株式会社監修，日本経済新聞出版社
Samuel, R.（1994）*Theatres of Memory*, vol. 1: *Past and Present in Contemporary Culture*, London: Verso.
佐野亨（2012）「『クレヨンしんちゃん 嵐を呼ぶ モーレツ！ オトナ帝国の逆襲』―失った『匂い』，溜め込んだ『心の垢』―」『キネマ旬報』４月上旬号
佐野洋（1970）『小説　三億円事件』講談社
佐藤正明（1995）『ホンダ神話―教祖のなき後で―』文藝春秋
佐藤正明（1999）『映像メディアの世紀―ビデオ・男たちの産業史―』日経 BP 社
佐藤正明・佐々部清（2002）「対談 日本初の世界統一規格 VHS 誕生物語 映画『陽はまた昇る』奇跡の逆転劇はある原作者 佐藤正明・監督 佐々部清」『正論』８月号
佐藤忠男（1970）『日本映画思想史』三一書房
佐藤忠男（1980）『「男らしさ」の神話』東洋経済新報社
佐藤忠男（2002）「シネマの中の仕事像⒂会社を動かす情熱―『陽はまた昇る』―」『ひろばユニオン』７月号
佐藤忠男（2005）「CG の使い方の一つの里程標となる作品」『キネマ旬報』11月下旬号
佐藤忠男（2006）『日本映画史 増補版３―1960-2005―』岩波書店
佐藤忠男（2010）「近松門左衛門の心中ものが蘇る決して賢くはない恋人たち」『キネマ旬報』９月上旬号
佐藤卓己（2005）『八月十五日の神話―終戦記念日のメディア学―』筑摩書房
Schwartz, B.（2000）*Abraham Lincoln and the Forge of National Memory*, Chicago: University of Chicago Press.
関川夏央（2006）「『東京タワー』発 関川夏央さん案内 ベストセラー発，本の旅 夏の読書特集」『朝日新聞』８月13日
庄司吉之助編（1981）『明治・大正・昭和の郷土史７　福島県』昌平社
セン，アマルティア（2011）『アイデンティティと暴力―運命は幻想である―』大門毅監訳，東郷えりか訳，勁草書房
千田有紀（2001）「序章 構築主義の系譜学」上野千鶴子編『構築主義とは何か』勁草書房
Sennett, R.（1999）'Growth and failure: the New Political Economy and Its Culture', in Mike Featherstone and Scott Lash（eds.）, *Spaces of Culture: City, Nation, World*, pp. 14-26, London: Sage.
重松清（2012）「浦沢直樹『巨大なるマイナー』」『en-taxi』夏号（vol. 36）
清水一行（1979）『時効成立―全完結―』角川書店
清水義範（1999）『三億の郷愁』朝日ソノラマ
新藤東洋男（1975）「在日朝鮮人問題と筑豊炭鉱地帯―その差別構造との日朝連帯の闘い―」『歴史評論』６月号
進藤良彦（2008）「堤幸彦監督インタビュー」『キネマ旬報』９月上旬号
篠原一（2009）「政治システムの転換と歴史的展望」『世界』12月臨時増刊号
四ノ原恒憲（2006）「（探究）美化される昭和三〇年代 若者よ罠に落ちるな」『朝日新聞』４月18日（朝刊）
『週刊ポスト』（2001）「『プロジェクト X』はもはやマンネリだ！―テレビ界内幕―」33巻47号
Sreberni-Mohammadi, A.（1991）'The Global and Local in International Communica-

tions' In J. Curran and M. Gurevitch（eds.）*Mass Media and Society,* London: Edward Arnold.
Standish, I.（1998）'Akira: Postmodernism and Resistance' In D. P. Martinez（ed.）*The Worlds of Japanese Popular Culture: Gender, Shifting Boundaries and Global Cultures,* Cambridge: Cambridge University Press.
Standish, I.（2000）*Myth and Masculinity in the Japanese Cinema: Towards a Political Reading of the 'Tragic Hero',* London: Routledge/Curzon.
Standish, I.（2006）*A New History of Japanese Cinema: A Century of Narrative Film,* New York: Continuum International Publishing Group.
Stokes, J.（2003）*How to Do Media & Cultural Studies,* London: Sage.
絓秀実（2006）『1968年』筑摩書房
杉田敦（2009）「敵対性はどこにあるのか―シャンタル・ムフ『政治的なものについて』をめぐって―」『情況』10巻２号（通号81号）
鈴木健二（1997）『ナショナリズムとメディア―日本近代化過程における新聞の功罪―』岩波書店
高橋哲哉（1999）『戦後責任論』講談社
武田晴人（2008）『高度成長』岩波書店
武田良三他編（1963）「炭砿と地域社会―常磐炭砿における産業・労働・家族および地域社会の研究―」『社会科学討究』８号
竹内洋（2011）『革新幻想の戦後史』中央公論新社
田中英司（2006）「レビュー 2006 パート１」『キネマ旬報』６月下旬号
田中昭吾（1988）「常磐炭鉱から常磐興産へ―常磐ハワイアンセンターを中心にした転身の歴史―」『運輸と経済』６月号
巽孝之（2012）「『ALWAYS 三丁目の夕日』長屋的交流の時間」『キネマ旬報』２月上旬号
寺門克（1980）『日本ビクターの人材経営―松下幸之助を喜ばせた"息子"の挑戦―』プレジデント社
寺尾久美子（2004）「空間構成とノスタルジア―博物館の『昭和のくらし』展示から―」『日本民俗学』238号
寺尾久美子（2007）「『昭和30年代』の語られ方の変容」『哲学』117号
Terdiman, R.（1993）*Present Past: Modernity and the Memory Crtisis,* Ithaca, NY: Cornell University Press.
坪内祐三（2006）『一九七二―「はじまりのおわり」と「おわりのはじまり」―』文藝春秋
筒井清忠（2008）『時代劇映画の思想―ノスタルジーのゆくえ―』ウェッジ
堤清二・三浦展（2009）『無印ニッポン―20世紀消費社会の終焉―』中央公論新社
堤幸彦（2010）「映画監督／演出家 堤幸彦さん」チーム 20S5 編『仕事ってこういうことだったのか―先輩たちが教えてくれたこと―』かんき出版
トーマス，ジョリオン・バラカ（2008）「マンガと宗教の現在『20世紀少年』と二一世紀の宗教意識」『現代宗教』2008年号
Tomlinson, J.（1999）*Globalisation and Culture,* Cambridge: Polity Press. ジョン・トムリンソン（2002）『グローバリゼーション―文化帝国主義を超えて―』片岡信訳，青土社
友田義行（2010）「日本の炭鉱映画史と三池『三池 終らない炭鉱の物語』」への応答」『立命館言語文化研究』22巻２号
Torfing, J.（1999）*New Theories of Discourse: Laclau, Mouffe and Žižek,* Oxford: Blackwell.

Tulloch, J. (2000) *Watching Television Audiences: Cultural Theories and Methods,* London: Arnold.
内橋克人 (1992)『「技術一流国」ニッポンの神話』社会思想社
上野英信 (1960)『追われゆく坑夫たち』岩波書店
上野千鶴子 (2001)「構築主義とは何か―あとがきに代えて―」上野千鶴子編『構築主義とは何か』勁草書房
宇野常寛 (2008)『ゼロ年代の想像力』早川書房
浦沢直樹 (2005)「人物プロファイリング 第33回 浦沢直樹“偉才”漫画家が継ぐ『手塚治虫のDNA』」『週刊現代』47巻38号
浦沢直樹 (2008)「Interview『20世紀少年』原作者 浦沢直樹」『キネマ旬報』9月上旬号
浦沢直樹・唐沢寿明・堤幸彦 (2008)「“学級委員にならない”男たち」『20世紀少年 第1章オフィシャル・ガイドブック』小学館
Valenzuela, H. C. (2008) 'Chilean Traumatized Identity: Discourse Theory and the Analysis of Visual Arts', In Carpentier, N. and Spinoy, E. (eds.) (2008) *Discourse Theory and Cultural Analysis: Media, Arts and Literature,* Cresskill: Hampton Press.
Vogel, Ezra F. (1979) *Japan as Number One: Lessons for America,* Cambridge: Harvard University Press. エズラ・F・ヴォーゲル (1979)『ジャパン・アズ・ナンバーワン―アメリカへの教訓―』広中和歌子・大本彰子訳, TBSブリタニカ
Wallerstein, I. (1991) *Geopolitics and Geoculture: Essays on the Changing World-system,* Cambridge: Cambridge University Press. I. ウォーラーステイン (1991)『ポスト・アメリカ―世界システムにおける地政学と地政文化―』丸山勝訳, 藤原書店
Weissberg, L. (1999) 'Introduction', In D. Ben-Amos and L. Weissberg (eds) *Cultural Memory and the Construction of Identity,* pp. 1-22. Detroit, MI: Wayne State University Press.
Wertsch, J. V. (2002) *Voices of Collective Remembering,* Cambridge: Cambridge University Press.
White, H. (1973) *Metahistory: The Historical Imagination in Nineteenth-Century Europe,* Baltimore: Johns Hopkins University Press.
White, H. (1981) 'The Value of Narrativity in the Representation of Reality', in W. J. T. Mitchell (ed.), *On Narrative,* Chicago and London: University of Chicago Press.
White, H. (1987) *The Content of the Form: Narrative Discourse and Historical Representation,* Baltimore: Johns Hopkins University Press.
ホワイト, ヘイドン (2002)『物語と歴史』海老根宏・原田大介訳,〈リキエスタ〉の会
ホワイト, ヘイドン (2009)「アフター・メタヒストリー―ヘイドン・ホワイト教授のポストモダニズム講義―」。10月22日に立命館大学衣笠キャンパスで行われた特別講演。
Wright, P. (1985) *On Living in an Old Country: The National Past in Contemporary Britain,* London: Verso.
矢部謙太郎 (2004)「ノスタルジーの消費―映画『クレヨンしんちゃん―嵐を呼ぶ モーレツ! オトナ帝国の逆襲』分析―」『ソシオロジカル・ペーパーズ』13号
矢田俊文 (1975)『戦後日本の石炭産業―その崩壊と資源の放棄―』新評論
山田敦 (2001)『ネオ・テクノ・ナショナリズム―グローカル時代の技術と国際関係―』有斐閣
山田昌弘 (2005)『迷走する家族―戦後家族モデルの形成と解体―』有斐閣
山腰修三 (2012)『コミュニケーションの政治社会学―メディア言説・ヘゲモニー・民主主

義―』ミネルヴァ書房
山之内靖・成田龍一・ヴィクター・コシュマン編著（1995）『総力戦と現代化』柏書房
山下慧（2002）「原恵一監督インタビュー」『キネマ旬報』4月下旬号
山下慧（2009）「Interview 若松節朗監督」『キネマ旬報』10月下旬号
山下卓（2006）「浦沢直樹×宇多田ヒカル」『Invitation』5月号
梁仁實（2002）「『やくざ映画』における『在日』観」『立命館産業社会論集』38巻2号
四方田犬彦（2000）『日本映画史100年』集英社
四方田犬彦（2001）『アジアの中の日本映画』岩波書店
四方田犬彦（2010）「日本映画の新しい福音のために」黒沢清・四方田犬彦・吉見俊哉・李鳳宇編（2010）『日本映画は生きている』岩波書店
四方田犬彦（2012）「『おとし穴』」『勅使河原宏の世界 DVDコレクション』（パンフ）
四方田犬彦・平沢剛編（2010）『1968年文化論』毎日新聞社
吉田就彦（2007）「吉田就彦のヒット学 ヒット法則あるわけネエだろ！ 第11回　今月のヒットメーカー 石原仁美『フラガール』プロデューサー」『音楽主義』6月号
吉田裕（2011）『兵士たちの戦後史』岩波書店
吉見俊哉（1998）「『メイド・イン・ジャパン』―戦後日本における『電子立国』神話の起源―」嶋田厚・柏木博・吉見俊哉編『情報社会の文化3　デザイン・テクノロジー・市場』東京大学出版会
吉見俊哉（2005）『万博幻想―戦後政治の呪縛―』筑摩書房
吉見俊哉（2007）『親米と反米―戦後日本の政治的無意識―』岩波書店
吉見俊哉（2009）『ポスト戦後社会 シリーズ日本近現代史⑨』岩波書店
吉見俊哉（2012）『夢の原子力 Atoms for Dream』筑摩書房
吉村朔夫（1984）『日本炭鉱史私注』御茶の水書房
吉野耕作（1997）『文化ナショナリズムの社会学―現代日本のアイデンティティの行方―』名古屋大学出版会
湯浅政明（2005）「エモーショナルな演出を学びたい」浜野保樹編『アニメーション監督 原恵一』晶文社
在日本大韓民国民団中央民族教育委員会企画，『歴史教科書在日コリアンの歴史』作成委員会編（2006）『歴史教科書―在日コリアンの歴史―』明石書店
Žižek, S. (1990) 'Beyond Discourse-Analysis' In E. Laclau (ed.), *New Reflections on the Revolution of Our Time,* London: Verso.

著者紹介

日高勝之（ひだか・かつゆき）

1965年大阪生まれ。早稲田大学政治経済学部卒業後，NHK 報道局ディレクターを経て，英ロンドン大学（SOAS）大学院メディア学研究科博士課程修了。ロンドン大学 Ph. D.［博士］。英オックスフォード大学客員研究員，立命館大学産業社会学部准教授などを経て，現在，立命館大学産業社会学部教授。
専門はメディア・ジャーナリズム研究，文化社会学。主著に *Japanese Media at the Beginning of the 21st Century : Consuming the Past*（単著，Routledge，2017年），*Persistently Postwar : Media and the Politics of Memory in Japan*（共著，Berghahn Books，2019年），『メディアリテラシーの諸相—表象・システム・ジャーナリズム—』（共著，ミネルヴァ書房，2016年）ほか。

＊『昭和ノスタルジアとは何か—記憶とラディカル・デモクラシーのメディア学—』により2015年度日本コミュニケーション学会・学会賞〔著作の部〕受賞。

昭和ノスタルジアとは何か
—記憶とラディカル・デモクラシーのメディア学—

2014年５月30日　第１刷発行
2020年７月10日　第４刷発行
定価はカバーに
表示しています

著　者　日《ひ》高《だか》勝《かつ》之《ゆき》
発行者　上　原　寿　明

世界思想社
京都市左京区岩倉南桑原町56　〒606-0031
電話 075(721)6500
振替 01000-6-2908
http://sekaishisosha.jp/


（共同印刷工業・藤沢製本）



ISBN978-4-7907-1626-6